Companhia Das Letras

Antologia do teatro brasileiro
séc. XIX — drama

ALEXANDRE MATE é mestre em teatro pela ECA-USP e doutor em história social pela FFLCH-USP. Professor-orientador do Programa de Pós-Graduação no Instituto de Artes da Unesp, pesquisador teatral, autor de centenas de artigos, ensaios e livros sobre a linguagem teatral, com ênfase no sujeito histórico teatro de grupo brasileiro.

PEDRO MORITZ SCHWARCZ é ator, formado pelo Teatro Escola Célia Helena, editor de catálogo e coordenador dos Clubes de Leitura da Companhia das Letras. Trabalhou nos espetáculos *Querô, uma reportagem maldita*, de Plínio Marcos, com o Grupo Folias, dirigido por Marco Antonio Rodrigues; *Medida por medida*, de William Shakespeare, também com o Grupo Folias, dirigido por Val Pires, entre outros.

RODRIGO MORAIS LEITE é historiador, jornalista e crítico de teatro. Possui mestrado, doutorado e pós-doutorado em artes cênicas, com pesquisas desenvolvidas nas áreas de crítica e historiografia teatrais. Atua como professor da Escola de Teatro da Universidade Federal da Bahia (ETUFBA) e do Programa de Pós-Graduação em Artes Cênicas da UFBA. É autor de vários livros e artigos sobre história do teatro, dramaturgia e teoria teatral.

Antologia do teatro brasileiro

séc. XIX — drama

Organização e introdução de
ALEXANDRE MATE
PEDRO M. SCHWARCZ

Prefácio e cronologia de
RODRIGO MORAIS LEITE

COMPANHIA DAS LETRAS

Grafia atualizada segundo o Acordo Ortográfico da Língua Portuguesa de 1990, que entrou em vigor no Brasil em 2009.

Published by Companhia das Letras in association with Penguin Group (USA) Inc.

PREPARAÇÃO
Vadão Tagliavini
Julia Passos

REVISÃO
Huendel Viana
Ana Maria Barbosa

Dados Internacionais de Catalogação na Publicação (CIP)
(Câmara Brasileira do Livro, SP, Brasil)

Antologia do teatro brasileiro : séc. XIX : drama / organização e introdução de Alexandre Mate, Pedro M. Schwarcz ; prefácio e cronologia de Rodrigo Morais Leite. — 1ª ed. — São Paulo : Penguin-Companhia das Letras, 2025.

ISBN 978-85-8285-216-3

1. Teatro brasileiro — Coletâneas. I. Mate, Alexandre. II. Schwarcz, Pedro M. III. Leite, Rodrigo Morais.

24-239849 CDD-B869.2

Índice para catálogo sistemático:
1. Antologia : Teatro : Literatura brasileira B869.2
Cibele Maria Dias — Bibliotecária — CRB-8/9427

EDITORA SCHWARCZ S.A.
Rua Bandeira Paulista, 702, cj. 32
04532-002 — São Paulo — SP
Telefone: (11) 3707-3500
www.penguincompanhia.com.br
www.blogdacompanhia.com.br
www.companhiadasletras.com.br

Sumário

Introdução

Apontamentos sobre a seleção das obras que compõem este volume

ALEXANDRE MATE E PEDRO MORITZ SCHWARCZ

Um processo de seleção, principalmente de obras literárias ligadas às chamadas artes da representação (na qual a linguagem teatral se insere), tem de tomar o texto dramatúrgico em sua dupla natureza estética, ou seja, como objeto de leitura e como uma peça de cocriação, cuja finalidade acontece durante o espetáculo.

Boa obra literária? Peça que possa garantir um bom espetáculo? Obra que tenha representatividade em determinado movimento ou escola estética? Todo processo de seleção — depois de uma análise mais objetiva, mas sem desconsiderar suas subjetividades — precisa ponderar sobre aquilo que se caracterizaria essencial no caso em questão, tendo em vista o amplo espectro de leitores vislumbrado pela escolha estabelecida. No trabalho aqui desenvolvido, mesmo cometendo injustiças, optou-se por textos que atendessem aos critérios apontados acima, com prioridade a obras com representatividade estética.

Na linguagem teatral, e sobretudo na modernidade, há um princípio segundo o qual um texto — por mais importante e bem elaborado que seja — se caracteriza como ponto de partida, não como ponto de chegada. Seja qual for a maneira de se conceber ou se interpretar um texto dramatúrgico, é preciso ter sempre em mente que ele cumpre sua destinação ao ser proferido por personagens. Aqui, portanto, tentou-se conciliar a qualidade literária da obra, sua representatividade estética e sua materialização em cena. Na atualidade, tendo em vista as práticas do chamado teatro de grupo (cujos processos são colaborativos em todas as etapas de criação), muitos dos belíssimos espetáculos que dependem desse processo têm sido criados a partir de roteiros mais ou menos elaborados. Em tais casos, há quebra de um paradigma, fundamentado em proposição clássica, segundo a qual a base do teatro se alicerçaria majoritariamente em uma bela obra de literatura dramática.

Na contemporaneidade, muitas fronteiras criadas e definidas ao longo de séculos começaram a ruir, e nesse sentido as vanguardas históricas europeias — além das formas representacionais populares — foram decisivas na reconfiguração da linguagem teatral. Os textos expressionistas e cubofuturistas, mesmo alicerçados na denúncia e na deformação da humanidade, por meio de outras lógicas, mantiveram certa estrutura dramatúrgica. De outra maneira, o futurismo italiano, o dadaísmo e o surrealismo (respectivamente, a partir das *serate* e das soirées) fundamentaram-se na mistura explícita das linguagens artísticas e de momentos improvisacionais, em ato. Eram espetáculos de natureza performática cujos roteiros originais não correspondiam exatamente ao resultado apresentado.

Assim, sejam peças de caráter explicitamente popular ou de vanguarda (inseridas em proposições experimentais), sejam peças interessadas no performático-improvisacional ou de estruturas épico-dialéticas, todas elas existem fora das determinações da dita forma hegemônica do drama. Uma obra dramatúrgica para o teatro não precisa mais fundamentar-se no suspense, nos conflitos, em estrutura narrativa linear, na identificação emocional com as personagens (com maior ou menor tratamento psicológico), no ilusionismo...

Entretanto, por mais bem urdido que possa ser um texto, mesmo inserido nos paradigmas da produção de elite, de algum modo terá de ser contextualizado e adaptado à atualidade. Teatro é, também, uma linguagem de comunicação: a obra precisa chegar até seu público. A incontestável genialidade de Shakespeare deve ser trazida para o tempo dos sujeitos de suas montagens. Ao ser traduzido com o uso de palavras reconhecíveis, por exemplo (e isso é fundamental), um texto é capaz de dialogar com o público.

Os textos selecionados para compor esta antologia, que reúne obras da literatura dramática brasileira do século XIX, têm estruturas que se aproximam mais da forma do drama (tanto em sua estrutura algo arquetípica quanto na escolha e no tratamento de seus conteúdos). No entanto, tendo em vista os modelos dramatúrgicos à disposição no período e uma certa mentalidade de convívio de uma determinada classe social, as obras selecionadas têm algumas características mais "difíceis" de serem apreciadas nos dias de hoje.

Em algumas das obras aqui inseridas, produzidas há mais de cem anos, observam-se características que não fazem mais parte da nossa linguagem — nem escrita, nem encenada. Por exemplo, os chamados "bifes" (textos enormes e monológicos), assim como certo rebuscamento nas falas, não são mais indicadores de qualidade, embora não possam ser rechaçados, na medida em que expressavam singularidades históricas nos modos de escrever e de pensar da época. Até mesmo certa pureza ou inocência de comportamento de algumas personagens, assim como sua maldade exacerbada (traços muito marcantes no melodrama), parecem não mais tão verossímeis. Para tocar o público, uma obra tem de estar mais próxima de sua realidade. E isso não significa fazer concessões ou apelar ao que é mais fácil. Afinal, o que há de universal em uma obra que permanece ao longo do tempo?

Nosso processo de seleção buscou obras de representatividade estética (que se inserem no romantismo, no realismo e no simbolismo), de estrutura de gênero distinta (drama e melodrama e narrativa mais experimental) e de temáticas e pontos de vista mais interessantes aos movimentos que se criavam no período histórico e que têm grande relevância na contemporaneidade (por exemplo, temas ligados ao protagonismo feminino e à luta contra o feminicídio, às questões de raça e aos permanentes abusos decorrentes da escravidão, às perseguições religiosas etc.). Em tese, são obras representativas de uma sociedade e de um tempo de luta e de enfrentamento às contradições da dita liberdade burguesa em um país escravocrata.

Nas produções estéticas, tanto quanto na vida social, o discernimento despregado das ordenações de uma determinada classe não é algo fácil de ser conquistado. No século XIX, a produção teatral brasileira a que se tem acesso é singularmente influenciada pela dramaturgia burguesa desenvolvida na França. Apesar de o romantismo ter nascido na Alemanha, sua divulgação se deu pela produção francesa, sobretudo a de Victor Hugo.

O drama moderno surgiu de uma necessidade do Estado francês de se impor politicamente por meio de seu ideário, ligado ao liberalismo burguês, em contraposição à aristocracia, e, esteticamente, pela liquidação dos excessos românticos. Essa "cruzada burguesa" se originou a partir de um decreto do Estado francês, que se propunha a patrocinar obras cuja temática se fundamentasse nos ideais dessa classe. Assim, com as chamadas "comédias realistas" (em razão de o final sempre louvar as virtudes burguesas), o movimento realista tem seu início com as obras da École du Bon Sens. Os aludidos "bons modos" praticados em Paris (e pouco tempo depois no Teatro Ginásio Dramático do Rio de Janeiro) são analisados com excelência pelo professor João Roberto Faria em *O teatro realista no Brasil: 1855-1865*.

As indicações de certa "correção comportamental", entretanto, foram sendo "arranhadas" por diversos movimentos experimentais com outras capacidades e potências tentaculares: o teatro simbolista, as vanguardas históricas, o teatro épico-dialético etc. Como o conjunto criador da linguagem teatral tende à "ingratidão e desatenção" e à dificuldade de enquadramento em caixinhas consagratórias, surgem obras surpreendentes apartadas do modelo burguês. Inúmeros exemplos poderiam ser apresentados. Onde inserir Luigi Pirandello, Samuel Beckett, Qorpo-Santo, Flávio de Carvalho, Maurice Maeterlinck, Georg Büchner, Bertolt Brecht, Sarah Kane, Grace Passô, Maria Shu, Oswald de Andrade, Marilena Ansaldi, Denise Stoklos e tanta gente mais?

As criações artísticas, e não apenas na linguagem teatral, espelham interesses, mentalidades, adesões ou cisões, inconformismos, beleza... Movem-se e são construídas por meio de tratamentos diversos, tantas vezes dissonantes. As artes se manifestam, podem ser entrevistas através de símbolos, mas estes, e em movimentos sempre díspares, refletem e refratam o real. Aprisionam para libertar, confundem para discernir. Enfim, são manifestações que se movem por meio de camadas simbólicas, polifônicas e quase incapturáveis, uma descoberta remetendo a outra, a outra... São enigmas à espera de decifração. É impossível extrair uma leitura única.

À luz do exposto, caberia indagar, no universo artístico, como se lê uma obra? Quais seriam as chaves de que se pode lançar mão para se aproximar dela e entendê-la? Se estamos diante de uma obra do passado, quais seriam os estratagemas de leitura necessários para apreendê-la com outros e novos significados no presente?

No amplo universo cultural, muitas vezes os referenciais de que se dispõe para o entendimento do mundo não são fruto de experiências pessoais — ou, digamos, "naturais". Um pôr do sol talvez seja mais conhecido pelas fotos; um ipê-amarelo, florido em pleno outono, pode corresponder a uma descrição em romance; desfiles carnavalescos possivelmente sejam conhecidos apenas pela televisão... Nesse processo de supressão de uma experiência real, os aparatos sensíveis não são completamente ativados. De modo semelhante, quando não se toma de verdade uma obra artística para analisá-la pelo seu estado manifesto, mas pela mediação de comentários de gente especializada, é possível um suposto encontro com a obra. No universo de estereotipias em que se vive, Ecléa Bosi ("Entre a opinião e o estereótipo", em *O tempo vivo da memória*), fundamentada em Walter Lippmann, oferece uma excelente reflexão quanto à necessidade de aprovação e a danosa confortabilidade trazida por certo tipo de manifestação consagrada.

Um dos textos selecionados para esta nova antologia é *Mãe*, de José de Alencar. É provável que pessoas que trabalham com teatro já tenham se deparado com comentários massacrando essa peça. Aproximar-se de uma obra pressupõe acessar uma série de apreciações e de preconceitos daquilo que é dito e imposto como "bom" ou seu contrário. Assim, pode ser arriscado e até mesmo equivocado aderir às camadas de informação à disposição sem primeiro levar em conta as próprias apreensões, percepções e mediações crítico-sensíveis sobre a obra.

O drama *Mãe* foi escrito por José de Alencar em 1859, mediado por questões políticas e estéticas específicas e por determinados valores e ideários comportamentais e de mentalidade daquela época. Ler essa obra (ou qualquer outra) pressupõe, também, abrir as portas da imaginação. (Ainda que muitos possam rejeitá-la, não deixa de ser fascinante imaginar, por exemplo, o que ela provocaria em Pedro Almodóvar...) De fato, nada pode ser pensado em si mesmo, nem somente a partir do outro: leitura é, sobretudo, potência de reinvenção, de confronto, de concessão e de superação de estados de crise.

Se pensar é um ato extremamente complexo e tantas vezes perigoso, até mesmo o que se interpreta tem passado por formas de controle que se balizam por normas que, no mínimo, negam as singularidades coletivas da práxis. O conhecimento pode ser *doxa* (repetição do senso comum), mas pode também corresponder a *sofia* (sabedoria decorrente de uma experiência, pessoal ou coletiva) e a *episteme* (conjunto de saberes científicos cujos caminhos e metodologias buscam demonstrar criticamente processos de análise). Portanto, nos processos críticos e epistêmicos de leitura, é fundamental fugir de expressões que submetem alguém a outro (Martins Pena como o "Molière brasileiro"), ou alguém ser tido como o maior em sua área (Nelson Rodrigues ser "o mais importante dramaturgo brasileiro"). Afirmações de tal natureza são decorrentes de "torcicolos culturais", como cunhou o professor Antonio Candido, ou de "ideias fora do lugar", como afirma Roberto Schwarz. Há um conjunto significativo de reflexões sobre as mentalidades, porque é isso fundamentalmente que problematiza a *doxa*. Em seu antológico *Homens livres na ordem escravocrata*, Maria Sylvia de Carvalho Franco reflete sobre o paradoxo representado pela (re)produção de ideias e teses republicanas em um país com regime monárquico e estrutura escravista como o Brasil do século XIX.

De fato, o ato da leitura pode ser surpreendente. Por acreditarmos nisso, selecionamos aqui as seguintes obras: *Antonio José ou O poeta e a Inquisição*, de Gonçalves de Magalhães; *Leonor de Mendonça*, de Gonçalves Dias; *Macário*, de Álvares de Azevedo, e sua continuação em formato de novela, *Noite na taverna* (explicaremos depois a inserção dessa obra), cuja fonte de inspiração decorre de tradições germânicas e inglesas, como Goethe e Lord Byron; *Mãe*, de José de Alencar; e *Cancros sociais*, de Maria Angélica Ribeiro.

Em análise que se segue, e com o intuito de descortinar alguns critérios que pautaram nossa seleção, é possível afirmar, tomando as questões mais marcadamente estético-formais, que os cinco textos escolhidos, de algum modo, podem ser classificados como dramas.

Mãe, tematizando principalmente o escravagismo, se apresenta como um drama em quatro atos, mas, a rigor, trata-se de uma obra de transição entre alguns apelos mais melodramáticos e a dita comédia realista. Já em *Cancros sociais*, outra obra que debate o sistema escravagista, ainda que os valores impositivos de uma sociedade patriarcal se manifestassem ali de modo quase absoluto, há um tratamento mais sutil da questão desenvolvida por Maria Angélica Ribeiro, que aproxima a função social (mãe) a certas delicadezas do feminino (o tema da mulher é caro à autora).

São obras de uma mesma temática, mas desenvolvidas em perspectivas distintas. Nas duas peças em questão, os protagonistas homens desconhecem suas origens como filhos de mulheres escravizadas. Em José de Alencar, a personagem Joana se sacrifica aos moldes da heroína de seu famoso romance indigenista *Iracema*, mesmo que por motivação diferente, mas também em nome do amor: nesse caso, o sacrifício se faz em nome da honra, do futuro e da imagem do seu filho Jorge. Joana se dispõe a ser vendida — mesmo que em condições especiais — pelo próprio filho, para que ele consiga salvar da bancarrota o pai da mulher que ele ama. Jorge só vem a saber que Joana é sua mãe quando já é tarde demais: ela já havia ingerido veneno. Em *Cancros sociais*, Eugênio ignora o fato de que a cativa que ele quer libertar, Marta, é a sua própria mãe. Apartado dela desde criança, Eugênio fora adotado por um senhor que o educa com base nos princípios liberais, sob os códigos éticos e morais da nascente burguesia. Diferente de Jorge, Eugênio, ao adquirir sua própria mãe biológica como sua escrava, pretende alforriá-la em comemoração e também como uma forma de transmitir um exemplo moral a sua filha Olímpia, que completa quinze anos. No entanto, se Jorge logo reconhece Joana como sua mãe, Eugênio, ao contrário, finge não reconhecer Marta, repelindo-a, mesmo já sabendo que se trata de sua mãe.

Maria Angélica Ribeiro não apresenta nenhuma possibilidade de avanço social e de valor moral em uma sociedade escravocrata. Mesmo inserida nos ideais liberais burgueses, que chegavam de forma confusa e atravessada na recente nação brasileira, ela mostra que havia inúmeros tabus e tensões a serem superados. Na peça, Eugênio renega a mãe de início e depois a aceita, assumindo seu destino (que se caracteriza em um peso). Entretanto, descobre que sua mãe já havia sido libertada havia muito tempo. Esse drama realista, de algum modo, baseia-se em expedientes de uma "comédia de erros", mas sua estrutura folhetinesca rouba-lhe a comicidade/o humor característicos do gênero apontado. Eugênio fora cativo do próprio pai de sua esposa, Paulina. Este, ao falir, teve de hipotecar bens e valores, sendo que a mãe de Eugênio, escravizada, seria um deles. Apesar da necessidade, o pai de Olímpia liberta a mãe e o filho em segredo. Para isso, conta com a confiança de um sujeito que vai se revelar um pilantra contumaz, que inutiliza os documentos. Eugênio tenta comprar a liberdade de sua mãe desse sujeito e então descobre o ocorrido. De acordo com a tradição da comédia realista, que na verdade é um drama, os vilões são punidos, e uma série de peças do enredo que parecem confusas se encaixam no final como em um quebra-cabeça.

Em *Cancros sociais*, Maria Angélica Ribeiro apresenta a personagem Matilde, uma mulher desquitada, "degenerada e sem salvação" para a sociedade de seu tempo, mesmo tendo se libertado das garras de um homem perverso e desonesto com que foi obrigada a casar pelo pai. E mesmo com o final feliz, cujos discursos moralizantes questionam a sociedade (liberal e burguesa) que se anunciava, a mulher continuará sendo julgada e legislada por um corpus jurídico instituído pelos homens. A dramaturga em destaque via na escravidão e na subjugação das mulheres um entrave para o progresso social brasileiro, não compartilhando, portanto, da mesma visão (escravocrata) de José de Alencar, que defendia a permanência da escravidão, ou sua eliminação natural através de uma revolução dos costumes. Em *Cartas a favor da escravidão*, por exemplo, Alencar já veiculava ideias que de algum modo antecipavam as de Gilberto Freyre sobre as vantagens do convívio entre senhores e escravizados.

Já *Leonor de Mendonça*, de Gonçalves Dias, obra considerada por alguns especialistas como a mais significativa do romantismo brasileiro, é tecida em tons bastante melodramáticos. Na peça, os protagonistas — Leonor e Alcoforado, formando a dupla que simboliza a mulher e o jovem — são impedidos de serem felizes. Aqui, o que se tem é uma sociedade voltada aos mais velhos, misógina e patriarcal, determinando o viver das personagens. Como tem sido costume apontar, *Leonor de Mendonça* teria inspiração em *Otelo*, de Shakespeare. Entretanto, ainda que algumas comparações sejam possíveis, na introdução da edição original, Gonçalves Dias indica quais foram os argumentos de que lançou mão para a concepção da obra. Ali o autor afirma que Otelo ama Desdêmona e a mata "por amor", induzido pelo ciúme pelas mãos de um antagonista manipulador que o inveja e que almejaria seu fim. Na peça de Gonçalves Dias, d. Jaime não ama Leonor, e, ao assassiná-la, livra-se da esposa (talvez nem importasse a suposta traição dela) para se ver livre do compromisso de casamento, um estorvo que fora obrigado a contrair, tendo que deixar de lado a vocação de religioso. Por isso, d. Jaime é um homem amargo, violento e covarde, cuja trajetória de vida é repleta de tragédias pessoais. Em contrapartida, o jovem e apaixonado Alcoforado surge na vida de Leonor como alguém que a trata bem, que é gentil, traços de comportamento que d. Jaime jamais manifestara. Apesar de Alcoforado representar o arquétipo do homem romântico, Leonor, possivelmente prevendo algum final trágico para o jovem, tem forças para rejeitá-lo. Por meio de uma atitude escapista, e em razão de saber que não poderá ser feliz ao lado da mulher que ama, Alcoforado deseja partir para a África. Leonor o ajuda e o incentiva em tal intento.

Fundamentado em características estéticas do romantismo, Gonçalves Dias constrói de forma bastante elaborada a ambiguidade dos sentimentos de Leonor.

Trata-se, portanto, de um drama escrito por um poeta que, contemporaneamente, vai representar a estirpe mais tradicional do romantismo ufanista e indigenista, que engendrava um projeto de construção identitária de nação. No entanto, por ater-se a proposições estéticas de seu tempo, Gonçalves Dias construiu um drama romântico que passa ao largo desses assuntos. Em *Leonor de Mendonça*, a protagonista tem a mesma densidade psicológica de outras grandes personagens femininas da literatura, como Madame Bovary ou Anna Kariênina. Assim, a questão da traição é apresentada não só como possibilidade fantasiosa, como ocorre em *Otelo*, mas como algo que realmente poderia ter acontecido entre Leonor e Alcoforado. Nas entrelinhas, e de acordo com Décio de Almeida Prado em *O drama romântico brasileiro*, Gonçalves Dias constrói um drama que tem densidade psicológica característica dos romances realistas.

Em *Leonor de Mendonça*, a protagonista é tecida com maestria. Há uma história de amor aberta, indefinida e interrompida. Leonor não traiu, mas confessa sentir um amor de irmã ou de mãe por Alcoforado (jovem de origem humilde enamorado da nobre senhora). Entretanto, em alguns breves momentos da peça e de modo bastante tímido em diálogos com sua ama Paula, a personagem bem construída pelo autor, demonstra se esquivar de um sentimento confuso, lutar contra seus próprios pensamentos e, desse modo, faz saltar do texto a sugestão de que o amor e a fraternidade poderiam se esbarrar, confundindo os sentimentos, mesmo não nomeados, não revelados ou sequer refletidos. Como afirma Décio de Almeida Prado sobre a obra:

> Mas a simplicidade de suas linhas, desembaraçadas de ornamentos, parece remeter ao mais puro classicismo, enquanto

a sua rara capacidade de penetração psicológica e a sua tão clara percepção social fazem-nos recordar de preferência o realismo — não o realismo teatral brasileiro, carregado de moralismo, mas aquele realismo que iria triunfar em 1857, com a publicação de *Madame Bovary* de Flaubert.

Leonor de Mendonça não foi censurada pelo Conservatório Dramático, como acontecera com *Beatriz Cenci*, peça anterior de Gonçalves Dias. À época, esse era o órgão responsável por decidir sobre o que poderia ou não ser encenado no Brasil, seguindo critérios moralizantes aos moldes da École du Bon Sens, que durante certo período da história do teatro parisiense foi a instituição que determinava quais produções receberiam ou não incentivos financeiros do Estado francês. Mas se na França a classe hegemônica (a burguesia) já havia feito sua luta emancipatória a partir da Revolução Francesa, no Brasil ainda vigorava um regime monárquico atrasado, onde o imperador gozava de plenos poderes. A censura moralizante do Conservatório Dramático, localizado no Rio de Janeiro, capital do Império, caracterizava-se como uma forma provinciana de emular alguns valores de "bons costumes" e com a intenção de constituir, assim, um teatro nacional oficial.

Leonor de Mendonça se passa em Portugal, em 1512, sob o reinado de d. Manuel. A peça, desprovida da chamada "cor local", fora recusada pela Companhia de João Caetano, mesmo sem ter sofrido censura alguma. A essa época, João Caetano quase não representava mais dramas nacionais (suspeita-se que a recusa se deva ao fato de o drama ser protagonizado por uma personagem feminina). De qualquer modo, a obra, mesmo não sendo ambientada no Brasil, tocava num ponto nevrálgico da moral, tanto aristocrática quanto burguesa, com a tese de que o casamento era uma instituição que subjugava as mulheres ao poderio dos homens. Se para a burguesia já vigorava o discurso do casamento por amor e não por contrato, promovendo a ascensão social pelo mérito pessoal, bons valores e boas relações, a peça em destaque, escrita em 1846, ambientava-se num contexto em que a classe dominante era a aristocracia. O recuo histórico provavelmente tenha se devido a certa busca de formação do Estado nacional português, e com uma burguesia que, no Brasil, também estava ainda se formando. Nesse cenário, o casamento e a constituição da família em moldes liberais reconfiguravam (ainda que contraditoriamente) a mulher, delimitada por suas reais virtudes ou por seus defeitos humanos.

Nas três obras até aqui citadas, as mulheres têm função de protagonistas em sociedades injustas, coercitivas e desiguais. Já em *Antonio José ou O poeta e a Inquisição*, de Gonçalves de Magalhães, a questão fundante (e sempre ancestral) refere-se à intolerância religiosa. A peça, escrita em 1836, trata de uma história verídica. O dramaturgo-protagonista Antonio José da Silva, "o Judeu", nascido no Rio de Janeiro em 1705, foi obrigado a migrar ainda criança para Portugal, acompanhando sua família condenada por judaísmo, tendo se safado em seguida dessa primeira acusação. Entretanto, muitos anos depois, em novo julgamento e sob a mesma acusação, ele foi condenado pelo "crime" de práticas judaizantes. Em 1739, em Lisboa, Antonio José foi queimado vivo em praça pública, num auto de fé. Essa peça de Gonçalves de Magalhães, considerada a primeira obra romântica brasileira, apresenta alegoricamente as tentativas de extermínio de um outro povo e de uma outra crença religiosa.

As manifestações de extermínio real aparecem também de outras formas — não tão explícitas mas igualmente contundentes — em *Macário*. O protagonista, espécie de alegoria da juventude, tem sua vida mediada por interdições impostas pelo velho (gerocentria), que lhe impede de viver de acordo com seus desejos e necessidades. Nessa perspectiva, a existência se caracteriza em fado, em tédio, em falta de sentido. Álvares de Azevedo compõe como ninguém — em razão de suas criações diferirem de seus conterrâneos românticos, com exceção talvez do "maldito" Sousândrade — um romantismo visceral ao estilo de Lord Byron, em detrimento de uma chamada "cor local". O autor defendia uma dramaturgia não aterrada à nacionalidade, sem orgulho e devoção aos valores da tradição. Dele, incluímos nesta antologia *Macário* e *Noite na taverna*. Ainda que seja uma novela e não um texto teatral, *Noite na taverna* encontra-se aqui inserida pelo caráter de continuidade a *Macário*.

Em seu estudo sobre Álvares de Azevedo ("A educação pela noite"), Antonio Candido afirma que em *Macário* a ação dramática ocorre de forma descontínua, sendo substituída pela conversação. No processo dialógico, o debate de ideias se desenvolve inicialmente entre o estudante em viagem, chamado Macário, e um desconhecido que aparece na estalagem, apresentado como Satã. Um mistério se estabelece. Macário reconhece, mesmo de modo vago, já ter visto o desconhecido. Este (Satã) o aborda, num jogo de sedução e manipulação. Satã evoca alegorias abstratas do encontro dos dois. Conversam sobre o amor. Macário expõe sua visão desidealizada. Para o estudante, a verdadeira pureza e virgindade se manifestariam no seio da prostituta. Dessa forma, o autor depreende um olhar problemático, em que a idealização e a realidade conflitantes seriam percebidas entre a pureza e a perdição, entre o insaciável da paixão e o tédio, decorrentes do chamado "mal do século" que impregnava os poetas da época.

Logo após o primeiro lance de ideias, Satã se apresenta e convida Macário (depois de uma grande bebedeira) a acompanhá-lo em viagem a uma cidade misteriosa, não nomeada, mas que se trata de São Paulo. A dupla de personagens, assim como o convite feito (ao saciar dos desejos), assemelha-se a Fausto e Mefistófeles, do icônico *Fausto*, de Goethe. Em nova contenda, eles são contrastados pela exposição conversativa de argumentos, bastante delineados, entre o "mal" e o "bem", o lugar conflitante entre a moral, o seguro, a salvação entediante e a perdição tentadora, o excesso, o imoral... Mas aqui, diferente do *Fausto*, não há negociações entre Deus e o Diabo, nenhum jogo, nenhuma aposta. Entretanto, há um momento em que Macário esconjura Satã. Ao acordar de um pesadelo em um cemitério, levado que fora por Satã, Macário lembra-se de uma mulher que toma cadáveres rejeitados e que, segundo Satã, se trata da mãe moribunda do estudante, ao que este lamenta profundamente. Em um salto espaçotemporal um tanto quanto ilógico, agora na Itália, entra em cena a figura de Penseroso, amigo de Macário. Ele se contrapõe a Satã, apresentando a Macário um lado bom da vida, da idealização do amor, da crença na bondade. Apaixonado, Penseroso acaba por suicidar-se, pensando erroneamente não ser correspondido pela amada. Macário se reaproxima de Satã. Ao final, pela porta de uma taverna, pode-se espiar a cena que vai acontecer lá dentro, e por meio da qual nascerá a novela *Noite na taverna*.

Como afirma Antonio Candido, *Macário* personifica "a invenção literária da cidade de São Paulo [...] que Álvares de Azevedo instaurou como espaço ficcional". Ainda a partir das observações do professor Candido:

> O noturno aveludado e acre do *Macário* suscitou a noite paulistana como tema, caracterizado pelo mistério, o vício, a sedução do marginal, a inquietude e todos os abismos da personalidade. Tema que fascinou gerações numa dimensão quase mitológica, repontando em muitos poemas de Mário de Andrade e, nos nossos dias, em sambas de Adoniran Barbosa e Paulo Vanzolini, filmes de Walter Hugo Khouri, quadros de Gregório Correia, contos de João Antônio.

A partir de tais aproximações, poderíamos acrescentar (por que não?) algumas imagens do poema "Praça da República dos meus sonhos", de Roberto Piva:

A estátua de Álvares de Azevedo é devorada com
[paciência pela paisagem
de morfina
a praça leva pontes aplicadas no centro de seu corpo
[e crianças brincando
na tarde de esterco
Praça da República dos meus sonhos
onde tudo se faz febre e pombas crucificadas
onde beatificados vêm agitar as massas
onde García Lorca espera seu dentista.

O chamado "mal do século" romântico de Byron e Musset, ou o posterior *spleen* simbolista de Baudelaire, está impregnado na obra de Álvares de Azevedo, e podemos dizer que, no Brasil, essa tradição estética tem o poeta como um de seus introdutores.

Em *Noite na taverna*, Álvares de Azevedo compõe uma novela bastante teatral, cuja estrutura narrativa está dividida em cinco episódios, desenvolvidos por meio de diálogos aparentes. Normalmente, quando alguém se encontra em estado ébrio, os diálogos obedecem a uma lógica interna; portanto, mesmo estando em grupo, fala-se para si e responde-se àquilo que venha de outra pessoa, tal como se entendeu a mensagem. Nessa dinâmica noturna, cinco libertinos (Solfieri, Bertram, Gennaro, Claudius Hermann e Johann) contam anedotas e histórias fantásticas que envolvem os mais variados fetiches e perversões. Esses "cavaleiros do apocalipse" divertem-se com assuntos ligados ao incesto, à necrofilia, à pedofilia, à repugnância (que concerne aos crimes familiares). É uma orgia em cenário teatral potente. O último filme de Pier Paolo Pasolini, *Salò ou Os 120 dias de Sodoma* (adaptação de 1975 do clássico controverso de Sade), com ênfase na cena final, manifesta de vários modos a criação de Álvares de Azevedo.

A partir de terminologias mais contemporâneas, o

imaginário mirabolante de Álvares de Azevedo se estruturaria em criações distópicas — espaços caracterizados como não lugares, como negação dos saberes, das trocas, das possibilidades... Nessas paisagens sociais devastadas (e absolutamente reais), em que todo tipo de abuso ainda ocorre, os textos aqui coligidos manifestam, de diferentes maneiras, as arbitrariedades contra as mulheres, os jovens, a gente negra, a certas práticas religiosas...

No processo curatorial deste livro, tentou-se atender a um conjunto de reivindicações que permanecem atuais. Como já explicitado anteriormente, tendo em vista as influências sobretudo francesas que alimentavam a produção artística de elite no teatro brasileiro, procurou-se contemplar o romantismo (*Antonio José ou O poeta e a Inquisição* e *Leonor de Mendonça*), o realismo (*Mãe* e *Cancros sociais*) e o simbolismo (*Macário* e *Noite na taverna*). Antes de quebrar paradigmas, as obras aqui compiladas, de modos diferenciados, buscaram ater-se aos modelos de certa produção teatral de fora do Brasil. Rodrigo Morais Leite apresenta uma análise vigorosa sobre cada uma delas. Ler as ponderações críticas do professor Rodrigo também nos proporciona uma infinda alegria.

As obras selecionadas para este volume manifestam todo o valor que pode ser apreendido a partir de sua leitura, e também com relação àquilo que provocaram na continuidade da linguagem teatral. Criações do passado podem arejar as estruturas no presente. O contraste entre aquilo que foi concebido e o tempo em que se está a viver pode ajudar a reconfigurar as potências do pensar crítico. Que não se perca isso de vista.

Prefácio

Ascensão e queda do drama oitocentista brasileiro

RODRIGO MORAIS LEITE

Os cinco dramas que compõem esta antologia, cada qual escrito por um autor diferente, representam, à sua maneira, todo um projeto de se criar, no Brasil, uma dramaturgia voltada à estetização e problematização de questões ligadas à realidade do país. Impulsionada em primeiro lugar pela recém-conquistada independência política, momento-chave para a construção do Estado-nação brasileiro, e depois pela chegada, aos nossos palcos, do movimento romântico, trata-se de uma dramaturgia voltada ao debate de temas abrangentes, como por exemplo o "caráter nacional", tão caro à literatura brasileira romântica.

E não poderia ser de outro modo, visto que, ao se libertar do secular domínio português, a jovem nação brasileira ansiava, antes de tudo, autonomizar-se, isto é, criar uma imagem própria que não se confundisse mais com a da "pátria-mãe". Se inicialmente efetivou-se a independência econômica, com a abertura dos portos (1808), para depois, num segundo momento, sobrevir a independência política (1822), o passo seguinte seria a busca da independência estética.

Para que isso sucedesse, foi de fundamental importância a introdução do romantismo em nosso meio artístico, com toda a carga de particularismo e nacionalismo que lhe era peculiar. Ao se opor à estética neoclássica, universalista por excelência, o romantismo estabeleceu novos critérios acerca do que deveria ser considerado belo (ou não) no domínio das artes, sustentado em valores como a "cor local" ou o "característico". Em suma, num conjunto de valores implicados, no plano da representação, com um processo de singularização, seja do ponto de vista individual, seja do ponto de vista coletivo.

Decorreria daí sua decantada egolatria, bem como certa inclinação historicista, interessada em rastrear a genealogia e a ancestralidade dos povos. Contra a noção francesa universalizante de *civilisation* (civilização), o romantismo, de origem marcadamente alemã, interpunha o conceito de *kultur* (cultura), voltado aos aspectos que diferenciariam os seres humanos entre si. Em lugar do perene, do atemporal, conforme propugnavam os clássicos, viria o peculiar, o pitoresco.

Se é verdade que o sentimento nacionalista brasileiro antecede ao advento do romantismo entre nós, também é certo que o romantismo, uma vez aqui instalado, adequou-se com perfeição aos propósitos patrióticos aflorados com a emancipação política e o efetivo rompimento com Portugal. Como afirma Antonio Candido, em seu clássico estudo *Formação da literatura brasileira*, "teoricamente, o nacionalismo independe do romantismo, embora tenha encontrado nele o aliado decisivo" (Candido, 1975, p. 14).

Mesmo admitindo que nem todo o movimento romântico se atrela às correntes nativistas da arte nacional — ciosa em expressar, ainda que de maneira um tanto vaga, os aspectos que confeririam uma identidade à jovem nação americana —, com ele se consolida no Brasil o projeto de uma "literatura empenhada". De acordo com Candido, autor do conceito, a literatura que se forjou no Brasil, mais do que representá-lo na forma de romances, poemas ou peças teatrais, assumiu a missão histórica de contribuir para a construção do país, conferindo-lhe uma base intelectual própria. Uma literatura vista, enfim, como elemento de autoconsciência nacional.

No que concerne a esta antologia, dedicada ao drama oitocentista, tem-se uma pequena amostra dos esforços empreendidos pela elite brasileira de então — meio aristocrática, meio burguesa — no sentido de introduzir, como pilares na construção de um teatro nacional, os gêneros teatrais mais reputados dentro de sua escala de valores. Produzido numa época em que a queda do Antigo Regime ainda não se completara, marcada pela decadência da aristocracia e pela ascensão da burguesia, em tal acervo se percebe, de maneira correlata, a decadência da tragédia e a ascensão do drama, cada qual representando, respectivamente, a classe de que advém, em termos estéticos e ideológicos.

No caso brasileiro, o ponto de inflexão entre as duas escolas encontra-se na primeira peça que compõe esta coletânea, *Antonio José ou O poeta e a Inquisição*, de Gonçalves de Magalhães, obra essencialmente híbrida por não se enquadrar por completo em nenhuma das formas exemplares consagradas pelo neoclassicismo (a tragédia) e pelo romantismo (o drama).

Misto de tragédia e drama histórico, a *Antonio José* sucedem outras duas peças também incluídas na esfera romântica, embora pertencentes a vertentes menos compromissadas, de certa forma, com as questões identitárias, tão ligadas ao movimento. São elas: *Leonor de Mendonça*, de Gonçalves Dias, um drama lírico, e *Macário*, de Álvares de Azevedo, um drama fantástico.

As peças subsequentes, que encerram a compilação, já não são tributárias dos cânones românticos, pois se inserem nos moldes instituídos pelo realismo, estética que se posicionou como a antípoda natural do romantismo. *Mãe*, de José de Alencar, e *Cancros sociais*, de Maria Angélica Ribeiro, são exemplares bastante representativos das mudanças pelas quais a forma do drama vivenciou na passagem de uma escola a outra.

Apesar da manutenção do compromisso social, na medida em que a dramaturgia realista também se mostrava disposta a adentrar no debate em torno da nacionalidade e do "ser brasileiro", a maneira como isso se manifestou formalmente — e ideologicamente — foi muito diferente em comparação com a dramaturgia romântica.

Para estudiosos de matriz marxista, atentos a questões ligadas ao materialismo histórico e à luta de classes, como Iná Camargo Costa, o projeto de dotar o teatro nacional de uma dramaturgia dramática, isto é, baseada no drama burguês, seria um projeto fracassado. Isso porque, contrariando as expectativas de praticamente toda a elite intelectual da época, a tradição que de fato perseverou ao longo da história, fincando raízes profundas em nossos palcos, é a da comédia popular, em especial o modelo instituído por Martins Pena consubstanciado na forma da comédia de costumes.

Até mais ou menos 1865, por motivos que serão esclarecidos adiante, o teatro brasileiro girou em torno do drama, primeiro em sua versão romântica, depois em sua versão realista. Um pouco mais tarde, quando certos gêneros musicados de teatro começaram a dominar a cena nacional, sua sorte se alteraria drasticamente. A partir de então, embora ele jamais tenha desaparecido de nosso horizonte teatral, perpassando o naturalismo e o simbolismo, pode-se afirmar, com algumas ressalvas, que a chama de um teatro literário, grave, dramático, conforme ansiava a intelectualidade nativa, só voltaria a brilhar com o advento do modernismo teatral, cujas primeiras manifestações no Brasil datam de 1922, o mesmo ano da Semana de Arte Moderna.[1]

Em verdade, mais do que a ausência de uma tradição, algo que não se verifica pelas razões acima mencionadas, o que de fato incomodava a elite brasileira oitocentista e novecentista dizia respeito principalmente à hipotrofia do drama em comparação com os gêneros cômicos, musicados ou não. Enquanto estes monopolizavam, em certo sentido, os palcos nacionais, atraindo a atenção da maior parte do público e, por extensão, das companhias profissionais, cujos esforços para eles se voltavam, o drama foi, aos poucos, se "marginalizando".

Na prática, isso significa afirmar que o teatro dramático, de 1865 em diante, ou era encampado somente por companhias especializadas no gênero, abnegadas a ponto de não desistirem dele apesar dos riscos econômicos, ou então, quando muito, em certas ocasiões especiais, que exigiriam a presença de um teatro considerado mais "elevado", ele comparecia com o propósito de abrilhantá-las.

Mas, afinal, por que o drama era e ainda hoje é visto por muitos como um gênero superior, de cujos destinos dependeriam a sorte (ou o azar) do teatro brasileiro? Isso se dá, entre outros motivos, por razões epistemológicas. Analisando os argumentos arrolados por muitos estudiosos que se detiveram em algum momento sobre esse tema, dois reclames são recorrentes, um relacionado ao outro. O primeiro tem a ver com o fato de o drama ser um gênero deveras "literário", sustentado, portanto, na força da palavra, transmitida por intermédio dos diálogos intersubjetivos. Em se tratando de uma forma essencialmente verbal, cuja apreciação pode se dar pela via exclusiva da leitura, de modo a dispensar sua materialização cênica, ela se voltaria mais para o intelecto do que para os sentidos, ou, em outras palavras, mais para o despertar da razão do que para o aguçar das emoções.

À parcela "sentimental" de nosso sistema cognitivo, ligada ao que se costuma designar de *estesia*, se destinariam os gêneros dramatúrgicos e teatrais caracterizados pela espetacularidade, devido à maior importância conferida à cena (em termos plásticos, sonoros e de teatralidade) do que a um texto prefigurado na forma de uma peça. São gêneros como, por exemplo, a revista de ano, o melodrama, a mágica, a opereta, a farsa e outros mais. Origina-se daí, basicamente, o ancestral preconceito de que são vítimas, na medida em que, por se dirigirem aos "instintos inferiores",[2] eles se colocariam em um patamar rebaixado na comparação com o drama e seus congêneres mais prestigiados.

Aqui entra a questão do segundo reclame acima aludido. De acordo com tal raciocínio, a superioridade do drama seria devida à sua maior capacidade de perscrutar a realidade e, por conseguinte, produzir conhecimento, ao oferecer uma visão mais ampla, no universo da literatura teatral, acerca do mundo e do ser humano. Numa comparação com a pintura, no drama se perceberia uma sobreposição do desenho (o *logos*) às cores (as sensações), fator preponderante para sua sobrevalorização, demasiado amparada numa certa noção de logicidade que, mesmo possuindo raízes remotas, se solidificou principalmente no século XVII, auge do desenvolvimento das teorias neoclássicas de composição dramatúrgica.

Trazendo o debate para o caso brasileiro, os esforços empreendidos na construção de um "teatro nacional" — capaz de representar, com a máxima potência possível, tanto o sujeito quanto a sociedade que aqui se forjaram — deveriam necessariamente, sob esse ponto de vista, privilegiar o drama, tido como a forma mais habilitada para tal. Se, portanto, após a explosão dos gêneros cômicos e musicados, os laços com ela foram se perdendo, só se poderia mesmo lamentar essa perda, encarada como deletéria, antes de tudo, por inibir a capacidade representativa de nosso teatro.

O período abarcado por esta antologia, que vai de 1838 a 1865, compreende precisamente aquele em que o drama nasceu e se desenvolveu no Brasil. Trata-se, em resumo, da fase áurea desse gênero em nosso meio teatral, aquela que, vista em retrospecto, será interpretada por muitos críticos e pesquisadores como o melhor momento da história do teatro brasileiro, numa típica ação de avaliar o todo atendo-se somente a uma de suas partes.

Antonio José ou O poeta e a Inquisição

A primeira dessas obras, *Antonio José ou O poeta e a Inquisição*, não à toa abre o volume, já que é tida, pela maioria dos intérpretes de nosso passado cênico, não apenas como o drama inaugural do romantismo teatral brasileiro, mas também a peça fundadora do próprio teatro nacional. Tal valoração, como não poderia deixar de ser, possui aspectos controversos, comuns em casos assim, de atribuições tão peremptórias.

Concluída em dezembro de 1836, quando seu autor se encontrava na Bélgica, e estreada no Rio de Janeiro em 13 de março de 1838, *Antonio José ou O poeta e a Inquisição* veio à tona, enquanto espetáculo, oito anos depois da rumorosa temporada do *Hernani*, de Victor Hugo, e onze anos após a publicação do "Prefácio do Cromwell", dois momentos capitais na conformação do romantismo teatral francês.[3]

Domingos José Gonçalves de Magalhães, médico fluminense de formação clássica, aproveitando-se de uma estadia de quase quatro anos na Europa (de 1833 a 1837), parece ter sido o homem premeditado a empreender a transição, no universo da literatura e do teatro brasileiros, entre o classicismo e o romantismo.

No primeiro caso, graças ao livro *Suspiros poéticos e saudades*, coletânea de poemas publicada por Gonçalves de Magalhães em 1836, em Paris, e usualmente apontada como o marco inicial do romantismo entre nós, por abandonar as referências à mitologia greco-romana, traço característico da poesia árcade, e aderir a um certo "medievalismo patriótico" de autores como François-René de Chateaubriand, Alessandro Manzoni e Alphonse de Lamartine.[4]

No segundo caso, graças ao grande sucesso obtido por sua primeira peça teatral de maior envergadura,[5] representada no Teatro Constitucional Fluminense pela companhia de João Caetano, ator que se tornaria, com o passar dos anos, uma das mais destacadas figuras do teatro brasileiro do século XIX.

No período em que esteve na Europa, e mais especificamente em Paris, Gonçalves de Magalhães teria tomado contato com o romantismo, em sua vertente teatral, por intermédio de montagens levadas a cabo nos teatros parisienses da época, bem como pela leitura de peças românticas francesas impressas. *Lucrécia Bórgia*, *Maria Tudor* e *Ângelo*, de Victor Hugo, *Andrea del Sarto* e *Lorenzaccio*, de Alfred de Musset, e *Chatterton*, de Alfred de Vigny, seriam algumas das (possíveis) obras assistidas ou lidas por Gonçalves de Magalhães entre 1833 e 1837, período em que o romantismo teatral francês se encontrava no auge do seu vigor.

O papel histórico atribuído a *Antonio José ou O poeta e a Inquisição*, embora não se trate de uma unanimidade entre os historiadores, é algo que foi sendo construído ao longo do tempo, por mais que sua primeira encenação — seguida de sua publicação em livro um ano depois — tenha repercutido nos meios intelectuais de então.

Ainda que Gonçalves de Magalhães tenha proclamado para si, no prefácio que acompanha a primeira edição da peça, o protagonismo na introdução do romantismo nos palcos brasileiros, ele denominou sua obra como uma tragédia, algo completamente paradoxal, visto que o drama romântico foi criado justamente como forma de oposição à tragédia neoclássica, com toda sua pompa e suas normas de composição ancestrais. Apesar de tanto a tragédia como o drama se inserirem na ordem dos "gêneros nobres", e portanto aptos a figurar nos estudos históricos, a categorização proposta por Gonçalves de Magalhães é mais uma das muitas contradições presentes em *Antonio José*, configurada, conforme se lê no aludido prefácio, "entre o rigor clássico e o desalinho romântico" (Faria, 2001, p. 327).

No tocante à forma, *Antonio José ou O poeta e a Inquisição* é clássica "da cabeça aos pés", com seus diálogos versificados, o seu decoro, a concentração da ação no tempo e no espaço, a divisão em cinco atos e o número reduzido de personagens. Para não afirmar que todas as regras prescritas pela poética clássica foram seguidas à risca por Gonçalves de Magalhães, ressalve-se que, entre o segundo e o terceiro atos, a unidade de espaço é quebrada, no momento em que a ação sai da casa de Antonio José e se desloca para a casa do conde de Ericeira. Já no quinto ato, além da unidade de espaço, a unidade de tempo também é quebrada, quando nos são apresentados os instantes finais da vida do herói.

E onde estariam, cabe questionar, os elementos românticos, aqueles que deveriam inscrever a peça dentro de uma ótica nacionalista e identitária? Em seu conteúdo, sem dúvida. Mas nessa seara é imperioso tecer uma série de considerações para que se compreenda em que medida *Antonio José* é uma peça romântica.

Como está estampado em seu título, a tragédia trata da história de Antonio José da Silva, conhecido pela alcunha de "o Judeu", devido à sua ancestralidade semita. Nascido no Rio de Janeiro em 1705, Antonio José deixou o Brasil em outubro de 1712, quando tinha apenas sete anos de idade, para nunca mais voltar. Mudando-se com toda a família para Lisboa, na capital do reino ele se formaria em direito e, mais do que isso, se tornaria um comediógrafo de sucesso, autor de oito peças denominadas de "óperas joco-sérias", todas encenadas, a seu tempo, no Teatro do Bairro Alto. Por conterem certos recursos conhecidos pelo nome de "tramoias", como aparições súbitas e repentinas mutações de cena, essas óperas eram sempre montadas na forma de teatro de marionetes, com bonecos feitos de cortiça e movidos por arames.

O número de obras escritas pelo autor teria sido maior caso sua vida não tivesse sido ceifada tão cedo pelo odioso Tribunal da Inquisição, instituição que desde os tempos de Brasil o perseguiu, a ele e à sua família (basta informar, a esse respeito, que seus pais foram transladados para Portugal presos, acusados do crime de apostasia). Em 1739, aos 34 anos, Antonio José, após dois anos de encarceramento, foi garroteado e depois queimado no "campo de lã" de Lisboa, numa cerimônia pública conhecida pelo nome de auto de fé, na qual estiveram presentes o rei d. João V e a família real portuguesa.

Apesar dos anátemas proferidos pela Igreja, que mantiveram o nome do Judeu numa espécie de limbo durante muitos anos, sua obra perseverou, tornando-se uma das mais significativas da dramaturgia portuguesa, ombreando-se à de autores como Gil Vicente ou Almeida Garrett, por exemplo. Já a sua inclusão na dramaturgia brasileira é assunto bastante controverso, em razão de Antonio José somente ter nascido aqui, realizando toda a sua carreira artística em Portugal. É importante ressaltar isso porque, para o leitor contemporâneo, compreende-se que a escolha de seu nome como o herói de uma peça pretensamente nacionalista soe como algo descabido ou mesmo sem sentido.

Ao que tudo indica, no tempo em que *Antonio José* foi composta, quando os laços culturais que nos ligavam à "pátria-mãe" ainda eram muito fortes, semelhante proposta temática não se apresentava como um problema. É a tese defendida por Ivete Huppes, em seu alentado estudo sobre a obra de Gonçalves de Magalhães, para cuja exposição é reservado um capítulo inteiro.

Ao decidir escrever uma tragédia inspirada na vida de Antonio José, Gonçalves de Magalhães, seguindo os passos dos primeiros escritores românticos, tinha em mente exaltar a figura do "gênio", isto é, do sujeito excepcional, dotado de talentos especiais que o diferenciariam dos demais. Tal distinção seria, ao mesmo tempo, a sua sorte e a sua desdita, pois os mesmos atributos que costumam gerar admiração e respeito também geram, por outro lado, inveja, despeito e incompreensão, fazendo com que os seus portadores paguem um alto preço por eles, na forma de algum tipo de marginalização social.

Embora a ideia de "gênio" e "genialidade" não tenha origem no romantismo,[6] não há dúvida de que a estética romântica, muito voltada aos aspectos interiores do ser, propensos à expansão do ego (egolatria) e à afirmação do indivíduo (individualismo), coadunou-se bem com ela. Ademais, antevendo na genialidade individual a projeção de uma genialidade maior, de cunho coletivo, o romantismo encarava a figura do gênio como uma individualidade mais expressiva, habilitada a exprimir, por indução, a genialidade de todo um povo (o "gênio nacional"). Na feliz síntese desenvolvida por Roberto Schwarz, em um de seus mais agudos ensaios, "a correspondência romântica entre o heroísmo do indivíduo, a realização da grande obra e a redenção da coletividade" (Schwarz, 1987, p. 35).

Antonio José da Silva, bem ou mal, era uma personagem que se prestava a esse papel, pelo seu grande talento cômico e também pela sua malfadada biografia. Em 1836, ano em que Gonçalves de Magalhães escreveu a peça, as informações a respeito do Judeu eram ainda muito escassas, não obstante haver um crescente interesse em torno de seu nome, motivado, talvez, pelo fim então recente do Tribunal da Inquisição, em 1821.

Lidando com dados muito sumários acerca do herói, ele contou com bastante liberdade para conferir à obra o tratamento que lhe convinha, interessado principalmente nas últimas horas vividas pelo comediógrafo antes de ser preso pela Inquisição. É possível imaginar, caso a biografia do Judeu fosse mais conhecida naquele tempo, que Gonçalves de Magalhães, mesmo valendo-se da necessária liberdade poética demandada por assuntos de fundo histórico, alteraria alguns elementos presentes na trama, dentre os quais, por exemplo, a conformação das personagens secundárias.

Antonio José, que na peça aparece solteiro, era na verdade casado com uma cristã-nova chamada Leonor e pai de uma menina chamada Lourença. Além disso, diferentemente do que é mostrado, a prisão que o levou ao cadafalso não foi a primeira em sua vida: antes dela houve um outro encarceramento, que atingiu a ele e a vários membros de sua família.

Afora essa questão do gênio individual que carregaria, em si, o gênio de todo um povo, a peça de Gonçalves de Magalhães também se aproxima do romantismo pela defesa que faz de alguns princípios liberais, especialmente a meritocracia e a tolerância religiosa. Nesse sentido, nunca é demais lembrar da famosa sentença de Victor Hugo, estampada no prefácio do *Hernani* (1830), segundo a qual o romantismo seria o liberalismo na literatura.[7]

Em um estudo dedicado às tragédias de Gonçalves de Magalhães, Mariângela Alves de Lima observa que essa espécie de "liberalismo insubstancial", presente em obras como *Antonio José ou O poeta e a Inquisição*, "que namora o mito da liberdade sem ter encontrado a expressão política que a corporifica, permeia todo o movimento romântico europeu" (Lima, 2005, p. 23).

Eis aí algumas ponderações que explicam a inclusão de *Antonio José* na categoria de obra romântica, apesar dos pesares. O prestígio adquirido pela peça ao longo dos anos, ainda que restrito a uma elite intelectual, lhe garantiria uma respeitável fortuna cênica, pois, além de fazer parte do repertório de João Caetano entre 1838 e 1860, *Antonio José* marcou presença em nossos palcos até pelo menos 1898, em montagens realizadas por companhias de menor porte.[8]

Leonor de Mendonça

Leonor de Mendonça, do ponto de vista formal, não apresenta o mesmo ecletismo observado na obra anterior, pois se trata de um autêntico drama romântico. Escrita em 1846, quando o romantismo teatral já se enraizara um pouco mais no Brasil, sua confecção não é, contudo, a do drama histórico, gênero diretamente associado ao "romantismo social" em razão de seus aspectos nacionalistas e identitários.

Estruturalmente, a peça se aproximaria mais de um outro gênero, também de matriz romântica, que poderia ser classificado como "drama lírico". Se, no drama histórico, sobressaem os aspectos épicos da escritura dramatúrgica, calcados numa certa narratividade que procura conciliar, em distintos planos, temas ficcionais com outros de fundo histórico, no drama lírico o peso recai impreterivelmente para o lado da expressividade individual. Nele, mais do que contar uma história bem urdida, que quase sempre se estende num amplo espectro temporal, o importante é a expressão de um certo "estado de alma", centrado na figura do artista-criador.

Para a composição de sua principal peça teatral, Gonçalves Dias recorreu a uma história real: o assassinato, ocorrido em 1512, de d. Leonor de Mendonça, morta pelas mãos de seu marido, d. Jaime, aristocrata pertencente à Casa de Bragança — a mesma que, em 1640, assumiria o trono de Portugal. Esse feminicídio, que teve lugar na cidade portuguesa de Vila Viçosa, teria sido motivado por falsas aparências de adultério em relação à esposa, vítima inocente do ciúme doentio do marido.

Embora Gonçalves Dias, no prefácio que acompanha a primeira edição da obra, de 1847, não dê detalhes sobre as fontes de que se apropriou, acredita-se que a principal delas foi um curto romance histórico chamado *A duquesa de Bragança*, publicado anonimamente em 1838 pela *Revista Literária*, na cidade do Porto. A data da publicação coincide com o ano em que Gonçalves Dias iniciou seus estudos em Portugal, primeiro no Colégio de Artes de Coimbra e depois na Universidade de Coimbra, ingressando no curso de direito.

Ao tomar contato com o teatro europeu em seu tempo de estudante universitário, sobreveio-lhe a vocação de dramaturgo. Ainda na antiga metrópole, o escritor maranhense concebeu suas primeiras peças teatrais: *Patkull* e *Beatriz*

Cenci, redigidas entre 1843 e 1845. *Leonor de Mendonça*, sua terceira obra dramática, veio à baila quando Gonçalves Dias já retornara ao Brasil, após concluir (parcialmente) os estudos.[9]

Uma vez estabelecido no Rio de Janeiro, a primeira providência por ele tomada foi submeter *Beatriz Cenci* ao Conservatório Dramático, instituição responsável à época pela censura de obras dramatúrgicas.[10] Embargada para fins de encenação, fato que gerou uma enorme decepção ao autor, ele voltaria à carga, no mesmo ano (1846), com *Leonor de Mendonça*, aprovada por aquele órgão sem maiores restrições.

De posse do parecer, Gonçalves Dias iniciou um périplo para conseguir encená-la na corte, mas não obteve êxito. Sua intenção, totalmente compreensível, era que João Caetano, tido como o principal ator dramático de então, montasse a peça, assumindo o papel de d. Jaime, cujo perfil sombrio e furibundo seria uma plataforma perfeita para o seu talento histriônico, próprio da estética romântica. Mas João Caetano, como quase sempre acontecia ao se deparar com textos brasileiros, não se interessou pela montagem, fazendo com que *Leonor de Mendonça* permanecesse inédita nos palcos do Rio de Janeiro durante muito tempo, e seu criador jamais a visse encenada.[11]

Essa segunda decepção com a dramaturgia parece ter calado fundo na alma do poeta, pois ele só retornaria ao gênero em 1850, para nunca mais retomá-lo, com a composição de *Boabdil*, sua quarta e última peça. Das quatro, *Leonor de Mendonça* é tida como a melhor, por inúmeros motivos. Mais do que isso, segundo uma gama considerável de comentaristas, esse drama de Gonçalves Dias é apontado, sem meias palavras, como a maior obra-prima da dramaturgia brasileira do século XIX, ou, quiçá, de toda a sua história.

De todos os estudos que lhe foram dedicados, o mais consagrador, no sentido de referendar semelhante juízo, talvez seja "Leonor de Mendonça: Amor e morte em Gonçalves Dias", de Décio de Almeida Prado, longo ensaio totalmente devotado à peça, no qual o autor se esmera na composição de uma "crítica biográfica", interessada, pois, na identificação das relações existentes entre a vida e a obra dos escritores.

Reportando-se a inúmeras fontes, Prado desenvolve uma análise tida por ele mesmo como ousada, arrolando os liames que atrelariam certos traços de caráter do dramaturgo às personagens principais do drama: Leonor de Mendonça, a esposa infeliz e imprudente; d. Jaime, o marido atormentado e cioso em demasia de sua origem nobre; e Antônio Alcoforado, o enamorado entorpecido por sua paixão proibida, plenamente disposto a se sacrificar por ela. Seu objetivo, conforme ressalta em algumas passagens, não seria compor um exaustivo painel sobre a vida de Gonçalves Dias para, em seguida, apontar na peça elementos autobiográficos, mas, na verdade, demonstrar de que modo o autor conseguiu enriquecer a caracterização das personagens valendo-se de seus tormentos pessoais mais recônditos.

E quais seriam os caracteres que, espalhados em maior ou menor grau entre as personagens, o poeta romântico teria arrancado de seu substrato psicológico? Um deles, mais perceptível nos homens, seria a consciência profunda das distâncias sociais que separam, na peça, suseranos e vassalos, algo intrínseco a alguém que, advindo das classes subalternas, desde cedo se viu obrigado a exercer o papel inferior que lhe foi designado pela sociedade. Outro que se poderia lembrar diz respeito à orfandade precoce, um trauma infantil que, em intensidade variável, atinge e determina as ações das três personagens. Além desses, poderiam ainda ser citados o masoquismo, traço que se encontra na caracterização de d. Jaime, e a tendência mórbida de associar o amor à morte, uma das idiossincrasias de Antônio Alcoforado.[12]

Muito do lirismo anteriormente apontado em *Leonor de Mendonça* decorre dessa associação existente entre a obra e a vida de seu criador, traço, aliás, peculiar ao romantismo, em razão de seu forte caráter individualista, propenso aos rasgos pessoais e à exaltação do eu. Para o vate romântico, o verbo literário só adquiriria plena autenticidade quando crivado pela experiência e pela subjetividade de quem dele se apropria. Na prática, tal mentalidade só poderia repercutir mesmo em densa pesquisa lírica, alçando ao primeiro plano das consciências literárias a expressão de um *ponto de vista* confidencial acerca dos homens e das coisas. Mesmo na dramaturgia, gênero objetivista por excelência, no qual o sujeito que se exprime tende a desaparecer em favor do objeto exprimido, a contaminação desse lirismo romântico não poderia deixar de se fazer sentir.

No caso específico de *Leonor de Mendonça*, sua configuração lírica seria devida também, em grande parte, à influência exercida sobre Gonçalves Dias pelo *Chatterton* (1835), de Alfred de Vigny, uma das obras-primas da dramaturgia romântica francesa — influência, diga-se de passagem, vista como salutar, conquanto bem absorvida, a ponto de inspirar a composição de outra obra original de valor.

Em face de tantos atributos, caberia a esta altura perguntar: semelhante consagração crítica, há tantos anos repisada por estudiosos da literatura e do teatro, é correspondida, na mesma medida, pela consagração cênica, ou seja, pela frequência com que *Leonor de Mendonça* tem sido levada aos palcos brasileiros? Ao que tudo indica, não. Como aponta Luís Antônio Giron, em sua introdução ao *Teatro de Gonçalves Dias*,

> *Leonor de Mendonça* não tem gozado de popularidade nos últimos cinquenta anos. Pouco foi revivida, mesmo que nos anos 1990 tenha ocorrido no Brasil uma espécie de surto shakespeariano — e o drama de Gonçalves Dias é o que de mais inspirado pode haver na dramaturgia da língua portuguesa. (Giron, 2004, pp. 26-7)

Afiando-se nas palavras de Giron, seria conveniente interpor a seguinte questão: por que *Leonor de Mendonça*, em tese a maior obra-prima de nossa dramaturgia, é tão raramente encenada? Muitas hipóteses poderiam ser formuladas a esse respeito, ocupando páginas e páginas de densas análises teóricas acerca das relações entre texto e cena no teatro contemporâneo.

Acredita-se que a razão fundamental para explicar semelhante paradoxo tem a ver com certa aversão do teatro contemporâneo — a saber, de um teatro surgido, grosso modo, da década de 1980 para cá — às formas dramáticas tradicionais, que, como a própria expressão revela, estão subordinadas à estrutura do drama.[13] Isso significa que esse teatro mantém relações bastante tensas com a chamada "literatura dramática", aquela literatura previamente destinada à cena e corporificada na forma de peças teatrais.

Reivindicando a precedência absoluta (ou quase) da cena sobre a dramaturgia, o teatro contemporâneo tende a rejeitar, em graus variados, a primazia conferida ao texto pelas vertentes dramáticas, que se apoderam dele como uma unidade sobrecodificadora, a partir da qual todos os sentidos e significados devem emanar.

Em alguns casos, mais comumente nos grupos e companhias talhados na linguagem do teatro épico, um texto prefigurado, quando utilizado, não costuma operar, nos espetáculos, na condição de referência central e absoluta, espécie de "tecido simbólico" ao qual todos os elementos cênicos (luz, cenário, figurinos, direção, atuação etc.) precisam, de um modo ou de outro, se adequar. Servindo apenas como (mais) um dos elementos a compor o espetáculo ou como um disparador do processo criativo (que não precisa, ao final, remeter-se necessariamente ao seu ponto de partida), o texto teatral perde, em ambos os casos, sua atávica aura de sacralidade.

Em casos mais extremados, como nas estéticas teatrais ligadas à performance, também inseridas na contemporaneidade, a dramaturgia tradicional ou é simplesmente dispensada ou, na "melhor" das hipóteses, serve de pretexto para a conformação de obras cênicas radicalmente antidramáticas, pois ancoradas em componentes não verbais.

Por tais motivos, e por outros que também poderiam ser apontados, não é tão estranho assim que um drama como *Leonor de Mendonça*, fechado em si mesmo, plenamente autossuficiente do ponto de vista literário, desperte tão pouco interesse por novas encenações, ainda que adaptadas às convenções do teatro e às demandas do mundo atual. Uma delas, aliás, seria o papel da mulher na sociedade patriarcal, temática que se encontra presente, e de maneira latente, na peça de Gonçalves Dias.

Alguém poderia objetar, e com toda razão, que o teatro contemporâneo não é feito apenas de obras situadas nas linhagens acima descritas, e que o teatro dramático, malgrado o seu ar de tradicionalismo, também se inseriria nesse imenso "guarda-chuva" conceitual, se bem que de modo marginal, sob o rótulo, quase sempre pejorativo, de "teatrão". Embora mais utilizado para qualificar o mau teatro dramático, não é incomum vê-lo referindo-se indistintamente a qualquer trabalho que se inclua em tal gênero.

Nesse sentido, se para o verdadeiro "teatrão", isto é, para aquele teatro que se contenta com textos mais modestos em termos artísticos, *Leonor de Mendonça* seria uma obra sofisticada demais, e por isso desinteressante, mesmo para os grupos que se esmeram na produção de um teatro dramático "elevado", ela se revela, não há como negar, extremamente desafiadora.

Com seus longos diálogos, verdadeiros "bifes"[14] a ocupar páginas e páginas de texto corrido, dependendo da forma como são impressos, para que eles surjam no palco de maneira adequada, adaptados ou não, faz-se necessário um árduo trabalho de ensaio de mesa,[15] além de outros relacionados à dicção e à expressão vocal. Sem esses cuidados, os diálogos de *Leonor de Mendonça*, por mais belos que sejam no papel, dificilmente manifestariam toda a sua potência expressiva em cena, capaz de convencer e conquistar a plateia. Caso contrário, é possível depreender, a partir dos pressupostos apresentados, que *Leonor de Mendonça* provocaria no público a impressão de ser uma obra muito verborrágica, com todas as dificuldades de fruição e apreciação daí decorrentes.

E pesa também contra o drama gonçalvino a linguagem em que os diálogos foram escritos. Mesmo optando pela prosa em detrimento do verso, o que, teoricamente, conferiria ao texto uma dimensão mais natural, em consonância com a estética teatral romântica, trata-se de uma prosa rebuscada, arcaizante, que não foge tanto assim ao dialogismo pomposo peculiar à tragédia neoclássica, com as personagens, por exemplo, interagindo entre si quase sempre na segunda pessoa do plural.

Que esta antologia, por meio do seu prefácio, sirva de incentivo e, quem sabe, até como um desafio às novas gerações de encenadores brasileiros, aqueles a quem caberia, em última instância, a responsabilidade de retirar *Leonor de Mendonça* do limbo em que se encontra — deixando de lado, assim, a incômoda condição de "teatro de estante".

Macário e Noite na taverna

Macário (1855), de Álvares de Azevedo, não padece dos problemas levantados acima, na medida em que, do ponto de vista cênico, tudo leva a crer tratar-se da obra mais viva aqui reunida. Diferentemente de *Leonor de Mendonça*, incensada por gerações de historiadores, *Macário* jamais recebeu, da parte dos exegetas, o mesmo reconhecimento literário. Não obstante, sua trajetória nos palcos brasileiros tem sido, nos últimos anos, mais alvissareira, levando-se em consideração certo número de montagens realizadas de 2001 para cá.[16]

Isso talvez ocorra devido aos mesmos motivos expostos alguns passos atrás, porém numa perspectiva inversa. Ao contrário de *Leonor de Mendonça*, os diálogos de *Macário* são, em sua maioria, quase telegráficos, de tão curtos.[17] No tocante à linguagem, prevalece uma prosa bem mais próxima da fala cotidiana, que beira o prosaísmo em alguns momentos. E, com certeza, o mais importante de tudo: trata-se de uma obra dramatúrgica declaradamente inacabada, lacunar, e que, por isso mesmo, não se presta a uma codificação muito "restrita", encerrada nos seus limites literários.

Quando isso acontece, a tendência é que a cena, para reverberar os enunciados contidos no texto, sirva-lhe como uma caixa de ressonância, disposta a explorar e potencializar ao máximo todas as suas facetas. Em tais situações, nas quais o texto serve como ponto de chegada (em termos materiais) e como ponto de partida (em termos semânticos), a margem de autonomia do trabalho cênico diminui, por mais ricas que sejam as sugestões originais.

Não é o que costuma suceder quando se tem em mãos uma obra como *Macário*, cuja incompletude representa um desafio à cena, convocada imperiosamente para preencher os espaços vazios deixados pelo texto.[18] Amplia-se, assim, a latitude de movimentos permitida à encenação, desimpedida por completo de ir além da elocução matricial de cunho verbal. Seu aspecto descosido, admitido pelo próprio autor no prefácio da obra, confere a *Macário* um ar que, contemporaneamente, a aproximaria do conceito de antipeça ou antiteatro, graças à sua formatação pouco convencional.

Para que semelhante observação se apresente de modo mais claro, vale a pena estabelecer uma comparação entre a peça em questão e uma outra pertencente ao repertório da dramaturgia europeia, embora não se trate, ressalte-se, de nada relacionado à problemática da influência.

Se assim o fosse, a tendência natural seria aventar alguma obra de Lord Byron ou Alfred de Musset, próceres do ultrarromantismo tão bem personificado, no Brasil, por Álvares de Azevedo. Mas não é o caso, até pela dificuldade de se apontar uma influência explícita que tenha agido sobre o autor para a confecção de sua única peça teatral, ao menos do ponto de vista formal.[19] Sob este aspecto, *Macário* é, para os padrões da época, uma obra dramatúrgica deveras original, a começar pelo fato de abdicar, em seu enredo, do tradicional conflito dramático de ordem intersubjetiva, que contrapõe dois ou mais sujeitos (em prol de objetivos antagônicos), com o propósito de movimentar a ação.

Tomando como medida sua compleição formal, de obra "por se fazer", bem como sua estrutura pouco dramática,[20] não seria um despropósito estabelecer uma analogia, ainda que circunstancial, entre *Macário* e uma peça que, com toda certeza, jamais foi lida por Álvares de Azevedo. Peça, aliás, que nem sequer se incluiria na categoria de obra romântica, malgrado a época em que foi produzida. Trata-se de *Woyzeck* (1837), do dramaturgo alemão Georg Büchner.

A despeito de ambos serem textos cortantes, pessimistas, o que de fato os une é uma qualidade cara à sensibilidade moderna: o caráter de obras representativas de uma certa "estética da incompletude", e que, por conta disso, não apresentam uma estrutura uniformizante e concludente, mas aberta e fragmentada. Ademais, ao deixarem à mostra as arestas e andaimes de que são feitas, elas tendem a jogar luz sobre o seu processo de construção, em detrimento até mesmo de sua configuração final. Esse seria mais um motivo a explicar a fortuna cênica de textos como *Macário* e *Woyzeck*, tendo em vista que uma das marcas do chamado teatro contemporâneo, em algumas de suas modalidades, é o apreço pela questão processual, que seria o vezo de expor, em cena, os processos criativos que prefigurariam a conformação da obra teatral.

Por uma dessas ironias da história, no caso específico de *Macário*, conforme o autor também informa no prefácio, tem-se uma peça voluntariamente escrita para ser lida, e não para ser representada. A esse respeito, lembre-se que o mesmo sucede com outras obras da dramaturgia ocidental, sendo o caso mais notório, em termos qualitativos, o *Lorenzaccio* (1834), de Alfred de Musset, consagradíssimo drama do romantismo francês. Servindo-se dele como parâmetro, pode-se afirmar que *Macário* se encontra, nesse quesito, em ótima companhia.

Comparações à parte, há algo porém que faz da peça de Álvares de Azevedo um caso único de criatividade composicional, que não se pode antever, até onde a vista alcança, em nenhuma outra obra de feitio dramatúrgico. Trata-se do fato de sua completude, por assim dizer, dar-se fora, e não dentro, do gênero em que se insere. Enquanto peça, *Macário* possui um final inconclusivo, pois, no momento em que Satã retorna para instruir o protagonista, no intuito de cooptá-lo, a ação se desfaz, com as duas personagens parando em frente a uma taverna a espreitar, pela janela, o movimento dos frequentadores. E assim a obra se encerra.

No entanto, conforme defende Antonio Candido em um estudo sobre Álvares de Azevedo ("A educação pela noite"), a sequência da história contida em *Macário* não se acha, como seria presumível, em um terceiro episódio da peça, jamais escrito ou supostamente perdido. Para encontrá-la, deve-se procurar numa parcela da obra de Azevedo que não é nem a dramatúrgica, composta apenas de *Macário*, e nem mesmo a poética, por meio da qual ele se consagrou em definitivo. É numa novela de sua autoria, nomeada *Noite na taverna*, que ele deu prosseguimento à fábula, agora deslocada para dentro do estabelecimento indicado no título. Nas palavras de Candido,

> Satã com certeza quer iniciar *Macário* nos aspectos mais convulsos e extremos da vida, satisfazendo como se fosse um alter ego a curiosidade dos seus impulsos. Para isso Álvares de Azevedo pode ter querido efetuar, com raro

> malabarismo, uma substituição de gêneros e personagens, passando do drama à narrativa, que dispõe de recursos mais amplos para especificar e multiplicar no tempo e no espaço os exemplos do que há de desvairado na alma e no comportamento, sem falar no verdadeiro desvario estético de levar ao máximo a ruptura com a teoria dos gêneros, pois aqui eles estariam não apenas misturados, mas acoplados numa mesma empresa. E esta narrativa seria a que os personagens do drama ouvem pela janela. (Candido, 1987, p. 15)

Explica-se, assim, a inclusão de *Noite na taverna* nesta antologia, em que pese não se tratar de um drama. Tomando-se a novela como a continuação de *Macário*, tem-se o seguinte esquema narrativo: no primeiro episódio da peça, Macário é assediado por Satã, com quem debate acerca dos prazeres da vida, em especial os ligados ao sexo e ao amor. No segundo episódio, com a entrada em cena da personagem de Penseroso, surge um contraponto à figura maligna de Satã, que busca salvar Macário alertando-o dos perigos do niilismo e do mundanismo extremados defendidos pelo jovem. Quando ele morre, e Satã volta à carga sobre seu pupilo, interrompe-se a ação, no exato instante em que os dois espreitam a janela da taverna.

A novela de Álvares de Azevedo, ambientada dentro do estabelecimento, onde jovens boêmios, entorpecidos pelo vinho e pelo tabaco, relatam suas histórias de vida pregressas, parece, de fato, aproveitar-se da deixa de *Macário*. Prova disso é que, em sua primeira parte, ela é quase toda preenchida de diálogos, embora escritos na tradicional forma romanesca, ou seja, indicados pelo sinal de travessão. Seria a conversa ouvida por Satã e Macário da janela, e que, no âmbito da novela, serve para esclarecer o contexto em que os relatos irão se desenrolar nas partes subsequentes, cada qual reservada a um dos cinco palradores.

Sabendo-se de antemão que tudo o que ali se revela aos

olhos e ouvidos de Macário atende aos interesses persuasivos de Satã, não se poderia esperar outra coisa senão as mais terríveis revelações vindas daqueles confrades, que atentam contra as mais elementares convenções morais. Incesto, fratricídio, infanticídio, necrofilia e antropofagia são algumas das interdições que se destacam entre uma e outra narrativa, com graus de escabrosidade apresentados em escala ascendente, na medida em que cada um dos interlocutores quer se mostrar mais afrontoso do que o outro em suas investidas retóricas.

A partir de tais informações, já é possível perceber que em *Noite na taverna* se adentra, em termos de conteúdo, naquilo que há de mais caro ao ultrarromantismo, em sua defesa intransigente do "herói elementar" ou "herói natural", figura representativa do indivíduo em conflito com a sociedade, e que, para dela se emancipar, se lança numa revolta anárquica contra as normas sociais vigentes. Ao gosto pelo macabro, tão aflorado nos escritores tocados pelo "mal do século" e tão exemplarmente materializado na novela de Álvares de Azevedo, poder-se-ia acrescentar que, para o quadro ficar completo, faltaria apenas uma dose de satanismo. Mas não é o caso, pois, como se sabe, ele já se faz presente em *Macário*.

Seja em razão da força da interpretação de Antonio Candido, seja pela incompletude de *Macário* enquanto peça teatral, o fato é que já houve tentativas cênicas de se unir, em um só espetáculo, os dois textos.[21] Em relação especificamente a *Macário*, dentre os dramas até aqui comentados, ele é o único cujo enredo, ao menos em seu primeiro episódio, se passa no Brasil. Tanto *Antonio José* quanto *Leonor de Mendonça*, é bom lembrar, têm suas ações passadas em Portugal, respectivamente nas cidades de Lisboa e Vila Viçosa. Com a peça de Álvares de Azevedo, enfim, começam a surgir no horizonte alguns traços de uma paisagem nacional, ainda que um tanto turvos.

Isso porque, no primeiro ato de *Macário*, é sugerido,

por meio de algumas indicações, que a personagem principal, um estudante, estaria, em sua viagem, se dirigindo para São Paulo. Contudo, trata-se apenas de uma sugestão, já que a "ação" ali delineada, se se pode assim dizer, não se passa na capital paulista, mas no caminho que deveria levar o herói até ela. De todo modo, no tocante a esta antologia, não deixa de ser curioso o fato de o primeiro resquício de uma ambientação mais característica aparecer logo num autor declaradamente adepto de uma corrente mais cosmopolita do romantismo, pouco interessado, portanto, no debate de viés nacionalista.

Mãe

O debate acerca da realidade nacional, que no romantismo teatral se manifestou principalmente por meio do drama histórico — aqui representado, de modo transversal, por *Antonio José ou O poeta e a Inquisição* —, se transferiria, no realismo, para a forma fechada do "drama de casaca",[22] o gênero dramatúrgico arquetípico da nova escola. Em lugar da configuração aberta própria do drama histórico, com suas tramas e subtramas passadas em priscas eras, ao longo de um arco temporal dilatado, tem-se agora uma composição dramática de tipo fechado, disposta a renovar, numa perspectiva burguesa, valores clássicos como, por exemplo, a regra das três unidades (tempo, espaço e ação).

Tanto *Mãe*, de José de Alencar, quanto *Cancros sociais*, de Maria Angélica Ribeiro, do ponto de vista formal e ideológico, se adequam razoavelmente bem aos pressupostos da dramaturgia realista, forjada na França entre os anos de 1843 e 1853, período compreendido entre o governo de Luís Filipe I (o "rei burguês"), o surgimento da Segunda República, pelas mãos de Luís Bonaparte, e, logo em seguida, do Segundo Império, com o último alçado ao trono sob a alcunha de Napoleão III. Em suma, o intervalo histórico no qual a burguesia não só alcançou como também consolidou seu poder político no país.

O marco decisivo do realismo teatral francês se deu em fevereiro de 1852, quando estreou, no Teatro de Vaudeville, em Paris, *A dama das camélias*, peça de Alexandre Dumas Filho adaptada do romance homônimo de sua própria autoria. Com o sucesso da montagem, que ficou mais de um ano em cartaz, consolidou-se no teatro francês não somente o gosto pelas tramas decorridas no presente, um dos seus traços distintivos, mas também a adoção de uma prosa mais próxima da fala cotidiana, tendo em vista introduzir na cena uma dicção "natural" e "despojada", contraposta à prosódia sentimental e grandiloquente associada ao romantismo teatral.

No Brasil oitocentista, cujo teatro, além de outras artes, caminhava pari passu com o teatro francês, a estética realista não demoraria a se fazer presente. Se no Rio de Janeiro o romantismo teatral se ligava impreterivelmente ao trabalho de João Caetano, sediado no Imperial Teatro São Pedro de Alcântara (antigo Teatro Constitucional Fluminense), o realismo terá como "templo" o Teatro Ginásio Dramático, nome conferido ao antigo Teatro São Francisco a partir de 1855.

Ali o empresário Joaquim Heliodoro dos Santos instalou, juntamente com a atriz Maria Velluti, uma nova companhia, destinada a se converter, com o tempo, num verdadeiro baluarte do realismo teatral, aglutinando em torno de si alguns dos maiores intelectuais brasileiros da época. Ademais, ao aderir às peças de Dumas Filho e seus confrades, o Teatro Ginásio Dramático se posicionava em franca oposição ao repertório predominante no Teatro São Pedro, composto dos "velhos" melodramas e dramas românticos.

Na França, onde nasceu, o drama realista representaria, em termos ideológicos, a passagem de uma burguesia ainda revolucionária, identificada aos aspectos mais subversivos da estética romântica, para uma burguesia reacionária, disposta a universalizar os seus valores uma vez alcançada a condição de classe hegemônica. E quais seriam, afinal, esses valores, que não demorariam a repercutir em nossa literatura dramática com a inauguração do Teatro Ginásio Dramático?

Um deles é a defesa da instituição do casamento, tão atacada nos tempos de frenesi romântico. Contudo, em oposição à moral aristocrática, que priorizava no casamento a oportunidade de unir bens e brasões, fazendo dele um negócio, para a burguesia importava mais o casamento por amor, visto como um antídoto contra as tendências disruptivas da paixão, exaltada em prosa e verso pelos românticos. Outro valor caro à burguesia francesa estabelecida no Segundo Império era o seu ideal de ascensão social, que deveria se dar não mais pelo casamento vantajoso, algo próprio da classe em declínio, mas pelo trabalho e pelo mérito pessoal de quem almeja melhores condições de vida.

Pois é essa dramaturgia, configurada na forma do drama e da comédia realistas, que, uma vez semeada no Brasil, irá se adaptar ao solo daqui, a ponto de gerar um movimento de fato coeso, orgânico, nascido e desenvolvido com base em ideais bem definidos, algo que não se verifica em relação ao drama romântico, cuja evolução se deu sem nenhum plano de conjunto. João Caetano, figura que poderia ter exercido esse papel aglutinador, desvencilhou-se de tal incumbência ao longo da carreira, recusando-se a montar originais brasileiros, românticos ou não.

O Teatro Ginásio Dramático, em seu período de existência, desempenhou o relevante papel histórico de introduzir entre nós os princípios do realismo teatral, tarefa exercida, num primeiro momento, por intermédio da montagem de autores franceses alinhados com a nova estética, como é o caso de Alexandre Dumas Filho, Émile Augier, Octave Feuillet e outros.

Num segundo momento, seria a vez de surgirem originais brasileiros confeccionados ao modo da dramaturgia realista, além de uma crítica teatral identificada com ela. No âmbito da criação de primeira mão, destaque para José de Alencar, pioneiro na assimilação e adoção dos modelos composicionais postos em voga pelo Ginásio Dramático. No âmbito da criação de segunda mão, destaque para a crítica militante empreendida pelo jovem Machado de Assis, que então se iniciava na carreira jornalística.[23]

Num terceiro momento, que representaria o auge desse processo, outros escritores, inspirados no exemplo de José de Alencar e na militância de Machado de Assis, lançaram-se ao desafio de enriquecer o repertório do Ginásio, com a composição de peças talhadas nos moldes encampados por aquela casa de espetáculos. *Cancros sociais* associa-se a esse período, assim como *Gabriela* (1863), primeiro drama de Maria Angélica Ribeiro encenado no palco do Ginásio.

Configurada em plena "era do capital",[24] época de enorme entusiasmo pelos ideais liberais, essa dramaturgia vinda da França deveria se aclimatar à representação de uma sociedade em muitos aspectos pré-burguesa, pois às voltas com o problema da escravidão e com muitos outros entraves oriundos do passado colonial. Uma forma calcada nos ideais de meritocracia, livre-iniciativa e valorização do trabalho aplicada à estetização de uma realidade em que vicejava a mentalidade do compadrio, da fidalguia e do desprezo pela moral do trabalho.

Embora se possa argumentar, com razão, que o advento do realismo teatral no Brasil se sucedeu em plena "era Mauá", quando o país vivenciou uma fase de grande impulso industrializante, na esteira da "liberação de capitais" promovida pela Lei Eusébio de Queirós (1850), não há como deixar de notar o descompasso existente entre forma e conteúdo. De um lado, um meio de expressão forjado nas hostes de uma sociedade que se colocava na vanguarda da Segunda Revolução Industrial; de outro, a realidade de um país "atrasado", situado na periferia do capitalismo e que, ainda por cima, não havia logrado sequer abolir o flagelo da escravidão, mesmo após a conquista de sua independência política.

Anos antes de a campanha abolicionista tomar vulto no Brasil, a dramaturgia nacional, tanto em sua faceta romântica quanto realista, já se interessara pelo tema. Além de José de Alencar e Maria Angélica Ribeiro, incluídos nesta antologia, outros autores do Teatro Ginásio Dramático que também abordaram dramaturgicamente a escravidão foram Valentim José da Silveira Lopes e Francisco Pinheiro Guimarães, em peças como *Sete de Setembro* e *História de uma moça rica*, ambas de 1861.

Aos leitores neófitos em dramaturgia brasileira, talvez pareça estranho saber que José de Alencar, nosso mais prestigiado prosador romântico, na seara da literatura dramática, inclinava-se pela estética realista. De sua obra dramatúrgica, composta ao todo de nove peças, somente *O jesuíta* (1861) adequa-se aos pressupostos do drama (histórico) romântico. Não por acaso, ela foi escrita para atender a uma encomenda de João Caetano, malgrado ele ter se recusado a montá-la depois de pronta.

Dentro da dramaturgia alencariana, encontram-se duas peças que procuram debater, em seus escopos, o problema do regime escravocrata: a comédia *O demônio familiar* (1856) e o drama *Mãe* (1860). Ao longo do tempo, elas despertariam, por parte dos exegetas, interpretações muito divergentes, que ora louvavam suas inclinações abolicionistas, ora apontavam-lhes laivos escravagistas.

Mas o que explicaria tamanha discrepância analítica? Um dos motivos, sem dúvida, tem a ver com a biografia do autor, que jamais escondeu, por intermédio de sua atuação parlamentar, ser contrário à abolição da escravidão.

A esse respeito, as evidências são abundantes e bastante contundentes. A principal delas pode ser vista numa série de cartas dirigidas a d. Pedro II sob a designação de "Ao imperador: Novas cartas políticas de Erasmo", escritas entre junho de 1867 e março de 1868. Das sete cartas compendiadas por Alencar no referido volume, três discorrem sobre a escravidão, e hoje são conhecidas pelo nome, nada aleatório, de *Cartas a favor da escravidão*, título com o qual elas foram recentemente publicadas.[25]

Ademais, não se pode esquecer de sua atuação como deputado provincial do Ceará, que, na ocasião dos debates em torno da Lei do Ventre Livre (1871), se opôs à alforria de crianças nascidas de mulheres escravizadas, conforme previsto no projeto apresentado pelo gabinete (conservador) liderado por Rio Branco. Em seus discursos, Alencar não poupou críticas ao político baiano, acusando-o de dividir o Partido Conservador, no qual militava, ao encampar uma bandeira tradicionalmente ligada aos liberais.

Embora existam diferenças significativas entre os inúmeros exegetas que se debruçaram, em algum momento, sobre a dramaturgia alencariana, em todos se percebe que a questão do biografismo é bastante relevante na avaliação moral dessas peças. Para uns, em resumo, importariam apenas os fatores endógenos das obras, que, isoladas de seu criador, remeteriam somente a si mesmas, com suas análises restringindo-se aos limites estabelecidos pelo texto. Para outros, grosso modo, fatores exógenos (como a atuação política de Alencar) não poderiam simplesmente ser ignorados, na medida em que, entre as ideias do autor, e suas realizações, existiria uma relação de causa e efeito.

Esse debate se conecta a duas questões fundamentais no universo das artes: uma, à chamada "teoria da intencionalidade"; outra, à noção de "eficácia artística". A primeira diz respeito à ideia segundo a qual todo artista, ao compor uma obra, possuiria de antemão uma determinada intenção, em geral de fundo ideológico. Assim, caberia à obra materializar, de forma estilizada e alegorizada, como é próprio do discurso artístico, as intenções prévias de seu criador, havendo entre estas e aquela uma relação direta e, portanto, necessária.

Tida como uma consequência natural dessa teoria, a noção de eficácia artística compreende que a obra, portadora de um conjunto de enunciados (conscientemente) formatados pelo seu criador, será lida e interpretada por seus fruidores tal qual planejara o artista, sem nenhum ruído no processo que vai da codificação da obra à sua decodificação por parte do público "consumidor".

Sem abrir mão de outras possibilidades, boa parte dessa discrepância crítica em relação à dramaturgia alencariana é devida aos caminhos e descaminhos que permeiam a (suposta) intencionalidade do trabalho artístico à (suposta) eficácia decorrente de seu produto final. Em um estudo recente, todo dedicado às relações envolvendo teatro e escravidão no Brasil, João Roberto Faria retomou o debate, ao defender a tese de que, entre as ideias do escritor cearense, e suas peças de temática "abolicionista", não haveria qualquer dissonância ideológica.

Nos documentos deixados por José de Alencar que de algum modo dissertam sobre o tema, percebe-se que o escritor tinha consciência do horror representado pelo regime escravocrata, que ele não hesitava em chamar de "chaga social". Todavia, semelhante horror parecia não lhe despertar nenhum peso na consciência, como homem influente e de posição privilegiada, no sentido de adotar uma postura política em prol de sua eliminação. Do seu ponto de vista, a escravidão deveria desaparecer por meio de uma "emancipação espontânea", ou seja, sem nenhuma intervenção por parte do Estado.

Mas, afinal, como ela se extinguiria? Para Alencar, isso se daria através de um processo que ele nomeava de "revolução dos costumes", graças ao qual a escravidão seria substituída, aos poucos, por outra forma de produção, assim como, em outros tempos, o feudalismo dera lugar, na Europa Ocidental, ao capitalismo mercantil. Se lá a mão de obra assalariada se impôs diante da mão de obra servil, aqui haveria de acontecer algo parecido, sem que houvesse, para isso, a necessidade de leis ou decretos.

Trata-se, portanto, de uma visão totalmente comprometida com as classes dominantes, segundo a qual o fim da escravidão representaria um caos para a economia brasileira. Logo, se ela deveria acabar, que fosse da maneira mais suave possível, sem nenhum solavanco ou prejuízo para os que historicamente se beneficiaram dela. Se hoje uma visão assim concebida não mereceria mais o adjetivo de abolicionista, no século XIX ela se afiguraria como uma espécie de "abolicionismo senhorial".

De acordo com tal noção, as ações contrárias à escravidão deveriam se efetivar no âmbito da vida privada — pela concessão, por exemplo, da alforria —, e não da vida pública, com vistas a estabelecer sanções estatutárias. Como destaca João Roberto Faria em *Teatro e escravidão no Brasil*:

> É inegável que no contexto social do escravismo brasileiro, a posição de Alencar soa para nós, hoje, como extremamente conservadora. Defender a ideia de que a escravidão terminaria espontaneamente, por meio de uma revolução dos costumes, cheira a manobra política para preservar o status quo, embora não haja razão para duvidar da sinceridade do escritor. (Faria, 2022, p. 87)

Em O *demônio familiar*, semelhante visão se revelaria de maneira mais flagrante no final da peça, quando a personagem de Eduardo, com o propósito de punir as traquinagens do menino Pedro, seu escravizado doméstico, expulsa-o de casa, não sem antes lhe conceder a liberdade civil, alforriando-o. Sob o ponto de vista da comédia, que coincidiria com as ideias de seu autor a respeito do assunto, a manumissão do menino serviria para inscrevê-lo, como defende Décio de Almeida Prado, na ordem jurídica da nação, uma atitude que, se generalizada, permitiria à sociedade brasileira se livrar do cativeiro, um flagelo que a diminuía perante o mundo civilizado.

O drama *Mãe* vai pelo mesmo caminho, embora o seu final se mostre ainda mais ambíguo do que *O demônio familiar*, fator que só amplia a possibilidade de interpretações alheias às intenções do autor. Nesse ponto, adentra-se com força naquilo que Roberto Schwarz, em seu ensaio "Nacional por subtração", designou de "o mal-estar da cultura brasileira", no que diz respeito ao sentimento incoerente de nossa elite diante das conquistas civilizatórias modernas, introduzidas na esteira da emancipação política, em confronto com a herança colonial escravocrata. De acordo com o crítico, a convivência familiar entre esses dois polos, em princípio inconciliáveis, estaria no centro da inquietação ideológico-moral do Brasil oitocentista.

Em face dessa situação aporética, identificam-se três reações distintas por parte dessa elite: acreditar que a herança colonial seria superada, com o tempo, pela marcha do progresso; defender tal herança, pura e simplesmente, na crença de que nela residiria o país autêntico, verdadeiro depositário da nação; propugnar uma harmonização entre progresso e trabalho escravo, com o intuito, afinal, de não abrir mão nem de um, nem de outro. José de Alencar, tudo leva a crer, se aproximaria mais desta última categoria.

Em *Mãe*, tem-se a história de uma escravizada (Joana) que, para preservar o filho (Jorge) do preconceito racial, o mantém voluntariamente na ignorância a respeito de sua origem, tratando-o como senhor. Para todos os efeitos, ele seria órfão de mãe e de pai, visto que este (Soares), depois de comprar e engravidar Joana, falecera, deixando o menino, de pele clara, aos cuidados de um padrinho (dr. Lima).

Com 21 anos de idade, Jorge, na intenção de ajudar o futuro sogro, atolado em dívidas, é compelido a vender Joana, episódio que precipita a revelação de toda a verdade. Com medo de prejudicar o filho, já incorporado à sociedade, a escravizada, mesmo diante da aceitação plácida dele, nega a maternidade. Instantes depois, morre vitimada pelo veneno que ingerira.

Para José de Alencar, assim como para a maioria de seus contemporâneos, o sacrifício feito por Joana deveria ser interpretado como um libelo antiescravagista, ao denunciar a desumanidade de uma instituição que obrigaria uma mãe a se martirizar em favor do filho, de modo que ele pudesse transitar, sem discriminação, dentro do universo criado e mantido pelo poder do homem branco. Uma exegese assim concebida compreende a personagem de Joana como uma *mater dolorosa*,[26] pois, além de arcar com os prejuízos decorrentes do cativeiro, dentre os quais a falta de liberdade civil, ela ainda se vê obrigada a renunciar aos prazeres de uma maternidade plena e, mais do que isso, à própria vida.

Sem dispensar a leitura acima, mas acrescentando-lhe uma nova camada de significação, alguns comentaristas anteviram no suicídio de Joana, a despeito de sua extrema capacidade de abnegação, o afastamento de um obstáculo à felicidade do casal formado por Jorge e Elisa. Com efeito, ao lado de um final triste, condizente com os propósitos do drama, tem-se em *Mãe*, simultaneamente, um final feliz, próximo aos ditames da comédia, com a permissão de Gomes para que sua filha se case com Jorge. Nesse gesto, no qual se prenuncia a concretização do enlace amoroso, Gomes se despe de seus preconceitos sociais ao aceitar Jorge como genro, independentemente de sua ascendência. A conversão dessa personagem, que num primeiro impulso se mostrara refratária ao casamento da filha com um "negro", seria mais um sinal a favor do antiescravismo do texto, por revelar a iniquidade de tais preconceitos sustentados pela existência do cativeiro. Aqui, ao lado da *mater dolorosa*, Joana aparece também como um estorvo, do qual é necessário se desvencilhar para que o casal possa desfrutar de uma união feliz, imune à intolerância racial.

A precipitação da morte de Joana, cabe observar, desenrola-se, tal como preveem os princípios (neo)aristotélicos, dentro da mais rigorosa composição clássica, ou seja, contemplando a famosa regra das três unidades: tempo, espaço e ação. Tudo se passa, basicamente, num mesmo local, com a ação concentrada num intervalo de apenas 24 horas e, ainda por cima, encadeada com o máximo de precisão, de modo a conformar uma certa causalidade interna na qual uma cena gera a outra.

Ao lado desses elementos clássicos, previstos na estética realista devido à sua conformação antirromântica, a peça de Alencar associa-se ao realismo teatral também pelo tipo de conflito dramático que nela se desenvolve, opondo o bom burguês (ou pequeno-burguês, no caso de Jorge) ao mau burguês, obviamente representado pela figura do agiota Peixoto, o vilão da história. Nesse sentido, Jorge desponta como o modelo acabado do "herói realista", que pouco ou nada tem a ver com o "herói romântico", em seu esforço de ascensão social por intermédio dos estudos e do trabalho honesto, coroado, ao final, pela aquisição da mão de Elisa em casamento.

Embora *Mãe* se adeque ao modelo do "drama de casaca", alguns comentaristas apontam, em sua configuração, traços de feitio romântico, observáveis na forma como Alencar concebeu as personagens de Jorge e Joana, mais idealizadas do que as demais. Tais traços se verificariam principalmente no desfecho do drama, quando o segredo guardado pelo dr. Lima vem à tona. Ao contrário do que se poderia esperar, Jorge não demonstra, na ocasião, nenhum conflito de consciência, o que o leva a aceitar, sem hesitações, o fato de ser filho de uma mulher escravizada, ignorando todo o peso dos preconceitos sociais derivados de uma revelação como aquela.

Na cena final, em que Joana toma o veneno, agoniza e morre, mesmo diante da insistência de Jorge, que lhe pede para ser chamado de filho, ela ainda assim resiste em assumir a maternidade. No intuito de explorar ao máximo toda a emotividade contida pela situação, José de Alencar fez com que o desabafo de Joana sobreviesse somente na hora derradeira, como um último suspiro da moribunda, um procedimento mais condizente com a exaltada dramaticidade romântica do que com a sóbria dramaticidade realista.

Escola "intermediária", posicionada historicamente entre o romantismo e o naturalismo, dois polos de fato antagônicos, o realismo teatral, a despeito de seus postulados, absorveu alguns expedientes da estética anterior, dentre os quais uma certa tendência sentimentalista que somente a estética posterior haveria de extirpar, em seu radical materialismo.

Cancros sociais

O drama de Maria Angélica Ribeiro, o último incluído neste volume, também apresenta, em sua fatura, elementos de matriz romântica, embora se trate de uma obra escrita cinco anos após *Mãe*, numa época em que o realismo já havia conquistado corações e mentes no Brasil, consolidando-se como um verdadeiro movimento artístico.

Entre uma peça e outra, existe uma afinidade primordial, ligada ao núcleo dramático, que em ambas opõe, de um lado, uma mãe escravizada (ainda que liberta) e, de outro, um filho integrado à sociedade branca que desconhece sua ascendência negra. No caso de *Cancros sociais*, a mãe atende pelo nome de Marta e o filho pelo nome de Eugênio. Mas as semelhanças param por aí. Distanciando-se do drama de José de Alencar, em que o filho vive com a mãe sem saber do elo que os une, no drama de Maria Angélica Ribeiro os dois viveram apartados por 29 anos, até que, em um determinado momento, a partir do qual a ação da peça se desenrola, eles se reencontram.

O motivo do reencontro tem a ver com uma grande coincidência: Eugênio, comerciante de sucesso e abolicionista convicto, queria libertar uma mulher escravizada para que o gesto servisse de exemplo à filha Olímpia, em seu aniversário de quinze anos. Baiano de nascimento, embora radicado no Rio de Janeiro, Eugênio faz questão de trazer de sua terra natal a cativa a ser alforriada, sem saber que ela, ao lhe ser apresentada, se revelará sua mãe.

Aqui se inicia a aflição do herói, pois, ao contrário de *Mãe*, em que Jorge aceita sua progenitora sem pestanejar, em *Cancros sociais* Eugênio se vê acometido de uma enorme crise de consciência ao descobrir que é filho de uma escravizada. Divide-se, então, entre assumir sua ancestralidade, arriscando-se a perder sua privilegiada condição social, ou renegá-la, e assim descumprir um princípio moral elementar, ligado à relação de amor que deve (ou deveria) existir entre pais e filhos.

O receio de Eugênio tem a ver também com o seu exitoso casamento com Paulina, pois ele teme perdê-la caso ela saiba de seu passado. Acontece que Marta, e aqui surge a segunda grande coincidência dessa história, pertenceu um dia à avó de Paulina, sendo criada e educada juntamente com a mãe desta, algo dado a conhecer somente no terceiro ato da peça, momento em que a trama se torna cada vez mais emaranhada, com novas e impactantes revelações. Assim resumida, a ação de *Cancros sociais* parece mais a de um melodrama do que de um drama realista, lembrando que os recursos dramatúrgicos do melodrama, tais como as coincidências, as revelações e os reconhecimentos, exerceram forte impacto sobre o drama romântico.

Ao conflito interno de Eugênio agrega-se outro de caráter interpessoal: a chantagem perpetrada por Antônio Forbes, "procurador de causas" responsável pela venda de Marta a Eugênio. Perspicaz, na hora do encontro, inserido no final do primeiro ato, ele percebe a relação existente entre os dois, fruto da exaltação de Marta ao ver o filho e da relutância deste em reconhecê-la. Com o propósito de se beneficiar da situação, Forbes extorque Eugênio, exigindo-lhe pagamentos regulares para que a verdade a respeito de sua filiação permaneça obscura.

Em que pesem os laivos românticos acima apontados, referentes à composição da ação, no tocante aos conflitos estabelecidos entre as personagens, *Cancros sociais* é um drama perfeitamente acomodado aos padrões do realismo teatral francês. Assim como em *Mãe*, o embate de vontades inclui a ala dos bons burgueses (Eugênio e o Barão de Maragogipe) e a dos maus burgueses (Antônio Forbes e o Visconde de Medeiros).

No caso do Visconde, que a certa altura da trama se revelará o pai de Eugênio, tem-se uma mistura curiosa, pois cômica, de um burguês que não esconde suas veleidades nobiliárquicas, expostas com acentuado grau de afetação e que se expressam inclusive no título que carrega junto ao nome.[27] Nele se percebem ecos, ainda que distantes, do sr. Jourdain, protagonista de *O burguês fidalgo* (1670), comédia de Molière famosa por satirizar a figura do burguês metido a ser nobre. Não por acaso, quando solicitado a se casar com Marta, na intenção de reparar o dano que lhe impusera no passado, ao engravidá-la e abandoná-la à própria sorte, o Visconde foge. Apesar da tentadora oportunidade de unir sua fortuna à de seu filho, o suprassumo da mentalidade burguesa, a um sujeito que arroga ares de fidalguia seria inconcebível se unir em matrimônio com uma ex-escravizada.

A diferença fundamental entre o sr. Jourdain e o Visconde de Medeiros é que o primeiro, em sua ânsia de tornar-se um gentil-homem, precisou adquirir um conjunto de hábitos e tradições associados ao estilo de vida aristocrático (como o domínio da esgrima ou da equitação, por exemplo), enquanto ao segundo bastou o "mero" enriquecimento para que ele conseguisse se distinguir socialmente, não havendo a necessidade, como no caso do sr. Jourdain, de criar para si uma vida estilizada. Nesse sentido, o Visconde de Medeiros se mostra um bom exemplar de uma parcela da elite brasileira forjada no século XIX, em especial nos estados do Rio de Janeiro e de São Paulo, onde a cultura cafeeira se fez presente com mais força.

É o que se pode apreender a partir do pensamento de Maria Sylvia de Carvalho Franco, autora de *Homens livres na ordem escravocrata*, obra essencial para uma compreensão mais ampla de como se formou essa aludida elite em termos sociais, políticos, econômicos e até mesmo psicológicos. Diferentemente da França ou de outros países europeus, onde a nobreza se corporificou numa classe fechada, dotada de estatutos jurídicos próprios, no Brasil o ingresso nos estratos superiores da pirâmide social sempre se mostrou mais flexível, pois acessível, em tese, a qualquer indivíduo que conseguisse enriquecer. Critérios de cunho honorífico, fundamentais na conformação de uma consciência aristocrática, pouca ou nenhuma relevância tiveram por aqui. Com efeito, personagens como o Visconde de Medeiros, encaradas pelo viés sociológico acima delineado, se revelariam um retrato bem-acabado de nossas elites, ao congregar em si tudo o que haveria de pior nos dois universos mentais pelos quais transita, o burguês e o aristocrata.

Assim como fizera José de Alencar, Maria Angélica Ribeiro também procura demonstrar em seu drama os enormes inconvenientes trazidos pela escravidão à sociedade brasileira, que separa mães de filhos, aguça ambições escusas e, ainda por cima, gera sofrimento psicológico. Semelhante crítica se torna patente não só por intermédio da ação, que no final premia as vítimas do sistema e pune os seus algozes, mas também pela boca de certas personagens, que seriam, por assim dizer, as porta-vozes da autora dentro da peça. Uma delas, talvez a mais explícita, é o Barão de Maragogipe, pai adotivo de Eugênio. A ele são franqueadas algumas das falas mais sentenciosas de

Cancros sociais, por meio das quais ficamos sabendo, por exemplo, do desprezo de sua família pelo casamento arranjado, um dos valores primordiais divulgados pela dramaturgia realista.

A essa espécie de "personagem-coro", sobre a qual se vislumbram as mãos da autora a manipulá-la, deu-se o nome, em francês, de *raisonneur*, que em tradução livre significaria "racionalizador". Trata-se de um recurso bastante peculiar ao repertório em análise, que normalmente serve para reforçar seu caráter moralizador, uma vez que não se poderia delegar somente à ação o cumprimento dessa tarefa. Em *Cancros sociais*, além do Barão de Maragogipe, também exerce a função de *raisonneur* a personagem de Matilde, mulher honrada porém vítima de preconceito social por ser desquitada.

Por meio de um diálogo dela com Eugênio, o leitor ou espectador tem acesso àquela que seria, afinal, a visão da própria autora acerca da escravidão, expressa nas seguintes palavras:

> E nem julgue que sou apologista dessa monstruosa aberração do direito das gentes, que dá ao homem a propriedade individual sobre o seu semelhante! À ideia grandiosa do herói de nossa independência, tão magnanimamente por ele realizada nos campos do Ipiranga, devia ter-se seguido a completa abolição de uma lei que nos apresenta ao estrangeiro como um povo bárbaro e ainda por civilizar. Esse cancro, que solapa a base da nossa emancipação. (Faria, 2006, p. 303)

A respeito dessa relação entre a emancipação política do país e a escravidão, recorde-se que a ação da peça começa num 2 de julho, data em que se comemora a independência da Bahia, terra natal de quase todas as personagens da história, e termina num 7 de setembro, data simbolicamente associada à independência nacional. Nesse aspecto, o ponto de vista expresso por Maria Angélica Ribeiro não parece se distanciar dos abolicionistas de seu tempo, que associavam a escravidão ao passado colonial e que, por isso mesmo, deveria ter sido abolida já nos tempos de d. Pedro I (1822-31).

O que em *Cancros sociais* parece soar como uma nota dissonante é a importância conferida pelo drama ao fato de Eugênio ter ou não ter nascido escravizado, motivo de enormes dilemas internos do protagonista que só se dissipam no final, quando ele é informado de que nasceu livre, pois sua mãe fora libertada, sem o saber, um ano antes de lhe dar à luz. Na ótica sustentada pela peça, a marca ultrajante trazida pela escravidão não estaria exatamente na cor da pele ou num certo fenótipo associado à população negra, traços distintivos dos povos que para cá vieram na diáspora africana. Embora Eugênio (assim como Jorge em *Mãe*) se apresente como um homem branco, portanto aparentemente livre do estigma da escravidão, a questão do nascimento é um ingrediente que na peça desempenha uma função relevante nas atitudes do herói, em especial aquelas relacionadas ao seu casamento. Para ele, apresentar-se à esposa na condição de ex-escravizado seria uma imensa desonra, que o rebaixaria aos olhos dela.

Em outras peças nacionais que se detiveram sobre o tema da escravidão, tanto do repertório realista quanto do romântico, o problema racial se sobrepõe ao institucional, na medida em que o desencadeador da mentalidade segregacionista estaria concentrado na aparência e não em problemas de ordem estatutária (nascer ou não nascer escravizado). Embora o drama de Maria Angélica Ribeiro não enverede por essa seara, nele se encontram críticas que extrapolam o âmbito da escravidão, donde se explica o plural do título. Uma delas, personificada em Matilde, é a condição da mulher separada na sociedade brasileira. Numa época em que o Estado estava atrelado à Igreja, conferindo a esta a atribuição de regulamentar o estatuto do casamento, pode-se imaginar em que situação a mulher desquitada se achava, proibida de contrair um novo matrimônio e, além disso, olhada com desconfiança pelas pessoas de "boa família", que nela vislumbravam um mau exemplo, verdadeira pária social. Assim, ao acolhê-la, o casal formado por Eugênio e Paulina, esclarecido que era, surge como uma exceção dentro de um meio deveras hostil.

Ao se negar a conviver com um marido desonesto e abusador (Antônio Forbes), Matilde torna-se vítima do patriarcalismo reinante, que para puni-la deverá negar-lhe, no âmbito privado, o direito de ser feliz com outra pessoa (o Barão de Maragogipe, por exemplo, sua antiga paixão) e, no âmbito público, o direito de fazer parte da "boa sociedade". Apesar de nada desabonar sua conduta como esposa (uma traição ou algo do tipo), abandonar o marido era, para os padrões então vigentes, um ato totalmente reprovável, algo típico de uma sociedade que estabelece moralidades divergentes em relação aos gêneros: uma branda e permissiva para os homens, outra inflexível e implacável para as mulheres.

Devido ao fato de *Cancros sociais* ser uma peça de autoria feminina, é compreensível que apresente, por assim dizer, "traços feministas", fruto, sem dúvida, do ponto de vista a partir do qual foi escrita, embora a noção de feminismo, ressalte-se, ainda engatinhasse em 1865. De resto, a visão complacente de Maria Angélica Ribeiro no tocante à personagem de Matilde relaciona-se diretamente com uma das "pedras de toque" da dramaturgia realista: a crítica ao casamento de conveniência. Recorde-se: em seu longínquo passado, Matilde fora obrigada a se casar, por imposição paterna, com o inescrupuloso Antônio Forbes, abrindo mão, na ocasião, de se unir ao Barão de Maragogipe, seu verdadeiro amor.

Mulher de seu tempo, Maria Angélica Ribeiro não se mostra tão benevolente em seu drama com a condição da prostituta, figura feminina outrora mitificada pelo romantismo em sua ânsia de subverter os valores sociais. Como boa representante do realismo teatral, e de seu incrustado conservadorismo, a dramaturga fluminense, por intermédio de uma de suas porta-vozes (Matilde), revela-se em plena sintonia com a moral propagandeada pela escola de Alexandre Dumas Filho, segundo a qual a prostituta, para se regenerar perante a sociedade, dela precisaria se afastar, sujeitando-se com resignação estoica ao ostracismo.

Essa observação em nada modifica ou afeta o papel exercido por Maria Angélica Ribeiro na história da dramaturgia brasileira, pois se hoje é sabido que ela não foi nossa primeira dramaturga, compreende-se que foi, com louvor, nossa primeira grande dramaturga. Antes dela, de acordo com o recenseamento realizado por Valéria Andrade Souto-Maior, em seu *Índice de dramaturgas brasileiras do século XIX*, outras mulheres já haviam se dedicado à tarefa de escrever para o palco. Beatriz Francisca de Assis Brandão, Maria Josefa Barreto e a "Anônima e Ilustre Senhora da Cidade de São Paulo", todas nascidas no século XVIII, viveram e produziram obras dramatúrgicas antes de Maria Angélica Ribeiro, obras que, salvo engano, infelizmente não chegaram até nós, pois se perderam ao longo do tempo.

Mas é com a dramaturga fluminense, nascida em Angra dos Reis em 1829, que se reconhece, no Brasil, o advento de uma tradição no tocante à autoria teatral feminina, a incluir, numa sequência temporal, nomes como Josefina Álvares de Azevedo, Júlia Lopes de Almeida, Maria Jacintha, Clô Prado, Maria Clara Machado, Edy Lima, Renata Pallottini e muitas outras dramaturgas surgidas da década de 1970 para cá, todas da mais alta relevância.

Conforme está registrado no prefácio que acompanha a primeira edição de *Cancros sociais*, datado de março de 1866, a entrada de Maria Angélica Ribeiro para o campo da literatura, e mais especificamente da literatura dramática, se deu em razão de uma enorme desdita familiar: a perda precoce de seu filho mais novo, morto quando a escritora contava 25 anos de idade. Na busca de alívio para sua dor, que quase a levou de roldão, Maria Angélica Ribeiro resolveu, enfim, dar vazão às suas aptidões literárias, que já se manifestavam desde os seus doze anos, primeiro compondo "versinhos", para depois, num momento seguinte, entabular colaborações em jornais da época.

No intuito de dar um passo além, com vistas a compor um trabalho de maior envergadura, Maria Angélica Ribeiro escreveu, na ocasião, sua primeira peça teatral: *Guite ou A feiticeira dos desfiladeiros negros*, submetida ao Conservatório Dramático e por este aprovada com distinção, fator que lhe serviu de incentivo para que, nos anos seguintes, novos textos de sua lavra aparecessem. *Cancros sociais*, produzida dez anos após a primeira incursão na dramaturgia, é sua oitava peça, e a segunda a ser montada no Teatro Ginásio Dramático.

Quando *Cancros sociais* entrou em cartaz, a produção de originais brasileiros montados naquele espaço, sempre de acordo com os modelos da dramaturgia realista francesa, diminuíra consideravelmente, se comparada aos anos de apogeu, compreendidos entre 1860 e 1862. Nesse triênio, na sequência do sucesso de *Mãe*, nada menos do que catorze originais subiram à cena do Ginásio, escritos por um número razoável de dramaturgos nativos, alguns veteranos, outros estreantes no métier. Entre 1863 e 1865, a produção não se manteve no mesmo patamar quantitativo: somente seis estreias de peças brasileiras, menos da metade em relação ao triênio anterior.

O ano de 1865, no qual se sucedeu a estreia de *Cancros sociais*, poderia ser considerado, em certos aspectos, como uma data-limite na história do teatro nacional, e que se liga diretamente à antologia ora apresentada. Além de ser, para todos os efeitos, o ano em que teria expirado, no Brasil, a voga da comédia realista francesa,[28] também foi naquele ano que um outro teatro da corte, o Alcazar Lírico Fluminense, existente desde 1859, encenou em suas instalações a opereta *Orfeu no inferno*, de Jacques Offenbach.

Montado na língua original do libreto, o espetáculo alcançou um enorme sucesso de público, que se entusiasmou com a alegria da música e o fervor da dança (o famoso cancã) característicos da opereta enquanto gênero teatral musicado. Não demoraria muito para que a fórmula se abrasileirasse, adotando, por conseguinte, o idioma português e, além disso, uma ambientação mais próxima de nossa realidade, alheia, portanto, à mitologia grega. Isso se deu em 1868, quando Francisco Corrêa Vasques, o principal ator cômico da época, realizou uma versão para a obra de Offenbach intitulada *Orfeu na roça*, cuja representação, levada a cabo no Teatro Fênix Dramática, alcançou quinhentas apresentações consecutivas. Um verdadeiro fenômeno de popularidade.

Dali em diante, conforme observado na primeira parte do trabalho, o teatro dramático vivenciaria um processo de marginalização, na mesma medida em que os gêneros musicados, precedidos pela opereta, adquiririam uma franca proeminência nos palcos brasileiros. Esse processo se mostraria atuante até pelo menos a década de 1940. Somente após a introdução e o desenvolvimento do modernismo teatral, que em sua primeira leva de reformas estruturantes apresentou-se extremamente vinculado ao drama, o teatro dramático retomou o lugar de outrora, reassumindo o posto de forma hegemônica — ou, em outros termos, de forma central, espécie de eixo ao redor do qual todas as outras, em tese, orbitariam.

Isso do ponto de vista material, de produção, pois, do ponto de vista mental, o teatro dramático jamais perdera seu ancestral prestígio, especialmente entre as elites intelectuais, que durante algum tempo se deleitaram com a retomada, em chave moderna, de um teatro considerado mais intelectualizado, literário, que teria no conceito de drama o seu princípio e o seu fim. Mas só por um tempo: com a chegada de outros modernismos menos comprometidos com o drama, como o teatro épico-dialético e, em especial, o teatro da crueldade, o sonho dessa elite, em certa medida, novamente se desfalecerá.

Notas

1. Trata-se de *A última encarnação do Fausto*, montagem realizada pelo grupo Batalha da Quimera e dirigida pelo ator e dramaturgo Renato Vianna.

   Além dele, faziam parte do coletivo o escritor Ronald de Carvalho e o músico Heitor Villa-Lobos, ambos partícipes da Semana de Arte Moderna, embora oriundos, assim como Vianna, do Rio de Janeiro. Nesta cidade o espetáculo estreou, permanecendo apenas três dias em cartaz, entre 16 e 18 de dezembro de 1922.
2. A expressão é de Machado de Assis e encontra-se consignada em seu célebre ensaio "Instinto de nacionalidade", de 1873. Nele, na parte reservada à análise da literatura dramática brasileira, Machado afirma: "Esta parte pode reduzir-se a uma linha de reticência. Não há atualmente teatro brasileiro, nenhuma peça nacional se escreve, raríssima peça nacional se representa. As cenas teatrais deste país viveram sempre de traduções, o que não quer dizer que não admitissem alguma obra nacional quando aparecia. Hoje, que o gosto público tocou o último grau da decadência e perversão, nenhuma esperança teria quem se sentisse com vocação para compor obras severas de arte. Quem lhas receberia, se o que domina é a cantiga burlesca ou obscena, o cancã, a mágica aparatosa, tudo o que fala aos sentimentos e aos instintos inferiores?" (Apud Faria, 2001, p. 569).
3. O "Prefácio do Cromwell", texto mais conhecido pelo título que Victor Hugo lhe conferiu (*Do grotesco e do sublime*), é de 1827, e abre a edição em livro da peça homônima, a terceira escrita pelo autor.

Já a "Batalha do Hernani" é uma expressão consagrada por Théophile Gautier para designar a disputa travada entre os defensores e os detratores do romantismo quando estreou, em 1830, na Comédie-Française, a peça *Hernani*, de Victor Hugo.

As contendas entre uns e outros se desenrolaram entre fevereiro e junho daquele ano, um mês antes das famosas "jornadas de julho", imortalizadas na pintura *A Liberdade guiando o povo (28 de julho de 1830)*, de Eugène Delacroix.

4. De acordo com o crítico e historiador literário Alfredo Bosi, em sua *História concisa da literatura brasileira*.
5. Na verdade, conforme ressalta Ivete Huppes, no estudo intitulado *Gonçalves de Magalhães e o teatro do primeiro romantismo*, antes de *Antonio José*, Gonçalves de Magalhães compusera outras duas pequenas peças teatrais, hoje pouco lembradas: *Elogio dramático em aplauso do dia do aniversário da Independência do Brasil*, de 1831, e *Episódio da infernal comédia ou Da minha viagem ao inferno*, de 1836.
6. Tais conceitos são devidos ao Iluminismo, em especial ao pensamento de Denis Diderot, filósofo que se debruçou sobre eles em obras como *Conversas sobre o filho natural* (1757), *O sobrinho de Rameau* (1762-76), *Paradoxo sobre o comediante* (1770) e o fragmento *Sobre o gênio* (1770). Para saber mais a respeito, ver Kamila Babiuki, *O gênio no Iluminismo francês: O caso Diderot* (Curitiba: Kotter, 2022).
7. No original francês: "*Le romantisme, tant de fois mal défini, n'est, à tout prendre, et c'est là sa définition réelle, si l'on ne l'envisage que sous son côté militant, que le libéralisme en littérature*".
8. Informação colhida em Augusto de Freitas Lopes Gonçalves, *Dicionário histórico e literário do teatro no Brasil* (Rio de Janeiro: Cátedra, 1975), v. 1, p. 218.
9. De acordo com Luís Antônio Giron, Gonçalves Dias não se submeteu aos exames finais do curso, que implicavam a defesa de uma tese. Com efeito, obteve o grau de bacharel em direito, mas sem acumular o título de doutor.

10. Criado em 1843, o Conservatório Dramático tinha em seu nascedouro o objetivo de promover institucionalmente ações de incentivo à dramaturgia brasileira. Na prática, contudo, sua função resumia-se basicamente à atividade censória, ou seja, de liberar ou embargar, a priori, a encenação de qualquer peça teatral que se quisesse montar no Rio de Janeiro. Em sua primeira fase, o Conservatório Dramático funcionou até 1864, quando foi extinto. Recriado em 1871, permaneceria ativo até 1897.
11. Vale a pena ressalvar a realização da montagem feita pela Sociedade Dramática do Maranhão e apresentada no Teatro União, em São Luís, em 15 de janeiro de 1848. Mas tudo indica que Gonçalves Dias, que nesse tempo trabalhava no Liceu de Niterói como professor de latim, não compareceu à récita.
12. Gonçalves Dias (1823-64) era filho natural de mãe brasileira e pai português. Quando este se casou com outra mulher, em 1829, ele foi afastado da mãe, só voltando a vê-la anos depois. Embora não o tenha desamparado, seu pai faleceu às vésperas de seu embarque para Portugal (1837), onde deveria seguir com os estudos. A partir de então, até seu retorno ao Brasil, Gonçalves Dias ficou sob a tutela da madrasta.
13. O conceito de drama é polivalente e não cabe facilmente em explicações sumárias. Contudo, em seu sentido amplo, drama é qualquer "peça de teatro", isto é, qualquer texto produzido com a finalidade de ser encenado, baseado na conformação de personagens (dramatis personae), geralmente fictícias, que agem e dialogam entre si (dialogismo). A esses traços elementares acrescenta-se o fato de o drama não prescindir da composição de uma fábula, disposta a recriar um "mundo reduplicado", fechado em si mesmo, ao qual caberia à cena presentificar.
14. No jargão teatral, chamam-se "bifes" as falas excessivamente longas de uma peça, difíceis de serem decoradas e recitadas.
15. Ensaios de mesa são processos de compreensão do texto que normalmente antecedem aos ensaios de palco. Em tese, tal procedimento se destina também a fazer

com que o elenco decore as falas da peça, além de as introjetar com vistas à composição das personagens.

Uma vez realizada essa etapa, em que os atores e atrizes já se familiarizaram com o texto, sucedem os ensaios de palco, nos quais a direção inicia o trabalho das marcações e de tudo o que se relaciona à concepção do espetáculo (luzes, cenários, jogos de cena etc.). Isso de acordo, acrescente-se, com os modos de produção próprios do teatro dramático.

16. Em um levantamento superficial realizado nas ferramentas de busca da internet, encontra-se com facilidade um número considerável de montagens ou adaptações do texto de Álvares de Azevedo, quase todas realizadas já no século XXI, em diferentes regiões do país.

17. Exceção feita a alguns trechos incluídos no segundo episódio, nos quais a personagem de Penseroso adquire relevo, que se reflete em falas mais longas de sua parte.

18. Para um debate mais amplo e matizado sobre as relações entre texto e cena no teatro contemporâneo, contrário à noção segundo a qual a cena seria um espaço a ser "preenchido" pelas sugestões do texto, encarnando-o, ver Cleise Furtado Mendes, "A convivência dramática", em *As estratégias do drama* (Salvador: Centro Editorial e Didático da UFBA, 1995).

19. Para uma análise adequada da formação teatral e dramatúrgica de Álvares de Azevedo, deve-se recorrer a dois pequenos textos de sua autoria: o prefácio de *Macário*, intitulado "Puff", e um outro chamado "Carta sobre a atualidade do teatro entre nós", no qual ele tece algumas considerações sobre a situação do teatro brasileiro em meados do século XIX, deixando às claras suas preferências estéticas em tal seara.

Nesses textos, Álvares de Azevedo menciona uma profusão de autores teatrais, uns de modo entusiástico, outros de modo crítico. No caso de Musset e Byron, ele faz alusão (elogiosa) aos conhecidos provérbios dramáticos do primeiro e a duas peças do segundo (*Sardanapalo* e *Don Juan*). Em termos de dramaturgia, contudo, seu protótipo ideal se afiguraria numa mistura curiosa entre a comédia do "século de ouro" espanhol, o teatro elisabetano e a tragédia grega, fenômenos teatrais anteriores ao advento do romantismo. Ainda assim, o próprio autor de *Macário* admite, no prefácio da obra, que "o meu tipo, a minha teoria, a minha utopia dramática, não é esse drama que aí vai" (Azevedo, 2002, p. 6).

20. A esse respeito, chama atenção em *Macário* sua falta de ação dramática, fruto, por extensão, da falta de um conflito latente que antagonizasse as personagens entre si, fazendo com que elas agissem motivadas por interesses opostos. Na obra de Álvares de Azevedo, o que se tem em boa medida é uma "peça de conversação", visto que o diálogo nela se apresenta de maneira estática, sem exercer aquela função, típica do drama, de encaminhar a ação do presente para o futuro, no sentido de resolver o conflito anteriormente exposto.

21. Um exemplo seria a obra *Noite na taverna*, estreada em 2011 na cidade de São Paulo. Na adaptação realizada por Flávio Rodrigo Penteado e Helder Mariani, inspirada na tese de Antonio Candido, Macário e o Desconhecido adentravam na taverna, onde interagiam com os convivas ali presentes.

22. Também conhecido como "drama de gabinete", em razão, deduz-se, do figurino e do cenário predominantes em tais peças, que remetiam à vestimenta e à moradia associadas à ordem burguesa — dentro de uma perspectiva, ressalte-se, masculina, em alusão ao chefe de família.

23. Datam de 1856 as primeiras colaborações de Machado de Assis no campo da crítica teatral, feitas para o jornal *Marmota Fluminense*.

24. Expressão criada pelo historiador Eric Hobsbawm para intitular o segundo dos três livros que escreveu sobre a história do Ocidente no século XIX, compreendendo os anos que vão de 1848 a 1875, período em que a Europa vivenciou um expressivo desenvolvimento econômico.

25. José de Alencar, *Cartas a favor da escravidão*. Org. de Tâmis Parron. São Paulo: Hedra, 2008.

26. Em seu sentido primordial, a expressão refere-se à figura de Maria aos pés da cruz, de acordo com a cena

da crucificação descrita no Evangelho de São João, origem de toda uma tradição litúrgica, literária e iconográfica ulterior. Atualmente, segundo informa o *Dicionário de sentenças latinas e gregas*, de Renzo Tosi, "essa locução também é usada em linguagem comum, como metáfora para designar uma mulher de aspecto muito triste ou ferida em seus instintos maternos; é o título de um romance escrito em 1882 pelo romântico tardio Gerolamo Rovetta, em que uma nobre se sacrifica em nome dos deveres maternos" (Tosi, 1996, p. 687).

27. Seria a chamada "nobreza de toga", normalmente formada de burgueses que obtinham seus títulos graças à força do poder econômico — ou, em outras palavras, por meio da compra, pura e simplesmente. No caso do Visconde, sua nobiliarquia postiça foi conquistada graças a donativos oferecidos a uma nação estrangeira, conforme Matilde informa em um diálogo inserido na cena três do quarto ato.

28. É comum encontrar o repertório da dramaturgia realista francesa sintetizado sob a designação de "comédia realista". Nesse caso, o termo "comédia" não deve ser tomado em sua acepção mais "vulgar", isto é, de uma peça teatral de caráter cômico. As obras de Alexandre Dumas Filho, Émile Augier e companhia, mesmo quando subintituladas de comédias, apresentam, quando muito, um humor discreto, pois eram, no que se refere ao tom, mais dramáticas do que cômicas. A designação também se relacionava ao modo como as peças terminavam, com um final feliz que deveria exprimir o ideário moral em ascensão.

Referências bibliográficas

AGUIAR, Flávio. *A comédia nacional no teatro de José de Alencar*. São Paulo: Ática, 1984.

______ (Org.). *O teatro de inspiração romântica*. São Paulo: Senac, 1998.

ALENCAR, José de. *Teatro completo 2*. Rio de Janeiro: Serviço Nacional de Teatro, 1977.

ASSIS, Machado de. *Crítica e variedades*. São Paulo: Globo, 1997.

_____. *Do teatro: Textos críticos e escritos diversos*. São Paulo: Perspectiva, 2008.

AZEVEDO, Álvares de. *Teatro de Álvares de Azevedo*. São Paulo: Martins Fontes, 2002.

AZEVEDO, Elizabeth (Org.). *Antologia do teatro romântico*. São Paulo: Martins Fontes, 2006.

BOSI, Alfredo. *História concisa da literatura brasileira*. São Paulo: Cultrix, 1982.

CANDIDO, Antonio. *Formação da literatura brasileira (momentos decisivos)*. Belo Horizonte: Itatiaia; São Paulo: Edusp, 1975.

_____. *A educação pela noite e outros ensaios*. São Paulo: Ática, 1987.

COSTA, Iná Camargo. *Sinta o drama*. Petrópolis: Vozes, 1998.

DIAS, Gonçalves. *Teatro de Gonçalves Dias*. São Paulo: Martins Fontes, 2004.

FARIA, João Roberto. *José de Alencar e o teatro*. São Paulo: Perspectiva; Edusp, 1987.

_____. *O teatro realista no Brasil: 1855-1865*. São Paulo: Perspectiva; Edusp, 1993.

_____. *Ideias teatrais: o século XIX no Brasil*. São Paulo: Perspectiva; Fapesp, 2001.

_____ (Org.). *Antologia do teatro realista*. São Paulo: Martins Fontes, 2006.

_____. *Teatro e escravidão no Brasil*. São Paulo: Perspectiva, 2022.

FRANCO, Maria Sylvia de Carvalho. *Homens livres na ordem escravocrata*. São Paulo: Ática, 1976.

GIRON, Luís Antônio. "As pateadas da posteridade". In: DIAS, Gonçalves. *Teatro de Gonçalves Dias*. São Paulo: Martins Fontes, 2004.

GONÇALVES, Augusto de Freitas Lopes. *Dicionário histórico e literário do teatro no Brasil*, v. 1. Rio de Janeiro: Cátedra, 1975.

HUPPES, Ivete. *Gonçalves de Magalhães e o teatro do primeiro romantismo*. Porto Alegre: Movimento; Lajeado: Fates, 1993.

JACOBBI, Ruggero. *Goethe, Schiller, Gonçalves Dias*. Porto Alegre: Edições da Faculdade de Filosofia, 1958.

LEITE, Rodrigo Morais. *A formação da historiografia teatral brasileira: Consonâncias e dissonâncias (1888-1938)*. Dissertação (Mestrado em Artes). São Paulo: Unesp, 2013.

LEITE, Rodrigo Morais. *A (moderna) historiografia teatral de Décio de Almeida Prado*. Tese (Doutorado em Artes). São Paulo: Unesp, 2018.

_____. *História do teatro no Brasil e na Bahia: Das primeiras ações teatrais jesuíticas ao pré-modernismo*. Salvador: UFBA, 2022.

LIMA, Mariângela Alves de. "Entre o rigor clássico e o desalinho romântico". In: MAGALHÃES, Gonçalves de. *Tragédias*. São Paulo: Martins Fontes, 2005.

MAGALHÃES, Gonçalves de. *Tragédias*. São Paulo: Martins Fontes, 2005.

PARRON, Tâmis. "Introdução". In: ALENCAR, José de. *Cartas a favor da escravidão*. São Paulo: Hedra, 2008.

PEREIRA, Paulo Roberto. "Dramaturgia e Inquisição". In: SILVA, Antônio José. *As comédias de Antônio José, o Judeu*. São Paulo: Martins Fontes, 2007.

PRADO, Décio de Almeida. *João Caetano: O ator, o empresário, o repertório*. São Paulo: Perspectiva, 1972.

_____. *Teatro de Anchieta a Alencar*. São Paulo: Perspectiva, 1993.

_____. *O drama romântico brasileiro*. São Paulo: Perspectiva, 1996.

_____. "Evolução da literatura dramática". In: COUTINHO, Afrânio (Org.). *A literatura no Brasil*, v. 6. São Paulo: Global, 2003.

_____. *História concisa do teatro brasileiro*. São Paulo: Edusp, 2008.

SCHWARZ, Roberto. "Nacional por subtração". In: *Que horas são?: Ensaios*. São Paulo: Companhia das Letras, 1987.

SOUTO-MAIOR, Valéria Andrade. *Índice de dramaturgas brasileiras do século XIX*. Florianópolis: Editora Mulheres, 1996.

_____. "Maria Ribeiro: Escrever o Brasil, fundar a dramaturgia de autoria de mulheres". In: RIBEIRO, Maria Angélica. *Cancros sociais*. Brasília: Senado Federal, 2021.

TOSI, Renzo. *Dicionário de sentenças latinas e gregas*. Trad. de Ivone Castilho Benedetti. São Paulo: Martins Fontes, 1996.

TRINDADE, Joyce Nathália de Souza. *José de Alencar e a escravidão: Necessidade nacional e benfeitoria senhorial*. Dissertação (Mestrado em Ciências Sociais). Guarulhos: Unifesp, 2014.

GONÇALVES DE MAGALHÃES

Antonio José ou O poeta e a Inquisição

PERSONAGENS

Antonio José
Mariana
Frei Gil, dominicano
O conde de Ericeira
Lucia, criada da Mariana
Um criado do conde que fala
Soldados e familiares do Santo Ofício

A cena é em Lisboa, em 1739.

Ato primeiro

Cena I

Vista da sala particular na casa de Mariana; de um lado uma cômoda, sobre a qual estará um oratório fechado, cujo destino se indicará no segundo ato. Do lado oposto, uma mesa e um candeeiro antigo. Mariana assentada, com um papel na mão, como que estuda sua parte teatral. Lucia em pé, espevitando a luz.

Mariana e Lucia.

MARIANA Deixa-me, Lucia, deixa-me tranquila;
  Vai-te, deixa-me só; — repousar quero
  Esta cabeça de fadigas tantas.
  De mim terias pena, se soubesses
  Que turbilhão de fogo me devora.
  Sente tu mesma, toca. (*pegando na mão de Lucia e levando-a à cabeça*)
LUCIA Oh, como queima!
  Parece um forno!... Que terrível febre.
  Senhora, quer que eu faça alguma coisa?
  Quer que eu chame o doutor?
MARIANA Não; nada quero.
  Somente que me deixes, eu te peço.
LUCIA Como a posso deixar em tal estado?

Fora preciso um coração de pedra.
Não... agora me lembro... vou fazer-lhe
Um remédio caseiro; espere, eu volto. (*sai*)

Cena II

MARIANA (*só*) Pobre Lucia, sem ti eu já morrera...
És quase mãe, fiel, sincera amiga.
Quantas obrigações eu te não devo...
Oh! Que aguda pontada...

Cena III

LUCIA (*voltando com um copo na mão*)
Aqui lhe trago
Um remédio bem simples, mas que cura;
É um pouquinho d'água com vinagre.
Molha-se o lenço... assim... É coisa santa;
Não tenha medo, aplique sobre as fontes.
Ensinou-me... quem mesmo?... nem me lembro.
MARIANA Oh, que dor! Fez-me mal a frialdade.
LUCIA É sempre assim; daqui a pouco passa:
Mas tenha paciência.
MARIANA Estou mais calma;
O calor se dissipa, e a dor se abranda. (*pega o papel para ler*)
LUCIA Deixe, senhora, esse papel maldito.
Que praga! Forte teima de leitura!
Continuamente a ler! Nunca descansa!
Eis aí porque sofre... não se queixe.
O mesmo ferro quando muito o malham,
E a pedra quando a batem, fere fogo,
Quanto mais a cabeça que é sensível!
Isso é mania.

MARIANA (*levantando-se*) Vê como é difícil
O trabalho da mente, e o quanto custa
Ter um nome no mundo! Enquanto dormes,
No teu leito tranquila, eu velo, em luto;
A noite para ti traz o repouso,
E se o dia ao trabalho te convida,
Com a paz no coração deixas o leito.
Teu diurno trabalho não te cansa,
Com a paz no coração ao leito voltas.
Mas eu, quando repouso? Ante um espelho
Estudando paixões, compondo o corpo,
Mil expressões numa hora procurando,
Meus dias passo; — e tu, doida, me julgas
Quando me vês gritar, lutar, ferir-me,
E às vezes investir-te delirante!
Durante a noite minha fronte escaldo
Junto desta candeia, que me aclara,
Sua negra fumaça respirando,
Ou medindo o salão de um lado a outro
Sempre com o meu papel diante dos olhos,
Como um espectro do sepulcro erguido,
Em desalinho, pálida: e cem vezes
Primeiro a luz se apaga, que eu me deite.
Se busco o leito então, oh, que tormento,
Da cabeça inflamada o sono foge;
Nova cena a meus olhos se apresenta.
No teatro me cuido, escuto a orquestra,
Vejo a plateia, e os camarotes cheios,
Ouço os aplausos, bravos, que me animam,
E com essa ilusão a vida cobro.
Mas eis que durmo, sonho, e de repente
Ao som da plateia aflita acordo.
É manhã; — e outra vez começa a lida.
Oh, vida! Oh, ilusão! Oh, meu martírio!
LUCIA Oh! certamente que me causa pena.
Tanto eu não poderia: antes quisera

Uma esmola pedir de porta em porta
Do que seguir tal gênero de vida.
E então porque ralar sua existência?!
Para agradar o povo! E apresentar-se
A rir, ou a chorar, como uma doida!

MARIANA Que dizes tu? Coitada! O teu discurso
Bem mostra que da glória o amor não sentes.

LUCIA Não sinto, e queira o céu que eu nunca o sinta;
Que se da glória o amor é que lhe causa
Tantas inquietações, tantas vigílias,
Desprezo tal amor. Eu de contínuo
Nas minhas orações me recomendo,
Quando me deito, ao grande santo Antônio
E ao meu anjo da guarda que me ajudem
E de vis malefícios me preservem.
Só quero amar a Deus... Diga, senhora,
Porventura Camões amava a glória?

MARIANA Oh, se amava! E que luso depois dele
Tanto amou-a?

LUCIA Pois bem, sempre foi pobre,
Na miséria viveu, pedindo esmolas,
E morreu no hospital. Senhor Antonio
Que lhe diga o que ganha com as comédias
Que ele compõe para agradar ao povo.

MARIANA Ganha a reputação de Plauto luso,
De um ilustre escritor, de um grande homem.

LUCIA (*com ar de compaixão*) Melhor fora dizer — de um
[pobre homem.

MARIANA E o que tem a pobreza com o talento?

LUCIA Muito; que em Portugal andam casados.
E se o senhor Antonio continua,
Já lhe prevejo um fim bem desgraçado.
Eu só ouço dizer que ele é jocoso,
Que faz as pedras rirem: eis porque o amam.
E se não fosse a banca, e os demandistas
Que lhe dão de comer, creio decerto

Que ele morto estaria há muito tempo,
Ou pelas portas pediria esmola
Como o pobre Camões... Camões!... Coitado!
Quando da sua sorte me recordo,
Em lágrimas meus olhos se convertem.
Pobre homem!... Tão moço!... Cavalheiro,
Que pudera ter sido alguma coisa,
Dar em poeta!... Andar fazendo versos!
Errando pelo mundo; naufragando,
Vir a Lisboa pra pedir esmola,
Comer o pão com lágrimas molhado (*com tom de piedade e de compaixão*)
Morrer num hospital! Eu creio vê-lo (*limpando as lágrimas*)
Envolto num lençol, no adro da igreja,
Sobre a pedra estendido, ali, exposto,
Movendo a piedade de quem passa,
Que lhe atira um real para a sua cova!...
Oh, meu Deus, que castigo!... Eu tenho um filho,
Um filho que também erra no mundo,
Faze que ele da glória o amor não sinta,
Que não tenha talento, e sobretudo
Que não seja poeta, para que possa
Ser feliz sobre a terra.

MARIANA O teu discurso,
Malgrado meu, o coração me toca,
Confesso que não falas sem motivos.
Mil vezes refletindo sobre a sorte,
Vendo a miséria perseguir o gênio,
A ingratidão dos homens, a injustiça,
A infâmia que sobre ele a inveja lança,
E o desprezo da vil mediocridade,
Que no lodo se arrasta como o verme,
E outro Deus não conhece mais que o ouro,
Discorro como tu; e só desejo...
Nem sei o quê... morrer... deixar o mundo.

Confesso que abraçaria o teu conselho
Se não fosse ser eu já conhecida,
E não poder arrepiar caminho.
Sobre mim julga o povo ter direito;
Amanhã se eu disser: adeus, teatro!
Todos se julgarão autorizados
A me vir indagar qual o motivo.
Que não diria o povo? E que calúnias,
Que infâmias sobre mim não lançaria?
Quase que sou escrava. — No que dizes
Eu descubro razão.

LUCIA Mas não a segues.

MARIANA Nem posso.

LUCIA Então por quê?

MARIANA É impossível.

LUCIA Impossível!

MARIANA Sim, Lucia.

LUCIA Quem a impede
De seguir meu conselho?

MARIANA A minha sorte;
Cada qual tem a sua; a minha é essa.

LUCIA Mas a sorte se muda; mude a sua.

MARIANA E tu por que não mudas tua sorte?

LUCIA A minha é outro caso; e só Deus sabe
Se eu lhe peço que mude; — mas debalde.

MARIANA Ah! Tu cuidas que é Deus quem te embaraça
De mudar tua sorte?

LUCIA Oh, certamente!
Não tenho vocação de andar servindo,
Nem faço gosto nisso.

MARIANA Pobre Lucia,
Dás armas contra ti; sem gosto serves,
E cuidas não poder mudar de vida,
E a culpa pões em Deus, e tu me acusas?
E queres sem razão que eu mude a minha,
Quando nasci com vocação para a cena?

Tenho razão demais para segui-la.
LUCIA Lá, senhora Mariana, em argumentos
Não me quero meter com a senhora.
Não tiro conclusões nem tenho estudos:
Mas enfim a razão está dizendo,
E dizer tenho ouvido a muita gente,
Que é melhor e mais nobre ser criada
Que ser comediante.
MARIANA Lucia, é muito!
Nunca pensei que a tanto te atrevesses.
Se não fora ter dó do teu estado
Hoje mesmo...
LUCIA Senhora, não se ofenda;
Disse isso por dizer; sou uma tonta;
Desculpe essa ousadia.
MARIANA Eu te perdoo;
Tu pensas como o vulgo.
LUCIA Eu me retiro.
MARIANA Vai-te, vai-te deitar.
LUCIA Se necessita
De mim para alguma coisa...
MARIANA Nada quero.
LUCIA Boa noite, senhora.
MARIANA Deus te ajude.

Cena IV

MARIANA (*só*) Entretanto ela pensa como o mundo,
Que nos vê com desprezo e que nos trata
Como uma classe vil e desgraçada,
Sem honra e sem pudor; que ousa mostrar-se
Em público debaixo de mil formas
Só por amor do ganho: hoje trajada
Com as vestes reais de soberana,
Amanhã com os andrajos da pobreza...

Só para rir, para passar alegre uma hora,
Não para corrigir seus ruins costumes,
O teatro procuram: nós lhes damos
Envolto em mel um salutar remédio;
Com seus próprios defeitos e seus erros
Excitamos o riso; e outras vezes
Com o quadro da desgraça e da virtude
Na alma nobres paixões lhes acendemos.
Mostramos a inocência perseguida,
Um pai sem coração, um filho ingrato,
Uma esposa infiel, um rei tirano,
Um magistrado que a justiça vende;
Interpretando a história e dando vida
Às sublimes lições da poesia,
Lhes mostramos os rápidos contrastes
Do nada e da grandeza: eles nos ouvem,
Eles nos vêm com lágrimas nos olhos,
E quando nós lhes embebemos na alma
A dor, a compaixão, o amor e a ira,
Como nós da paixão só possuídos,
Esquecidos mil vezes, nos transportes,
Que dos quadros que vêm, eles são normas,
Que de crimes iguais são réus às vezes,
Cheios de entusiasmo nos aplaudem,
Choram mesmo conosco e se envergonham
Ao aspecto do quadro, que desperta
Como um remorso vivo a consciência
De seus crimes; — porém a noite passa.
E amanhã o desprezo é nosso prêmio!...
Nós somos como a flor, que, enquanto fresca
Seu cheiro exala, cuidadosos guardam,
Mas tanto que exalou o aroma todo,
Tanto que murcha, para o canto atiram.
Assim pratica o povo, ingrato sempre!...
Eu sei que isso é assim; porém que importa!
Não posso resistir ao meu instinto...

Um imenso teatro é este mundo;
Um papel aqui todos representam,
Eu represento dons, de dia e noite.
Eis meu único crime. (*batem com força na porta*)
Mas quem bate
Com tanta força? Quem será? (*batem de novo*)
Quem bate?

ANTONIO JOSÉ (*da parte de fora*) Abre a porta, Mariana, abre depressa.

MARIANA É Antonio José! (*corre para abrir a porta*)

Cena V

Antonio José entra assustado e, arquejando de cansaço, encosta-se na porta com a mão na chave, depois fecha a porta, e assenta-se sem dizer coisa alguma. Mariana todo este tempo terá os olhos firmes sobre ele como cheia de terror: depois de grande silêncio de parte a parte, Antonio José suspira, e então Mariana fala.

Mariana e Antonio José.

MARIANA Senhor, que tendes?
Estás doente?

ANTONIO JOSÉ (*levantando-se furioso*) Sim, mas é de raiva
De não poder tragar esses sicários,
Raça vil, bando infame de assassinos,
Que vivem de beber o sangue humano!
Ó maldição do céu, caia sobre eles.
Maldição, maldição: o céu me escute.

MARIANA Oh, já vejo: ladrões vos atacaram!
Quiseram vos roubar. Estás ferido?

ANTONIO JOSÉ Sim, dizes bem, ladrões... ladrões, sicários.
Por toda a parte só ladrões encontro;
Tudo se rouba, vida, honra, dinheiro;

Rouba-se ao português a liberdade
E até o pensamento roubar querem.
Infames! Querem que o homem seja escravo,
Que seja cego e mudo e que não pense,
Para melhor calcar-nos a seu grado.
De noite, aproveitando o horror das trevas,
Subalternos ladrões giram nas ruas,
E em cada canto o cidadão encontra
Um punhal e uma cara de assassino;
Se dele escapa, em cada praça topa
Um espião, um refalsado amigo;
Não é seguro asilo a nossa casa.
Não há lei, nem costumes, nem governo,
Nem povo, nem moral; sobressaltado
Está sempre o homem, sempre receoso
Do que diz, do que pensa; nem no leito,
Nem no templo de Deus há segurança;
Lá mesmo vão perversos aninhar-se,
Lá se acoitam traidores homicidas,
Que se cobrem com o manto da virtude,
Para mais a seu salvo flagelar-nos.
Mais brutais, mais sacrílegos, infames!
Profanam do seu Deus, que adorar fingem,
O nome e a lei de amor. E tu consentes,
Ó Deus, que me ouves, que os suporte a terra?
Que em teu nome perpetrem tantos crimes?
Mas se consentes tonsurados lobos
Sobre a terra, o castigo lhes preparas
Sim, sim, eu creio no futuro prêmio,
No castigo futuro; — tu és justo.

MARIANA Que discurso! — A razão terá perdido? (*à parte*)
Nunca vos vi assim! Que estranho caso
Vos pode acontecer.

ANTONIO JOSÉ Estou perdido.

MARIANA Perdido! Como assim, por que motivo?

ANTONIO JOSÉ Nada sei.

MARIANA Que aflição isso me causa!
ANTONIO JOSÉ Os monstros!... Se eu pudesse extermina-los!
Qual é meu crime? O que é que tenho feito
Para ser perseguido?
MARIANA Perseguido!
ANTONIO JOSÉ (*segurando na mão de Mariana*) Sim, perseguido; sim; talvez agora
Os vis denunciantes me procurem.
Talvez mesmo a teu lado, quando cuido
Estar salvo e seguro, alguém me escute.
MARIANA Oh, que delírio!
ANTONIO JOSÉ Não, eu não deliro;
Nunca em mim a razão falou tão alto.
Não estou seguro aqui (*furioso, passa para o outro lado, empurrando Mariana*)
MARIANA Oh, que injustiça,
Senhor, vós me fazeis! Julgais acaso
Que sou vossa inimiga? Quem vos pode
Inspirar essa ideia? E que motivos
Vós tendes contra mim? Como é possível
Que me trateis assim!
ANTONIO JOSÉ Não, Mariana,
Não me queixo de ti; eu te conheço;
Sei que tudo darias para salvar-me;
Mas é quase impossível.
MARIANA Ainda ignoro
Dessa mudança a causa.
ANTONIO JOSÉ Como ignoras?
Mas então tu não vês? Já te não disse?
Queres, pois, que mil vezes te repita,
Que não posso escapar, que me perseguem?
MARIANA Mas quem?
ANTONIO JOSÉ (*com furor*)
A Inquisição! A Inquisição.
MARIANA Oh, Deus! A Inquisição? (*cheia de horror*)

ANTONIO JOSÉ (*rindo-se de cólera*) O Santo Ofício!
MARIANA Que horror! A Inquisição!
ANTONIO JOSÉ (*cólera misturada com piedade*) Oh, que ironia!
Oh, Santo Ofício! Santo?... O Santo Ofício! (*ri-se de raiva*)
Mil vezes infernal. Obra do inferno (*furioso*)
Santo! Como está tudo profanado! (*compaixão*)
Como os homens são maus! Como eles zombam
Até com o nome de Deus! Quem poderia
Crer que a religião de Jesus Cristo
De instrumento servisse à tanta infâmia?
MARIANA Sossegai; Deus protege os inocentes.
ANTONIO JOSÉ Em outro mundo, talvez.
MARIANA E também neste.
ANTONIO JOSÉ Neste não; que este mundo é dos malvados.
MARIANA Mas entre eles também há homens justos.
ANTONIO JOSÉ Para servirem de vítimas aos outros.
MARIANA Embora seja assim; o que nos cumpre
É cuidar de salvar-vos.
ANTONIO JOSÉ Porém como?
Como da Inquisição fugir às garras?
Se aqui fico, não posso estar seguro;
E se saio, hoje mesmo serei preso.
Pois bem, daqui não saio, que se cansem,
Não lhes darei tão fácil a vitória.
Cedo ou tarde a masmorra é infalível,
Mas quero que primeiro se exasperem.
Lei de sangue fundada na ignorância,
Que se opõe à razão e à natureza
Não é lei a que os homens obedeçam. (*andando*)
Antes quero morrer longe da pátria
Do que nela sofrer a tirania;
Quando para o cidadão não há direitos
Não há também deveres... (*meditando*) Sim, é justo.
Vou escrever ao conde de Ericeira.
Dá-me papel. Eu quero que ele saiba

A triste posição em que me vejo.
Lucia onde está?

MARIANA Lá dentro.

ANTONIO JOSÉ Vai chamá-la. (*sai Mariana*)

Cena VI

ANTONIO JOSÉ (*só escrevendo*) Nobre conde, entre a vida e a morte existo,
Um pé na Inquisição, outro no mundo;
Decidi para que lado cair devo.
(Não lhe quero pintar com negras cores
O estado em que me vejo para poupar-lhe
Momentos de furor; — continuemos).
Decidi, nobre conde, em vós confio,
Vós me podeis salvar, sem vós eu morro. (*fecha-a*)

Cena VII

Antonio José, Mariana e Lucia.

ANTONIO JOSÉ Toma, leva esta carta; mas de modo
Que ninguém possa ver; com brevidade
Vai à casa do conde de Ericeira;
Entrega a ele mesmo… Lucia, escuta:
Se o criado impedir-te de falar-lhe,
Dize que vás daqui de minha parte;
Não voltes sem resposta.

LUCIA (*saindo*) Que mistério!

Cena VIII

ANTONIO JOSÉ Agora vamos ver quem de nós vence.
Maldita Inquisição, eu te assoberbo.

Ato segundo

Cena I

A mesma decoração do primeiro ato. Mariana em pé encostada a uma porta, por onde mais tarde deve sair Antonio José.

MARIANA Ele dorme, tão perto da desgraça!
Ele dorme, sua alma é inocente,
Seu coração é puro. — Ai, pobre Antonio!
Goza ao menos esta hora de descanso;
Não te quero acordar; em paz repousa
Essa cabeça que o terror perturba. (*caminha para o meio da cena*)
Feliz quem dorme! o sono é o refúgio
Do desgraçado; — mais feliz ainda
Se ele nunca acordasse... E quem, quem sabe
Se este sono depois de tanta angústia,
Este sono tranquilo em leito estranho
É a imagem do sono sobre o túmulo?
Um precursor da morte? Deus! Quem sabe
Se é da vida este sono o derradeiro,
Seu último descanso sobre a terra,
E que acordando, em vez de ver a aurora,
Perca a paz, e caminhe para a masmorra!
Ah, quem escapa ao tribunal de sangue,

Quando ele quer ferir? Tudo é inútil
Nem vale a proteção, nem a inocência,
Nem o rei de seu golpe está seguro!
Oh, desgraçado Antonio! — E ele repousa!
E ele dorme tão perto da masmorra! (*caminhando para o oratório*)
Ó Mãe do Redentor, velai sobre ele,
Pedi por ele ao vosso Filho amado;
Sim, ó virgem da graça. (*ajoelha-se*)
— Eis-me prostrada
A vossos pés, ó Mãe dos infelizes;
Tende de mim piedade; de uma pobre
Criatura sem pai, sem mãe, sem filhos,
Que se lembrem de mim, que me socorram.
Abracei uma vida de amarguras,
Mas fujo do pecado, amo a virtude,
E apareço no mundo das calúnias
Sem infâmia, sem crime, e tudo devo
No céu a vós, na terra a este homem;
Sim, vós sois minha mãe, ele tem sido
Sempre meu protetor, meu pai e amigo.
Não permitais, ó Virgem, que ele sofra,
Que ele morra, e que eu fique desgraçada. (*Antonio José suspira da parte de dentro*)
Que gemido, oh, meu Deus! Eu acordei-o (*levanta-se*)
Sem dúvida acordei-o… Talvez sonhe. (*suspira de novo*)
Nem dormindo repousa o malfadado. (*caminha para a porta do quarto*)
Escutemos… parou… nada… é que dorme. (*voltando para o meio da cena, olha para o oratório*)
Lembrai-vos dele. (*limpa os olhos e abre uma janela que deita para a rua*)
Como tarda Lucia.
Que noite escura! O céu como está negro!
Oh, que noite de horror! Nem uma estrela. (*soam dez horas num sino de igreja. Mariana conta em voz baixa as horas*)

Dez horas!... Como a rua está deserta!
E Lucia ainda não vem! Oh, que martírio. (*fecha a janela e vem para a cena*)
Que aflição para mim; quantos tormentos.
E amanhã, como posso ir ao teatro?
Como desempenhar a minha parte?
Não posso deixar de ir, é necessário
Trabalhar toda a noite e todo o dia. (*caminha para a mesa, toma um papel e reflete*)
Ignez de Castro!... Que papel difícil!
Não preciso fingir, assaz magoada
Estou para interpretar paixões alheias.
Vejamos, ensaiemos essa cena. (*dispondo a cena para representar*)
A ama aqui está; ali sobressaltado
O coro me anuncia a minha morte,
Que o rei e armada gente me persegue.
Em torno de mim choram; quase insana,
Cheia de horror, eu vejo meus filhinhos;
Quero fugir, exclamo: — "Sonhos tristes! (*transportada*)
Sonhos cruéis! Porque tão verdadeiros
Me quisestes sair? Ó espírito meu,
Como não creste mais o mal tamanho
Que crias e sabias; Ama, foge,
Foge desta ira grande que nos busca,
Não quero mais ajuda, venha a morte,
Morra eu, mas inocente".[1]

Cena II

Mariana e Antonio José.

ANTONIO JOSÉ (*entra furioso sem ver Mariana como perseguindo alguém*) Morre, morre,
Eu me vingo de ti, monstro nefando!

MARIANA Que escuto! Oh, céus! Que vejo!
ANTONIO JOSÉ Morre, morre.
Não podes escapar; não. (*lutando só no meio da cena*)
MARIANA Que delírio! (*corre para ele*)
Vós sonhais; acordai, senhor Antonio!
ANTONIO JOSÉ Onde está? Para que lado ele escondeu-se?
MARIANA Não há ninguém aqui, eu tão somente,
E vós: estamos sós.
ANTONIO JOSÉ Então o que é dele?
MARIANA Isso é sonho.
ANTONIO JOSÉ Quem és?
MARIANA Sua Mariana.
Sou eu mesma... aqui estou a vosso lado.
ANTONIO JOSÉ (*abraçando-a*) Pobre Mariana! Que secura ardente.
MARIANA Quer água? Eu vou buscar. (*sai*)

Cena III

ANTONIO JOSÉ (*só, assenta-se*) Que sonho horrível!
Onde estou eu?... Em casa de Mariana...
Como estou! (*examinando seu vestuário*)
Acordei sobressaltado...
Que suor frio! Estou gelado... Eu tremo...
Que peso sobre a fronte... Que secura...
Tenho a garganta ardente.

Cena IV

Antonio José e Mariana.

MARIANA Eis aqui a água;
Beba de uma só vez.
ANTONIO JOSÉ (*depois de ter bebido*) Como é suave!
Oh, que prazer!

MARIANA Quer mais?

ANTONIO JOSÉ Basta, Mariana.
Meu capote?

MARIANA Aqui o tem.

ANTONIO JOSÉ (*levantando-se*) Estou suando.

MARIANA Quer deitar-se?

ANTONIO JOSÉ Isso não; dormir não posso,
Quero antes passear, para distrair-me,
O exercício convém-me. Dá-me o braço.

MARIANA (*passeia de um lado a outro*) Fui eu que o acordei com as minhas vozes?

ANTONIO JOSÉ Não, Mariana; eu sonhava com serpentes,
E não sei com que mais… Era uma moça…
Espera, que me lembro. (*para como para lembrar-se*)
Eu?… sim, eu mesmo.
A via perseguida por um homem
Todo coberto com uma capa preta,
Que sobre uma fogueira a empurrara;
A moça me chamava a seu socorro,
Gritava por meu nome: eu corro a ela,
Chego, vejo-a; — E quem cuidas que ela fosse?

MARIANA Quem?

ANTONIO JOSÉ Eras tu, Mariana!

MARIANA (*assustada*) Oh, Deus!

ANTONIO JOSÉ Tu mesma!

MARIANA Será pressentimento!…

ANTONIO JOSÉ Mal te vejo
Com o pé já na fogueira, a ti me arrojo,
Por um braço te arranco; ia salvar-te,
Quando preso me vejo e rodeado
De multidão de frades, povo e tropa.
Era um auto de fé! O Santo Ofício!
Tu a meus pés estavas desmaiada;
Então sacudo o corpo, solto os braços,
Tiro a espada e, colérico, investindo
Contra a fogueira, espalho sobre a praça

E sobre a multidão tições acesos.
Tudo foge; o incêndio já lavrava;
Entre o fogo um só homem me resiste,
Um só homem! Seus olhos cintilavam.
Não reflito; com a espada enfio as chamas,
Cego, com o braço alçado, a ele corro
Frenético gritando: morre, morre;
De um lado a outro atravessei-lhe o peito,
Tiro a espada, de novo ia feri-lo,
Ergue-se o monstro; ri-se; e não o vejo,
Procuro, em vão forcejo; e nisso acordo.

MARIANA (*depois de um momento de silêncio*) Esse sonho
quem sabe o que anuncia?

ANTONIO JOSÉ Coisa nenhuma; o cérebro exaltado
Produz essas visões extravagantes.

MARIANA Os sonhos muitas vezes nos revelam
Desgraças, que acordados não prevemos.

ANTONIO JOSÉ Sim, há casos.

MARIANA E casos bem notáveis.

ANTONIO JOSÉ (*pensando*) Há dias aziagos, em que o homem,
Em profunda tristeza mergulhado,
Se esquece de si mesmo e se concentra
No mundo interior da consciência,
Nesse abismo mais vasto do que o mundo,
Nesse mistério oculto, indefinível,
Nessa imagem de Deus em nós contida,
Que relata o passado, ama o futuro.
Parece então que o homem se envergonha
De tão pouco saber, de ter vivido
Sem saber o que ele é. Então se eleva
Nesse mundo ideal; não se contenta
Com o mundo dos sentidos; quer lançar-se
Além do espaço que seus olhos medem,
Quer prever, quer falar com o Ser Divino,
Quer saber o que é sonho, o que é a morte,
O homem que nem sabe o que é a vida;

Afirma sem provar, sem saber nega.
Ora, a noite os mistérios apadrinha,
Seu horror, seu silêncio nos cercando
Como as negras paredes da masmorra
As criações da mente favorecem,
E vasto campo dão à fantasia,
Que em largo voo então desdobra as asas,
Mil mundos invisíveis visitando.
Quem sabe se essas sombras fugitivas
Como cometas que nos céus deslizam,
Que nós vemos de noite, e que nos falam,
São simulacros de invisíveis seres?
Quem sabe se as visões, se os nossos sonhos
Oráculos são do íntimo sentido,
Que o homem deve interpretar? Quem sabe?...
Ainda eu hoje sonhei... Oh, já descubro (*pensando profundamente*)

MARIANA (*interrompendo-o*) O quê, senhor, o quê?

ANTONIO JOSÉ (*distraído dando com a mão para o lado*)
Espera, espera.
Como me ia esquecendo... Sim, foi hoje,
Foi esta noite, não... Eu não me engano...
A Inquisição... Eu fui denunciado.
E eu cuidava que tudo isso era sonho! (*como tornando a si*)
Como tenho, meu Deus, esta cabeça!
Como estava esquecido.

MARIANA Melhor fora
Que tão sério em tais coisas não pensásseis;
Vossa imaginação é tão ardente,
Que a tudo a que se dá não acha termo.

ANTONIO JOSÉ Dias há em que o homem está disposto
A pensar seriamente e a crer em tudo.
Não sei, isso me aflige... e o que me ocupa
É saber nesse sonho porque causa
Tu ias para a fogueira, estando eu livre;
E como isso se explica.

MARIANA Oh, Lucia! Lucia!
Como tarda!
ANTONIO JOSÉ É verdade, onde está Lucia?
Ainda não voltou?
MARIANA Tardar não pode,
Eu espero por ela a todo o instante.
ANTONIO JOSÉ É provável que o conde também venha.
MARIANA Não sei o que minha alma pressagia!
Se ela foi encontrada? Que desgraça!
Aquela carta... Que maior denúncia.
ANTONIO JOSÉ Oh, é verdade! Que erro! Que loucura.
Não ter previsto! Condenar-me eu mesmo!
Comprometer o conde: e a ti, Mariana,
A ti, sim, que me deste asilo em casa.
Talvez que a seu pesar Lucia confesse
Que eu aqui estou. Oh, Deus, será possível
Que eu arraste comigo a tua queda,
Que à fogueira também comigo subas!
Tu... E o meu sonho!... Ó sonho! Eu já te entendo.
MARIANA E que importa, Senhor, se verifique
Esse sonho terrível? Por ventura
Tem a vida para mim tantos encantos
Que eu não saiba morrer com rosto firme!
Salvai-vos, eis aqui o que desejo,
Morra eu, se for mister... Mas vós...
ANTONIO JOSÉ Mariana,
Não me enterneças nesta crise horrenda.
De que nos servem lágrimas nesta hora?
Não se pode perder um só instante;
Fugir, ou esperar que Lucia volte;
Ou talvez afrontar o bando infame
De meus perseguidores; sim, feri-los,
Morrer, matando, defendendo a vida;
Decide tu, Mariana. (*batem na porta*)
MARIANA Senhor, batem.
ANTONIO JOSÉ Serão eles?

MARIANA Quem bate?
LUCIA (*da parte de fora*) Abra, senhora.
MARIANA É Lucia, é Lucia. (*indo abrir a porta apressada*)
ANTONIO JOSÉ (*rindo-se de contentamento, corre para Lucia, que entra*) Enfim, estamos salvos.

Cena V

Antonio José, Mariana e Lucia, que entra com uma caixa.

ANTONIO JOSÉ Vem, abraça-me, Lucia! O que há de novo?
Que me trazes aí? O que te disse
O conde de Ericeira?
LUCIA Aqui lhe trago
Esta caixa, não sei o que vem dentro:
Eis a chave.
MARIANA Vejamos.
ANTONIO JOSÉ E mais nada?
LUCIA Deu-me mais uma carta. (*metendo a mão no bolso*)
ANTONIO JOSÉ E tu perdeste-a?
LUCIA Creio que não, meti-a neste bolso;
Ei-la.
ANTONIO JOSÉ (*arrebatando a carta*) Pois da-me-a cá; nunca [tens pressa.
O conde é meu amigo, eu bem sabia
A quem me dirigi (*lendo*) "Meu caro amigo,
Eu tenho a mesa pronta a tua espera;
Vem comigo cear, posto que tarde
Podemos rir sem medo: a ceia é fria,
Não te hás de queimar". — Eu bem o entendo!
(*refletindo sobre a carta*)
Fez bem de me escrever dessa maneira.
O que vem nesta caixa?
MARIANA Um vestuário
De criado do conde.

ANTONIO JOSÉ Oh, bela ideia!
Vai-te, Lucia, de ti não precisamos. (*vai-se Lucia*)

Cena VI

Antonio José e Mariana.

ANTONIO JOSÉ (*começa a vestir-se de criado do conde*)
Não tenho medo agora... Estou zombando
Dos tais familiares... Que me encontrem,
E com este disfarce me conheçam.
Não posso perder tempo; adeus, Mariana. (*abraçam-se*)
MARIANA Adeus.
ANTONIO JOSÉ Adeus!... Tu podes lá ir ver-me;
Ou eu te escreverei; não tenhas medo;
Não chores. Amanhã nós nos veremos.
MARIANA (*caminhando para a porta*)
Não sei meu coração porque está triste!
Parece que algum mal ainda adivinha. (*batem na porta*)
Batem! Tão tarde! (*param*)
ANTONIO JOSÉ O conde talvez seja,
Que me quis preparar esta surpresa.
Vou abrir; é o conde certamente (*quer ir abrir a porta, Mariana o retém segurando-lhe o braço*)
MARIANA Senhor, o que fazeis? Eu não consinto.
Convém não arriscar a vossa vida.
Esperai. Que temor me nasce na alma. (*batem de novo*)
Bate-me o coração; tremo de medo.
ANTONIO JOSÉ Que receias?
MARIANA Senhor, quereis ouvir-me?
Retirai-vos, por Deus, enquanto vejo
Quem é que bate.
ANTONIO JOSÉ Bem, eu te obedeço. (*retira-se*)

Cena VII

Mariana vai abrir a porta, entra frei Gil.

MARIANA Oh, Deus! (*recuando cheia de espanto*)
FREI GIL (*fazendo uma grande reverência e com ar muito religioso*) Sou seu ministro e humilde servo.
E Deus esteja em vossa companhia.
De que temeis? Estais tão agitada!
Minha presença acaso horror inspira?
MARIANA Na graça do Senhor sejais bem-vindo.
FREI GIL Amém.
MARIANA Pedis esmola para algum santo?
O que quereis de mim?
FREI GIL Oh, nada, nada!
A uma obra pia a compaixão moveu-me;
Só por amor de vós deixei o claustro
Para vos servir, salvar-vos. Mas eu vejo
Que me convém sair; eu vos molesto.
MARIANA Ah, não, senhor, perdão, perdão vos peço.
Desculpai meu receio mal fundado.
FREI GIL Receio! Uma cristã de um sacerdote?
De um ministro de Deus? Algum pecado,
Algum crime vos punge a consciência?
Tendes horror da Igreja?
MARIANA Oh, por piedade
Não me julgueis culpada, e vossa bênção
Vos peço humilde. (*curvando a cabeça*)
FREI GIL Filha, sossegai-vos.
Há muito que eu quisera procurar-vos,
Para vos evitar uma desgraça.
MARIANA Desgraça? (*com veemência*)
FREI GIL Sim, e que desgraça horrível!
Só eu sei o perigo a que me exponho,
Vindo vos procurar para prevenir-vos.
MARIANA Como, senhor, por mim tanta bondade!
Como de vosso amor me fiz credora?

FREI GIL Dir-vos-ei devagar; o caso é grave;
E vendo-me aqui só a vosso lado
Não posso ainda entrar em mim.
MARIANA Sentai-vos.
FREI GIL (*senta-se*) E vós ficais de pé?... Tomai assento.
MARIANA Estou bem.
FREI GIL Então me ergo. (*querendo levantar-se*)
MARIANA Eu obedeço. (*senta-se*)
FREI GIL Deixai-me respirar. Ninguém nos ouve?
MARIANA Ninguém.
FREI GIL Como dizia: um mal ingente
Vos ameaça há muito. O Santo Ofício
Tem olhos sobre vós.
MARIANA O Santo Ofício?
E por quê? Ainda mais esse martírio!
FREI GIL Eu não sei a razão nem saber quero.
Só desejo servir-vos, mesmo quando
Tudo quanto se diz seja verdade.
Vós sois comediante, ides à cena,
E esse mundo profano vos conhece:
A vida que passais é desprezível.
Mereceis melhor sorte; eu condoído
Quero vos proteger, quero salvar-vos.
Sois alvo da calúnia, e mais não digo.
Vós me entendeis.
MARIANA O quê? Estou suspensa!
O que devo eu fazer? Qual é meu crime?
FREI GIL Já que vós o quereis, a custo o digo:
Um Antonio José, que eu não conheço,
E que talvez a esta hora em que vos falo
Na Inquisição esteja por seus crimes...
MARIANA Crimes! Ele? Senhor, estais iludido.
FREI GIL Se o defendeis, ó filha, estais perdida.
Não toqueis em seu nome: ignore o mundo,
Ignore a Inquisição, que um amor cego,
Um amor criminoso em vós existe.

MARIANA Não amor criminoso; puro e santo
É o amor que nos une; o céu o inspira
Em uma alma nobre, indigna de baixeza,
Uma alma como a minha; é a amizade,
Mais forte que o amor. É isso um crime?
FREI GIL Folgo de vos ouvir, mas vos declaro,
Que o mundo com razões não se embaraça,
O mundo vos não crê.
MARIANA Eu o desprezo,
Por própria experiência eu o conheço,
E a minha profissão abriu-me os olhos
Sobre o que é mundo: e sem temor vos digo
Que por meu protetor darei a vida,
Que não me salvarei para perdê-lo.
FREI GIL Vós deveis consultar vosso interesse.
MARIANA Mas primeiro o dever; e o céu me obriga
A seguir o dever.
FREI GIL Pois bem, segue-o;
Com Antonio José ide à fogueira,
Ide morrer no meio de uma praça,
De povo apinhoada, que há dois dias
No teatro vos dava mil aplausos.
Ninguém vos chorará, pobre senhora,
Eu só devo chorar e no meu claustro
Rezarei por vossa alma. (*enxugando os olhos*)
MARIANA Oh, cena horrível!
Meu Antonio José!
FREI GIL O seu processo
Comprometer vos deve; ele não pode
Escapar, nem vós. Porém, senhora,
Se vós o não amais, se é amizade
Quem vos une, convém antes salvá-lo
Do que morrer com ele inutilmente.
MARIANA Salvá-lo? E como?
FREI GIL Um protetor zeloso
Tendes em mim; meu crédito, e dinheiro,

Tudo pode vencer; porém primeiro
Deveis vos ocultar. Neste momento
Tenho uma casa pronta a vossa espera,
Nada vos faltará; a vosso lado
Constante velarei de dia e noite.
E de Antonio José nós trataremos
Com mais vagar, que o seu negócio é sério;
Não se decide assim. Vinde, senhora,
Sou vosso protetor, vinde comigo.

MARIANA Quem? Eu? Sair daqui? É impossível
Sem Antonio José?

FREI GIL Que pertinácia!
Quereis morrer na flor de vossos anos?
E por quem? Por quem só vos causa a morte!
A ira desprezais do Santo Ofício,
E em mim vós insultais sua piedade.
Já que me desprezais, eu vos desprezo:
Mas eu me vingarei de vós, e dele.
Desse judeu.

Antonio José, ouvindo estas palavras, mostra-se entre os bastidores e insensivelmente vem tremendo, sem ser visto, como impelido por um ataque convulsivo.

Cena VIII

Mariana, frei Gil e Antonio José.

ANTONIO JOSÉ (*tremendo de cólera investe ao peito de frei Gil, este se curva com a força, tremendo de medo*)
Hipócrita maldito,
Nas minhas mãos estais, treme, malvado,
Infame sedutor... Oh, já te curvas!
Onde está o poder que blasonavas?
Cuidavas estar só e que podias

A teu salvo enganar, com vãos discursos,
Uma pobre mulher?

FREI GIL Oh, por piedade!

ANTONIO JOSÉ Piedade de ti!... Morre malvado. (*como querendo sufocá-lo com as mãos*)

MARIANA (*correndo para ele*) Senhor, que ides fazer; por Deus vos peço,
Não vos cegueis.

FREI GIL Perdão, não sou culpado,
Era para vosso bem que eu trabalhava.

ANTONIO JOSÉ (*com um riso irônico misturado de indignação*) Para meu bem! Que infame hipocrisia!
Como espia a traição naqueles olhos!
Como a impudência treme-lhe nos lábios!
Não sei quem me retém? Que miserável!
Sai de meus olhos, sai, põe-te na rua,
Já, e já antes que eu de ti me vingue.
(*sai frei Gil, recuando com a cabeça baixa*)

Cena IX

Antonio José e Mariana.

MARIANA Que fizestes, senhor? Alucinado
A conhecer vos destes.

ANTONIO JOSÉ Nada temas,
Ele não me conhece, e sobretudo
Com este vestuário. Não o ouviste,
Que até pensa que estou já na masmorra!

MARIANA Assim é, mas convém acautelar-vos.
O conde vos espera.

ANTONIO JOSÉ Sim, eu parto.
Bem me custa deixar-te.

MARIANA É necessário

ANTONIO JOSÉ (*abraçam-se*) Adeus, Mariana.

MARIANA Adeus. (*apertando a mão*)

ANTONIO JOSÉ Nós nos veremos. (*saindo*)

MARIANA Deus permita que sim.

ANTONIO JOSÉ (*já na porta*) A Deus me entrego.

Ato terceiro

Cena I

Vista da sala na casa do conde de Ericeira; uma mesa no meio, sobre a qual estarão vários livros e papéis; entre eles um livro mais para um lado, dentro do qual estará a carta que Antonio José escreveu ao conde.

O CONDE DE ERICEIRA (*passeando*) O que devo eu fazer?
Formo mil planos
Para salvá-lo, mas nenhum me agrada.
Talvez fosse melhor ir ao convento
Empenhar-me por ele… Ou mesmo à casa
Do grande inquisidor… Mas de outro lado
Pode muito bem ser que ele, sabendo
Que eu o protejo e que lhe dei asilo,
Mais depressa o persiga, e até me force
A responder por ele ao Santo Ofício.
Pobre Antonio José! E sobretudo
Sendo de judaísmo a sua culpa.
Se ele fugir quisesse, eu poderia
Alguns meios prestar-lhe. O mais prudente
É bem nos informar dessa denúncia,
Dar tempo a tudo, até que eles se esqueçam.
Como ele está seguro em minha casa
Podemos refletir com madureza. (*toca a campainha, e aparece um criado*)

Vê se Antonio José está dormindo,
Senão, que eu o espero. (*sai o criado*) Em caso desses
Convém prever a tempo as consequências.
Eu não creio o negócio entregue ao acaso,
Tem mil dificuldades certamente,
Mas nada é impossível... Oh! (*virando-se, dá com Antonio José que vem para ele*)

Cena II

O conde e Antonio José

ANTONIO JOSÉ Bons dias.
O CONDE Cuidei que hoje do leito não saísses!
ANTONIO JOSÉ Ao contrário, há bem tempo que deixei-o;
Não se pode dormir a sono solto
Quando se vê a espada de Dâmocles
Pendente sobre a fronte.
O CONDE A fantasia
Creio que agora em ti mudou de cores.
Não gosto de te ver com um ar tão triste.
Onde estão as satíricas facécias
Com que outrora zombavas deste mundo?
ANTONIO JOSÉ Eis dos homens a fraca natureza!...
Que mudança fiz eu de ontem para hoje.
Nem me conheço mais! Muda-se a sorte,
Muda-se o nosso gênio! Eis como somos;
E a razão poucas vezes nos governa.
Se felizes, alegres nos mostramos,
Amamos o prazer, o jogo, o riso,
A dança, tudo enfim quanto transporta
Os sentidos na escala dos deleites;
E no meio das nossas alegrias
Do dia de amanhã nos esquecemos;
Enquanto nós folgamos, outros sofrem,

Insultamos a dor dos outros homens,
Nem nos lembramos que o prazer é sonho,
E que só a desgraça é realidade.
Mas de repente a cena se transforma.
Do seio do prazer surge o infortúnio,
E aparece a razão com ar sombrio
De tristes pensamentos rodeada…
Então das ilusões o véu se rompe;
Vemos a nossos pés aberto o abismo,
Que de flores cobria a felicidade;
Conhecemos então o que nós somos;
Mil perigos então se nos antolham;
Fugimos do prazer, odiando o mundo,
E com a morte e a verdade deparamos!…
Oh, contrastes da vida! Oh, dia! Oh, noite!
Cruel alternativa! E sempre cego
Levar se deixa o homem pelo mundo.
Parece que a razão envergonhada
De nada ter servido nos prazeres
Nos deixa na desgraça.

O CONDE A culpa é nossa,
Que da razão tão pouco nos servimos.

ANTONIO JOSÉ Nossa, sim, mas não tanto; grande parte
Tem nela nossos pais e nossos mestres,
Que são da nossa infância responsáveis.
Nunca a razão nos fala por seus lábios,
Sempre o terror, o medo e o servilismo
E os erros que com o berço recebemos
Tarde ou nunca perdemos.

O CONDE Meu amigo,
Só a filosofia nesses casos
Da nossa infância os males curar pode.

ANTONIO JOSÉ Sim, a filosofia! Onde está ela?
Termo pomposo e vão… Quereis que eu chore
Como Heráclito sempre atrabiliário,
Aborrecendo os homens com quem vivo?

Ou que eu como Demócrito me ria
De tudo quanto vejo? — Por ventura
Nisso consiste a natureza humana?
Quereis que eu seja estoico como Zeno,
Que diga que não sofro quando sofro?
Por ventura não somos nós sensíveis?
Quereis que de Epicuro as leis seguindo,
Só me entregue ao prazer, ou que imitando
A Crates e a Diógenes me cubra
Com roto manto e viva desprezado,
Sem me importar com as coisas deste mundo,
Como o cão que passeia pelas ruas?
Se eu vou seguir de Sócrates o exemplo,
Pugnar pela razão, a morte é certa.
Quando toda a nação está corrupta,
Embebida no crime, e espezinhada
Por homens viciosos, quem se afoita
A seguir a virtude muito sofre.
Para viver então é necessário
Que o homem se converta em um malvado,
Que seja adulador, vil, intrigante,
Para ser aceito e ter assento entre eles.

O CONDE Tens razão no que dizes, não a nego;
Mas, pensando melhor e a sangue frio,
Deveis me conceder que a maior parte
Dos homens não refletem seriamente
No que devem fazer, não é estranho
Que eles errem; porém nós, literatos,
Nós que somos poetas e filósofos,
Que temos por dever servir de exemplo,
Já que Deus outorgou-nos o talento
Para servirmos de guias aos mais homens,
Não devemos obrar como eles obram.
Nós podemos de cada seita antiga
Extrair o melhor; nunca devemos
À risca respeitar nossos costumes,

Antes se eles são maus satirizá-los,
Nem também atacá-los face a face,
Que então caímos no geral desprezo.

ANTONIO JOSÉ Que quereis afinal? Que o vate seja
Poeta cortesão, que se mascare,
Que nunca diga as coisas claramente,
Que combine a verdade com a mentira.
Poeta que calcula quando escreve,
Que lima quanto diz para que não fira,
Que procura agradar a todo o mundo,
Que, medroso, não quer comprometer-se,
Que vá poetizar para os conventos.
Eu gosto dos poetas destemidos,
Que dizem as verdades sem rebuço,
Que a lira não profanam nem se vendem.
Estes, sim, são poetas. Quanto aos outros,
São algozes das Musas, mercadores
Que fazem monopólio da poesia,
Com que escravos adulam seus senhores.
Quando escrevo meus dramas não consulto
Senão a Natureza, ou o meu gênio;
Se não faço melhor, é que não posso.

O CONDE Tu pecas por que queres; bem podias
Compor melhores dramas, regulares,
Imitar Molière; tantas vezes
Te dei este conselho.

ANTONIO JOSÉ Eu o agradeço.
Molière escrevia para franceses,
Para a corte do Grande Luís XIV,
Para um rei que animava artes e letras.
E eu para portugueses só escrevo;
Os gênios das nações são diferentes.
E de mais por ventura por meus dramas
Sou eu denunciado ao Santo Ofício?
Creio que não. Os frades bem se importam
Que eu faça o povo rir. Tomaram eles,

E todos os mandões que nos governam,
Que o povo só procure divertir-se,
Que viva na ignorância e não indague
Como vão os negócios, e que os deixem
A seu salvo mandar como eles querem.
Contanto que os impostos pague o povo,
Que cego e mudo sofra e obedeça,
Que viva sem pensar, eles consentem
Que o povo se divirta.

O CONDE Meu Antonio,
Tu tens razão em parte; mas o povo
É culpado também porque obedece;
Quem tem a força em si por que se curva?
O que é nação? A soma de escritores,
De artistas, mercadores e empregados,
Gente do campo, frades e governo:
Todos querem ganhar a todo custo,
Ninguém quer arriscar, disso resulta
A total decadência em que vivemos.

ANTONIO JOSÉ Como vai Portugal! Que triste herança
Receberam de nós os nossos filhos!
Tantas lições sublimes de heroísmo.
Tantos feitos dos nossos bons maiores,
Patriótico zelo, amor da glória
Em um século estragamos! Nada resta!
Que contraste terrível! Como um dia
Nossos anais a história relatando
Aparecer devemos! Com que opróbrio,
Com que desprezo as gerações futuras
Dirão de nós, julgando nossos fastos:
— Era de corrupção e decadência!
E que fazemos nós? A passos largos
Marchamos para a queda. E que não haja
Um braço forte, um braço de gigante,
Que entre nós se levante e nos sustente!
Como as nações se elevam, se engrandecem,

E como pouco a pouco se degradam!
Torna-se o povo escravo, os reis tiranos.
Onde está Portugal? Nação que outrora
Do mar o cetro sustentava ufana
E mandava seu nome a estranhos povos?
A Espanha, que terror impunha à Europa,
Quando nela imperava Carlos v,
O que é hoje, depois que esse tirano
Sanguinário Filipe ergueu-se ao trono?
E essas nações antigas, Grécia e Roma,
Mães de tantos heróis, de tantos sábios,
Por que se despenharam da grandeza?
Por que a corrupção dos governantes
Até aos cidadãos tinha passado.
Nasce de cima a corrupção dos povos.
Sim, os governos sós são os culpados
Da queda dos impérios; maus exemplos
São sempre pelos homens imitados:
Quando à testa do Estado se apresenta
Um homem sem moral, falto de luzes,
Que as honras nacionais vende à lisonja,
Quem o circula imita seus costumes,
E este por sua vez é imitado,
Até que de grão em grão, sempre descendo,
A servidão ao povo contagia:
Tudo perdido está; só a vergonha,
Só a miséria, e opróbrio então se espera.

O CONDE Assim é, mas enquanto o povo dorme
O remédio é sofrer com paciência.

ANTONIO JOSÉ O povo acordará.

O CONDE A ele toca
Defender seus direitos. Mas eu vejo
Que ele se cala e mostra estar contente.

ANTONIO JOSÉ Não se devem fiar. Como o camelo,
Sustenta o povo a carga enquanto pode,
E quando excede o peso às suas forças,
Ergue-se, e marcha, e deixa a carga, e o dono.

O CONDE Pois que se erga e que marche, eu não o impeço.
Eu não sou desses nobres ociosos
Que pesam sobre o povo, nem desejo
Que reine a tirania ou a ignorância.
Trabalho pela pátria e pela glória;
Posto que seja conde, sou poeta;
Sei que um bom escritor vale mil condes,
E curo de deixar úteis escritos.
ANTONIO JOSÉ Oh, senhor, vós sois nobre duas vezes,
Nobre pelas ações, nobre no gênio,
Sem falar na nobreza dos palácios.

Cena III

O conde, Antonio José e um criado.

O CRIADO O almoço está na mesa.
O CONDE Oh, é verdade,
Vai almoçar.
ANTONIO JOSÉ Eu só?
O CONDE Pois que cuidavas?
Eu almoço mui cedo, não chamei-te
Na hora, por cuidar que então dormias.
ANTONIO JOSÉ Então bem, até já.
O CONDE Aqui te aguardo.

Cena IV

O CONDE (*só*) É um homem de gênio. Assim o Estado
Soubesse aproveitar o seu talento;
Assim o gênio governasse o mundo,
Ou então entre os reis e as classes nobres
Só deviam nascer os grandes homens.

Cena V

O conde e um criado.

O CRIADO Senhor conde, aqui está uma senhora,
Que pede uma audiência.
O CONDE Dá-lhe entrada. (*sai o criado*)

Cena VI

O conde e Mariana.

O CONDE Oh, senhora Mariana! É a senhora!
MARIANA Sou de vossa excelência humilde serva.
O CONDE Sentemo-nos aqui. (*sentam-se*) Que determina?
MARIANA Desculpe-me o senhor conde, eu desejo
Saber notícias do infeliz Antonio.
O CONDE Comigo está.
MARIANA E crê o senhor conde
Que ele possa escapar?
O CONDE Julgo provável.
Fujo de lhe falar sobre este ponto,
De modo que ele ainda não contou-me
Como soube que foi denunciado.
MARIANA Frei Euzebio, que é muito seu amigo,
Foi quem o preveniu ontem de noite
O CONDE Vou mandá-lo chamar, eu o conheço. (*toca a campainha, e aparece o criado, e entretanto escreve um bilhetinho que entrega ao criado*)
Vai aos dominicanos e procura
O padre Euzebio; entrega-lhe este escrito,
Que venha já. Oh, lá não te demores. (*volta para o meio da cena e senta-se*)
Não sei ainda o que será, eu penso
Que isso é uma invenção de frei Euzebio,

Sem fundamento algum; que ele dissesse
Somente para rir e causar medo.
Posto que seja um padre respeitável,
Incapaz de mentir, mas por galhofa,
Como Antonio José é engenhoso,
Talvez lhe esta pregasse.

MARIANA O céu quisesse
Que o caso fosse assim! Mas eu não creio.
Para mim sempre é certa uma má nova.

O CONDE Eu penso de outro jeito, e mais me inclino
A crer no que desejo.

MARIANA O senhor conde
Podendo efetuar os seus desejos
Pode crer, mas não eu, pobre coitada,
Que de insano trabalho me sustento.

O CONDE Todos nós trabalhamos mais ou menos.
Diga-me, hoje que drama vai à cena.

MARIANA A *Castro* de Ferreira.

O CONDE E representa?

MARIANA Sim, senhor.

O CONDE Lá ei de ir, eu quero vê-la
Nessa parte sublime, e tão difícil.
É do nosso teatro o melhor drama,
(Que tão mesquinho é ele) a obra-prima
Do nosso bom Ferreira, que até hoje
Não achou quem a palma lhe roubasse.
Eu gosto do teatro e tenho pena
Que esse Antonio José não se elevasse
Ao gênero sublime da tragédia,
Ou da boa comédia.

MARIANA Suas óperas
Sempre são aplaudidas pelo povo.

O CONDE Quisera antes que fossem pelos sábios.
Quanto a mim, um autor trabalhar deve
Por amor de sua arte tão somente.
Mas Antonio José, apesar disso,

É um digno rival de Gil Vicente;
Sobretudo é faceto, e só por isso
Há de sempre ser lido com agrado.
Vamos vê-lo; ele almoça. Dê-me o braço.
Vamos causar-lhe agora uma surpresa. (*saem ambos*)

Cena VII

Frei Gil e o criado.

O CRIADO Eu vou participar ao senhor conde,
Que o reverendo padre aqui o espera.
FREI GIL Pois sim; podes dizer que frei Euzebio
Não estando no convento, eu vim por ele
As ordens receber do senhor conde. (*sai o criado*)

Cena VIII

FREI GIL (*só, aproximando-se da mesa*) Que negócio será com tanta pressa?
Estimo bem ter vindo. Quantos livros! (*olhando para os livros, que estão sobre a mesa. Pega em um que está separado, e dentro do qual estará a carta, que Antonio José escreveu ao conde, participando que se achava em perigo*)
Este é o que ele lê, que está de parte.
Que autor será? Vejamos. (*abrindo a primeira página*)
Não conheço.
Boi-le-au Des-pre-aux. — Que nome estúrdio!
Creio que isso é francês, se não é grego.
Aqui está no que perde ele o seu tempo!
E já bastante lê-o! Cá está marcado. (*abrindo o livro pelo meio, onde estará a carta de Antonio José*)
Isto é nota talvez. (*pegando a carta*)

É uma carta. (*lê e olha para trás, assegurando-se de que não há ninguém*)
Oh! Que coisa feliz! Como apanhei-o!
É de Antonio José. Ei-lo assinado!
Estará ele aqui?... Se está! É ele
Que ontem vestido estava de criado.
Vai de noite para lá!... Ei de esperá-lo.
Que livro!... Vou já pô-lo sobre a mesa. (*procurando pôr o livro no mesmo lugar*)
No seu lugar... Aqui; creio que é isto.
Estava mais deste lado, assim, virado.
O conde o que estará fazendo agora? (*chega-se à porta, escutando*)
Muito bem... muito bem... aí vem gente! (*vem sentar-se pé por pé, tira da algibeira o breviário e põe-se a ler*)
Não peco contra a forma.

Cena IX

Frei Gil e o conde.

Frei Gil levanta-se à vista do conde e faz uma grande reverência.

O CONDE O padre mestre
Queira me desculpar. Eu sinto muito
Tê-lo feito cá vir inutilmente.
Desejava falar com frei Euzebio,
Sobre um particular.
FREI GIL Vossa excelência
É que há de perdoar minha ousadia
De o vir incomodar; mas foi por zelo.
O CONDE Sou grato ao padre mestre.
FREI GIL Eu me retiro. (*vai-se, fazendo uma cortesia*)

Cena X

O conde, Mariana e Antonio José entram depois que sai o frade; Antonio José chega à janela.

O CONDE Como é zeloso! Ou, antes, curioso!

MARIANA (*despedindo-se*) Deus guarde ao senhor conde, eu parto.

O CONDE Viva.

Mariana dá dois passos para se despedir de Antonio José, que volta repentinamente da janela.

ANTONIO JOSÉ É ele, é ele! Eu reconheço o monstro.

O CONDE E MARIANA (*assustados*) Quem? (*e correm ambos para a janela*)

ANTONIO JOSÉ Frei Gil.

MARIANA Sim, é ele!

O CONDE Felizmente

Que se retira, sem que fosseis vistos.

Ato quarto

Cena I

Vista da sala na casa de Mariana. Lucia assentada, fiando, perto da mesa sobre a qual estará um candeeiro aceso.

LUCIA E não me hei de queixar com esta lida!
Toda noite esperar; forte martírio!
A senhora vai lá para seu teatro,
Lucia que fique à espera e guarde a casa!
Afinal já o sono vem chegando.
Ora pois já são horas, já é tarde;
Já podia minha ama estar de volta.
    Mas que grande segredo será esse?
Não me querem dizer! Essa cautela
Faz-me crer que isso é caso extraordinário.
A senhora anda tão sobressaltada,
Não dorme, fala só e se lamenta,
Nem conversa comigo como antes.
Eu desconfio muito. Isso é desgraça,
E desgraça bem grande! — Oh, certamente,
Não é só o teatro que a molesta!
Que veio ontem fazer aqui tão tarde
Senhor Antonio? E fora do costume
Tão gritador, tão sério, e ao mesmo tempo
Com ar tão abatido? E aquela carta

Ao conde de Ericeira? E aquela farda
De criado? E a cautela! Aqui há coisa;
Queira Deus, queira Deus a pobre Lucia
Não se veja também comprometida! (*batem na porta*)
Quem é lá? É minha ama certamente (*levanta-se e vai abrir a porta*)

Cena II

Lucia, Mariana e frei Gil.

Mariana, assustada, fica em pé com a mão na chave.

MARIANA Quereis, senhor, deixar-me?
FREI GIL Um só momento
Por quem sois escutai-me.
MARIANA Eu já vos disse,
Que não vos posso ouvir.
FREI GIL Por que motivo?
Que mal vos fiz? Que sem razão é essa?
MARIANA Retirai-vos, senhor, não vos conheço.
FREI GIL Ouvi-me, e vós sereis menos severa.
MARIANA Quero enfim repousar; estou cansada;
Trabalhei toda a noite sobre a cena;
E não me é dado achar abrigo em casa!
FREI GIL E eu, então? Toda noite ao ar exposto
Por vossa causa, fora do convento,
À espera, passeando em vossa porta;
E vós me repelis tão cruamente?
MARIANA Eu não vos chamei cá.
FREI GIL Se eu me retiro,
Vós me ireis procurar, estou certo disso.
MARIANA Pois quando eu procurar-vos, falaremos.
FREI GIL Então talvez que seja inutilmente,
Que seja tarde, e o mal não tenha cura.

Uma vez dado o passo, o mundo inteiro
Não poderá valer-vos, nem eu mesmo
Me abrandarei com o vosso inútil pranto.

MARIANA Que ides fazer, senhor? (*com veemência*)

FREI GIL Oh! Nada… Nada… (*com ironia*)

MARIANA Mas vós me ameaçais! Que mal hei feito?
Não basta já meu crédito em perigo?
Quem vos tem visto entrar aqui tão tarde
Que há de mim supor?

FREI GIL Pois é mudar-vos.
Ontem eu ofereci-vos uma casa,
E hoje reitero a minha oferta.
Se aqui quereis ficar, ficai, sois livre,
Também não vos obrigo; mas lembrai-vos
Que a vossa decisão é a sentença,
Que se há de executar em dano vosso:
E talvez de alguém mais…

LUCIA (*assustada*) Que! Isso é muito!
De alguém mais? Pois também eu entro nisso?

FREI GIL Quem te chamou aqui? Vai-te para dentro.
Mandai que esta criada se retire. (*para Mariana*)

MARIANA Não há necessidade; é minha amiga.
Lucia, deixa-te estar.

LUCIA Daqui não saio. (*pondo-se junto de Mariana*)
A menos que minha ama não me ordene.

FREI GIL Tenho que vos falar muito em segredo.

MARIANA (*pegando na mão de Lucia*) Eu não tenho segredo para com ela.

LUCIA (*beijando a mão de Mariana*) Que coração de frade!
O que quer ele?

FREI GIL (*para Lucia*) Que te importa o que eu quero? Vai-te embora,
Se não sais já daqui, eu te prometo
Que acusada serás do mesmo crime.

LUCIA Que diz ele, senhora? Eu, criminosa?

MARIANA Meu Deus!... Meu Deus!...
FREI GIL Então! Queres ouvir-me? (*para Lucia*)
MARIANA Mas, senhor, vós não vedes a distância
De uma mulher a um religioso?
Que sinistra tensão nutris nessa alma?
FREI GIL Não há mulher nem há religioso,
Nem sinistra tensão; eu já vos disse,
Que vos quero falar sem testemunha;
Não quero expor-me a ditos de criadas;
É segredo, repito; — e o tempo passa.
MARIANA Valei-me, oh, céus... Vai, Lucia, vai para dentro.
(Se me ouvires gritar, vem socorrer-me.)

Lucia se retira, benzendo-se e olhando para trás; frei Gil dá alguns passos, seguindo-a sempre com os olhos até que ela entra; Mariana, sobressaltada, fica imóvel.

Cena III

FREI GIL (*um pouco distante*) Escutai-me. (*indicando o meio da cena*)
MARIANA Eu vos ouço. (*ficando no mesmo lugar*)
FREI GIL Ao menos hoje
Creio que estamos sós!... (*com ar de exprobação*)
MARIANA Como estou sempre.
FREI GIL Não tanto assim, não tanto... ontem de noite
Tínheis um cavalheiro às vossas ordens!...
Eu louvo a vossa escolha, ele a merece;
Um para o outro vos fez a natureza. (*ironia*)
MARIANA Senhor, que suspeitais?
FREI GIL Coisa nenhuma!... (*ironia*)
Que posso eu suspeitar de uma senhora
Tão cheia de virtudes, tão severa,
Que treme à minha vista e nem se atreve

A levantar a fronte e a olhar-me em face?
Mas que sabe salvar as aparências,
Mancebos recebendo em sua casa
Com vestes de criado disfarçados!
MARIANA Vós me caluniais.
FREI GIL Oh, que calúnia! (*ironia*)
Foi sonho o que aqui vi; oh, sim, foi sonho.
MARIANA E o conheceis? Sabeis que homem é esse,
Que assim me ousais fazer corar as faces?
FREI GIL Oh, não coreis! Não é para tanto o caso!
Não o conheço, não; mas atendendo
A vossa alta virtude e honestidade
Deve ser vosso irmão ou vosso primo. (*ironia*)
Não é assim, senhora? — Eu adivinho!
MARIANA É tudo quanto tendes para dizer-me?
FREI GIL Ainda me resta intacto o meu segredo.
MARIANA Pois acabai.
FREI GIL Não tenho muita pressa.
MARIANA Tenho eu; que não devo dar-vos conta
Do que faço.
FREI GIL Eu vou já expor-vos tudo.
Mas dizei-me primeiro, se é possível,
Como se chama aquele moço de ontem,
Que me ousou insultar em vossa casa,
O braço levantar e até ferir-me?
Sabeis qual é seu crime? Um sacrilégio!
Não tem perdão seu crime... Contra um membro
Do Santo Tribunal erguer o braço!!
Isso com testemunhas; vós bem vistes;
Sois cúmplice também do mesmo crime.
MARIANA E vós, senhor, aqui por que viestes?
Que tínheis que fazer em minha casa?
Quem aqui vos conhece? Quem chamou-vos?
FREI GIL Não é essa a questão... Dizei seu nome?
MARIANA Não sei.
FREI GIL Quê! Não sabeis! Ora, essa é boa!

Pois recebeis em casa tanta gente
Que os nomes não sabeis? Nem um ao menos?
E então me perguntais por que motivo
Eu ousei aqui vir? Como se fosse
Necessário que vós me conheceis
Para que eu me atrevesse a visitar-vos.

MARIANA Vós me insultais, senhor! A minha vida
Sem nódoa não merece tais insultos.
Ninguém há que se atreva a infamar-me,
Só vós, só vós, senhor, sois o primeiro. (*com indignação*)

FREI GIL Ah! Sou eu o primeiro! Eu não sabia. (*riso*)
Pois praza a Deus que eu seja o derradeiro!
Mas deixemo-nos disso. Dai-me o nome
Que vos pedi.

MARIANA Não sei. (*com pertinácia*)

FREI GIL Teimais inútil;
Dai-me o nome.

MARIANA Não sei; eu já vos disse
E repito outra vez; não sei seu nome. (*veemente*)

FREI GIL Ah, quereis me ocultar! O Santo Ofício
Há de vos obrigar a confessá-lo;
Então vós falareis de outra maneira.
Com menos altivez, com mais brandura.
Eu vos quero lá ver com esse orgulho
Responder: *eu não sei, e tenho dito.*
Guardemo-nos para lá...

MARIANA O Santo Ofício
Poderá contra mim armar seu braço,
Poderá empregar o ferro e o fogo,
A tortura, e os mais bárbaros martírios;
Mas não me há de forçar a ser traidora,
Mais fácil lhe será tirar-me a vida,
Que arrancar um segredo da minha alma.

FREI GIL Oh! Oh! Tanto valor me causa riso!

MARIANA (*com desprezo e indignação*) E eu creio, sim;
com uma alma como a vossa!

FREI GIL (*fortemente*) Que dizes? Oh, quereis lutar comigo!
Ah, não fôreis mulher!... que neste instante...
MARIANA Neste instante estaríeis de joelhos,
Pedindo-me perdão, se eu fosse um homem.
Covarde!
FREI GIL Tanto orgulho já me irrita!
Eu quero, mulher louca, eu quero ver-vos
No Santo Tribunal com esse orgulho.
MARIANA Vós não me conheceis; eu vos desculpo;
Sou louca, sou mulher, fraca, sem armas;
Mas quando uma mulher teima e resiste,
Quando a virtude lhe vigora o peito,
Forças lhe dá o céu, nada há que a vença.
Pela última vez, senhor, vos digo,
Podeis me ir acusar ao Santo Ofício;
Ide já, ide já: — eu aqui fico;
Ou se quereis levar-me, eia partamos.
Ao grande inquisidor direi sem medo
O que vos disse já: *não sei seu nome.*
Poderão me arrancar a própria língua,
Cortar-me os lábios, retalhar-me o peito;
Mas não desmentirei minha constância.
Deus me verá gemer; em Deus confio
Que nessa ocasião me dará forças
Para sofrer a prova do martírio,
Sem arrastar à morte um inocente,
Para comprar com seu sangue a minha vida.
FREI GIL Um inocente! — E vós cuidais salvá-lo?
Cuidais que eu nada sei! Que estou dormindo?
Que não sei quem é ele? Que preciso
Que vós o acuseis? — O que eu queria
Era vos humilhar, era vingar-me.
Assaz vingado estou, mulher soberba!
Era Antonio José quem aqui estava.
MARIANA (*cheia de espanto e perturbada*) Ele?...
FREI GIL Antonio José,
[sim, ele mesmo!

Ah! cuidavas então que eu não sabia?
Sim, é esse judeu refugiado
No palácio do conde de Ericeira,
Que cuida que ninguém mais o conhece,
Porque anda com a libré desse fidalgo.
Não, não há de escapar, eu vos prometo;
O judeu hoje mesmo há de ser preso.

Mariana ouve esse discurso na maior agitação, trêmula e como sem sentidos cai de joelhos aos pés do frade, soluçando; depois de dizer o primeiro verso, segura com as duas mãos no braço de frei Gil, este a afasta de si, marchando para o outro lado da cena; Mariana sem o largar é levada de rastos.

MARIANA Basta, basta, senhor, estais vingado.
Por Deus, por Deus; deixai o desgraçado;
Sim, vingai-vos de mim; tudo mereço,
Mas que mal vos fez ele?
FREI GIL Ele é a causa
Da maneira por que me haveis tratado.
MARIANA Não, senhor, não é ele; o céu me escuta.
Perdoai, perdoai minha ousadia.
FREI GIL Já me pedis perdão?
MARIANA Tudo por ele.
Nada quero por mim senão a morte,
Se vós ma quereis dar.
FREL GIL Por ele nada,
Por vós tudo faria se quisésseis;
Porém vós não quereis; sois orgulhosa.
MARIANA Orgulhosa, senhor? Estou prostrada
Pedindo a vossos pés! Se fui soberba
Não me vedes bastante arrependida?
FREI GIL (*transportado de alegria*) Mariana arrependida! — Oh, levantai-vos.

Frei Gil ajuda Mariana a levantar-se, e tanto que ela se levanta, ele com uma mão segurando em uma das de Mariana, com a outra passa sobre o braço como alisando a pele.

Levantai-vos, Mariana, vinde, vinde;
Estais arrependida! — Oh, que alegria
Me banha o coração! Minha alma voa.
Nem posso sustentar-me. Oh, se soubésseis
Que prazer me causais neste momento!
Eu tudo vos perdoo; e me arrependo
De vos haver tratado com dureza.
Perdoa-me também; vós perdoais-me? (*como ajoelhando-se, mas não de todo*)
Não é assim? Dizei. De vossos lábios
Quero ouvir meu perdão; essa voz doce,
Que me faz palpitar de amor o peito.
Vinde, cara Mariana, eu vos adoro.
Abraçai-me. (*quer abraçá-la, Mariana o empurra marchando para o outro lado cheia de horror, tendo ouvido todo o discurso do frade imóvel e estupefata*)

MARIANA Que horror! Monstro, deixai-me.
FREI GIL (*indo para ela*) Mariana, que fazeis! Por piedade.

Mariana corre de novo furiosa para o lado do oratório, sobe no banquinho, que está ao pé da cômoda — e que serve para os joelhos — pousa uma mão sobre o oratório, tendo o outro braço estendido; frei Gil a segura pelo braço, puxando-a.

MARIANA Meu Deus, meu Deus, livrai-me deste monstro.
FREI GIL Quereis zombar comigo, mulher pérfida!
MARIANA (*caindo de joelhos*) Ai!!!

Cena IV

Os mesmos e Lucia.

LUCIA (*olhando para o frade, que está tremendo de cólera*)
Em nome de Deus eu te esconjuro,
Se és o demônio com figura humana.
FREI GIL (*chega-se para Mariana, que está nos braços de Lucia, olha, e sai em um transporte de desesperação*)
Oh, que fado é o meu! Tudo me odeia.

Cena V

Toda esta cena deve se passar com muita lentidão. Mariana e Lucia.

LUCIA Meu Deus, que hei de fazer? Se ela aqui morre!
Oh, senhora Mariana!... Ela não fala!...
Como está fria!... As mãos estão geladas!...
Que suor... Como está tão desmaiada!...
Palpita o coração! Ah, não está morta...
E eu sozinha... Como hei de socorrê-la?
Para deixá-la e ir buscar algum remédio...
Não... Já sei, eu vou pô-la sobre a cama.

Levanta-se com Mariana suspensa nos braços e a vai levando devagar, indo ela de costas, de modo que Mariana, que vai com os pés arrastando, fique de frente; tendo dado alguns passos, Mariana firma os pés, levantando um braço, como acordando do desmaio; com esse movimento Lucia cessa de andar, tendo-a sempre nos braços, até que Mariana lentamente torne a si e leva ambas as mãos aos olhos, como para não ver a luz que lhe faz mal.

MARIANA Que clarão repentino!... Oh, que fraqueza...
Volteia-me a cabeça... A casa... Lucia...
LUCIA Senhora, eu aqui estou. (*dá com ela alguns passos adiante*)
MARIANA Dai-me a cadeira...

Que aflição. (*sentando-se; Lucia fica de um lado e repousa um braço sobre as costas da cadeira, de modo que Mariana tenha a cabeça sobre o braço dela*)

LUCIA O que tem, minha senhora?

MARIANA (*pondo uma mão na testa*) Ai de mim! A cabeça se espedaça.

E os cabelos me espinham... Ai! O que é isto? (*dizendo ai, sente um forte tremor, como um arrepiamento geral, levantando os braços convulsivamente*)

Eu toda me arrepio! Oh! (*levantando-se repentinamente*)

LUCIA Senhora!

O que é? O que tendes?

Mariana horrorizada olha fixamente, como vendo alguma coisa, e aponta com o dedo, com o braço estendido, e soluçando como quem quer falar e não pode, depois de ficar por algum tempo nessa posição, grita com voz rouca e trêmula.

MARIANA Sombra horrível!

Foge; deixai-me em paz... deixai-me, ó sombra! (*empurrando com as mãos e recuando, como se alguém a quisesse segurar*)

Não mais; não mais; deixai-me. Oh, Deus! Salvai-me. (*corre e ajoelha-se diante do oratório*)

LUCIA (*levantando as mãos para o céu*) Noite de horror!...

Oh, Deus! Que tenho visto!

MARIANA Eis-me aqui miseranda; eis-me prostrada
A vossos pés, Senhor! Compadecei-vos
De uma fraca mulher. Ai! Já me faltam
Forças para resistir a um mal tão grande.
É certa a minha morte... Mas ao menos
Quero morrer, Senhor, na Vossa graça.

Cena VI

Mariana, Lucia e Antonio José.

LUCIA (*com transporte*) Vinde, vinde...
MARIANA Quem é?
ANTONIO JOSÉ Sou eu, Mariana.
MARIANA (*correndo para ele*) Vós!... Antonio José! O que fizestes?
Senhor, o que fizestes? — Que tormento!
Vindes buscar a morte nesta casa?
ANTONIO JOSÉ Como assim? Que traidor aqui me aguarda?
Quem é? Dize, onde está? Fala, Mariana.
MARIANA Ah, Senhor, nem valor tenho para isso,
Tão perto vejo o meu e o vosso dano.
ANTONIO JOSÉ O que há de novo então?
MARIANA Tudo se sabe.
Frei Gil...
ANTONIO JOSÉ Quê! Ainda há pouco eu encontrei-o,
Mas não me conheceu.
MARIANA Daqui saía. (*Antonio José assusta-se e fica suspenso*)
Acreditai, senhor, tudo ele sabe;
Como andais e onde estais; talvez vos visse,
E fingisse que não vos conhecia,
Para melhor executar seu plano.
Ele aqui esteve; aqui esse malvado
Ousou... Nem dizer posso.
ANTONIO JOSÉ Eu já percebo
Qual é sua intenção. Enfim, Mariana,
Convém tudo dizer-te. Brevemente
Sai do Porto um navio para a Holanda;
Nele tomo passagem; lá seguro
Posso acabar os restos de meus dias.
Tenho cartas para Haia, o mesmo conde
Foi quem tudo dispôs. Eu fui à casa,
Aproveitando a noite, e vim dizer-te
O derradeiro adeus... Porem, Mariana,
Eu não posso deixar-te, só, exposta
À vingança cruel do Santo Ofício.

Tenho pensado bem: eu só não parto,
Vem comigo.

MARIANA Senhor, como é possível?
Que vou eu lá fazer em terra estranha?

ANTONIO JOSÉ Ou ambos escapar, ou morrer ambos.
Outro meio não há!

LUCIA E eu, senhora?
O que há de ser de mim? Ninguém se lembra
Da malfadada Lucia. (*chorando*)

MARIANA (*apertando a mão de Lucia*) Estamos juntas.

ANTONIO JOSÉ Então nada respondes? Não decides?

MARIANA Salvai-vos, vós, senhor; deixai que eu morra.

ANTONIO JOSÉ Não, não parto sem ti. Minha Mariana.
Vamos juntos viver. Em qualquer parte
Onde a sorte levar-nos, eu prometo
Nunca te deixar; e se a amizade
Até hoje ligou-nos; se a desgraça
Nos aperta este laço; inseparáveis
Devemos sempre ser; sim, viveremos,
Um para o outro; sim, tu serás minha,
Tu serás minha esposa, o céu me escuta.
Eis aqui minha mão. (*segura a mão de Mariana*)

MARIANA Eu vossa esposa!
Oh, senhor!...

ANTONIO JOSÉ Tomo Deus por testemunha.
Juro morrer por ti, ser teu consorte.
Sim, abraça-me, vem, cara Mariana. (*abraçam-se com transporte, Lucia chora de ternura*)
Só pode agora a morte separar-nos.

Estando ainda abraçados, ouve-se um grande tropel.

MARIANA Que rumor!...

ANTONIO JOSÉ Que será?

LUCIA (*correndo para Mariana*) Fugi.

Cena VII

Os mesmos.

Entram repentinamente os familiares do Santo Ofício, soldados e frei Gil gritando

TODOS Da parte
Do Santo Tribunal.

Enquanto dizem isso, se apoderam de Antonio José, que corre para Mariana, como para abraçá-la; mas eles o impedem; entretanto frei Gil se apresenta diante de Mariana, que convulsa e horrorizada mal o vê e ouvindo aquelas palavras grita:

MARIANA Ai!...

E cai por terra. Lucia se ajoelha ao pé do cadáver, cobrindo com as mãos os olhos, debruça-se sobre ele. Antonio José, seguro pelos braços, dobra os joelhos, lançando o corpo e a cabeça para frente com os olhos, como para certificar-se do estado de Mariana, diz com voz lacrimosa.

ANTONIO JOSÉ Está morta!...
(*firmando-se repentinamente, fazendo um forte movimento com todo o corpo, grita*) Que eu não possa vingar a sua morte!

Aqui os familiares o puxam e o levam de rastos. Frei Gil, desde que Mariana cai, fica como entorpecido, com os olhos fixos no céu, e arrependido; assim termina o ato.

Ato quinto

Vista do cárcere do Santo Ofício: uma escada ao fundo. Antonio José deitado no chão sobre palhas, preso por uma corrente à pilastra que no meio da cena sustenta a abóbada do cárcere; um candeeiro aceso e um pote de água.

Cena I

ANTONIO JOSÉ (*fazendo um esforço para levantar a cabeça, olha para todos os lados, e firmando o cotovelo no cepo, que lhe serve de travesseiro, pousa a cabeça na mão e, com voz débil, começa a falar*) É dia, ou noite?... O sol talvez já brilhe
Fora desta masmorra... A natureza
Talvez cheia de vida e de alegria
O hino da manhã entoe agora!
Mas para mim acabou-se o mundo, e o dia...
Sim, para o mundo morri... Minha existência
Já não conto por dias; sim por dores!
Nesta perpétua noite sepultado,
É meu único sol esta candeia
Pálida e triste como a luz dos mortos
Diante de meus olhos sempre acesa
Para tingir de horror este sepulcro.
Seu vapor pestilento respirando,

Vejo correr meus últimos instantes
Como este fumo negro que ela exala,
E em confusos novelos se evapora.
Para mim enrouqueceu-se a voz humana!
Só perturba o silencio deste cárcere
O ferrolho, que corre, e a dura porta,
Que em horas dadas se abre para fechar-se:
Por música contínua esta corrente,
Que retine e chocalha em meus ouvidos,
E de negros vergões me crava o corpo...
Se eu pudesse dormir — um sono ao menos
Livre destas cadeias! — porém como,
Tendo por cabeceira um duro cepo,
Este chão frio e úmido por leito,
E palhas por lençol! — E por que causa?
Por uma opinião, por uma ideia
Que meu pai recebeu de seus maiores
E transmitiu ao filho! — E sou culpado!...
É possível que os homens tão maus sejam,
Que como um fero tigre assim me tratem
Por uma ideia oculta de minha alma?
Porque em vez de seguir a lei de Cristo,
Sigo a lei de Moisés!... Mas quando, quando
Esse Deus homem, morto no calvário,
Pregou no mundo leis de fogo e sangue?
Quando, na cruz suspenso, deu aos homens
O poder de vingar a sua morte?
Que direitos têm eles, que justiça,
Mesmo por sua lei, de perseguir-nos?...
Oh, que infâmia! Assim é que eles entendem
Do seu legislador os mandamentos!...
Leis de amor convertidas em leis de ódio!
E são eles cristãos!... E assim, manchando
O nome de seu Deus, ousam mostrar-se
À face do Universo, revestidos
Com sagradas insígnias, profanando

Os Templos que deviam esmagá-los!
E se inculcam de Deus Santos Ministros!
Oh, céus, que horror! Que atroz hipocrisia!

Depois de um momento de pausa, esforçando-se para mudar de posição, tinem as cadeias; fica apoiado sobre o braço, com a mão no chão, e com a outra levantada e segurando na cadeia que o prende à pilastra diz:

Ai... Já não posso... Dói-me o corpo todo.
Como tenho este braço. (*tomando uma larga respiração*)
O ar me falta...
Creio que morrerei nesta masmorra
De fraqueza e tormento... O meu cadáver
Será queimado e em cinzas reduzido!
Oh, que irrisão!... Quão vis são esses homens!
Como abutres os mortos despedaçam
Para saciar seu ódio, quando a vida
De suas tristes vítimas se escapa! (*com indignação*)
Não, eu não fugirei à vossa raiva,
Não mancharei meus dias derradeiros
Arrancando-me a vida; não, malvados,
Assaz tenho valor para insultar-vos
De cima da fogueira. A minha morte
Quero que sobre vós toda recaia.

Um momento de pausa; abaixa a cabeça como absorvido em algum pensamento e, sacudindo-a, diz com a voz baixa e compassada:

Morrer... Morrer... Quem sabe o que é a morte?...
Porto de salvamento... Ou de naufrágio!...
E a vida?... Um sonho em um baixel sem leme...
Sonhos entremeados de outros sonhos,
Prazer que em dor começa e em dor acaba.
O que foi minha vida e o que é agora?

Uma masmorra alumiada apenas,
Onde tudo se vê confusamente,
Onde a escassez da luz o horror aumenta
E interrompe o recôndito mistério.
Eis o que é vida!... Mal que a luz se extingue,
O horror e a confusão desaparecem,
O palácio e a masmorra se confundem,
Completa-se o mistério... Eis o que é morte.
E minha alma?... Essa em mim existe agora
Como eu nesta masmorra esclarecida,
Vai-se a vida, e minha alma será livre,
De Deus receberá novos destinos
Ou irá repousar na eternidade.

Ouve-se o ruído do ferrolho que corre na porta que fica no alto da escada. Antonio José experimenta uma comoção repentina devida naturalmente ao rumor inesperado.

Oh, meu Deus!... Quem será? Estou tão fraco
Que o menor movimento me apavora!

Faz diligência para ver quem vem; entretanto, frei Gil, com um capuz que lhe cobre a cabeça e a cara e cai em ponta sobre o peito, apenas com dois buracos diante dos olhos, aparece no alto da escada com um archote na mão e lentamente desce; chegando à cena crava o archote no chão e ajoelha-se humildemente, levantando as mãos para o céu. Antonio José o contempla com pasmo.

Cena II

Antonio José e frei Gil.

FREI GIL Senhor, o vosso servo humilde implora
A vossa proteção. Eis o momento

Que de mais caridade necessito,
E valor para domar o meu orgulho
E completar a minha penitência;
Que seja esta masmorra o meu refúgio
Onde humanas paixões entrar não ousem,
Onde eu, só pela dor cristã guiado,
Dos meus crimes passados me recorde;
Sofra todo o tormento dos remorsos,
E no excesso da dor me purifique.
Senhor, senhor, ouvi ardentes preces
Que hoje minha alma exala arrependida. (*levanta-se*)

ANTONIO JOSÉ (*com voz baixa*) O lugar é propício à penitência,
Decerto que melhor não acharíeis.

FREI GIL Propício é o lugar, sim; mas às vezes
O coração humano é tão rebelde,
Tão pesado de vícios, que resiste
À voz terrível da verdade eterna,
Que tão alto ressoa na masmorra,
No retiro do claustro e em erma gruta.

ANTONIO JOSÉ A paixão mais insana e mais fogosa
Quebra-se ante o rochedo da vontade;
Basta um desejo ardente e esclarecido
Para domar o peito: e uma fé pura
Para que Deus nos perdoe.

FREI GIL Assim o creio;
E ouvindo-vos falar dessa maneira
Exulto de prazer; sim, Deus perdoa,
Mas os homens acaso nos perdoam
As ofensas e os males que fazemos?

ANTONIO JOSÉ E que importa que os homens não perdoem?
Diante do Senhor os homens todos
São réus, e como réus serão julgados;
E nenhum poderá julgar ao outro.
Se aquele que só lê no livro oculto
Da nossa consciência nos absolve,
Quem terá o poder de criminar-nos?

FREI GIL Porque não sois cristão? Se a luz de Cristo
Tivesse esclarecido a vossa crença,
Mais humanos discursos verteríeis.
Os juízos de Deus são infalíveis;
Mas Deus julga no céu; na terra, os homens;
E o Cristo do Senhor, na cruz morrendo,
Perdoou para que os homens perdoassem.
Nós pedimos a Deus que nos perdoe,
Como nós perdoamos; se ele outorga
As graças que diurnas lhe pedimos,
É para que os homens, seus amados filhos,
Vivam na terra em paz, em harmonia,
E as fraquezas do próximo desculpem.
ANTONIO JOSÉ Divina unção respira esse discurso;
Mas, padre, vosso manto me revela
Que vossa ordem profana a lei de Cristo.
Vosso claustro de sangue está manchado,
Mora nele a traição, o ódio, a vingança;
Dele fugiu a fé e a piedade.
Ide pregar no vosso mesmo claustro
As virtudes cristãs. Se sois culpado,
Se arrependido estais dos vossos erros,
Será esta uma boa penitência.
FREI GIL Vós o ouvis, ó meu Deus! Tudo mereço.
ANTONIO JOSÉ Se desejais ser-me útil neste instante,
Dai-me a mão, ajudai a levantar-me.

Frei Gil lhe dá a mão, e Antonio José levanta-se, ficando apoiado por algum tempo sobre o ombro do religioso.

Ai... Eu vos agradeço... Já me custa
O peso suportar desta cadeia.
Muito tenho sofrido!
FREI GIL Brevemente
Recobrareis a vossa liberdade.
ANTONIO JOSÉ (*interrompendo-o vivamente*) Que dizeis; liberdade! Não, não creio,

Nem sonhando a esperança me consola.
Fagueira liberdade; ah, se eu pudesse
Lançar-me ainda em teus braços, ver de novo
O mundo que eu perdi, e como a fênix
Renascida das suas próprias cinzas
Cantar minha vitória e ver em sonhos
A masmorra, como hoje vejo o mundo!...
Mas que digo? Que tenho eu que ver nele?
Ó Mariana!... Onde estás? Tu me deixaste;
E uma lágrima ao menos não me é dado
Derramar sobre tua sepultura...
Não irei perturbar as tuas cinzas
Com os meus tristes gemidos... Não, Mariana,
Não ficarei mais tempo sobre a terra;
Eu te irei ver — ah, goza a paz eterna;
Goza, que eu me preparo para a viagem...

FREI GIL A morte desejais?

ANTONIO JOSÉ Ah, venha a morte;
É só o bem que espero.

FREI GIL Mas vossa alma
Não deseja outro bem?

ANTONIO JOSÉ A eternidade!

FREI GIL E não temeis o tribunal eterno?

ANTONIO JOSÉ Deus é grande! E minha alma sai do mundo
Assaz martirizada pelos homens.
É em nome de Deus que eu sofro a morte;
E ainda não manchei o sacrifício,
Contra seu santo nome blasfemando.
Com o título de judeu com que me infamam
Fica minha memória nodoada.
A minha geração erra proscrita
Sobre os pontos da terra, e quando cuida
Achar oculto asilo onde repouse,
Encontra a maldição dos outros homens.
O Deus a quem meus pais sempre adoraram
É o Deus que eu adoro e por quem morro.
Ele me há de julgar.

FREI GIL E Jesus Cristo?
ANTONIO JOSÉ É santa a sua lei — assim os homens
Por quem ele morreu a respeitassem.
Quem adora a um só Deus e cumpre à risca
O tríplice dever que ele nos marca
Para com ele, consigo e os outros homens,
Nada pode temer.
FREI GIL Não mais vos canso;
Quereis morrer na lei em que nascestes,
Eu morrerei na minha, e Deus nos julgue
Com aquela infinita piedade
Que merecem tão fracas criaturas.
Mas, Antonio José, eu vos imploro,
Para a salvação de uma alma arrependida,
Uma só graça. (*erguendo as mãos para o céu*)
ANTONIO JOSÉ A mim? Que fazer posso?
FREI GIL Tudo para aplacar os meus remorsos,
E dar um lenitivo à consciência,
Que sem cessar me exprobra e me condena.
ANTONIO JOSÉ Quem sois vós?
FREI GIL Um perverso, um criminoso
Diante do Senhor, e ante meus olhos,
E indigno do perdão que ouso implorar-vos.
Eu perturbei a vossa paz terrestre,
Arranquei-vos do mundo e sepultei-vos
Nesta escura masmorra... assassinei-vos!
Fui eu!... Que horror!... Eu mesmo. Ó Mariana. (*levantando as mãos paro o céu*)
ANTONIO JOSÉ (*cheio de pasmo como duvidoso do que frei Gil lhe vai dizer*) Mariana!
FREI GIL Já não vive...
ANTONIO JOSÉ (*ouvindo estas palavras, deixa cair os braços sem força e levanta os olhos para o céu; trêmulo e soluçando, ergue depois os braços e cobre o rosto com as mãos, e com elas limpa as lágrimas, repelindo com voz chorosa*)
Já não vive!...
Minha cara Mariana!... Eu já sabia...

Eu mesmo a vi cair... Em vão lutava
Para não crer em meus olhos... Dessa luta
Ao menos na incerteza vislumbrava
Uma esperança vaga... Eu me dizia
Que talvez o terror me fascinasse...
Que um desmaio talvez... Porém meus olhos
Assaz me desmentiam... Sua imagem
Sem cor, sem vida e sobre a terra imóvel
Para me exasperar se me antolhava...
O seu último *ai*... seu *ai* de morte,
Grito horrível da dor, que o nó rompia
Entre sua alma e o corpo, de contínuo
Retumbava nos seios de minha alma...
Oh! Por que eu não morri nessa hora horrenda,
Minha cara Mariana!... Ah, se a incerteza,
Essa incerteza vã, que eu só criava,
Com que eu só me iludia, era um abutre
Que o peito me roía lentamente;
Essa horrível certeza de um só golpe
Me espedaça e me extingue o sentimento...
Eis os bens, que eu tão louco imaginava
No que enfim acabaram!... Ó Mariana!
E eu sou; ó dor!... De tua morte a causa! (*cobre os olhos com as mãos, e assenta-se sobre o cepo*)

FREI GIL (*horrorizado*) Ah, vingai-vos, ó céus, de mim vingai-vos!...
E eu fui que perpetrei tão negro crime?
Eu mesmo? — Oh, tenho horror de minha sombra!...
Não mais... não mais me oculto a vossos olhos...
(*dizendo isso arranca o capuz que lhe cobria o rosto e se mostra pálido com os cabelos arrepiados*)
Eis o crime pintado em meu semblante!

Antonio José tornando a si, olha para frei Gil, levanta-se repentinamente sobressaltado e volta a cabeça, fazendo ao mesmo tempo com as mãos um movimento de horror.

Eis, enfim, quem eu sou... voltais o rosto?...
Tendes horror de mim? Oh, sim, é justo...
Eu fui o vosso algoz... Senhor, vingai-vos,
Sim, vingai-vos, senhor... aniquilai-me
Com insultos... cobri-me de ignominias...
Mas vós nada dizeis?... Esse silêncio,
Esse silêncio horrível mais me infama...
Mais me exacerba a dor... Cruéis remorsos!
Despedaçai esta alma criminosa!
Não me poupeis... Ah, não... Assassinai-me,
Como eu assassinei-a... Inferno! Inferno!
Tu estás dentro de mim... Ah, devorai-me...
Mas que silêncio!... Tudo me abandona...
Tudo foge de mim... Horrorizado...
E estas muralhas sobre mim não caem!...
Ah... Fujamos daqui... Assaz vingada,
Assaz vingada estais com os meus remorsos... (*foge furioso para o fundo da cena, quer subir a escada, porém cego e no delírio tropeça, rola até o meio da cena; tonto trabalha para levantar-se e fica espavorido. Antonio José, no entanto, quer dar uns passos para segurá-lo, porém é retido pela cadeia, e para não cair se segura na pilastra*)

ANTONIO JOSÉ (*cheio de piedade*) Basta, basta... Se estais arrependido,
Se vossa dor é plena, recordai-vos
Do que disse o Senhor: "De seus pecados
Não mais me lembrarei, tudo perdoo;
Porque eu do pecador não quero a morte,
Mas sim que se converta, e que ele viva".

FREI GIL (*ajoelhando-se*) Oh, palavras de Deus! Elas derramam
Na minha dor um bálsamo suave...
Eu não mereço tanto... Mas ditoso
Quem escuta, senhor, vossas palavras
Nos dias de aflição e de amargura!

Ah, possam elas inflamar minha alma
De fé e de esperança; o meu remorso
Purificar a nódoa do pecado;
E como um doce orvalho saciar-me
Desse ardor com que o crime me devora.
Ó Mariana! Do céu onde desfrutas
A palma do martírio e a paz dos justos,
Meu perdão condoída pronúncia.

ANTONIO JOSÉ A força me abandona... Em vão tentara
Blasfemar e exprobra-vos; neste instante
Minha alma se dilata, e a voz do mundo,
A voz da indignação, morre em meus lábios...
Oh, não sei que prazer nunca sentido
Me abala os ossos e me inunda o peito.
Só vejo um penitente arrependido,
E ante mim o Senhor me diz: perdoa,
Mortal, perdoa; é teu irmão... Ah, vinde. (*para frei Gil*)
Não vos agravo a culpa... O vosso indulto
Recebei em meus braços.

Frei Gil, chorando de prazer, atira-se nos braços de Antonio José. Ouvem-se algumas badaladas de sino e um rufo de tambor. Frei Gil, separando-se, diz com voz baixa e assustada.

FREI GIL Céus! Que escuto!

ANTONIO JOSÉ É talvez o sinal da minha morte...

FREI GIL Senhor!...

ANTONIO JOSÉ (*com pavor*) Não receeis, dizei...

FREI GIL (*soluçando*) Não ouso...

ANTONIO JOSÉ Eu entendo... É minha hora derradeira...
Bem... não tenho pavor... Estou tranquilo...
Vós me servis de amigo... Em vós confio...
Um só favor vos peço, prometeis-me
De o fazer?

FREI GIL Ordenai-me, eu vos prometo.

ANTONIO JOSÉ (*enquanto repete os versos, tira do bolso uma bolsinha de ouro*) Meus bens devem ser todos confiscados,
Vós o sabeis, não posso dispor deles.
Mas escapou-me ainda uma bolsinha,
Que eu trouxe do Brasil; foi um presente
De minha mãe, quando eu deixei a pátria.
Meu pai serviu-se dela em sua vida. (*dizendo isso, beija a bolsinha*)
Ei-la... Inútil me foi nesta masmorra.
Dai a Lucia, que a venda, ou que a conserve.
A essa pobre Lucia... Que nem mesmo
Sei onde ela estará.

FREI GIL Na eternidade.

ANTONIO JOSÉ (*surpreso*) Lucia!... Morreu... Coitada...

FREI GIL Poucos dias
Sobreviveu à morte de sua ama.

ANTONIO JOSÉ Pobre Lucia... Pois bem, para vós guardai-a.
Se a recusais, vendei-a e dai esmolas
Aos pobres... Far-me-eis ainda outra graça.
Vós ireis ver o conde de Ericeira,
Dizei-lhe que eu fui sempre seu amigo,
E que antes de morrer me lembrei dele,
E grato me mostrei aos seus favores.
Em meu nome pedi-lhe que ele queime
Alguns toscos, inúteis manuscritos,
Que em suas mãos deixei.

FREI GIL Ó Providência!
Para núncio de desgraças me reservas!...

ANTONIO JOSÉ Que dizeis?...

FREI GIL Ó senhor, poupai-me ao menos
Desta vez; não queiras saber o resto.

ANTONIO JOSÉ Quê!... O conde morreu!... Oh, por piedade
Dizei, dizei que não... Tranquilizai-me...

FREI GIL (*com voz fúnebre*) Eu entoei o cântico dos mortos
Na sua sepultura!

ANTONIO JOSÉ Oh! (*e cai assentado sobre o cepo, mergulhado em uma profunda dor; depois de um momento de concentração, diz*)
Também ele!...
Morreram todos... Todos... E ainda vivo!
Eu também vou morrer... E em um só dia
Tantos golpes recebo... E tantas mortes...

Ouve-se o estrondo do ferro-lho que corre, a porta de cima da escada se abre, descem alguns homens com brandões acesos, outros ficam nas escadas; um deles grita de cima: Antonio José!...

FREI GIL Deus!

Antonio José, sem dar acordo do que se passa, fica sem se mover no mesmo lugar: um homem que traz os vestuários da pena de fogo[2] *se aproxima, tira-lhe a cadeia e o veste, sem que ele ofereça a menor resistência; depois de vestido, o puxam pelo braço para que marche; então ele como se saísse de um letargo, examinando com os olhos o que se passa em torno de si, apalpando o corpo e a cabeça, exclama com uma espécie de riso de desesperação.*

ANTONIO JOSÉ Oh, felizmente!...
Vou saudar o meu dia derradeiro
De cima da fogueira... A dor da morte
Não me fará tremer... Neste momento
Sinto todo o vigor da mocidade
Girar em minhas veias... Deus ouviu-me,
E de minhas misérias condoeu-se!...
Eu vítima vou ser no altar do fogo,
E entre a fumaça de meu corpo em cinzas,
Minha alma se erguerá como um aroma
Puro do sacrifício à eternidade!

Recebei-a, Senhor! — Eia, partamos!
Adeus, masmorra! Oh, mundo! Adeus, oh, sonho!

Marcha intrépido e sobe as escadas; frei Gil cobre a cabeça com as mãos e encosta-se na pilastra. Ouve-se um cântico fúnebre, um rufo de tambores e pancadas de sino; e desce o pano.

Notas

1. Os versos são de Castro de Ferreira, terceiro ato, cena II.
2. O vestuário consiste em uma carocha, ou mitra de papel pintado, e o sambenito, cujos desenhos se podem ver nas obras sobre a Inquisição.

GONÇALVES DIAS

Leonor de Mendonça

DRAMA EM TRÊS ATOS E CINCO QUADROS

PERSONAGENS

D. Jaime, duque de Bragança
Leonor de Mendonça, duquesa de Bragança
Alfonso Pires Alcoforado, o velho
Antonio, Manuel, Laura — seus filhos
Fernão Velho, veador do duque
Paula, camarista da duquesa
Lopo Garcia, capelão do duque
Um servo
Um preto
Homens de armas, pajens e criados

A ação passa-se em Vila Viçosa, a 2 de novembro de 1512.

Ato primeiro

QUADRO I

A cena representa uma sala com um toucador, portas laterais, porta no fundo, um banco e mesa com bancais de damasco, algumas cadeiras de espaldar; decoração da época.

Cena I

PAULA (*só, acabando de compor a mesa*) O que se havia de meter em cabeça àquele pobre Alcoforado! E escolher-me a mim, logo a mim para sua confidente! Mas enfim ele é tão novo, que não era de razão que eu o deixasse morrer assim sem mais nem menos. Que doido aquele!... Foi logo oferecer oferendas e romarias àquela santa que por certo lhas não há de aceitar; porém, que se me dá a mim que ele gaste cera com ruins defuntos em vez de a mandar benzer para se guardar dos trovões!

Cena II

Paula, a duquesa.

PAULA Jesus! Sois vós, senhora duquesa!

A DUQUESA (*sorrindo*) De que te admiras?

PAULA Tão cedo! Apenas o sol acaba de nascer! Acaso estais doente?

A DUQUESA Não pude dormir; assim me acontece sempre em terras pequenas. Não tenho em que empregar os serões, deito-me cedo, e passo a noite a revolver-me no leito.

PAULA Como estais pálida! Realmente é-nos preciso ir para a corte quanto antes; que se passais muitas noites como esta, não vos asseguro a vida por um ceitil.

A DUQUESA Dizes bem; porém enquanto por cá andamos, não te esqueças de me toucar.

PAULA Sim, toucar-vos agora para terdes ao meio-dia um toucado desfeito e sem graça.

A DUQUESA Compô-lo-ás de novo. Custa muito? (*Paula começa a toucá-la*) Já hoje viste o senhor duque?

PAULA Ah! o senhor duque! Está outro como vós! Esta manhã, ainda o sol não era nascido, senti um tropel à porta do palácio; cheguei-me à janela, e vi dois cavalos arreados e prontos; pouco depois saiu o senhor duque, cavalgou de um salto o primeiro que encontrou, e quando Fernão Velho, o veador, acabava de cavalgar o segundo, já ele se tinha sumido lá, bem longe, como quem vai a caminho da tapada.

A DUQUESA Pobre homem!

PAULA Pobre! Bem terrível que é ele!

A DUQUESA Terrível por quê? Não sabes tu que o duque tem alma grande e coração generoso?

PAULA Generoso e grande quanto quiserdes; o que todavia não obsta a que eu em sentindo os seus passos me não deseje a cinquenta braças pela terra dentro, ou a cinquenta léguas distante dele.

A DUQUESA Deveras antes compadecer-te do muito que ele há sofrido! Crês tu que a sua tristeza sombria e inexpugnável cifre-se toda nas rugas que lhe vês sulcar o rosto? Não... mais funda é a sua raiz, tu a encontrarás no seu pensamento e nas recordações dolorosíssimas que o esmagam.

PAULA Vão lá ter compaixão de um homem que amedronta a gente!... Apesar de me repetir a mim mesma quanto me dizeis, senhora duquesa, não posso acabar comigo de... antipatizar com ele.

A DUQUESA (*severa*) Falas de meu marido?

PAULA Jesus! Eu bem sei que ele é vosso marido; porém, devo eu por isso faltar à verdade?... Meu Deus, parece que nunca sentistes calar-vos pelos ossos uma sensação de frio quando ele firma sobre um rosto qualquer aqueles olhos negros e sombrios, que parecem querer virar a gente de dentro para fora.

A DUQUESA Cala-te. (*mais baixo*) Eu mesma, Paula, eu mesma, quando adivinho, não me é preciso ver, quando adivinho que meu marido me encara fixamente, sinto o sangue arder-me nas faces e perturbo-me como se fosse criminosa; e todavia não tenho um pensamento, nem sequer um pensamento de que me deva acusar.

PAULA Vede! Até vós mesma...

A DUQUESA Não posso escutá-lo sem estar em contínuo sobressalto; mesmo quando ele me fala eu temo a explosão da sua cólera. A sua cólera terrível! Eu a temo!... E contudo, para que o amasse bem pouco lhe seria preciso... ele não o quer.

PAULA Ele, senhora!

A DUQUESA O rei seu tio, a rainha sua avó, a duquesa sua mãe, todos o constrangeram a celebrar este casamento bem contra a sua vontade. Ele o não queria, a ponto de tentar evadir-se disfarçado. Reputa-me a causa de haver ele mentido à sua vocação, e ainda me não pôde perdoar.

PAULA Mas que culpa tendes vós?

A DUQUESA Nenhuma; e contudo ele tem razão. Quem se não irrita de encontrar continuadamente o mesmo obstáculo diante de si? Apesar disso ele trata-me com magnificência real, tem para comigo deferências e atenções, que eu bem sei que mais são filhas da urbanidade que do coração; mas outro fosse ele que facilmente se esqueceria na sua vida íntima das maneiras de cortesão. Sempre é certo que ele é bem melhor do que o supões.

PAULA Não vos contradirei, senhora duquesa. Prouvera ao céu que ele fosse tão bom como vós sois.

A DUQUESA Quê! Já aprendeste a lisonjear?

PAULA Pois deveras, senhora duquesa, sou eu a primeira em dizer-vos coisas tão simples como isso?

A DUQUESA Certo, és a primeira.

PAULA Pasmo com o que me dizeis. Permitis-me que vos fale toda a minha verdade?

A DUQUESA Dize-a.

PAULA Olhai, senhora; se sou a primeira em dizer-vos que sois bela e que tendes bom coração, muitos outros que pensam como eu calam-se prudentemente para que não tomeis a verdade por ofensa, nem por lisonja e louvor merecido.

A DUQUESA Boa Paula! Julgas que todos me veem com os teus olhos, e que em mim pensam com a tua alma?

PAULA Não, senhora; com melhores olhos que os meus, com alma mais ardente que a minha... Um sobre todos...

A DUQUESA Quem?

PAULA Aquele belo mancebo que todas as manhãs passa por defronte de vosso balcão montado em um formoso ginete murzelo, que ele parece sofrear não com esforço, mas só por força da sua gentileza.

A DUQUESA De quem falas tu?

PAULA (*continuando*) Ainda não cinge espada de cavaleiro, mas...

A DUQUESA Ah!

PAULA Mas quando ele a houver cingido... vereis... vereis que nome terá o sr. Alcoforado! Há de ser alguma coisa assim como Hermigues, o Traga-Mouros, ou Leonardo, o Cavaleiro Namorado.

A DUQUESA És mais hábil do que eu, que ainda lhe não pude descobrir partes de cavaleiro.

PAULA Oh! É porque ainda lhas não quisestes descobrir, ou porque talvez ainda não atentastes bem nele.

A DUQUESA Muito te interessas por ele, minha boa Paula.

PAULA Muito: por que vos hei de mentir? Gosto muito dele... Sabeis o que o outro dia me aconteceu?

A DUQUESA Que foi?

PAULA O outro dia tinha eu na mão aquela vossa fita de cetim rosa aleonada, e ele, que me viu com ela, veio direto a mim, e sem me dar tempo para dizer ai! cortou um pedaço e... levou-o!

A DUQUESA (*levantando-se*) Imprudente! Não sabes que tenho por costume de a trazer, e que todos em palácio já me viram com ela?

PAULA Não vos estou dizendo que não tive tempo para dizer ai! E depois, que mal há nisso? Uma fita já toda amarrotada!...

A DUQUESA (*severa*) Seja o que for, senhora, coisas que me pertençam não as quero por mãos de estranhos. Quando para aqui viemos, eu pedi ao senhor duque que me livrasse da etiqueta cortesã, da numerosa companhia das damas do meu serviço, e que a vós fosse lícito acompanhar-me. Não deveis, portanto, abusar da minha condescendência, nem comprometer-me com a vossa leviandade. Não sabeis que gênio tem o duque.

PAULA Mas que queríeis vós que eu fizesse? Ele julgou que a fita fosse minha.

A DUQUESA (*menos severa*) Estais certa disso?

PAULA Pois de quem a havia ele de julgar? Viu-me com uma fita nas mãos e pensou, muito naturalmente, que era minha.

A DUQUESA (*à parte*) Vaidosa! (*alto*) Bem: o senhor duque não pensará tão naturalmente como vós; e assim é mister que a torneis a haver.

PAULA Eu lhe pedirei, senhora duquesa; e se ele a recusar... Oh! Então nós o faremos julgar contumaz e revel, e como tal degradar para alguma das sete partidas do mundo, com baraço ao pescoço e pregão que diga: Cavaleiro descortês e descomedido degradado por amor.

A DUQUESA Se ele vos não quiser atender, recorreremos a outra justiça, menos pomposa, porém mais segura. (*senta-se, e com a mão faz sinal para que se retire*)

PAULA (*à parte*) Jesus, Senhor! (*abre a porta do fundo e olha a furto para dentro*) Ainda não!

A DUQUESA Que dizes tu?

PAULA Nada, senhora; estava agora lembrando-me daquele pobre cavaleiro!

A DUQUESA Está bem, está bem. (*repete-lhe o sinal. Paula sai; momento de silêncio*) Não gosto de ouvir falar nele, e não posso pensar em outra coisa. Por quê? (*torna-se pensativa*)

Cena III

Alcoforado, a duquesa.

ALCOFORADO Senhora duquesa!

A DUQUESA (*levantando-se*) Paula! Paula!

PAULA (*entrando*) Que me quereis, senhora duquesa?

A DUQUESA (*em voz baixa*) Não sabias tu que ele vinha? Por que me deixaste só?

PAULA Não o sabia, senhora.

A DUQUESA Não importa; ficarás comigo.

PAULA Quereis que ele presuma que dele vos arreceais?

A DUQUESA Ah! (*alto*) Que fazias tu?

PAULA Ia para junto dos vossos filhos.

A DUQUESA Está bem; podes ir. (*Paula sai*)

Cena IV

Alcoforado, a duquesa.

ALCOFORADO Senhora duquesa...

A DUQUESA (*sem olhar para ele*) A que vindes, senhor?

ALCOFORADO Saber se alguma coisa vos apraz mandar do meu serviço.

A DUQUESA Nada, senhor; podeis retirar-vos. (*Alcoforado encara-a tristemente por alguns segundos, e vai para sair. A duquesa observando-o*) Pobre mancebo! Bastou uma só palavra minha para o entristecer àquele ponto!... (*sentando-se*) Sr. Alcoforado! (*voltando-se para ele*) Como vai a vossa boa irmã, senhor?

ALCOFORADO Vós sois boa, senhora duquesa. Sois severa de vez em quando, porém também tendes acentos que são como alívio para quem os escuta.

A DUQUESA (*admirada*) Mas quando eu vos falo de vossa irmã, a que propósito vem a minha bondade?

ALCOFORADO A que vem, senhora?... É que vós me vistes triste e pensativo, temendo ter incorrido no vosso desagrado, e não quisestes que eu me fosse da vossa presença com aquele espinho no coração. Sois bondosa e generosa: pois não é generosa a mão que, podendo colher uma flor para a desfolhar no seu caminho, a deixa verde e orvalhada, balancear-se na sua haste? Não é generoso o pé que, podendo calcar um inseto, ressalva-o para lhe não fazer mal algum?

A DUQUESA Enlouqueceis, senhor?

ALCOFORADO Que sei eu, senhora duquesa? Eu mesmo não sei o que digo; mas já que principiei a dizer-vos destas coisas que não compreendo, e que todavia não posso esconder-vos por mais tempo, deixai que as diga por uma vez, e podeis ordenar-me que não mais apareça diante ele vós... Oh! não; dai-me um castigo bem rigoroso, mas não me exileis da vossa presença.

A DUQUESA Inquietais-me.

ALCOFORADO Escutai-me, senhora duquesa. As pessoas da vossa hierarquia têm às vezes necessidade urgente de um homem resoluto e discreto que marche afoitamente por meio das trevas sem temer os golpes de um punhal traiçoeiro, nem a morte obscura e sem glória, que em meio delas o poderá alcançar: têm às vezes caprichos imperiosos, e para os satisfazer é preciso todo o aparelho da tortura e todo o horror do cadafalso. Assim mo disseram. Se alguma vez tiverdes um desses caprichos ou uma dessas necessidades, dizei-me: — vai! e eu andarei por meio das trevas; — sofre! e eu me sujeitarei à tortura; — morre! e eu subirei ao cadafalso.

A DUQUESA Sr. Alcoforado, não queira Deus dar-me tais pensamentos, nem tenha eu a criminosa vontade de manchar em seu começo a sua vida que promete ser tão bela. A vossa pátria tem necessidade de almas puras e braços esforçados e de homens que saibam morrer por ela; não de morte infamante como a quereis, mas da morte gloriosa do valente na arena do combate! Será doravante meu cuidado abrir diante de vós uma senda nobre e grande por onde marcheis desassombrado e a passos de gigante.

ALCOFORADO Não vos pedi que me não exilásseis da vossa presença?

A DUQUESA Ah! chamais a isto exílio!... Bem sei que na vossa idade há sempre motivos fortes que nos prendem à terra em que vivemos; porém é bem melhor que vos vades afazendo à ideia de que cedo ou tarde os haveis de romper, e por motivos talvez mais poderosos. (*atentando no barrete*) Tendes um lindo barrete, sr. Alcoforado.

ALCOFORADO Um mimo de minha irmã, senhora.

A DUQUESA Deixai-mo ver?... É lindo. E esta fita também foi vossa irmã quem vo-la deu?

ALCOFORADO (*à parte*) Céus!... (*alto*) Não, senhora.

A DUQUESA Agora me lembra! A minha camareira queixou-se-me há pouco de que impolidamente lhe havíeis cortado uma fita que ela trazia na mão. (*desprendendo a fita*) E como essa fita era minha, não levareis a mal que eu dela me aposse de novo. (*dá-lhe o barrete e põe a fita sobre a mesa. Momento de silêncio*) Vós partireis, sr. Alcoforado.

ALCOFORADO Poderia eu desobedecer-vos, senhora!

A DUQUESA Partireis. O senhor rei d. Manuel abriu aos seus campeões as portas da Ásia e derribou as da África: lá ireis ganhar as vossas esporas, e desde já vos asseguro que eu me alegrarei a cada notícia que me chegar de algum feito brioso que houverdes praticado, porque então conhecerei que sois digno de toda a minha proteção.

ALCOFORADO E as pequenas palmas que eu colher no campo da glória, poderei, senhora, depor aos pés da minha protetora?

A DUQUESA Quem vo-lo obstará? As nossas donas ainda se não esqueceram de sentir emoção ao aspecto de um rosto queimado pelo sol da África, de uma fronte coroada de louros ou de um peito coberto de cicatrizes. D. Manuel é magnífico; quando vemos uma comenda ao peito de um lidador, bem sabemos que ela esconde uma ferida gloriosa.

ALCOFORADO E para que eu não desfaleça na senda perigosa que ora vou trilhar sozinho e sem conselhos...

A DUQUESA Quereis uma memória, não é assim?

ALCOFORADO Não me atrevia a pedi-la.

A DUQUESA (*brincando com a fita*) Dar-vos-emos uma memória, sr. Alcoforado; uma memória que em nossa ausência vos aconselhe e que vos diga que, assim como estimaremos o vosso triunfo, uma ação má que praticardes nos será motivo de grande nojo e nos desconceituará perante nós mesma. (*momento de silêncio. A duquesa levanta-se e estende-lhe a fita*) Não é isto o que desejais possuir?

ALCOFORADO (*com entusiasmo*) Mouros e africanos! Atravessarei os mares para vos ir atacar impávido nas vossas espeluncas, para vos acossar nos vossos páramos ardentes, para vos ir desafiar da porta das vossas fortalezas espedaçando o cajado dos vossos alarves. E quando dentre as vossas ruínas, do cimo de algum pano de muralha, a minha espada ensanguentada e fumegante apontar para o Ocidente rutilando sobre vós outros como um meteoro aziago, o eco do meu nome atravessará de novo os mares, e vós direis por ventura, com orgulho, que era digno... (*caindo-lhe aos pés e tomando-lhe a fita*) da vossa proteção.

Cena V

Os mesmos, um pajem.

O PAJEM Senhora duquesa! (*Alcoforado levanta-se confuso*) O duque, meu senhor, manda saber de vós se lhe permitis visitar-vos.

A DUQUESA Dizei ao senhor duque que sou bem feliz quando ele se digna de me honrar com a sua presença. (*o pajem sai*) Sr. Alcoforado, os fidalgos da comitiva do meu nobre esposo e senhor dora em diante só me poderão falar no salão do palácio.

ALCOFORADO Mercê, senhora duquesa!

A DUQUESA E isto começa desde já a efetuar-se.

ALCOFORADO Mandais, senhora. (*curva-se e retira-se*)

A DUQUESA (*pensativa*) Fui imprudente.

Cena VI

O duque, a duquesa.

O DUQUE Minha duquesa, venho hoje feliz e venturoso... (*olhando em redor de si com desconfiança*) Não faláveis a alguém?

A DUQUESA Ao sr. Alcoforado, que se retirou neste momento.

O DUQUE É um gentil mancebo o sr. Alcoforado. Nós prometemos ao seu velho pai fazer dele um brioso cavaleiro, e por são Tiago, não nos falta vontade de cumprirmos com a nossa promessa. Que pretendia ele?

A DUQUESA Quase nada: que lhe permitísseis entrar noutra carreira, deixando o vosso serviço, e que impetrásseis del-rei vosso tio uma recomendação aos fronteiros de África para...

O DUQUE (*interrompendo-se*) Para que o tratem com mil atenções, deixando-o vegetar na sua barraca de campanha, como uma flor numa estufa, não é isso?

A DUQUESA Não, senhor; para que lhe assinem um posto perigoso, onde ele possa alcançar morte honrosa ou nome glorioso.

O DUQUE Bem, muito bem. Apraz-nos sabê-lo desse acordo, que é de um ânimo generoso revelar tal ardimento em tão verde juventude! Nós lhe abriremos essa estrada, e talvez que um dia nós mesmo, fronteiro das terras dentre Douro e Minho, fujamos da vossa muito amada companhia para irmos além-mar com os nossos vassalos, acometer os idólatras ao grito de: Bragança e Portugal!... O senhor rei d. Manuel, que nos não quis ver professar na religião de Malta, permitirá sem dúvida à nossa espada dilatar-lhe o império por terras de infiéis. (*momento de silêncio*) Não é para isto que vimos ter convosco. Sentai-vos. Dizei-me, duquesa, não vos apraz esta vida um pouco rústica que viemos aqui buscar neste desterro?

A DUQUESA Não é do meu dever seguir-vos para onde vos aprouver levar-me?

O DUQUE Não vos falo do vosso dever; trata-se de vós, do vosso gosto; pergunto-vos se não amais esta vivenda.

A DUQUESA Duque, poderia eu estar melhor algures que na vossa companhia?

O DUQUE Sempre boa, afável e condescendente! Mas certo que deveis amar esta vida que aqui passamos em Vila Viçosa. Tendes a alma um pouco propensa à tristeza e à melancolia: é um contágio em todos os que me cercam e que vivem na minha vida. Para essas almas, duquesa, a vida cortesã é pesada e odiosa... Eu mesmo... há momento na minha vida em que eu daria de boa mente honrarias, brasões, títulos, nome e tudo para que aldeão simples e humilde me deixassem viver obscuro e feliz longe do clamor das turbas e do bulício do mundo. Não imaginais com que profundo prazer parto sempre para viver uma semana na Serra de Ossa com os meus capelães, alimentando-me com a doutrina daqueles santos padres, ou exercendo as práticas mais severas da sua religião; ou então, e bem melhor, para habitar o meu oratório no Convento do Bosque. O meu oratório, sabeis o que é? Uma ermidazinha humilde e vergonhosa ali escondida entre as ramas do arvoredo frondoso como um pensamento de virgem, aformoseado pelo silêncio e pelo pudor. Os pensamentos que aqui me perseguem, dolorosos como a realidade, lá me aparecem doces e tristes como uma recordação.

A DUQUESA Eu concebo, senhor duque, que vós partais sempre com a felicidade no coração, e que sempre torneis...

O DUQUE (*atalhando-a*) Mais feliz do que parti. Tenho a certeza de encontrar sempre a vossa inalterável doçura, a vossa alma compassiva e angélica e o vosso rosto sereno e tranquilo. Não é convosco que as minhas recordações... (*apertando a cabeça*) Sempre elas!...

A DUQUESA Sofreis, senhor duque?

O DUQUE Muito. Esta noite não sei que negros pensamentos me atormentaram. A morte lastimosa de meu pai, a minha infância desvalida, o meu envenenamento, o meu exílio por terras estranhas eram eventos dolorosíssimos que, sem cessar, me passavam por diante dos olhos roubando-me o sono... e a razão, creio eu...

A DUQUESA E não vos distraístes com o passeio desta manhã?

O DUQUE Sim. A corrida afanada, o tresfolgar dos cavalos e a aragem fresca do romper da alva tiveram forças para me chamar à realidade em poucos instantes. Respirei profundamente o ar puríssimo dos campos, vi o sol bordar o horizonte com uma franja de púrpura, derramar pelo céu alvacentos listões de incenso, a neblina pegajosa que ali se balançava como um penacho de guerreiro em dia de batalha. Vi a natureza sorrir-se em redor de mim; e eu extasiei-me de a sentir tão fundamente, e fui feliz! Tão feliz como no dia em que o senhor rei houve por bem mandar abrir as portas do meu palácio, fechadas com estrondo por um vento de morte. Tão feliz como no dia em que eu arranquei o crepe fúnebre que enlutava o meu escudo, pregado ali pela mão do carrasco. (*levantando-se*) Quando meu pai... Pajem! Pajem!

A DUQUESA Que tendes vós, senhor?

O DUQUE Não vedes que me é preciso sair ainda, que me é preciso matar este pensamento com algum exercício? (*o pajem entra*)

Cena VII

Os mesmos, um pajem.

O DUQUE Fernão Velho que mande selar os ginetes, que faça aprontar a matilha e os falcões, e que abra a sala de armas para que os meus pajens e os senhores do meu serviço, que me quiserem acompanhar, se aparelhem para a caça. (*o pajem vai-se*)

Cena VIII

O duque, a duquesa.

O DUQUE Não vindes, senhora duquesa?

A DUQUESA Se me permitis, d. Jaime.

O DUQUE Vamos à devesa de Vilaboim que, como sabeis, abunda em caça; tem alguns javalis, mas creio que deles não vos arreceais; e demais, é ocasião de experimentardes o vosso belo palafrém andaluz que há pouco vos chegou de Espanha. Quereis vir?

A DUQUESA Mandais...

O DUQUE Não, peço-vos.

A DUQUESA Mas... desejais ao menos levar-me na vossa companhia?

O DUQUE Ser-me-ia prazer se para vós não fosse incômodo.

A DUQUESA Irei, d. Jaime.

O DUQUE Eu vo-lo agradeço, minha bela guerreira, e de volta falaremos do vosso protegido!

A DUQUESA Meu protegido!

O DUQUE Sim, não vos interessais por ele?

A DUQUESA Como coisa que, por assim dizer, vos pertence.

O DUQUE É ser cruel, duquesa! Pois nem ao menos quereis que tenha a presunção de haver retribuído com outra a vossa cortesia? Como quiserdes, é certo que me não pesa de vos ficar obrigado. Ele partirá. Vireis já, não é assim?

A DUQUESA Creio que vos não farei esperar.

O DUQUE Então sede breve. (*o duque vai-se*)

Cena IX

A DUQUESA (*só*) Ele irá também conosco; eu o adivinho... Vê-lo-ei pela última vez.

Ato primeiro

QUADRO II

A cena representa o mesmo aposento do quadro primeiro.

Cena I

A duquesa, Paula.

PAULA Como estais, senhora duquesa?
A DUQUESA Boa. Não veio alguém saber de mim?
PAULA Um pajem do senhor duque da parte de seu amo.
A DUQUESA Tu que lhe disseste?
PAULA Que descansáveis; e ele tornou para dizer-me que o senhor duque seria convosco logo que acabásseis de repousar.
A DUQUESA Está bem. (*momento de silêncio*)
PAULA Senhora duquesa, é certo o que se diz que vos ia acontecendo?
A DUQUESA O quê?
PAULA Um desastre?
A DUQUESA É certo.
PAULA Mas podia ele ser de morte?
A DUQUESA Que sei eu? Talvez fosse: felizmente o meu bom anjo me não desamparou.

PAULA O vosso bom anjo?

A DUQUESA Sim. Foi um momento horrível, Paula. O duque se havia embrenhado pela floresta com a sua comitiva, e alguns cavaleiros que me guardavam insensivelmente me foram abandonando, seguindo o voo de um falcão que tinham soltado: de repente o meu palafrém arrancou comigo pulando troncos, pedras e valados.

PAULA E não caístes?

A DUQUESA Quis ver de que se tinha ele espantado: voltei a cabeça e vi... foi horrível! um javali que vinha sobre mim.

PAULA Jesus, Senhor!

A DUQUESA Perdi o tino; ao invés de lhe soltar as rédeas, puxei-as com força: ele tropeçou, caiu, e eu caí com ele.

PAULA Virgem Santíssima... E como vos salvastes?

A DUQUESA Houve-me por morta, porém não tive tempo para ter medo. Escrava da minha sorte e sem tentar escapar-lhe, fechei os olhos, senti o zunido de uma coisa que cortava os ares e um braço que me enlaçava pela cintura quando eu ia cair por terra.

PAULA Foi o senhor duque!... Bom homem!... Que muito que lhe eu já quero pelo bem que vos há feito!

A DUQUESA Não foi ele. Abri os olhos para ver o protetor que o céu tão oportunamente me enviara. Era Alcoforado quem me tinha salvado a vida. Por esforço de coragem sobrenatural, que ainda não sei como a achei em mim, quis-me interpor entre ele e o animal, que pouco havia não tinha ousado afrontar; porém ao tropel de alguns cavaleiros, olhei naquela direção, e vi o meu marido que de nós se aproximava: senti como uma nuvem diante dos olhos e caí desmaiada.

PAULA Nobre mancebo!

A DUQUESA Quando tornei a mim já ele tinha desaparecido: vi somente o javali com um venábulo que o atravessava de parte a parte. Foi preciso vê-lo para me convencer de que o que eu supunha um sonho tinha sido uma realidade.

PAULA Então, senhora duquesa! Não é com razão que vos digo que o mancebo, em quem ainda não pudestes descobrir partes de cavaleiro, será em algum tempo guerreiro de nomeada?

A DUQUESA Tem razão, boa Paula. A estas horas que seria de mim se ele não fosse?

PAULA E bem que vos deu ele desmentido tão cavalheiroso! Ainda quereis que lhe eu peça a vossa fita?

A DUQUESA Quando outra coisa não fosse, ser-me-ia bastante desairoso negar coisa tão pouca a quem tanto fez por meu respeito; não lhe fales nela! (*silêncio*)

Cena II

Os mesmos, o duque.

O DUQUE (*sombrio*) Como ides, senhora?

A DUQUESA Foi um sobressalto, senhor duque; um delíquio passageiro que não merecia vossa solicitude.

O DUQUE Folgamos de vos achar perfeitamente restabelecida. Pesar-nos-ia que por nossa causa sofrêsseis graves incômodos.

A DUQUESA Quando eu os sofresse, d. Jaime, não teríeis razão para vos culpardes a vós mesmo. É verdade que fostes vós que me pediste para ir a esta caçada; porém o acontecimento que teve lugar estava tanto acima da previdência humana que não era de ser prevenido.

O DUQUE Sim, duquesa, estava muito acima da previdência humana, porém, não dos meus pressentimentos. Já falastes ao vosso salvador?

A DUQUESA Não, senhor duque.

O DUQUE Convém que lhe faleis. A pessoas da nossa hierarquia não está bem dever favores a quem quer que seja;

porém, quando tal aconteça, deve-se-lhe uma remuneração tal, que ele se não lembre do favor prestado, senão do galardão recebido. Falai-lhe, prometei-lhe quanto vos aprouver, que nós de antemão subscrevemos a tudo quanto lhe prometerdes: antes mais que menos... Paula, na antecâmara da senhora duquesa deve estar algum dos nossos pajens; dizei-lhe que chame o sr. Alcoforado, e trazei-nos depois um copo de água. (*Paula sai*)

Cena III

O duque, a duquesa.

O DUQUE (*rompendo o silêncio*) Quereis ir para a corte, senhora duquesa?

A DUQUESA E vós também ides?

O DUQUE Comigo ou sem mim, isso que importa?

A DUQUESA Duque, morarei de bom grado onde quer que morardes: o lugar pouco me importa.

O DUQUE Mas não se dirá que sou um esposo colérico e despótico, que entorpeço a vossa vontade, que embargo as vossas ações, que ponho obstáculos aos vossos mais inocentes, mais íntimos desejos? Por Deus, senhora, tende sequer por um instante, sequer uma vez um desejo vosso, uma vontade vossa, livre e independente de outro desejo e de outra vontade. Não vos mostreis como vítima adornada para o sacrifício, e levada para ali mau grado seu; mostrai-vos senhora, que realmente o sois.

A DUQUESA Irei, senhor duque.

O DUQUE Falai assim, que vos entenderemos. A corte tem muitas festas, muita pompa, muitos divertimentos: precisais deles, bem o sabemos.

Cena IV

Os mesmos, Paula (*com um copo de água*).

O DUQUE (*continuando*) Com o vosso gênio careceis de distrações, e fazeis bem em vos distrairdes, ou dia virá em que, como eu, mau grado vosso, sereis vítima da vossa imaginação. (*tomando o copo maquinalmente*) Sei que esta vida não deve quadrar com a vossa vida, e assim aprovo inteiramente a vossa resolução. (*levando o copo aos lábios e logo arrojando-o ao chão*) Esta água... Esta água!

A DUQUESA (*levantando-se assustada*) Ah!

PAULA Água rosada, senhor: não é o que costumais beber?

O DUQUE (*tomando vivamente as mãos da duquesa*) Oh! Perdão, perdão, duquesa! (*a Paula*) Ide-vos. (*Paula sai*)

Cena V

O duque, a duquesa.

O DUQUE Contra a minha vontade vos atemorizei; foi um movimento rápido, impetuoso, violento... Não tive tempo para o conter.

A DUQUESA Fizestes-me bem mal, senhor!

O DUQUE Bem o vejo. Desastrado que eu sou! Mas vós que tanto tempo há me conheceis, porque vos não rides dos meus arrebatamentos, das minhas desconfianças, dos meus acessos de cólera? Por que vos não rides, senhora?

A DUQUESA Não posso.

O DUQUE (*sentando-se*) Já compreendeis a razão por que vos não desejo comigo? É porque mais que nunca os meus ataques multiplicam-se, acabrunham-me, perseguem-me, e contudo já os não devíeis temer; não vos devíeis atemorizar quando vos não compadecêsseis de mim.

A DUQUESA Oh! Senhor!

O DUQUE Sim, compadecei-vos, porque eu sou mais infeliz que mau. Apenas me levantei do berço, que ao invés de meu pai vi um cadafalso por cima da minha cabeça; apenas no exílio, fomos envenenados, eu e meu irmão: ele morreu, e eu continuei a arrastar a minha vida sobre a terra. Despojado violentamente de quanto há no mundo de mais precioso e caro, continuadamente contrariado nas minhas inclinações as mais íntimas, as mais santas; ainda hoje! Hoje, que sou homem, duque, poderoso e respeitado, como dizem, sofro de ter nascido nobre ao invés de ter nascido vilão, de ser senhor ao invés de ser vassalo, de ser livre ao invés de ser escravo!

A DUQUESA Não digais tal, senhor.

O DUQUE (*pegando-lhe na mão*) Digo-vos isto, porque é este o meu sentimento; e porque, se assim não fora, eu não sentiria, mesmo agora, a vossa mão tremer na minha, fria e gelada, como que já não tendes vida.

A DUQUESA Foi o terror momentâneo; já o não sinto.

O DUQUE Ouvi. Esta manhã, quando vos eu vi por terra, sozinha e sem defesa contra o javali que vos ia despedaçar, julguei que vos havia perdido, e por minha culpa; quando vi o sr. Alcoforado arrojar seu venábulo, da distância em que eu estava, e como vos visse cair, pareceu-me que o ferro vos tinha ofendido, e que morríeis dele. Felizmente que nada vos aconteceu, graças à mão certeira do mancebo, que tomou a seu cargo desmentir os meus pressentimentos. Bem sabeis quanto sou supersticioso! A minha insônia desta noite, as duas mortes de que escapastes, fazem-me crer que uma fatalidade sobrevirá hoje à minha família. Não o duvideis!... Será o terceiro golpe o mais terrível! A vítima não escapará. Quando levei aos lábios aquele copo de água rosada que a vossa camareira me oferecia, a morte de meu irmão me passou por diante dos olhos como um relâmpago, e eu me esqueci de mim, de vós, de tudo, para só me lembrar do que já sofri com o veneno que me deram. Atemorizei-vos, bem contra a minha vontade.

A DUQUESA Mas por que pensais em coisas tão tristes? Por que vos não distraís?

O DUQUE Posso eu pensar noutra coisa que nisto não seja?... Posso eu achar prazer senão em afundar-me nos meus pensamentos e torturar-me a mim mesmo?... Partireis, duquesa; jovem, nobre e formosa, não é com um homem como eu que deveis passar a vida. Ireis para a companhia de minha mãe que também é vossa, por ela fostes educada... (*entra Alcoforado*) Quem ousa interromper-nos?

Cena VI

Os mesmos, Alcoforado.

ALCOFORADO Senhor duque...

O DUQUE (*severo*) O que nos quereis?

ALCOFORADO (*concentrado*) Serei acaso algum mendigo?

O DUQUE (*mais severo*) O que nos quereis, senhor?

ALCOFORADO Inferno! Ser assim tratado na presença dela!

O DUQUE (*levantando-se*) Mancebo, não costumamos a repetir as nossas ordens. Cabeças mais nobres, presunções mais bem fundadas que as vossas, nós as temos por mais de uma vez curvado até se nivelarem com o solo. Rompei o silêncio, senhor, ou por são Tiago...

ALCOFORADO Eu me retiro, senhor duque...

A DUQUESA Duque, não fostes vós quem o mandastes chamar?

O DUQUE Ah! sim, sim. Que miserável cabeça que eu tenho! Perdoai, meu jovem amigo; outros pensamentos agora nos ocupavam, porém o salvador da nossa nobre esposa e senhora será sempre bem-vindo, qualquer que seja o lugar em que estivermos. Sentai-vos.

ALCOFORADO Senhor duque, se mo permitirdes, eu escutarei de pé as vossas determinações.

O DUQUE Como vos aprouver. A duquesa nossa esposa vos quer agradecer a destreza e coragem com que hoje lhe salvastes a vida. Nós nos retiramos; vinde, porém, ter conosco antes de vos partirdes para a África, e onde quer que estiverdes, lembrai-vos que tendes um amigo no duque de Bragança e Guimarães. (*estende-lhe a mão, Alcoforado hesita*) Tomai-a, sr. Alcoforado; mais nobre que ela a de el-rei; mais leal nenhuma. (*Alcoforado toma-lhe a mão*) Adeus. (*sai*)

Cena VII

A duquesa, Alcoforado, Paula.

PAULA (*espreitando da porta*) Já se foi? (*andando para o meio da cena*) Viva Deus!... Está hoje terrível o senhor duque.

A DUQUESA (*levantando-se e levando Paula para um canto da cena*) Paula, não saias de junto de mim!

PAULA Por quê, senhora?

A DUQUESA Não saias. (*vindo sentar-se*) Sr. Alcoforado, quando esta manhã vos oferecemos a nossa proteção, de mau grado a aceitastes, e cedo tivestes ocasião de nos provar que bem mais útil nos seria a nós o vosso braço do que a vós a nossa proteção.

ALCOFORADO Foi um acaso, senhora duquesa, não falemos mais dele.

PAULA Mas deveras, senhor, que vos portastes com toda a gentileza.

ALCOFORADO (*em voz baixa*) Paula, quero dever-te um grande favor.

A DUQUESA Foi um acaso, é verdade, mas um acaso que nos podia ser funesto se ali felizmente não deparássemos convosco.

PAULA (*a Alcoforado, em voz baixa*) O que quereis de mim?

ALCOFORADO Se não fosse eu seria outro; ao invés daquele incidente haveria outro qualquer, porque é bem de ver que não podíeis morrer assim. (*em voz baixa, a Paula*) Deixa-nos a sós.

PAULA Oh! Sempre é certo que tendes o coração bem generoso e a mão certeira e leal como vós sois. (*em voz baixa*) Ela pediu-me que não a deixasse; tentarei.

A DUQUESA Mas... pesa-vos acaso que em o nosso reconhecimento vos devamos alguma coisa?

ALCOFORADO Oh! Não, senhora. Se eu vos devesse a vida haveria por isso de estimá-la menos? O evento desta manhã foi realmente um acaso bem indiferente para vós, bem venturoso para mim.

PAULA Permitis, senhora duquesa, que eu me retire por um instante?

ALCOFORADO (*em voz baixa*) Não voltes!

A DUQUESA (*em voz baixa*) Louca! E o que te eu disse?

PAULA (*em voz baixa*) É só por um instante.

A DUQUESA Vai, mas não te esqueças. (*Paula sai*)

Cena VIII

A duquesa, Alcoforado.

A DUQUESA (*depois de um momento de silêncio*) Quando hoje tornei a mim do meu desmaio, procurei-vos entre as pessoas que me cercavam, não tanto para vos agradecer, como para convencer-me por meus próprios olhos que nenhum mal havíeis sofrido por meu respeito.

ALCOFORADO É certo que entre as pessoas que vos cercavam nenhuma houve que pudesse dar notícias minhas?

A DUQUESA Não me atrevi a perguntá-lo.

ALCOFORADO Ah! Não vos atrevestes! De certo, fora pasmoso que donas como vós inquirissem em público de pessoas como eu.

A DUQUESA Não foi por esse motivo. (*hesitando*) Queria saber de vós mesmo se estáveis perfeitamente bom.

ALCOFORADO Eu vo-lo agradeço, senhora. Infelizmente nada sofri.

A DUQUESA Infelizmente!

ALCOFORADO Infelizmente. Se algum desastre me houvesse acontecido, talvez que por um instante vos esquecêsseis da vossa nobreza para derramar um olhar de compaixão sobre o mísero que por vós se houvesse sacrificado: talvez que por um instante vos esquecêsseis da prudência, essa virtude divina que é o móvel das vossas ações, não para verter lágrimas por mim, mas ao menos para desatar uma palavra do coração, para soltar um grito que me convencesse de que também experimentais o que tão profundamente fazeis sentir.

A DUQUESA Não vos compreendo, senhor!

ALCOFORADO Mas acreditais o que ainda hoje vos disse; compreendeis ao menos que eu vos serviria de joelhos toda a minha vida, para que do alto da vossa grandeza deixásseis cair sobre mim triste e mesquinho uma palavra de comiseração? Que eu daria a minha vida por um sorriso vosso, que eu daria a minha cabeça ao carrasco se me fizésseis um aceno e se me prometêsseis chorar sobre a minha estrela, sobre mim, ainda quando só fosse no silêncio da noite, quando nenhuns olhos pudessem interrogar os vossos olhos, orvalhados com lágrimas, quando nem uma voz pudesse desafiar a vossa voz, embargada pelos soluços? Compreendeis ao menos isto, senhora duquesa?

A DUQUESA Não, senhor. Que sou eu para vos merecer tão alta dedicação?

ALCOFORADO Que sois vós! Sei-o eu por ventura? Sois o objeto que me fere continuadamente os sentidos, a ideia que tenazmente me ocupa a alma, a imagem que veio sentar-se imperiosamente à minha cabeceira, e dizer-me: "não terás olhos senão para mim", a voz que me brada a todo o instante: "não terás ouvidos senão para mim", o fantasma que me prende, que me enlaça, que me eleva nas asas da esperança, que me abate no abismo da desesperação, e que me repete sempre e sempre: "morrerás por mim"! Tentei resistir a esta ideia, a esta imagem, a este fantasma; não o pude, que mais podia a fascinação do que a minha vontade. Evoquei o amor de família, as afeições que eu há pouco sentia ardentemente por meu pai, nobre velho cuja mão descansa sobre a minha cabeça como no bordão da sua velhice; por meu irmão, jovem esperançoso que vai no caminho da vida medindo os seus passos sobre os meus passos; por minha irmã, donzela extremosa que se apegou ao meu destino como hera ao muro mal construído, que está prestes a desabar; e as minhas afeições foram mudas, e os meus olhos cegos, e os meus ouvidos surdos... Só essa imagem cintilava na minha vida como uma santa numa capela ardente, cercada de turíbulos e envolta em ondas de incenso. Deixei-me arrastar por ela. Cedi; perdi-me.

A DUQUESA Eu devia tê-lo adivinhado! (*resolutamente*) Estais salvo, senhor; partireis para África.

ALCOFORADO (*amargamente*) Não é essa a vossa vontade?

A DUQUESA Partireis, senhor; não escuteis uma palavra, não volteis a cabeça para trás. Parti amanhã, esta noite, agora mesmo, parti!... Embrenhai-vos pelos esquadrões dos inimigos sem temor da morte, que ela respeita os valentes; e quando vos tornardes do vosso delírio, a santa, que há de cintilar no meio das vossas esperanças, não será a imagem de uma mulher; será a glória, e estareis salvo.

ALCOFORADO Partirei, senhora duquesa; mas juro-vos que me não hei de esquecer. Terei eu tempo para isso? A minha vida pende de um fio, não sei qual: sei que há de romper-se, e que não tardará muito!

A DUQUESA Longe de maus agouros, sr. Alcoforado; partireis cheio de vida e voltareis carregado de louros.

ALCOFORADO Que farei deles? A minha imagem, dizeis vós, se terá apagado como um sonho ou como o fumo nos ares; meu pai terá desaparecido da face da terra, que os seus dias já não podem ser muitos; meus irmãos!... Sei eu porventura o que será deles durante a minha peregrinação?

A DUQUESA Pensareis então diversamente, sr. Alcoforado. Eu, porém, vos não quero demorar; deveis partir precipitadamente se quereis partir.

ALCOFORADO Partirei amanhã, senhora duquesa.

A DUQUESA Talvez seja tarde!

ALCOFORADO Com bem ânsia que me quereis longe de vós, senhora!

A DUQUESA Ouvi. Disse-me o senhor duque que vos prometesse o que me aprouvesse, que ele guardaria a minha palavra. O que quereis vós?

ALCOFORADO Nada, senhora duquesa.

A DUQUESA Nada! Refleti bem. O vosso arrependimento seria tardio, ou a demora vos poderia prejudicar. Que posto quereis no exército?

ALCOFORADO Nada, nada quero, e contudo... Senhora duquesa, poderia eu pedir-vos mercê mais especial?

A DUQUESA Falai.

ALCOFORADO Julgais na vossa consciência que me deveis um serviço, não é assim?

A DUQUESA A vida, sr. Alcoforado; e somos bem felizes em o poder confessar altamente.

ALCOFORADO Pois bem, um serviço feito a vós. Sois vós quem o deveis galardoar, não é verdade? E de feito, que tenho eu com o senhor duque?

A DUQUESA Concluí, senhor.

ALCOFORADO Dizei mais. O homem que arriscou a sua vida só por amor de vos salvar, e que não esperou pelo vosso agradecimento, nem sequer por uma palavra vossa, que todavia ele quisera escutar, mesmo a troco de seu sangue, julgais que seja capaz de vos faltar com o acatamento que vos é devido?

A DUQUESA Não o cremos; mas...

ALCOFORADO Ainda uma palavra. E se não julgais que ele vos possa faltar ao decoro, podereis julgar que ele queira abusar da vossa gratidão ou arriscar a vossa honra?

A DUQUESA Em nossa consciência, sr. Alcoforado, que vos temos por um mancebo lhano e cortês, incapaz de faltar com o respeito às donas, de as ofender por gestos ou ações, ou de sacrificar a sua honra a um capricho irrefletido. Concluí. Que vos podemos nós fazer que seja recompensa de favor tamanho?

ALCOFORADO É uma entrevista que vos peço.

A DUQUESA Uma entrevista!

ALCOFORADO Sim: uma hora, um instante em que eu vos possa, sem testemunha e sem temor de ser escutado, dizer-vos tudo quanto sinto, tudo quanto sofro, e partirei, esperançoso senão feliz, resignado senão contente. Será a última vez que nos veremos, senhora duquesa, a última, e não mais ouvireis falar de mim!

A DUQUESA E não estamos a sós?

ALCOFORADO Mas posso ser interrompido de momento a momento; e que o não pudesse! Quando o homem sofre como eu sofro, é-lhe preciso morder com força os lábios entre os dentes para não emitir um som... e ai dele! se deixa escapar um gemido, porque depois dos gemidos virão os gritos, e depois dos gritos a desesperação!... Concedei-me a entrevista, senhora duquesa; não ouvireis da minha boca uma só palavra que vos faça corar, nem um só gesto que vos possa ofender; eu vo-lo juro; é só para que vejais as lágrimas que eu tenho, as dores que eu padeço, e para que vos compadeçais de mim!... Oh! senhora, é de joelhos!...

A DUQUESA Levantai-vos, levantai-vos... Esta manhã quase que vos surpreenderam a meus pés. Meu Deus! Que terror que eu tenho!

ALCOFORADO Vede!... Dizeis que estamos a sós, e toda vos atemorizais por cair eu a vossos pés.

A DUQUESA Não seria isso imprudência?

ALCOFORADO Muito prudente sois vós, senhora duquesa! Quando o meu sangue corresse em ondas sobre o soalho da vossa habitação, fora prudência, e até delicadeza, mandar limpá-lo bem depressa para que os vossos pés se não manchassem nele.

A DUQUESA Sois injusto!

ALCOFORADO (*despeitoso*) Serei, senhora.

A DUQUESA Não percebeis vós que a prudência é para mim um dever?

ALCOFORADO E também para o homem; contudo, se eu só houvesse consultado a prudência, não teria há pouco arremessado o meu venábulo, porque ao invés de vos salvar poderia errar o tiro e atravessar-vos com ele; se eu houvesse consultado a prudência, não me teria interposto entre vós e o javali, porque o javali poderia espedaçar-me; se eu houvesse consultado a prudência... oh! não me teria em corpo e alma dedicado a uma pessoa de alta nobreza, que eu sei que não tem amor senão aos seus títulos, que não tem olhos senão para as suas louçanias.

A DUQUESA Insensato, julgais que é o medo que me faz prudente, e que é por atenção a mesquinhezas que vos não estendo a mão caroável e benfazeja quando vejo que sofreis e que careceis de mim!... Já pouco prudente tenho eu sido mostrando-vos por vezes que me não sois inteiramente indiferente... bem pouco prudente, sr. Alcoforado! Porque um volver de olhos, um sinal mais expressivo, uma proteção decidida da minha parte vos abriria a sepultura mais depressa do que podeis imaginar. D. Jaime é cioso; o seu orgulho tem olhos de lince, a sua cólera é terrível, e a sua vingança é estrepitosa como o trovão, e fulminante como o raio. Se a menor suspeita lhe atravessasse o espírito... faríeis bem em cair de joelhos e pedir a Deus perdão das vossas culpas.

ALCOFORADO Tempo foi na minha infância em que, acordando pelo meio da noite, sentia verdadeiro terror quando escutava no silêncio das trevas o estrídulo de alguma ave noturna; hoje, porém, os seus pios agoureiros rebentam-me por baixo dos pés, e eu vos confesso que os escuto sem sobressalto nem terror.

A DUQUESA Dizem contudo que há às vezes nesse canto um anúncio de morte.

ALCOFORADO Seja embora; porém a morte não aterra senão a quem não está afeito a lidar com os seus terrores: eu desde a infância que os experimento.

A DUQUESA Então, senhor, apesar de tudo...

ALCOFORADO Eu vo-lo suplico!

A DUQUESA Vereis que não sou medrosa. Paula vos transmitirá o que eu houver determinado; porém lembrai-vos... lembrai-vos que à vossa honra me confio, e que eu me escudarei com a vossa proteção. (*vai-se*)

Cena IX

ALCOFORADO (*só*) Confia na tua inocência e na palavra de um homem honrado que daria a sua vida para te poupar um desgosto.

Ato segundo

QUADRO III

A cena representa uma sala modesta em casa do velho Alcoforado.

Cena I

Manuel, Alcoforado.

MANUEL (*sentado*) Eis a terceira vez que te faço a mesma pergunta e ainda me não respondeste.

ALCOFORADO Ah! Falavas comigo?

MANUEL Pois com quem havia eu de falar? Pergunto-te o que tens.

ALCOFORADO Nada tenho, irmão; estou um pouco preocupado.

MANUEL Bela resposta!... Isso vejo eu. Com o quê? É o que te eu pergunto.

ALCOFORADO Com a minha partida. Não sei como terei forças para me separar de tantas afeições que deixo atrás de mim, e que talvez não tornarei a encontrar.

MANUEL Não te dê isso cuidado. Nós somos novos, tu, eu e nossa irmã; nosso pai é que é um pouco velho, porém ainda robusto, e espero em Deus que nos enterrará a todos um por um.

ALCOFORADO E crês que para o homem morrer careça de ser velho?

MANUEL Se não é, parece. O que eu sei é que em teu lugar estaria bem contente por ir tão novo ganhar as minhas esporas... Sabes tu um receio que eu tenho?

ALCOFORADO Qual?

MANUEL O de não ter forças quando for homem para usar daquelas longas espadas de que usam os cavaleiros de el-rei. Não o digas a ninguém, menos ainda a Laura, que senão a travessa me não deixará descansar.

ALCOFORADO (*distraído*) Terrível pressentimento!...

MANUEL Aí o temos outra vez.

ALCOFORADO Quem poderá aventar o segredo desta entrevista? Ninguém o ouviu, ninguém o sabe; só Rozeimo que me trouxe a missiva de Paula. Rozeimo é fiel: que posso eu temer?

MANUEL Já me estou impacientando.

ALCOFORADO A noite vai escura e feia!

MANUEL Ainda mais feia te há de parecer.

ALCOFORADO (*vivamente*) Que dizes?

MANUEL Quando os dobres começarem...

ALCOFORADO Que dobres? Que dizes tu?

MANUEL De que te espantas?... Não é amanhã o dia de finados?

ALCOFORADO Tens razão. (*pensativo*) Ainda outro mau agouro! (*momento de silêncio*) Irmão, és tu corajoso?

MANUEL Homem, eu creio que sim; porém, com certeza que tens muito mais coragem do que eu, que também para isso és o mais velho.

ALCOFORADO Se pois me acontecesse algum desastre?

MANUEL Onde? Lá na África?

ALCOFORADO Se aqui, se hoje, por exemplo, me acontecesse algum desastre, não terias tu a coragem de esconder as tuas lágrimas para não afligir com elas o nosso bom pai?

MANUEL Estás hoje sombrio, irmão!

ALCOFORADO Pois não terias tu coragem para isto?... Não acompanharias o nosso velho pai até a sepultura, não amparárias com desvelos e solicitudes a nossa boa irmã, que tanto precisa da proteção de nós todos?... Não serias bom filho e bom irmão, a ponto de que ambos se esquecessem de que eu tinha existido?

MANUEL Posso-o eu porventura?... Nosso pai é robusto; porém, quem sabe quanto o abateria a dor de te haver perdido, a ti sobre quem ele esteia a sua velhice?... Nossa irmã Laura, jovem e formosa que te ama sobre tudo, porque és o nosso irmão mais velho, sentiria profundamente perder-te; quem sabe o que seria dela?... Eu mesmo, terei coragem porventura quando me faltares ou quando te houver perdido para sempre?

ALCOFORADO Assim, pois, um desastre que me sobreviesse os abalaria a todos, e talvez algum caísse sobre o meu sepulcro.

MANUEL Meu Deus! Que pensamentos são esses?... Estás bom, partirás amanhã, e falas em morrer hoje?

ALCOFORADO Como estas horas se arrastam vagarosas!... (*chegando à janela*) O céu está coberto de nuvens; a noite vai escura e medonha.

MANUEL Felizmente que estamos em casa, porque talvez tenhamos alguma tempestade.

ALCOFORADO Não no céu; na terra, talvez.

MANUEL Estás-me causando medo.

ALCOFORADO Irmão, se meu pai se demorar, partirei sem vê-lo; tu lhe pedirás a sua bênção por mim, que porventura carecerei dela.

MANUEL Vais sair?

ALCOFORADO Sim, a uma devoção.

MANUEL Ah! Vejamos!... Gibão de fustão prateado, colar e pontas de veludo roxo, calças vermelhas, cinta de couro preto com guarnições de prata, borzeguins... Não, não são esses os vestidos de quem vai à noite lançar-se aos pés do altar. Enganas-me, Antonio; é outra a tua devoção.

ALCOFORADO Será: mas não me interrogues, que nada te poderei dizer.

MANUEL Atende: a noite vai escura, bem o viste; alguma cilada te podem armar. Leva contigo o nosso velho criado.

ALCOFORADO Não; ele pode demorar-se.

MANUEL Se ele se demorar, sairei contigo.

ALCOFORADO Não: é um segredo que não deves saber.

MANUEL Leva ao menos a tua espada.

ALCOFORADO Não a levarei.

MANUEL A minha espada é fiel, o sangue ainda a não enferrujou; a sua folha ainda me não traiu. A tua espada ou a minha... escolhe.

ALCOFORADO Não levarei a tua espada, não levarei a minha.

MANUEL É favor que te peço: quero que a minha espada te acompanhe uma noite, a derradeira que passarás conosco; será essa a lembrança que me deixarás por despedida. Tu a levarás.

ALCOFORADO E ta restituirei tão pura como sair das tuas mãos. Vai por ela.

MANUEL Então espera-me!

ALCOFORADO Esperarei. (*Manuel sai*)

Cena II

ALCOFORADO (*só, sentando-se*) Hoje enfim eu a verei sozinha! Talvez que ela por um instante se dispa dos seus preconceitos de orgulho e de nobreza para ouvir as palavras singelas do mancebo que a tão alto ousou elevar o seu pensamento; talvez que ela enfim se compadeça dos meus sofrimentos, sofrimentos terríveis que eu tenho suportado sem murmurações, sem lágrimas. As murmurações poderiam despertar algum eco, e as lágrimas trair-me!... Dir-lhe-ei tudo, e depois que me assassinem, que me assassinem aos pés dela, se o quiserem, que eu a bendirei morrendo. (*torna-se pensativo*)

Cena III

Alcoforado, o velho Alcoforado.

O VELHO ALCOFORADO Antonio!
ALCOFORADO (*levantando-se*) Meu pai! (*beija-lhe a mão*)
O VELHO ALCOFORADO Em que pensáveis, filho?
ALCOFORADO Em vós, meu pai, em os meus irmãos, nas pessoas que me estimam, naqueles que eu amo, nesta casa em que nasci, enfim, em tudo que vou deixar, e que talvez não encontre, mesmo se a morte me não colher por lá.
O VELHO ALCOFORADO Se por lá morrerdes, meu filho, eu sofrerei tanto como quando vossa mãe nos deixou sozinhos na vida para ir gozar a bem-aventurança dos céus. No entanto, eu vo-lo digo, estimarei mais a morte do meu filho que morrer pela sua pátria do que a vida tranquila do homem que vive sem nome e que morrerá sem glória. Grandes são os vossos deveres, Antonio, que também para isso sois nobre.
ALCOFORADO Meu pai!
O VELHO ALCOFORADO Sim, mancebo; sois nobre, nobre com a nobreza aqui da terra, e nobre com a nobreza de alma que é a melhor de todas, porque diretamente nos vem do Senhor. Comprazo-me em pensar que sereis sempre digno do vosso nome, e que os vossos feitos terão sempre o cunho da ação que hoje praticastes — ardimento e dedicação.
ALCOFORADO Não falemos nisso, senhor.
O VELHO ALCOFORADO Pois em que havemos nós de falar? Quando errais, eu vos digo bem severamente que errais e que nisso fazeis mal; porém, quando praticar-

des bem, também vos direi com a sinceridade de um amigo e com a complacência de um pai que vos portastes bem, e que vos estimo pelo bem que praticastes; nem quero que com isto vos vanglorieis, que vos não gabo a vós quando aprecio uma virtude. Antonio, é bem doce ao velho, que lentamente caminha para a sepultura, parar de vez em quando para derramar os olhos obscurecidos sobre o caminho que ele decorreu na vida, e ver seus filhos que prometem honrar o seu nome e consolar a sua velhice. Sim, meu filho, eu vos digo que quando hoje arriscastes impavidamente a vossa vida para salvar a esposa do vosso protetor, fizestes como faria o vosso velho pai quando ele tinha a vossa idade, e sentia o sangue que lhe girava nas veias. (*momento de silêncio*) Que vos disse o senhor duque?

ALCOFORADO Escreveu algumas cartas para os fronteiros de África e capitães do exército do ultramar.

O VELHO ALCOFORADO Agradecestes: não foi assim?

ALCOFORADO Sim, meu pai. Rendi-lhe ações de graças, tanto pelas que ele teve a bondade de escrever, como pela que eu me atrevi a aceitar.

O VELHO ALCOFORADO Como! Pois recusastes alguma?

ALCOFORADO Todas, menos a que em meu nome pedia um posto arriscado e perigoso, que só pudesse ser confiado à lealdade de um homem valente e resoluto.

O VELHO ALCOFORADO Fizestes bem e... talvez fizestes mal. Eu amo a juventude ardida e corajosa que só põe a sua confiança em Deus e na sua espada; mas a juventude é inexperiente; e ela não sabe que neste mundo nada se faz sem proteção: era este o ditado de nossos avós, que também será o dos nossos netos. Que fareis vós sem ela, encontrando a cada passo estorvo e dificuldades? Ela nos é precisa; não para que sobremaneira se exaltem os nossos serviços, mas para que eles sejam devidamente avaliados. É para o que serve aquela proteção que é impetrada sem baixeza e nobremente concedida. No entanto, não vos repreenderei: fizestes bem.

Cena IV

Os mesmos, Laura.

LAURA Enfim, eis-me aqui!
O VELHO ALCOFORADO Boa noite, Laura.
LAURA A vossa bênção, meu pai.
O VELHO ALCOFORADO Deus te abençoe, filha. Pois saíste a desoras sozinha?
LAURA Levei comigo a velha Marta, e o nosso velho criado nos acompanhava.
O VELHO ALCOFORADO E onde foste?
LAURA Primeiro à sepultura de minha mãe!
O VELHO ALCOFORADO Boa filha! Não te esqueceste que amanhã é o dia de finados! E depois?
LAURA Fui visitar as minhas amigas para lhes dizer que o nosso Antonio se partia amanhã. Talvez me demorasse mais tempo; mas como pensei que estáveis cá sem mim, voltei mais que depressa para a vossa companhia.
O VELHO ALCOFORADO E Deus sabe quão pesada me seria a velhice sem ti, minha Laura! Os meus ouvidos já se afizeram a ouvir a tua voz afetuosa e os meus olhos descansam com prazer sobre o teu rosto. És boa filha, Laura.
LAURA Sois vós que sois bom pai!
O VELHO ALCOFORADO E por que não bom amigo?
LAURA Oh! E um amigo bem indulgente... Não dizes nada, Antonio?
ALCOFORADO Que te direi eu, minha irmã?
LAURA Não ouvis que pergunta é aquela, meu pai? O que me dirás tu? Que tens muita pena de nos deixar, e que voltarás bem depressa para a nossa companhia.
ALCOFORADO Boa irmã! Sentirás muitas saudades minhas?

LAURA Muitas. (*mais baixo*) Antonio, não sejas temerário; não morras por lá!

ALCOFORADO Terias muito pesar?

LAURA Talvez te não sobrevivesse.

O VELHO ALCOFORADO (*severo*) Laura!

LAURA (*ajoelhando-se*) Perdão!

O VELHO ALCOFORADO Só o pobre velho é que não precisa de nenhum dos seus filhos bem-amados que lhe cerre os olhos na sua hora derradeira!

LAURA Perdão, meu pai! Vós sois forte e prudente, e não sofrereis com a morte de dois dos vossos filhos que se esqueceram de vós para só cuidar de si.

O VELHO ALCOFORADO Ingrata! De que me servirá a minha prudência contra o esquecimento de meus filhos?... De que me servirá a minha força quando não fordes todos em redor de mim, vós que fortaleceis a minha velhice e que sois a minha só consolação?... Porém de que me queixo eu?... O bom filho é aquele que trata a seu pai com respeito; que o não ame, pouco importa.

ALCOFORADO Sois injusto, meu pai!

O VELHO ALCOFORADO Tendes razão, Antonio; eu me esquecia de vós. Seja Deus louvado, que ainda tenho um filho!

LAURA Meu pai, olhai para as minhas lágrimas, e vede se elas vos não merecem compaixão.

O VELHO ALCOFORADO Eis-me a chorar como uma criança. Levanta-te, filha: o pobre velho tresvariou com as vossas palavras loucas e foi injusto para contigo. Tu és uma boa filha e amas bem a teu pai!

LAURA De todo o meu coração.

O VELHO ALCOFORADO E em todo tempo te hás de lembrar que ele precisa da tua vida nos poucos dias que lhe restam para vegetar sobre a terra. Não é assim?

LAURA Sim, bom pai.

O VELHO ALCOFORADO Deus foi misericordioso para comigo! Ledo e tranquilo, são de corpo e de espírito, vou caminhando para a eternidade acalentado pela voz de meus filhos. O prazer que desfruto é precursor da vida celeste, e a minha velhice é a aurora da bem-aventurança. Louvado seja o Senhor!

Cena V

Os mesmos, Manuel.

MANUEL Eis a espada, meu irmão. Boas noites, Laura.

LAURA Boas noites, irmão.

MANUEL A vossa bênção, meu pai.

O VELHO ALCOFORADO Deus vos abençoe. Trocastes a vossa espada?

MANUEL Não, meu pai, empresto-a.

O VELHO ALCOFORADO Como! Pois ides sair, Antonio?

ALCOFORADO Sim, meu pai: estava só à espera da vossa bênção e da vossa permissão.

O VELHO ALCOFORADO Ides...

ALCOFORADO (*hesitando*) Vou...

O VELHO ALCOFORADO Concebo a vossa hesitação. Como é amanhã o dia de finados, ides orar pelos mortos, como é de um bom cristão.

ALCOFORADO Não, senhor!

O VELHO ALCOFORADO Não!... Ah! Sim!... Como sois bom filho, ides talvez antes de vos partirdes orar sobre a sepultura de vossa mãe.

ALCOFORADO Não, senhor!

O VELHO ALCOFORADO Não!... Ah! bem. Como sois bom amigo, ides talvez despedir-vos dos vossos amigos.

ALCOFORADO Não, senhor.

O VELHO ALCOFORADO Não! Então a que saís?

ALCOFORADO Não me interrogueis, meu pai!

O VELHO ALCOFORADO (*com desconfiança*) Ides sozinho?

ALCOFORADO Sozinho.

O VELHO ALCOFORADO E não quereis levar o nosso criado na vossa companhia?

ALCOFORADO Não o posso levar.

O VELHO ALCOFORADO Pois eu vos digo que não saireis sem que me digais primeiro o que vos obriga a sair.

ALCOFORADO Peço-vos que me não interrogueis, meu pai.

O VELHO ALCOFORADO (*levantando-se*) Que vos não interrogue!... Pretendeis sair a desoras e sem testemunhas, de espada e com os vestidos consertados, e não quereis que vos interrogue!... Onde ides vós, senhor?

ALCOFORADO Eu vo-lo suplico.

O VELHO ALCOFORADO Oh! Isto merece uma explicação. Retirai-vos.

Cena VI

O velho Alcoforado, Alcoforado.

O VELHO ALCOFORADO Vede a que me obrigam os vossos mistérios, que oxalá não sejam escandalosos!... Fazeis que um pai expulse seus filhos da sua presença, porque ele terá talvez de vos dizer algumas dessas rígidas verdades que por eles não devem ser ouvidas. Onde ides, mancebo?

ALCOFORADO Senhor, não o posso dizer.

O VELHO ALCOFORADO Vós não ides cumprir com os deveres de amigo, nem de filho, nem de cristão; ao que ides, pois? Passar talvez a noite em algum lupanar, ou sobre a banca do jogo, ou em orgias de homens intemperantes e envilecidos, ou escalar algum muro como ladrão noturno para roubar a honra de alguma família honesta, ou bater sorrateiramente a alguma porta humilde para pagar a recepção cordial que durante o dia vos fez algum homem honrado e franco com a traição de um libertino. É infame!

ALCOFORADO Meu pai!

O VELHO ALCOFORADO Dizei, senhor, dizei na vossa consciência que não ides praticar alguma ação criminosa.

ALCOFORADO Em consciência não o sei.

O VELHO ALCOFORADO Sei-o eu, senhor!... Sei que o homem que marcha treda e cautelosamente apalpando as trevas, e que não ousa confessar altamente as suas ações, muito se assemelha àquela ave de mau agouro, cujos olhos não podem suportar a luz do dia, cujo canto é um anúncio de desventura; sei que tão grande mistério pode encobrir uma virtude muito preclara, ou um vício muito vergonhoso. Dizei que ides praticar uma dessas virtudes com o precioso manto da modéstia, diáfano para Deus, impenetrável para os homens.

ALCOFORADO Nunca vos menti, senhor.

O VELHO ALCOFORADO E se o houvésseis feito, a Providência Divina que vos guiasse no caminho da vida, porque teríeis morrido para mim. Talvez me julgueis severo por me crerdes pouco sensível, ou por supordes talvez que o tempo, que gelou o sangue nas minhas veias, já me fez esquecer da quadra em que fui da vossa idade, em que também fui novo e cheio de esperanças na vida, e em que também dizia comigo o que agora lá vós estais dizendo convosco: — além, naquele marco deixarei este caminho e tomarei outra vereda. Não; sou indulgente e pouco severo a ponto de vos confessar que também fui novo, e que alguns erros cometi quando tinha a vossa idade. Pois quem é perfeito neste mundo? — Mas eu vos asseguro que a minha vida escrita, conquanto em parte me pesasse dela, não me traria um só remorso, nem me desconceituaria a minha velhice: asseguro-vos ainda que, em vésperas de um dia duas vezes santificado pela religião e pelo sentimento, nunca abandonei eu o teto de meus pais, como homem sem crença e filho pouco respeitoso, para me entregar às carícias de uma criatura sem pejo. Há limites em tudo, mancebo.

ALCOFORADO Senhor, por que me supondes capaz de tão negro feito, ou por que vos mereço tal conceito? Acaso me tenho eu mostrado revel aos vossos conselhos, ou terei desaprendido as vossas lições? Não, senhor: se não vou praticar uma virtude, também não é o vício nem o crime quem lá fora me está chamando. Não é criminosa a ação que vou praticar; juro-vos…

O VELHO ALCOFORADO Jurai, senhor, jurai! No meu tempo o homem que ambicionava uma espada, ou que já a podia trazer consigo, tinha o juramento por uma coisa veneranda e sagrada, e usava dele apenas nas circunstâncias de momento. Era o vassalo que jurava lealdade a seu rei; era o cidadão que jurava amor à sua pátria; era o guerreiro que jurava morrer com o seu companheiro de armas. Por isto o juramento era entre eles uma religião, e os mais altos como os mais humildes não se atreviam a quebrá-lo. Hoje, porém, fizeram dele uma fórmula para os usos da vida, e a criança desde o berço aprende a balbuciar essa palavra vazia de sentido, que noutro tempo foi símbolo de fé e era condão de prodígios.

ALCOFORADO Como vos poderei eu confiar um segredo que me não pertence? Há bem tempo que vo-lo teria dito, se ele fosse todo meu, e se a minha confissão a ninguém mais comprometesse. Eu vos respeito como meu pai, eu vos amo como amigo, eu vos estimo como homem probo e cheio de integridade; sei que é impossível trairdes um segredo: mas devo eu traí-lo primeiro? Aconselhai-me, vós que tendes experiência da vida: dizei-mo, vós que sois meu mestre; posso eu fazê-lo?

O VELHO ALCOFORADO O segredo é inviolável; tendes razão.

ALCOFORADO Deixai-me então sair, bom pai. Oh! Se soubésseis quanto sofro por vos não poder confiar tudo!… Sede indulgente mais uma vez, talvez a derradeira. Esta demora me tem martirizado; largos anos tenho vivido nestes curtos instantes! Deixai-me partir.

O VELHO ALCOFORADO E não há perigo?

ALCOFORADO Nenhum, nenhum! Eu vo-lo asseguro.

O VELHO ALCOFORADO E aquela espada?

ALCOFORADO Foi um capricho de meu irmão que não sabe a

que vou. Dir-lhe-ia um segredo que vos não digo a vós? Bem vedes que nada arrisco: deixarei a espada, e é até melhor que eu vá desarmado.

O VELHO ALCOFORADO Levarás a espada!

ALCOFORADO Bom pai, quanto vos agradeço!

O VELHO ALCOFORADO Vai, e Deus seja contigo.

ALCOFORADO Irei e voltarei bem depressa. (*cingindo a espada*) O mais depressa que eu puder. Vereis que nada me acontece. Meu Deus! Como partiria eu tão alegre, se de alguma coisa me arreceasse!

O VELHO ALCOFORADO Vai, meu filho.

ALCOFORADO Nada receeis. Adeus, bom pai. (*vai-se*)

O VELHO ALCOFORADO (*ficando pensativo: alguns dobres ao longe*) Meu filho! Meu filho!... (*vai-se*)

Cena VII

Uma câmara no palácio do duque.

O DUQUE (*entrando desalinhado e com os cabelos em desordem*) O javali esteve a despedaçá-la... o venábulo roçou-lhe o rosto... e eu vejo ainda o cadafalso de meu pai!... Crime ou fatalidade, um deles me está iminente; mas qual? Isto não é superstição, é um presságio, uma intuição do futuro. Vejo o relâmpago, o raio não tardará a cair... Mas sobre quem?... Por quê?... Não o sei, mas é inevitável!... Oh! Venha embora o azar maldito, que não será pior que esta ansiedade!...

Cena VIII

O duque, Fernão.

FERNÃO (*da porta com uma carta*) Senhor duque!

DUQUE Entrai, Fernão. (*senta-se*)

FERNÃO Senhor! Que tendes vós?

DUQUE Nada: dai cá. (*lê a carta e atira-a sobre a mesa*) El-rei nos concede os dízimos do pescado em Lisboa e não sei em que outras terras: para que os quero eu?

FERNÃO É uma indenização do que tão desgraçadamente sofreu o senhor vosso pai, e do que vós mesmo haveis sofrido na vossa fazenda.

DUQUE Velho, não assististes a meu pai no seu derradeiro instante?

FERNÃO Fui eu, senhor: não vos contei já essa história?

DUQUE Sim; eu, porém, gosto de me recordar dessa desgraça para adormecer a minha dor com o excesso do sofrimento. Meu pai, moço, nobre, leal e valente, foi decapitado e exposto no cadafalso como se fosse um miserável! Fernão, conheceis alguém mais desditoso?

FERNÃO Vós, senhor.

DUQUE Eu! Que sabeis vós?

FERNÃO Senhor, eu vos hei servido leal e fielmente. Quando vosso pai ouviu a sua sentença, tomou-me à parte e me fez jurar que eu vos salvaria a custo da minha própria vida. Quando acabaram de cometer aquela sanguinolenta injustiça, fui buscar-vos, e com vosso irmão fugimos, e caminhamos noite e dia. Foi somente quando pisamos a terra hospitaleira de Espanha que eu tive lágrimas para chorar, e algumas palavras para vos dizer.

DUQUE Sois fiel, Fernão.

FERNÃO Depois disso eu vos tenho sempre acompanhado no desterro como na opulência, e nunca vos pedi prêmio, nem sequer minguado, não de serviços relevantes, mas dos longos anos que vos hei servido.

DUQUE Sois fiel e desinteressado, Fernão, mais amigo do que servo. Mas o que quereis com isso?

FERNÃO Assim, pois, senhor, se me escapar algumas palavras incompatíveis com o respeito que vos é devido, vós desculpareis a franqueza do velho que vos respeita como a seu senhor, e... perdoai-lhe, que vos ama como a seu filho!

DUQUE Falai! Falai!

FERNÃO Eu vo-lo direi de joelhos para que perdoeis o arrojo do vosso servo. Senhor, não é bem desgraçado o nobre traído na sua honra?

DUQUE Vossas palavras são profundas e contadas, vós sois prudente e cauteloso: eu vos escuto!

FERNÃO Senhor, não confiastes a alguém a vossa honra?

DUQUE A ninguém. Somos o primeiro a velar sobre ela, e não a fiamos de ninguém.

FERNÃO Senhor, não a confiastes a alguém?

DUQUE A ninguém!... Ah! (*levanta-se, batendo com a mão na testa e agarrando no braço de Fernão*) Que sabes tu da duquesa?

FERNÃO Sede prudente, senhor, eu vo-lo suplico.

DUQUE Fala!

FERNÃO Não vos arrebateis, senhor; ouvi-me primeiro.

DUQUE Fala!

FERNÃO Oh! Que bem me arreceava eu de vos confiar este segredo!

DUQUE Fala, carrasco!

FERNÃO Eu vo-lo direi. O pajem que esta manhã foi anunciar a vossa visita à senhora duquesa encontrou Alcoforado a seus pés.

DUQUE Outra prova!

FERNÃO O vosso rosto me atemoriza!

DUQUE Continua!

FERNÃO O sr. Alcoforado traz no barrete um laço da fita que a senhora duquesa costumava trazer ao colo.

DUQUE Eu a vi! Fui eu quem lha dei. (*ouve-se o dobre ao longe*) Abre aquelas janelas.

FERNÃO Senhor, a noite vai fria.

DUQUE Abre-as; gosto daqueles sons. (*Fernão vai abrir as janelas*) E eu o elogiei diante dela! Muitas vezes o chamei à sua presença! E ainda hoje!... Que sabes mais?

FERNÃO Rozeimo, o pajem da senhora duquesa, levou-lhe hoje uma carta.

DUQUE Morte e sangue!

FERNÃO Senhor! Senhor, sede corajoso; não vos deixeis arrebatar pela vossa cólera, pesai a vossa justiça. A carta era de Paula!

DUQUE Algoz, e que me importa Paula?

FERNÃO O pajem assim o julgou, e abriu-a indiscretamente. Dizia a carta que à meia-noite uma corda estaria pendente do balcão da senhora duquesa.

DUQUE Estúpido! Estúpido! Estúpido!

FERNÃO Senhor! Senhor!

DUQUE Julguei-o leal, porque era novo; julguei-o generoso, porque o vi arriscar a vida, e não conjeturei logo que se não arrisca a vida por generosidade!... Chama esse pajem!... Não... não... (*com voz rouca*) Seria divulgar a minha vergonha!

FERNÃO Senhor, as minhas palavras não são evangelho; pode ser que me iludissem: moderai-vos!

DUQUE Nasceste em minha casa, acompanhaste a meu pai na sua última hora, acompanhaste-me no meu desterro, e encaneceste no meu serviço; pois juro-te que, se esta noite o infame não for encontrado neste palácio, morrerás como um cão!

FERNÃO Ele virá, senhor.

DUQUE Virá!... Tu me insultas, velho!

FERNÃO Perdão! Perdão!

DUQUE O covarde! O covarde!

FERNÃO Vós empalideceis, senhor; as vossas mãos estão frias!...

DUQUE Não te importes. Escuta. Eu posso morrer antes da meia-noite...

FERNÃO Não digas tal, senhor.

DUQUE Escuta. Encobre a minha morte, distribui gente armada pelo parque; deixem-no entrar: entrado ele, toma as saídas; tomadas elas, vai ao quarto da duquesa, arromba as portas, assassina-os, assassina-os!

FERNÃO Senhor, eu vo-lo peço de joelhos: não me obrigueis a cometer um crime no fim da minha velhice.

DUQUE É justiça; jura que o farás.

FERNÃO Senhor, é justiça tomada por vós, mas não tomada por mim!

DUQUE Jura, ou eu te apunhalo!

FERNÃO Eu o juro!

DUQUE Vai. (*Fernão sai*)

Cena IX

DUQUE (*só*) Eu estava sufocado! (*corre a um armário, tira algumas armas que arroja sobre a mesa*) Sangue!... Sangue!... Sangue! (*cai*)

Ato terceiro

QUADRO IV

A cena representa a câmara da duquesa: um leito de cortinados, cadeira e mesa.

Cena I

PAULA (*só, entrando com uma luz*) Ainda não veio!... Com efeito, para um namorado é ser bem esquecido. Ah! Se fosse comigo, eu lhe cantaria uma ladainha bem comprida para o ensinar a ser descortês com senhoras. (*chegando-se à janela*) Como está escura a noite! (*recuando*) Jesus, Senhor!... Parece-me que vi lampejo de armas por entre as folhas do bosque. (*observando de novo*) Já nada vejo!... Foi ilusão. (*fecha a janela*)

Cena II

A duquesa, Paula.

A DUQUESA Ainda não veio?
PAULA Não, senhora duquesa; e todavia é quase meia-noite!
A DUQUESA Está bem. Vê se todos descansam no palácio.

PAULA Nada mais quereis de mim?
A DUQUESA Nada mais. (*Paula sai*)

Cena III

A DUQUESA (*só, sentando-se*) Alcoforado tem alma de fogo; porém é respeitoso e comedido! Pobre moço!... Quis dizer-me adeus sem que nos vissem, e partirá feliz com a ideia de que por ele me interesso. Podia eu fazer menos em favor de quem tão generosamente me salvou a vida?... Não... Mas talvez fui imprudente.

Cena IV

A duquesa, Alcoforado (*saltando pela janela*).

A DUQUESA (*assustada*) Ah!
ALCOFORADO (*fechando a janela*) Sou eu, senhora, não vos assusteis.
A DUQUESA (*sentando-se*) Vindes armado!
ALCOFORADO Nada receeis da minha espada, senhora duquesa! Foi um capricho de meu irmão e uma ordem de meu pai, que me obrigaram a trazê-la. (*põe a espada sobre a mesa*) Permiti-me, senhora, que eu vos agradeça bem sincera, bem cordialmente o sacrifício que hoje por mim fizestes. Favor tão grande não vos posso eu pagar com palavras, nem o meu sangue, todo que fosse, bastaria para o resgatar.
A DUQUESA Está bem, senhor.
ALCOFORADO Deixai que vos diga tudo quanto me inspira o meu reconhecimento para que não fiqueis julgando que abrigastes a um ingrato. Depois que condescendestes com o meu pedido, e quando me partia da vossa presença, aventei todo o perigo que nesta entre-

vista podia haver para vós, que eu por mim nada receio; e eu vo-lo confessarei, pasmei do meu desmarcado arrojo em vo-la pedir, e admirei-me da vossa muita bondade em ma concederdes, quando me poderíeis ter feito expulsar da vossa presença como um louco, e de feito eu o era; porém certo que, se me negásseis esta graça, eu me haveria por mui desgraçado, por mui digno de lástima e de compaixão.

A DUQUESA Deixemos isso, senhor; partireis sempre amanhã?

ALCOFORADO Partirei amanhã: irei espalhar as minhas mágoas por terras longínquas; irei por clima estranho em busca de um nome que algum dia possais pronunciar como o de um amigo, que não como o de um servo.

A DUQUESA Senhor!

ALCOFORADO De um servo, sim. Para vós, filha do primeiro duque de Espanha, mulher do primeiro duque de Portugal, o que é um moço fidalgo que está ao serviço da vossa casa? Julgais acaso que eu não tenha pensado nestas coisas durante muitas horas, durante noites bem compridas? Pois em verdade vos digo, senhora, que eu tenho muitas vezes amaldiçoado a minha estrela que me fez nascer tão baixo, quando a sorte vos colocou tão sobranceira aos outros, que o meu nome, por mui famigerado que venha a ser, jamais não poderá ser equiparado ao vosso. É desdita; mas de que vale queixar-me?

A DUQUESA Não vos compreendo, senhor!

ALCOFORADO E fora maravilha que me compreendêsseis!... Falar-vos-ei pois claramente. Bem sabeis que eu parto amanhã; o que porém vós não sabeis é que desde criança um pensamento fatal se enraizou profundamente na minha alma. Não viverei muito! A outra por certo não diria eu isto, que se riria da minha credulidade; digo-vos porém a vós, porque vos falo sem rebuço, e porque quero que leiais na minha alma como em um livro aberto, que podeis folhear à vontade. Partirei e não voltarei mais.

A DUQUESA Temos boas esperanças de que haveis de voltar, sr. Alcoforado.

ALCOFORADO Não voltarei! Assim, pois, no último dia que me é dado passar convosco, permiti-me que vos revele um segredo; não vo-lo confiaria, a não ser esta circunstância; eu o guardaria comigo até o último dia da vida, eu o encobriria a todos os olhos, e a terra, que me há de tragar o coração, inteiro e não sabido o tragaria também.

A DUQUESA Dizei.

ALCOFORADO Quando o houverdes escutado, senhora duquesa, podereis calcar-me aos pés, que vos não oporei resistência; podereis enxovalhar-me o rosto sem que eu descerre um suspiro; podereis rasgar-me, espedaçar-me o coração!... (*caindo de joelhos*) Eu vos amo!

A DUQUESA (*levantando-se*) Senhor!

ALCOFORADO Não fujais, senhora, não fujais. Eu sou uma criatura fraca e inofensiva, que eu não sei senão sofrer silenciosamente e verter lágrimas nas vistas. Notai que se eu vos revelo este segredo é porque eu tenho certo que a minha presença nunca mais ofenderá os vossos olhos, nem há de atrair o sangue à flor de vosso rosto. Parto e morrerei; mas dizei, dizei ao menos que vos compadeceis da minha loucura, e que não amaldiçoareis ao mísero que se deixou render por um amor insensato!

A DUQUESA Levantai-vos: e depois de me ouvirdes conhecereis que é da vossa honra fugir de mim, e que me convém não vos tornar a ver. Eu vos amo, senhor!

ALCOFORADO Potestades do céu!

A DUQUESA Não vos iludais: vinde, vede o que está neste leito.

ALCOFORADO Vossos filhos!

A DUQUESA Sim, meus filhos. É à cabeceira de meus filhos que eu vos direi que vos amo; eu vos amo, porque sois bom, porque sois nobre, porque sois generoso; eu vos amo, porque tendes um braço forte, um coração extremoso, uma alma inocente; eu vos amo, porque vos devo a vida, porque não tendes mãe, e eu vos quero servir de mãe porque sofreis, e eu quero ser vossa irmã. É um amor compassivo e desvelado, que poderá ser reprovado na terra, mas que eu não creio que o seja no céu. Entendeis-me agora?

ALCOFORADO Oh! Senhora duquesa, vós sois bela, pura como os anjos, sois boa e grande como Deus; vossas palavras são como um bálsamo de vida, e tornam o homem superior a si mesmo! (*dobres*)

A DUQUESA Meu Deus!

ALCOFORADO Que tendes, senhora?

A DUQUESA Aqueles sons... não ouvis?

ALCOFORADO Que importam! Quando o homem é feliz, parece que toda a natureza se esmera em proclamar a sua ventura. Que vale a voz do trovão quando o contentamento nos mora dentro da alma!

A DUQUESA Não os quisera escutar.

PAULA (*de fora*) Andam homens armados pelos corredores. Acautelai-vos!

ALCOFORADO (*correndo à janela*) Cortaram a corda! E fui eu quem vos lancei neste abismo.

A DUQUESA Trata-se de vós, senhor; vejamos se vos podemos salvar.

ALCOFORADO Estais salva. Dizei somente que me perdoais, para que eu morra consolado.

A DUQUESA Que ides vós fazer?

ALCOFORADO Oh! Nada! Lançar-me-ei do vosso balcão abaixo, e talvez que ainda me sobrem forças para ir morrer fora do vosso parque.

A DUQUESA Tendes alma sublime, Alcoforado; eu contudo não posso aceitar o vosso sacrifício, que a vossa morte seria terrível testemunho contra a minha inocência.

ALCOFORADO Quem se atreveria a responsabilizar-vos pela

morte de um miserável que aparecesse sem vida por baixo das vossas janelas? Não é este o último recurso?

A DUQUESA Não, esperai. (*vai à janela e recua aterrada*) Meu Deus! O parque está todo iluminado!... Que eu não cometesse culpa nem crime, e que tenha de ver manchada a minha reputação!

VOZ (*de fora*) Abri! Abri, senhora duquesa!

ALCOFORADO Maldito! Maldito!

A DUQUESA Calai-vos! Quem bate?

VOZ (*de fora*) O senhor duque vos quer falar.

A DUQUESA Deixai-me vestir. Alcoforado, aqui, escondei--vos aqui por detrás desta alcatifa; não apareçais senão em últimas circunstâncias... Prometei-mo. A vossa espada, o vosso barrete... tomai tudo.

ALCOFORADO (*de joelhos*) Oh! Senhora, ainda é tempo, deixai-me precipitar daquela janela, e sereis salva.

O DUQUE (*de fora*) Duquesa!

A DUQUESA Céus! Meu marido!

ALCOFORADO Perdão! Perdão! (*cai-lhe o barrete*)

O DUQUE (*de fora*) Arrombai esta porta!

A DUQUESA Esperai. Alcoforado, não leveis mão da vossa espada contra meu marido; eu vo-lo suplico por mim, por meus filhos, por Deus, por tudo o que mais amais.

ALCOFORADO Não usarei dela.

O DUQUE (*de fora*) Arrombai! (*pancadas na porta*)

A DUQUESA Escondei-vos!... Senhor, sede comigo! (*abre a porta*)

Cena V

O *duque, a duquesa.*

O DUQUE (*atentando na agitação da duquesa e olhando para todos os lados com desconfiança*) Está aqui!

A DUQUESA (*à parte*) Já sabe tudo!

O DUQUE (*em voz baixa e rouca*) Onde está ele?

A DUQUESA Ele quem, senhor? Vós me apareceis pelo meio da noite ameaçador e terrível: vindes tumultuosamente, acompanhado pelos vossos escravos para fazer arrombar a porta da minha câmara. Por quê, senhor? Sou eu acaso alguma mulher sem consideração, alguma criatura vil e desprezível para que nem sequer vos lembrásseis que a vossa suspeita me desacreditaria no conceito dos vossos lacaios? Senhor duque...

O DUQUE Onde está ele?

A DUQUESA Fizestes iluminar o vosso parque, mandastes armar os vossos homens de armas, alvoroçastes todo o palácio; para quê, senhor? Eu sou mulher, e vós bem me podeis fazer morrer sem ser à força de escândalo e de vergonha, sem me acabrunhar com todo o peso do vosso poderio. Vindes cercado de uma turba vil e mercenária, a quem basta um só aceno vosso para me cuspir no rosto, porque sou mulher e fraca, enquanto que vós sois homem e temido. É isto ser nobre?

O DUQUE Onde está ele?

A DUQUESA Onde está ele! Está aqui, senhor; está aqui no meu leito. (*correndo as cortinas*) São vossos filhos: eles que vos atestem a minha inocência.

O DUQUE (*apanhando o barrete*) A fita! A fita!

A DUQUESA Meu Deus!

O DUQUE (*arrojando o barrete ao chão e calcando-o aos pés*) Morrerá!

A DUQUESA D. Jaime, escutai-me pacientemente: eu vos explicarei este azar funesto que me faz parecer culpada.

O DUQUE Ambos! Ambos!

A DUQUESA Escutai-me, senhor duque: vós ides cometer uma injustiça.

O DUQUE Injustiça! Sois bem disfarçada e atrevida arrostando o olhar de um homem ultrajado sem cair por terra, de joelhos, de mãos postas, clamando perdão para o vosso delito e piedade para o que haveis de sofrer!... Injustiça! Um vilão que acha no seu leito dois adúlteros, duas víboras, pode esmagá-los impunemente, e eu não o poderei fazer? Por que o não poderei? Por que sou herdeiro jurado do trono, duque de Bragança e Guimarães, senhor de Ourém, Borba, Chaves, Barcelos e Vila Viçosa? Por que sou o primeiro duque da Europa, e o mais poderoso entre os nobres depois da nobreza coroada? Por são Tiago que vos desenganaremos!

A DUQUESA Por são Tiago que vos enganais: podeis sem dúvida matar-me, senhor; mas vós vos arrependereis, e o vosso arrependimento será tardio; conhecereis a minha inocência, já tarde, e o remorso vos não deixará.

O DUQUE Justificai-vos perante todos os da minha casa; não quero que se diga que eu mato uma inocente. Olá!

A DUQUESA Senhor, eu leio a minha condenação nos vossos olhos; vejo que me não haveis de perdoar, nem fazendo o céu um milagre para me salvar e para vos mostrar a minha inocência. A minha vida tem sido constantemente um estorvo para os vossos projetos, e eu conheço que ocultais a vossa convicção para mais facilmente vos livrardes de mim, eu o sei e o vejo; porém, se me quereis matar, senhor duque, se é esse o vosso propósito, como eu o creio, matai-me vós mesmo, barbaramente se o quiserdes; manchai embora o meu nome com uma nódoa infamante, mas não me humilheis na presença dos vossos servos. O meu nome é o vosso, senhor duque: não os podeis separar.

O DUQUE Assim é, senhora; liguei o meu nome ao vosso, e vós tomastes o trabalho de mo infamar: trabalho bem fácil para vós, impossível para o mundo. Quando pois o vosso nome se tornar sinônimo da infâmia, o meu se converterá em ludíbrio da populaça, que folga, a vil, com o desar dos grandes. Assim fora, se me não viesse à mente fazer secar a mofa e o escárnio nos lábios do mais atrevido com o sentimento do terror. Bem dissestes vós... eu posso matar-vos a ambos, martirizar-vos, espezinhar-vos... nada me seria mais fácil. Mas esta vingança, que bastaria talvez para satisfazer a um vilão, não me satisfaz a mim. Oh! Tivesse eu a certeza que esta frágua de ódio, que me devora, não me consumirá inteiro dentro de algumas horas; pudesse eu contar com a vida até ao raiar do sol... fora outra a minha vingança!... Esta noite eu faria erguer em Vila Viçosa dois patíbulos, um em frente ao outro, e daria amanhã um espetáculo de sangue aos meus bons e leais burgueses. Convidaria a todos para um festim de rei, far-vos-ia arrastar pelas ruas como dois miseráveis criminosos; e malgrado as justiças del-rei, eu vos faria subir ao cadafalso, à luz do sol, à vista de todos e à face do mundo. Mas já que não posso contar com a vida, tomarei outra vingança, se menos esplêndida, igualmente aterradora. Entrai.

A DUQUESA Senhor, é de joelhos que eu vo-lo peço; não me obrigueis a corar morrendo, nem a suportar a piedade hipócrita dos meus inferiores, que em torno de mim se estarão rindo interiormente com o meu suplício e com a minha desdita!

O DUQUE Entrai.

Cena VI

O duque, a duquesa, Fernão, homens de armas, pajens com luzes.

A DUQUESA (*cobrindo o rosto com as mãos*) Ah! São eles!

O DUQUE Traidores não merecem contemplação.

A DUQUESA (*erguendo-se*) Nem o sou, nem meus pais o foram nunca, senhor! Podeis empunhar o cutelo do algoz, podeis cobrir o rosto com a máscara da justiça, podeis fazer-me assassinar traiçoeiramente: só não podereis descobrir labéus na minha vida, nem crime nas minhas ações.

O DUQUE (*aos da sua comitiva*) Procurai por toda a parte um vil que deve estar neste palácio.

Cena VII

Os mesmos, Alcoforado (*saindo detrás do leito*).

ALCOFORADO Senhor duque!

O DUQUE Enfim! (*a Fernão*) Fernão, dize ao preto cozinheiro que traga o manchil da cozinha; dize a dois dos meus capelães que venham confessar dois penitentes. (*Fernão sai*)

ALCOFORADO Esqueceis que ainda tenho a minha espada?

O DUQUE Usai dela: folgaremos com isso.

A DUQUESA (*baixo*) A vossa promessa... lembrai-vos!

ALCOFORADO (*ao duque*) Eu prometi que não levaria mão da minha espada contra vós, e que o não prometesse! Vale porventura a minha vida um combate? (*depondo a espada*) Aí tendes a minha espada, senhor duque.

O DUQUE (*dando com o pé na espada*) Covardia!

ALCOFORADO Senhor!

O DUQUE Calai-vos!... Digo-vos que sois covarde porque sois traidor, e o traidor não pode deixar de ser covarde.

ALCOFORADO Ainda hoje mostrei que o não era!

O DUQUE Silêncio! Que mostrastes vós? Que já na vossa idade tendes a astúcia de uma serpente: e de feito tendes enganado a todos com falsas aparências de nobreza e de candura; mendigastes a minha proteção, introduzistes-vos em minha casa, aliciastes meus servos, seduzistes minha... nem eu sei como a chame!... Morrerão ambos!

ALCOFORADO Assim é, senhor duque; eu sou um covarde, um falso, um infame, não pelo que dissestes, mas porque envolvi na minha ruína uma criatura inocente como os anjos; porque, depois de a ter obrigado a descer ao fundo da minha ignomínia, não a pude defender das vossas afrontas, nem dos doestos que lhe assacastes, coisas que não eram para dizer: por isso mereço a morte. Estou em vosso poder, senhor duque; fazei de mim o que vos aprouver, mas até o meu derradeiro instante ouvireis a minha voz bradar cada vez mais alto: — A duquesa é inocente!

O DUQUE Mentira! O covarde deve mentir.

ALCOFORADO Ainda quando a mentira houvesse escolhido os meus lábios para sua morada, não vos mentiria eu no meu derradeiro instante para que a maldição divina não pesasse eternamente sobre minha alma. Não é por mim que vos suplico a vida, senhor duque; fora indigno de viver quem tão baixamente a suplicasse. Estou no vosso poder, nem disso me queixo: depus a minha espada a vossos pés antes que me viesse a tentação de a arrancar contra vós; curvei a cabeça na vossa presença, e de joelhos e à hora da morte eu vos digo que ela é inocente, que por isso me tenho envilecido, e que por isso me envileço ainda.

A DUQUESA (*à parte*) Nobre mancebo!

O DUQUE (*encarando-a fixamente*) Tredos! Fizesse eu correr o mar entre ambos, que de um lado a outro voaria o pensamento do adultério!... Mar de sangue correrá entre ambos.

ALCOFORADO Saciai a vossa vingança no meu sangue, que será o bastante para apagá-la; puni o criminoso, mas não vos deixeis cegar pela vossa cólera, não mistureis o sangue do inocente com o sangue do pecador. Não sabeis quantas vítimas cairão comigo na sepultura!... Minha irmã enlouquecerá!... Meu pai... Oh! Eu vos juro que será um desengano terrível para o bom velho o féretro que amanhã lhe for enlutar a habitação, quando ele tropeçar em um cadáver, ao invés de abraçar seu filho, seu filho bem-amado que ele ainda espera abençoar, e mandá-lo às terras de África pugnar pela religião de seus pais, banhando a sua espada no sangue dos infiéis!... Quando lhe chegar aos ouvidos notícia de morte tão desastrada, o desgosto lhe quebrará violentamente a vida. O pobre velho morrerá!... Se quereis mais vítimas, senhor, se vítimas inocentes vos são precisas para o vosso sacrifício, sereis amplamente satisfeito. O velho e a donzela, ambos morrerão; e todavia não é por mim, não, é por eles que imploro a vossa compaixão! Sede justo, senhor: salvai-a.

O DUQUE Entra, escravo. (*entra o preto com um manchil*) Envilecer-se-ia o braço do homem livre que vos cortasse a cabeça, e a espada que no vosso sangue se tingisse se tornaria infame; não morrereis por mão de um homem livre, nem aos golpes de uma espada. Vede... Vede também, senhora!

A DUQUESA Oh! Senhor!

O DUQUE (*à duquesa*) Vede: será o seu carrasco um escravo, um preto... (*arroja-a de si, e ela cai de joelhos*)

A DUQUESA Meu Deus! Compadecei-vos de mim!

O DUQUE (*a Alcoforado*) E o instrumento da vossa morte será um manchil grosseiro tão vil como vós sois.

Ato terceiro

QUADRO V

A cena representa um aposento no palácio do duque; do lado direito, um altar paramentado de tela branca, e sobre ele um crucifixo; do outro lado, mesa e cadeira; portas no fundo.

Cena I

A DUQUESA (*só, nos degraus do altar*) Não posso orar!... O meu coração não pode despegar-se da vida, minha alma não pode elevar-se até Deus, e a religião me não pode consolar!... Quisera ter alguém que me falasse, porque me parece que isto é um sonho! Um sonho horrível que me está sufocando!... (*pausa*) Tenho frio!... Mas por que aterrar-me assim? Se eu tenho sempre de morrer, que importa que me venha a morte agora ou logo, hoje ou passados anos?... A vida cansa, e Deus tem um sorriso mais carinhoso para aquele que mais sofre sobre a terra, e eu tenho sofrido muito!... Em vão, em vão! Apesar do sofrimento, eu quisera ser como as outras, viver a minha vida até o fim, e morrer com a morte que Deus manda! (*pausa*) O duque é bem cruel! E todavia eu sou como ele, sou talvez mais do que ele, e morrerei!... Morrerei porque sou fraca, morrerei porque sou mulher!... Deus foi misericordioso para comigo em me não ter dado uma filha; que se eu a tivesse, por muito que a amasse, e ainda que ela fosse a única... meu Deus!... cometeria hoje um crime... matava-a... seria talvez condenada por toda a eternidade, porém ela seria livre no céu! Mas por que será irrevogável a minha condenação? Eu sou esposa sua, a mãe de seus filhos... Por ventura quis ele punir a minha imprudência só com o terror, e a estas horas já ele terá pensado que o meu martírio deve acabar. O duque é generoso; se ele tem sempre esmola para os mendigos, por que não terá também piedade para os que sofrem? Eu sofro tanto!

Cena II

A duquesa, Paula.

PAULA Senhora duquesa!

A DUQUESA Quem me chama?... Paula!

PAULA Deixai-me chorar a vossos pés!

A DUQUESA Já me havia esquecido de ti, boa Paula; bem hajas tu que em tanta tristeza te vieste fazer lembrada, e que te não esqueceste da mísera condenada que algumas horas apenas tem de vida. (*encostando-se ao ombro dela*) Quando eu era feliz, e já me parece que foi há muito tempo, tinhas sempre um sorriso para desfazeres as minhas preocupações; e hoje achaste no teu coração algumas lágrimas que vens derramar sobre o meu infortúnio. Bem hajas tu.

PAULA (*chorando*) Vós, que sois inocente, senhora, por que haveis de morrer?

A DUQUESA Dize, dize que não é para me consolar que assim me falas; jura-me que acreditas na minha inocência: preciso que alguém creia nela para não morrer de desespero.

PAULA Não tenho eu vivido sempre na vossa companhia? Não leio no vosso rosto como na minha alma? Não sei eu que se pudésseis cometer um crime, nenhuma haveria que não fosse criminosa?

A DUQUESA (*tristemente*) Os meus também hão de acreditar na minha inocência, mas já tarde; talvez romperão lanças em favor dela, mas eu já serei morta! Oh! Se as lágrimas do arrependimento e do remorso pudessem dar a vida a um cadáver, não me pesara morrer, porque eu teria certa a minha ressurreição! Oh! Boa Paula, é bem mal permitido que o homem, que não pode dar vida, tenha o poder de matar; é bem injusto que uma miserável criatura possa apagar a luz preciosa da existência que só Deus pode acender!... É bem injusto, meu Deus!

PAULA É destino, senhora duquesa; que lhe havemos nós de fazer!

A DUQUESA Tens razão; temos todos o nosso calvário, carregamos todos com a nossa cruz; e por que não haveria eu de sofrer também?... Mas, ó Senhor! bem aviltador é o meu calvário, e a minha cruz é muito pesada para mim!... Morrerei, Paula... O último favor que te pedir, cumpri-lo-ás tu?

PAULA Dizei, senhora.

A DUQUESA Quando me aparelharem para o meu infame suplício, hão de cortar-me os cabelos; creio que assim se faz. Tu os ajuntarás, Paula: vai depois ao meu guarda-roupa, e lá encontrarás os meus vestidos que eu trouxe de Espanha; era então uma criança!... Tira um deles e manda-o à minha irmã com uma trança dos meus cabelos: farás isto?

PAULA Eu o farei.

A DUQUESA Bem quisera eu deixar-te uma lembrança, boa Paula: mas que posso eu agora? Entrei para esta casa coberta de veludos, e hei de sair vestida com a mortalha: entrei nova e cheia de inocência, e hei de sair ainda nova, mas infamada!... A vossa pobre duquesa, mais pobre do que vós outras, nada tem para recompensar os bons serviços dos seus fiéis servidores. Escuta: quando eu for morta, tomarás para ti o meu livro de orações, e escreverás na primeira página o meu nome com o meu sangue; não creias que ele seja vil porque o hão de derramar vilmente!... Não lhe ponhas título nenhum, só o meu nome de batismo; e quando rezares, lembra-te da infeliz Leonor, e dá-lhe uma das tuas orações.

PAULA Seja-me Deus boa testemunha em como, se morrerdes, eu me irei sepultar em algum convento para ali passar a minha vida em orações e penitências, não por vós, mas por ele que vos assassina. (*como que se lembra, levantando-se*) Ah!

A DUQUESA Assim me deixas?

PAULA Esperai, esperai! (*sai*)

Cena III

A DUQUESA (*só*) Nunca me julguei com forças para sofrer tanto, nem que eu tivesse tantas lágrimas para chorar. No entanto, sofro como se nunca houvera sofrido; choro como se nunca houvera chorado. (*pausa*) Sinto passos!... Quem sabe se não será o carrasco?... O carrasco!... (*sobe com terror pelos degraus até encostar-se às paredes do altar*)

Cena IV

A duquesa, Paula, os dois meninos.

A DUQUESA (*correndo para eles*) Meus filhos! Meus pobres filhos!... (*beijando-os e abraçando-os*) Vossa mãe ia morrer sem vos abençoar na hora da morte, sem beijar-vos, sem acariciar-vos mais esta vez, sem vos banhar o rosto com as suas lágrimas!... Meus pobres filhos! Que fareis vós no mundo sem o amor de vossa mãe?... Talvez que uma estrangeira venha deitar-se no meu leito para dele vos expulsar!... Que sereis vós sem mim!... Inocentes! Pobres inocentes!... Eles vos dirão que eu fui uma grande criminosa e que me havia tornado indigna de viver: não os acrediteis, meus filhos!... Quando vos disserem mal da vossa pobre mãe, lembrai-vos de hoje e das minhas lágrimas, e adivinhareis então que eu fui bem infeliz, ouvistes?... Oh! Eles não compreendem as minhas palavras, e até do meu nome se hão de esquecer!... Paula! Paula! Por que me trouxeste meus filhos? Eu me resignaria a morrer, e agora é impossível!... Atende-me: vai ter com o senhor duque, dize-lhe que lhe quero falar uma hora, um instante antes de morrer. Deixa-me meus filhos... não, leva-os; dir-lhe-ás que é em nome deles que eu lhe peço um instante para lhe falar; e ele não me poderá negar mercê tão pequena. (*Paula sai com os meninos*)

Cena V

A duquesa, Lopo Garcia.

A DUQUESA (*só, no meio da cena*) Ele me perdoará!

LOPO GARCIA Senhora!

A DUQUESA Lopo Garcia! Ah! Que me acordais bem cruelmente, meu padre!

LOPO GARCIA Resignai-vos, minha filha!

A DUQUESA Resignar-me a quê? Não carecerei de vosso mister, meu padre; já mandei chamar a d. Jaime, que me não poderá recusar uma entrevista.

LOPO GARCIA Resignai-vos!

A DUQUESA Mas não estais vendo que é impossível que eu

morra assim?... Não sabeis que meu pai é o duque de Medina Sidônia?... O senhor duque não pensou nisso: ele me perdoará.

LOPO GARCIA Não o fará.

A DUQUESA Como! Vós, que sois um bom e santo padre, pondes um freio injurioso à bondade daquele que folga em sua justiça de amolgar o coração mais endurecido e de reparar o mal por mão daquele mesmo que o praticou?

LOPO GARCIA Não o espereis! A esperança engana sempre que não esperamos a morte. Preparai-vos no santo tribunal da penitência para subirdes à presença do Senhor; confessai as vossas culpas e contristai-vos!

A DUQUESA (*chorando*) Ah! Meu padre, sois bem cruel em me despojar assim das minhas últimas esperanças. Deus vos perdoe a dor que me causais.

LOPO GARCIA Que merece a vida, minha filha? É um sonho mais ou menos longo, alegre ou triste, que o acordar da morte só vale dissipar. Consolai-vos! Deus é misericordioso, e vos perdoará em favor do vosso arrependimento.

A DUQUESA A vida! A vida, meu padre!

LOPO GARCIA Não vos rebeleis contra o Senhor, nem o irriteis com a vossa desobediência! Curvai a cabeça perante a sua justiça, e confessai-vos para que a morte vos não colha impenitente.

A DUQUESA Que vos hei de eu confessar?

LOPO GARCIA A vossa vida. Qual é o justo que vive sem pecado durante o período de sua existência? Recordai-vos de quanto haveis feito, dito ou pensado, e atentai que, se é o sacerdote quem escuta as vossas palavras, é Deus quem recebe a vossa confissão.

A DUQUESA A minha vida... é um tecido de dores, bem pequenas que talvez não compreendais, e que todavia me têm martirizado.

LOPO GARCIA Contai-a.

A DUQUESA (*depois de alguns instantes de silêncio*) Criança me trouxeram da casa de meus pais, prenderam-me numa câmara forrada de veludo, envolveram-me em alcatifas de seda, em reposteiros de damasco, e eu disse adeus ao meu prado florido, ao meu jardim encantado, às flores que eu amava, a tudo, meu padre, a tudo!... Disseram-me então que eu pertencia a um homem, e que o devia amar porque ele era meu esposo. Afiz-me à ideia de que lhe pertencia, fiz esforços incríveis para o amar, a ele que eu só via de quando em quando, rodeado de larga turba de cortesãos, polido e respeitoso para comigo, porém nunca extremoso. Nunca ele teve franqueza para comigo, nunca eu a pude ter para com ele; nunca o pude amar. E se ele o quisera! Bem pouco lhe seria preciso, porém jamais se deu ele a esse trabalho. Nunca, meu padre, nunca estive com ele sem recear um acesso de sua cólera, sem tremer na sua presença como uma escrava. Dizei, meu padre: sou eu culpada em o não ter podido amar?

LOPO GARCIA Continuai.

A DUQUESA Quisestes escutar a minha vida... já vo-la contei. Não tive flores na minha infância, nem descanso na minha juventude. Outras culpas terei eu de que me não recordo... Deus mas perdoará.

LOPO GARCIA Não mintais à hora da morte!... E o mancebo que foi há pouco encontrado no vosso aposento?

A DUQUESA Ah! Sim, meu padre, a ação pertence à criatura, mas as circunstâncias vêm... talvez do céu. Serei criminosa para Deus, porém sou inocente perante os homens. Ouvi. Na minha soledade houve um mancebo que se compadeceu de mim, talvez porque adivinhou os sofrimentos que eu curtia silenciosa; desvelou-se no meu serviço; cercou-me de solicitudes, velava incessantemente sobre mim. E eu conheci que ele era respeitoso e cheio de extremos, e que o seu amor era nobre, inocente e puro, como sua alma. Dizei-me, fiz mal em o não expulsar da minha presença?

LOPO GARCIA Continuai!

A DUQUESA Por algum tempo me deixei embalar por esse novo afeto que então principiava a sentir: veio-me depois a ideia que eu o não devia entorpecer na sua carreira, e pedi ao senhor duque que o dispensasse do seu serviço e que o mandasse para África ganhar nome no serviço del-rei e salvação em guerras de infiéis. Dizei: fiz mal intercedendo por ele?

LOPO GARCIA Continuai.

A DUQUESA Ontem o senhor duque quis que o acompanhasse a uma caçada: acompanhei-o. No meio dela um javali ia espedaçar-me; esse mancebo salvou-me a vida. Dizei: fiz mal dizendo-lhe que lhe devia a vida?

LOPO GARCIA Prossegui.

A DUQUESA Ele ia partir para África, mais por força das minhas instâncias do que por vontade sua. Cheio de funestos pressentimentos, que ainda mal se realizaram, ele se lançou a meus pés pedindo-me que o escutasse. O senhor duque nos podia surpreender, algum pajem nos podia escutar, e ele estaria perdido; fui prudente. Pediu-me uma entrevista para esta noite, que ele devia partir ao amanhecer. Eu conhecia a sua nobreza e honradez; concedi-lha. Dizei: fiz mal em ser prudente para não ser uma ingrata?

LOPO GARCIA Acabai.

A DUQUESA À noite eu o recebi na minha câmara; meus filhos descansavam no meu leito. Ele disse que me amava; eu disse que o amava também como a um irmão, como a um filho. Fui nisto criminosa?

LOPO GARCIA Nada mais?

A DUQUESA Nada mais! Foi ser boa, afável, generosa, agradecida e prudente, tudo isto que na terra se diz virtudes, e que porventura também se chama virtudes no céu: foi tudo isto que me perdeu!

LOPO GARCIA Deus vos receberá na sua glória, minha filha.

A DUQUESA Mas não compreendeis vós que, se eu morrer, o mundo me julgará criminosa? Não vedes que eu não quero morrer porque amo a vida, que o não posso porque sou inocente?

Cena VI

Lopo Garcia, o duque, a duquesa.

O DUQUE Acabai com a vossa confissão!

A DUQUESA (*levantando-se*) Dai-me forças, meu Deus!

LOPO GARCIA Escutai-me um instante, senhor duque!

O DUQUE Não vos podemos atender, meu padre!

LOPO GARCIA Bem sei que o segredo da confissão é inviolável e sagrado; porém, Deus me perdoará se obro mal com isto, porque o faço para vos poupar um crime. Senhor duque, a vossa esposa é inocente!

O DUQUE Não cometais um sacrilégio, meu padre; perfizestes o vosso mister; podeis retirar-vos.

LOPO GARCIA Eu vo-lo repito, senhor, ela é inocente!... A duquesa terá caído em faltas que hão de achar graça na presença de Deus, e Deus é justo. Vós sois homem, senhor duque; não sejais mais rigoroso do que ele... perdoai-lhe.

O DUQUE Meu padre, não aprouve ao Senhor dar-nos o condão da paciência... retirai-vos. (*Lopo Garcia sai*)

Cena VII

O duque, a duquesa.

O DUQUE Findou-se o prazo, senhora.

A DUQUESA Senhor, mais um instante.

O DUQUE Mais dez minutos.

A DUQUESA É pouco, senhor: tenho tanto para vos dizer!

O DUQUE Tendes um quarto de hora.

A DUQUESA (*depois de um instante de silêncio*) Assim, pois, senhor duque, não quisestes dar crédito às palavras de um moribundo que sobre a condenação eterna de sua alma vos asselava a minha inocência com um pé sobre o sepulcro!

O DUQUE Mentiu: eu vi a fita!

A DUQUESA A fita! Mas se ela fosse um presente vergonhoso, não a recataria ele cuidadosamente ao invés de a trazer tanto às claras? Não vos parece que seria isso uma loucura, senhor duque?

O DUQUE Que sei eu? A alma do vilão embriagou-se com a posse de uma duquesa; quis fazer alarde dos seus amores, quis escarnecer de mim... enganou-se!

A DUQUESA Se não quereis acreditar nas palavras do moribundo, dai crédito ao menos ao santo sacerdote. Não vos disse ele que eu era inocente?

O DUQUE Mentistes vós: ele lá estava convosco.

A DUQUESA Meus filhos também lá estavam, senhor.

O DUQUE Escândalo maior, senhora, escândalo maior! Quando mentistes ao sacerdote na vossa última confissão, condenastes a vós mesma; se tão somente profanásseis o vosso leito, o crime ficaria ainda convosco! Fora isso apenas impiedade numa cristã, infâmia numa esposa! Há muito disso. Mas que a esposa se lembrasse dos filhos para encobrir o seu adultério, que o crime se lembrasse da inocência para vestir a sua nudez, que a mãe se lembrasse dos filhos para os industriar no crime... eis o que é horroroso, senhora, eis o que é estupendo e inaudito, eis o crime por que haveis de morrer!...

A DUQUESA Impudentemente me prodigalizais impropérios e convícios, senhor duque. Fui criada em vossa casa, foi vossa mãe quem me educou. Atentai que parte de quanto me dizeis recai sobre quem se encarregou da minha educação.

O DUQUE Por quê? Conheço almas fáceis que se persuadem que ser virtuosa é ser fingida, e que para ser impune basta ser habilmente criminosa. Outras há que nascem propensas para o crime e com o instinto do vício no coração. Há criaturas assim!

A DUQUESA Senhor duque, vós sois poderoso e escusais de subterfúgios contra mim. Ninguém vos pedirá contas da minha morte, senhor, e escusais de torcer os vossos juízos para me caluniar. Podeis dizer, e dizei-o francamente, que ninguém nos escuta: "Morrerás porque assim o quero!". É uma razão que todos compreendem, a razão do mais forte, se não é a de mais nobre. Contra a vossa vontade me oferecestes mão de esposo, e tendes sempre vivido constrangido considerando-me como um estorvo para a vossa vocação, porque premeditáveis ser frade ou coisa semelhante. Bem oportunamente vos sorri este ensejo para de mim vos desfazerdes. Aproveitai-vos dele, e agradecei ao azar sem ostentardes de justiceiro. Não me faleis em justiça humana, senhor, porque eu me poderei lembrar que vosso pai foi humanamente justiçado!

O DUQUE Deus vos encontre tão pura como ele, senhora duquesa.

A DUQUESA (*de joelhos*) Perdão, senhor, perdão. Não era isso o que eu vos quisera dizer; mas sei eu porventura o que digo?... Estou quase louca, não penso, não meço as minhas palavras. Perdoai-me!... Eu amo a vida, senhor duque; por que vos hei de eu mentir?... Sou uma mulher fraca e sem forças; choro porque a amo e porque me dói perdê-la. Sou eu acaso algum homem para ter coragem?... Amo a vida, amo tudo o que me cerca, amo tudo o que me era indiferente... sou nova e não me posso resignar... sou inocente e não devo morrer. Perdoai-me! Que vos importam algumas palavras descuidadas que me escaparam? Não pensei nelas, nem foi minha intenção ofender-vos. Vós me aborreceis e com razão... O que era eu para merecer o nome de vossa esposa?... Que sou eu para vos merecer o vosso amor? A mim também casaram-me sem que eu soubesse o que era matrimônio. E que culpa tenho eu em não ter resistido à obediência a que desde criança me afizeram?... Como o poderia eu imaginar!... Ainda então não sabia que o homem, que é forte, pode ser obrigado a casar-se contra o seu querer, a casar-se com uma mulher que ele não ama!

O DUQUE Quem me poderia obrigar, senhora?

A DUQUESA Tendes razão: eu é que sou uma louca em vos dizer estas coisas; mas tenho eu consciência do que vos estou dizendo?... Digo-vos tudo quanto me vem à cabeça para que vejais quanto sofro e para que me perdoeis, senhor duque...

O DUQUE Levantai-vos, senhora duquesa: o meu propósito é irrevogável.

A DUQUESA Mudá-lo-eis, senhor; mudá-lo-eis quando aventardes que mofina que eu sou, e que embaraços a minha morte vos pode acarretar. O conde de Urenha, meu cunhado, e o marquês de Cazaça, meu irmão, virão reptar-vos para o duelo, apelando da vossa sentença para o juízo de Deus.

O DUQUE Atrever-se-ão eles!...

A DUQUESA Meu Deus! Como lhe hei de eu falar!... Eu vos digo estas coisas sem consciência de vos ofender. Eu é que sou a medrosa, vós sois forte e valente, de nada vos arreceais. Com efeito, de que vós podeis temer? Que vos importam meus irmãos, ou que vos podem eles fazer? Bem podeis vós calcar-me, bem podeis matar-me e fazer de mim quanto mais vos aprouver; mas que glória vos virá daí, senhor duque?

O DUQUE Confrontai estas vossas palavras com as que ainda há pouco em a vossa câmara me dissestes!... Com o gesto irritado, com o olhar sobranceiro, pedistes-me contas do meu proceder tachando-me de pouca lisura e comedimento! Agora, porém, confessais a minha prepotência, e tendes sem dúvida para vós que, se como homem me injuriastes, eu como senhor me vingo!... Apesar de vos abaixardes tanto, senhora...

A DUQUESA (*levantando-se*) Senhor duque!

O DUQUE Apesar de quanto tendes feito para alcançar a vida, apesar de tudo quanto me haveis dito ou me possais dizer, não será menos certa a vossa morte. Acreditai que me não deixarei amolgar pelas vossas preces e que nem as vossas lágrimas torcerão a minha justiça. Morrereis!

Cena VIII

Os mesmos, um pajem.

O SERVO Senhor duque!

A DUQUESA É ele!

O DUQUE Viestes oportunamente. Findou-se o prazo.

A DUQUESA Meu Deus!

O SERVO Perdoai o meu arrojo, senhor duque, e não me tenhais má vontade, porque uma só vez vos desobedecerei.

O DUQUE Falai.

O SERVO Não vos posso servir nesta ocasião, senhor!

O DUQUE Por quê?

O SERVO Aquele santo padre que há pouco saiu desta câmara disse-nos que a senhora duquesa era inocente, e que excomungado seria que em mal dela vos obedecesse!

A DUQUESA É possível!

O DUQUE Por nosso respeito não desobedecereis ao santo padre, nem ireis contra os ditames da vossa consciência! Entre os nossos vassalos mais do que um haverá que neste ensejo nos acuda em vossa falta. Chamai-os! (*o servo abre a porta e faz sinal para dentro*)

Cena última

O duque, a duquesa, servos, homens de armas.

O DUQUE Este homem que aqui vedes nos obriga, em circunstância bem melindrosa, a experimentar a vossa lealdade. Precisamos de um executor de alta justiça, e dar-lhe-emos com a nossa proteção cem peças de ouro.

A DUQUESA Inspirai-os, meu Deus! Inspirai-os!

O DUQUE Nenhum se move!... Pensais talvez que mais vale a cabeça de uma duquesa... nós lhe daremos mil peças de ouro e primeiro lugar entre os meus servidores.

A DUQUESA Hão de tentar-se!... Nenhum! Nenhum!

O DUQUE (*concentrado*) O padre!... Por que o deixei sair quando precisava de um algoz?... (*baixo ao primeiro servo*) O estrado e o cepo?

O SERVO Estão prontos.

O DUQUE E o cutelo?

O SERVO Está afiado.

O DUQUE (*como que falando consigo*) Uma duquesa não deve morrer como uma mulher vulgar.

A DUQUESA Estou salva!

O DUQUE (*em voz alta*) A filha de d. João de Gusmão, duque de Medina Sidônia, conde de Niebla, marquês de Cazaça e senhor de Gibraltar, merece contemplação pela sua hierarquia. (*à duquesa*) Não vos parece?

A DUQUESA (*tímida*) Foi talvez inspiração do céu a que tornou esses homens surdos à voz do interesse.

O DUQUE E do céu é que vem esta inspiração, senhora duquesa. Alegrai-vos... tereis um duque por carrasco!

A DUQUESA Vós! Senhor!

O DUQUE (*travando-lhe o braço*) Vinde!

A DUQUESA Oh! Ainda um instante!

O DUQUE Nada mais!

A DUQUESA Eu tenho ainda tanto para vos dizer... Escutai-me até o fim, e certamente me haveis de perdoar.

O DUQUE Não vos perdoarei.

A DUQUESA O que é um instante para vós que ficais desfrutando a vida?... Por Deus! Dai-me um só instante!

O DUQUE Não vos escuto!

A DUQUESA Um instante, senhor!

O DUQUE (*saindo com ela pela porta do fundo*) Morrereis!... Morrereis!...

FIM

ÁLVARES DE AZEVEDO

Macário

Puff

Criei para mim algumas ideias teóricas sobre o drama. Algum dia, se houver tempo e vagar, talvez as escreva e dê a lume.

O meu protótipo seria alguma coisa entre o teatro inglês, o teatro espanhol e o teatro grego — a força das paixões ardentes de Shakespeare, de Marlowe e Otway, a imaginação de Calderón de la Barca e Lope de Vega, e a simplicidade de Ésquilo e Eurípedes — alguma coisa como Goethe sonhou, e cujos elementos eu iria estudar numa parte dos dramas dele — em *Götz von Berlichingen*, *Clavijo*, *Egmont*, no episódio da Margarida de *Fausto* — e a outra na simplicidade ática de sua *Ifigênia*. Estudá-lo-ia talvez em Schiller, nos dois dramas do *Wallenstein*, nos *Salteadores*, no *Don Carlos*: estudá-lo-ia ainda na *Noiva de Messina* com seus coros, com sua tendência à regularidade.

É um tipo talvez novo, que não se parece com o misticismo do teatro de Werner, ou as tragédias teogônicas de Oehlenschläger e ainda menos com o de Kotzebue ou o de Victor Hugo e Dumas.

Não se pareceria com o de Ducis, nem com aquela tradução bastarda, verdadeira castração do *Otelo* de Shakespeare, feita pelo poeta sublime do *Chatterton*, o conde de Vigny. — Quando não se tem alma adejante para emparelhar com o gênio vagabundo do autor de *Hamlet*, haja ao menos modéstia bastante para não querer emendá-lo. Por isso o *Otelo* de Vigny é morto. Era uma obra de talento, mas devia ser um rasgo de gênio.

Emendá-lo! Pobres pigmeus que querem limar as monstruosidades do Colosso! Raça de Lilliput que queria aperfeiçoar os membros do gigante — disforme para eles — de Gulliver!

E digam-me: que é o disforme? Há aí um anão ou um gigante? Não é assim que eu o entendo. Haveria enredo, mas não a complicação exagerada da comédia espanhola. Haveria paixões, porque o peito da tragédia deve bater, deve sentir-se ardente — mas não requintaria o horrível, e não faria um drama daqueles que parecem feitos para reanimar corações-cadáveres, como a pilha galvânica as fibras nervosas do morto!

Não: o que eu penso é diverso. É uma grande ideia que talvez nunca realize. É difícil encerrar a torrente de fogo dos anjos decaídos de Milton ou o pântano de sangue e lágrimas do Alighieri dentro do pentâmetro de mármore da tragédia antiga. Contam que a primeira ideia de Milton foi fazer do *Paraíso perdido* uma tragédia — um mistério — não sei o quê: não o pôde; o assunto transbordava, crescia; a torrente se tornava num oceano. É difícil marcar o lugar onde para o homem e começa o animal, onde cessa a alma e começa o instinto — onde a paixão se torna ferocidade. É difícil marcar onde deve parar o galope do sangue nas artérias, e a violência da dor no crânio. Contudo, deve haver e o há um limite às expansões do ator, para que não haja exageração, nem degenere num papel de fera o papel de homem. *O pobre idiota* tem esse defeito entre mil outros. A cena do subterrâneo é interessante, mas é de um interesse semelhante àquele que excitava o *Jocko* ou *O homem das matas* — aquele macaco representado por Morietti que fazia chorar a plateia.

O pobre idiota representa o idiotismo do homem caído na animalidade. O ator fez o papel que devia — não exagerou — representou a fera na sua fúria — uma fera, onde por um enxerto caprichoso do imitador de Hauser havia um amor poético por uma flor — e uma estampa!

A vida e só a vida! Mas a vida tumultuosa, férvida, anelante, às vezes sanguenta — eis o drama. Se eu escrevesse, se a minha pena se desvairasse na paixão, eu a deixaria correr assim. Iago enganaria o Mouro, trairia Cássio, perderia Desdêmona e desfrutaria a bolsa de Rodrigo. Cássio seria apunhalado na cena. Otelo sufocaria sua veneziana com o travesseiro, escondê-la-ia com o cortinado quando entrasse Emília: chamaria sua esposa — *a whore* — e gabar-se-ia de seu feito. O *honest*, *most honest* Iago viria ver a sua vítima, Emília soluçando a mostraria ao demônio; o africano delirante, doido de amor, doido de a ter morto, morreria beijando os lábios pálidos da veneziana. Hamlet no cemitério conversaria com os coveiros, ergueria do chão a caveira de Yorick, o truão; Ofélia coroada de flores cantaria insana as balatas obscenas do povo; Laertes apertaria nos braços o cadáver da pobre louca. Orlando no *What You Will** penduraria suas rimas de Rosalinda nos arvoredos dos Cevennes. Isto seria tudo assim.

Se eu imaginasse o Otelo, seria com todo o seu esgar, seu desvario selvagem, com aquela forma irregular que revela a paixão do sangue. É que as nódoas de sangue quando caem no chão não têm forma geométrica. As agonias da paixão, do desespero e do ciúme ardente quando coam num sangue tropical não se derretem em alexandrinos, não se modulam nas falas banais dessa poesia de convenção que se chama — conveniências dramáticas.

Mas se eu imaginasse primeiro a minha ideia, se a não escrevesse como um sonâmbulo, ou como falava a Pitonisa convulsa agitando-se na trípode, se pudesse, antes de fazer

* Orlando e Rosalinda são personagens da comédia *As You Like It*, e não de *What You Will*. O autor confunde as duas comédias de Shakespeare. (N. E.)

meu quadro, traçar as linhas no painel, fá-lo-ia regular como um templo grego ou como a Atália, arquétipo de Racine.

São duas palavras estas, mas estas duas palavras têm um fim: é declarar que o meu tipo, a minha teoria, a minha utopia dramática, não é esse drama que aí vai. Esse é apenas como tudo que até hoje tenho esboçado, como um romance que escrevi numa noite de insônia — como um poema que cismei numa semana de febre — uma aberração dos princípios da ciência, uma exceção às minhas regras mais íntimas e sistemáticas. Esse drama é apenas uma inspiração confusa — rápida — que realizei à pressa como um pintor febril e trêmulo.

Vago como uma aspiração espontânea, incerto como um sonho; como isso o dou, tenham-no por isso.

Quanto ao nome, chamem-no drama, comédia, dialogismo: — não importa. Não o fiz para o teatro: é um filho pálido dessas fantasias que se apoderam do crânio e inspiram a *Tempestade* a Shakespeare, *Beppo* e o *Canto IX de Don Juan* a Byron; que fazem escrever *Annunziata* e *O canto de Antônia* a quem é Hoffmann ou *Fantasio* ao poeta de *Namouna*.

Primeiro episódio

Numa estalagem da estrada.

MACÁRIO (*falando para fora*) Olá, mulher da venda! Ponham-me na sala uma garrafa de vinho, façam-me a cama e mandem-me ceia: palavra de honra que estou com fome! Deem alguma ponta de charuto ao burro que está suado como um frade bêbado! Sobretudo não esqueçam o vinho!

UMA VOZ Há aguardente unicamente, mas boa.

MACÁRIO Aguardente! Pensas que sou algum jornaleiro?... Andar seis léguas e sentir-se com a goela seca. Ó mulher maldita! Aposto que também não tens água?

A MULHER E pura, senhor! Corre ali embaixo uma fonte que é limpa como o vidro e fria como uma noite de geada. (*sai*)

MACÁRIO Eis aí o resultado das viagens. Um burro frouxo, uma garrafa vazia. (*tira uma garrafa do bolso*) Conhaque! És um belo companheiro de viagem. És silencioso como um vigário em caminho, mas no silêncio que inspiras, como nas noites de luar, ergue-se às vezes um canto misterioso que enleva! Conhaque! Não te ama quem não te entende! não te amam essas bocas feminis acostumadas ao mel enjoado da vida, que não anseiam prazeres desconhecidos, sensações mais fortes! E eis-te aí vazia, minha garrafa! vazia como mulher bela que morreu! Hei de fazer-te uma nênia.

E não ter nem um gole de vinho! Quando não há o

amor, há o vinho; quando não há o vinho, há o fumo; e quando não há amor, nem vinho, nem fumo, há o *spleen*. O *spleen* encarnado na sua forma mais lúgubre naquela velha taverneira repassada de aguardente que tresanda!

Entra a mulher com uma bandeja.

A MULHER Eis aqui a ceia.
MACÁRIO Ceia! Que diabo de comida verde é essa? Será algum feixe de capim? Leva para o burro.
A MULHER São couves…
MACÁRIO Leva para o burro.
A MULHER É fritado em toucinho…
MACÁRIO Leva para o burro com todos os diabos! (*atira-lhe o prato na cabeça. A mulher sai. Macário come*)
UM DESCONHECIDO (*entrando*) Boa noite, companheiro.
MACÁRIO (*comendo*) Boa noite…
O DESCONHECIDO Tendes um apetite!…
MACÁRIO Entendo-vos. Quereis comer? sentai-vos. Quereis conversar? esperai um pouco.
O DESCONHECIDO Esperarei. (*senta-se*)
MACÁRIO (*comendo*) Parece-me que não é a primeira vez que vos encontro. Quando a noite caía, ao subir da garganta da serra…
O DESCONHECIDO Um vulto com um ponche vermelho e preto roçou a bota por vossa perna…
MACÁRIO Tal e qual — por sinal que era fria como o focinho de um cão.
O DESCONHECIDO Era eu.
MACÁRIO Há um lugar em que estende-se um vale cheio de grama. À direita corre uma torrente que corta a estrada pela frente… Há uma ladeira mal calçada que se perde pelo mato…
O DESCONHECIDO Aí encontrei-vos outra vez… A propósito, não bebeis?
MACÁRIO Pois não sabeis? Essa maldita mulher só tem

aguardente; e eu que sou capaz de amar a mulher do povo como a filha da aristocracia, não posso beber o vinho do sertanejo...

O DESCONHECIDO (*tira uma garrafa do bolso e derrama vinho no copo de Macário*) Ah!

MACÁRIO Vinho! (*bebe*) À fé que é vinho de Madeira! À vossa saúde, cavalheiro!

O DESCONHECIDO À vossa. (*tocam os copos*)

MACÁRIO Tendes as mãos tão frias!

O DESCONHECIDO É da chuva. (*sacode o ponche*) Vede: estou molhado até os ossos!

MACÁRIO Agora acabei: conversemos...

O DESCONHECIDO Vistes-me duas vezes. Eu vos vi ainda outra vez. Era na serra, no alto da serra. A tarde caía, os vapores azulados do horizonte se escureciam. Um vento frio sacudia as folhas da montanha e vós contempláveis a tarde que caía. Além, nesse horizonte, o mar como uma linha azul orlada de escuma e de areia — e no vale, como bando de gaivotas brancas sentadas num paul, a cidade que algumas horas antes tínheis deixado. Daí vossos olhares se recolhiam aos arvoredos que vos rodeavam, ao precipício cheio das flores azuladas e vermelhas das trepadeiras, às torrentes que mugiam no fundo do abismo, e defronte víeis aquela cachoeira imensa que espedaça suas águas amareladas, numa chuva de escuma, nos rochedos negros do seu leito. E olháveis tudo isso com um ar perfeitamente romântico. Sois poeta?

MACÁRIO Enganais-vos. Minha mula estava cansada. Sentei-me ali para descansá-la. Esperei que o fresco da neblina a reforçasse. Nesse tempo divertia-me em atirar pedras no despenhadeiro e contar os saltos que davam.

O DESCONHECIDO É um divertimento agradável.

MACÁRIO Nem mais nem menos que cuspir num poço, matar moscas, ou olhar para a fumaça de um cachimbo... A minha mala... (*chega à janela*) Ó mulher da casa! olá! ó de casa!

UMA VOZ (*de fora*) Senhor!

MACÁRIO Desate a mala de meu burro e tragam-ma aqui...

A VOZ O burro?

MACÁRIO A mala, burro!

A VOZ A mala com o burro?

MACÁRIO Amarra a mala nas tuas costas e amarra o burro na cerca.

A VOZ O senhor é o moço que chegou primeiro?

MACÁRIO Sim. Mas vai ver o burro.

A VOZ Um moço que parece estudante?

MACÁRIO Sim. Mas anda com a mala.

A VOZ Mas como hei de ir buscar a mala? Quer que vá a pé?

MACÁRIO Esse diabo é doido! Vai a pé, ou monta numa vassoura como tua mãe!

A VOZ Descanse, moço. O burro há de aparecer. Quando madrugar iremos procurar.

OUTRA VOZ Havia de ir pelo caminho do Nhô Quito. Eu conheço o burro...

MACÁRIO E minha mala?

A VOZ Não vê? Está chovendo a potes!...

MACÁRIO (*fecha a janela*) Malditos! (*atira com uma cadeira no chão*)

O DESCONHECIDO Que tendes, companheiro?

MACÁRIO Não vedes? O burro fugiu...

DESCONHECIDO Não será quebrando cadeiras que o chamareis...

MACÁRIO Porém a raiva...

O DESCONHECIDO Bebei mais um copo de Madeira. (*bebem*) Levais decerto alguma preciosidade na mala? (*sorri-se*)

MACÁRIO Sim...

O DESCONHECIDO Dinheiro?

MACÁRIO Não, mas...

O DESCONHECIDO A coleção completa de vossas cartas de namoro, algum poema em borrão, alguma carta de recomendação?

MACÁRIO Nem isso, nem aquilo... Levo...

O DESCONHECIDO A mala não pareceu-me muito cheia. Senti alguma coisa sacolejar dentro. Alguma garrafa de vinho?

MACÁRIO Não! não! mil vezes não! Não concebeis, uma perda imensa, irreparável... era o meu cachimbo...

O DESCONHECIDO Fumais?

MACÁRIO Perguntai de que serve o tinteiro sem tinta, a viola sem cordas, o copo sem vinho, a noite sem mulher — não me pergunteis se fumo!

O DESCONHECIDO (*dá-lhe um cachimbo*) Eis aí um cachimbo primoroso. É de pura escuma do mar. O tubo é de pau de cereja. O bocal é de âmbar.

MACÁRIO Bofé! Uma sultana o fumaria! E fumo?

O DESCONHECIDO É uma invenção nova. Dispensa-o. Acendei-o na vela. (*Macário acende*)

MACÁRIO E vós?

O DESCONHECIDO Não vos importeis comigo. (*tira outro cachimbo e fuma*)

MACÁRIO Sois um perfeito companheiro de viagem. Vosso nome?

O DESCONHECIDO Perguntei-vos o vosso?

MACÁRIO O caso é que é preciso que eu pergunte primeiro. Pois eu sou um estudante. Vadio ou estudioso, talentoso ou estúpido, pouco importa. Duas palavras só: amo o fumo e odeio o Direito Romano. Amo as mulheres e odeio o romantismo.

O DESCONHECIDO Tocai! Sois um digno rapaz. (*apertam a mão*)

MACÁRIO Gosto mais de uma garrafa de vinho que de um poema, mais de um beijo que do soneto mais harmonioso. Quanto ao canto dos passarinhos, ao luar sonolento, às noites límpidas, acho isso sumamente insípido. Os passarinhos sabem só uma cantiga. O luar é sempre o mesmo. Esse mundo é monótono a fazer morrer de sono.

O DESCONHECIDO E a poesia?

MACÁRIO Enquanto era a moeda de ouro que corria só pela mão do rico, ia muito bem. Hoje trocou-se em moeda de cobre; não há mendigo, nem caixeiro de taverna que não tenha esse vintém azinhavrado. Entendeis-me?

O DESCONHECIDO Entendo. A poesia, de popular tornou-se vulgar e comum. Antigamente faziam-na para o povo; hoje o povo fá-la... para ninguém...

MACÁRIO (*bebe*) Eu vos dizia pois... Onde tínhamos ficado?

O DESCONHECIDO Não sei. Parece-me que falávamos sobre o papa.

MACÁRIO Não sei: creio que o vosso vinho subiu-me à cabeça. Puah! vosso cachimbo tem sarro que tresanda!

O DESCONHECIDO Sois triste, moço... Palavra que eu desejaria ver uma poesia vossa.

MACÁRIO Por quê?

O DESCONHECIDO Porque havia ser alegre como arlequim assistindo a seu enterro...

MACÁRIO Poesias a quê?

O DESCONHECIDO À luz, ao céu, ao mar...

MACÁRIO Primeiramente — o mar é uma coisa soberanamente insípida... O enjoo é tudo quanto há mais prosaico. Sou daqueles de quem fala o corsário de Byron "*whose soul would sicken o'er the heaving wave*".

O DESCONHECIDO E enjoais a bordo?

MACÁRIO É a única semelhança que tenho com Don Juan.

O DESCONHECIDO Modéstia!

MACÁRIO Pergunta à taverneira se apertei-lhe o cotovelo, pisquei-lhe o olho, ou pus-lhe a mão nas tetas...

O DESCONHECIDO Um dragão!

MACÁRIO Uma mulher! Todas elas são assim. As que não são assim por fora o são por dentro. Algumas em falta de cabelos na cabeça os têm no coração. As mulheres são como as espadas, às vezes a bainha é de ouro e de esmalte, e a folha é ferrugenta.

O DESCONHECIDO Falas como um descrido, como um saciado! E contudo ainda tens os beiços de criança! Quantos seios de mulher beijaste além do seio de tua ama de leite? Quantos lábios além dos de tua irmã?

MACÁRIO A vagabunda que dorme nas ruas, a mulher que se vende corpo e alma, porque sua alma é tão desbotada como seu corpo, te digam minhas noites. Talvez muita virgem tenha suspirado por mim! Talvez agora mesmo alguma donzela se ajoelhe na cama e reze por mim!

O DESCONHECIDO Na verdade és belo. Que idade tens?

MACÁRIO Vinte anos. Mas meu peito tem batido nesses vinte anos tantas vezes como o de um outro homem em quarenta.

O DESCONHECIDO E amaste muito?

MACÁRIO Sim e não. Sempre e nunca.

O DESCONHECIDO Fala claro.

MACÁRIO Mais claro que o dia. Se chamas o amor a troca de duas temperaturas, o aperto de dois sexos, a convulsão de dois peitos que arquejam, o beijo de duas bocas que tremem, de duas vidas que se fundem... tenho amado muito e sempre!... Se chamas o amor o sentimento casto e puro que faz cismar o pensativo, que faz chorar o amante na relva onde passou a beleza, que adivinha o perfume dela na brisa, que pergunta às aves, à manhã, à noite, às harmonias da música, que melodia é mais doce que sua voz, e ao seu coração, que formosura há mais divina que a dela — eu nunca amei. Ainda não achei uma mulher assim. Entre um charuto e uma chávena de café lembro-me às vezes de alguma forma divina, morena, branca, loira, de cabelos castanhos ou negros. Tenho-as visto que fazem empalidecer — e meu peito parece sufocar... meus lábios se gelam, minha mão se esfria... Parece-me então que se aquela mulher que me faz estremecer assim soltasse sua roupa de veludo e me deixasse pôr os lábios sobre seu seio um momento, eu morreria num desmaio de prazer! Mas depois desta vem outra — mais outra — e o amor se desfaz numa saudade que se desfaz no esquecimento. Como eu te disse, nunca amei.

O DESCONHECIDO Ter vinte anos e nunca ter amado! E para quando esperas o amor?

MACÁRIO Não sei. Talvez eu ame quando estiver impotente!

O DESCONHECIDO E o que exigirias para a mulher de teus amores?

MACÁRIO Pouca coisa. Beleza, virgindade, inocência, amor...

O DESCONHECIDO (*irônico*) Mais nada?

MACÁRIO Notai que por beleza indico um corpo bem-feito, arredondado, cetinoso, uma pele macia e rosada, um cabelo de seda frouxa e uns pés mimosos...

O DESCONHECIDO Quanto à virgindade?

MACÁRIO Eu a quereria virgem n'alma como no corpo. Quereria que ela nunca tivesse sentido a menor emoção por ninguém. Nem por um primo, nem por um irmão... Que Deus a tivesse criado adormecida n'alma até ver-me, como aquelas princesas encantadas dos contos — que uma fada adormecera por cem anos. Quereria que um anjo a cobrisse sempre com seu véu, e a banhasse todas as noites do seu óleo divino para guardá-la santa! Quereria que ela viesse criança transformar-se em mulher nos meus beijos.

O DESCONHECIDO Muito bem, mancebo! E esperas essa mulher?

MACÁRIO Quem sabe!

O DESCONHECIDO E é no lodo da prostituição que hás de encontrá-la?

MACÁRIO Talvez! É no lodo do oceano que se encontram as pérolas...

O DESCONHECIDO Em mau lugar procuras a virgindade! É mais fácil achar uma pérola na casa de um joalheiro que no meio das areias do fundo do mar.

MACÁRIO Quem sabe!...

O DESCONHECIDO Duvidas pois?

MACÁRIO Duvido sempre. Descreio às vezes. Parece-me que este mundo é um logro. O amor, a glória, a virgindade, tudo é uma ilusão.

O DESCONHECIDO Tens razão: a virgindade é uma ilusão! Qual é mais virgem, aquela que é desflorada dormindo, ou a freira que ardente de lágrimas e desejos se revolve no seu catre, rompendo com as mãos sua roupa de morte, lendo algum romance impuro?

MACÁRIO Tens razão: a virgindade d'alma pode existir numa prostituta, e não existir numa virgem de corpo. — Há flores sem perfume, e perfume sem flores. Mas eu não sou como os outros. Acho que uma taça vazia pouco vale, mas não beberia o melhor vinho numa xícara de barro.

O DESCONHECIDO E contudo bebes o amor nos lábios de argila da mulher corrupta!

MACÁRIO O amor? Que te disse que era o amor? É uma fome impura que se sacia. O corpo faminto é como o conde Ugolino na sua torre — morderia até num cadáver.

O DESCONHECIDO Tua comparação é exata. A meretriz é um cadáver.

MACÁRIO Vale-nos ao menos que sobre seu peito não se morre de frio!

O DESCONHECIDO Admira-me uma coisa. Tens vinte anos: deverias ser puro como um anjo e és devasso como um cônego!

MACÁRIO Não é que eu não voltasse meus sonhos para o céu. A cisterna também abre seus lábios para Deus, e pede-lhe uma água pura — e o mais das vezes só tem lodo. Palavra de honra — que às vezes quero fazer-me frade.

O DESCONHECIDO Frade! Para quê?

MACÁRIO É uma loucura. Enche esse copo. (*bebe*) Pela Virgem Maria! Tenho sono. Vou dormir.

O DESCONHECIDO E eu também. Boa noite.

MACÁRIO Ainda uma vez, antes de dormir, o teu nome?

O DESCONHECIDO Insistes nisso?

MACÁRIO De todo o meu coração. Sou filho de mulher.

O DESCONHECIDO Aperta a minha mão. Quero ver se tremes nesse aperto ouvindo meu nome.

MACÁRIO Juro-te que não, ainda que fosses...

O DESCONHECIDO Aperta minha mão. Até sempre: na vida e na morte!

MACÁRIO Até sempre, na vida e na morte!

O DESCONHECIDO E o teu nome?

MACÁRIO Macário. Se não fosse enjeitado, dir-te-ia o nome de meu pai e o de minha mãe. Era decerto alguma libertina. Meu pai, pelo que penso, era padre ou fidalgo.

O DESCONHECIDO Eu sou o diabo. Boa noite, Macário.

MACÁRIO Boa noite, Satã. (*deita-se. O desconhecido sai*) O diabo! uma boa fortuna! Há dez anos que eu ando para encontrar esse patife! Desta vez agarrei-o pela cauda! A maior desgraça deste mundo é ser Fausto sem Mefistófeles... Olá, Satã!

SATÃ Macário...

MACÁRIO Quando partimos?

SATÃ Tens sono?

MACÁRIO Não.

SATÃ Então já.

MACÁRIO E o meu burro?

SATÃ Irás na minha garupa.

Num caminho.

Satã montado num burro preto; — Macário na garupa.

MACÁRIO Para um pouco teu burro.

SATÃ Não queres chegar?

MACÁRIO É que ele tem um trote inglês de desesperar os intestinos.

SATÃ E contudo este burro descende em linha reta do burro em que fez a sua entrada em Jerusalém o filho do velho carpinteiro José. Vês pois que é fidalgo como um cavalo árabe.

MACÁRIO Tudo isso não prova que ele não trota danadamente. Falta-nos muito para chegar?

SATÃ Não. Daqui a cinco minutos podemos estar à vista da cidade. Hás de vê-la desenhando no céu suas torres escuras e seus casebres tão pretos de noite como de dia, iluminada, mas sombria como uma essa de enterro.

MACÁRIO Tenho ânsia de lá chegar. É bonita?

SATÃ (*boceja*) Ah! é divertida.

MACÁRIO Por acaso também há mulheres ali?

SATÃ Mulheres, padres, soldados e estudantes. As mulheres são mulheres, os padres são soldados, os soldados são padres, e os estudantes são estudantes: para falar mais claro: as mulheres são lascivas, os padres dissolutos, os soldados ébrios, os estudantes vadios. Isto salvo honrosas exceções, por exemplo, de amanhã em diante, tu.

MACÁRIO Esta cidade deveria ter o teu nome.

SATÃ Tem o de um santo: é quase o mesmo. Não é o hábito que faz o monge. Demais, essa terra é devassa como uma cidade, insípida como uma vila, e pobre como uma aldeia. Se não estás reduzido a dar-te ao pagode, a suicidar-te de *spleen*, ou a alumiar-te a rolo, não entres lá. É a monotonia do tédio. Até as calçadas!

MACÁRIO Que têm?

SATÃ São intransitáveis. Parecem encastoadas as tais pedras. As calçadas do inferno são mil vezes melhores.

Mas o pior da história é que as beatas e os cônegos cada vez que saem, a cada topada, blasfemam tanto com o rosário na mão que já estou enjoado. Admiras-te? Por que abres essa boca espantada? Antigamente o diabo corria atrás dos homens, hoje são eles que rezam pelo diabo. Acredita que faço-te um favor muito grande em preferir-te à moça de um frade que me trocaria pelo seu Menino Jesus, e a um cento de padres que dariam a alma, que já não têm, por uma candidatura.

MACÁRIO Mas, como dizias, as mulheres...

SATÃ Debaixo do pano luzidio da mantilha, entre a renda do véu, com suas faces cor-de-rosa, olhos e cabelos pretos (e que olhos e que longos cabelos!), são bonitas. Demais, são beatas como uma bisavó; e sabem a arte moderna de entremear uma ave-maria com um namoro; e soltando uma conta do rosário lançar uma olhadela.

MACÁRIO Oh! a mantilha acetinada! os olhares de andaluza! e a tez fresca como uma rosa! os olhos negros, muito negros, entre o véu de seda dos cílios. Apertá-las ao seio com seus ais, seus suspiros, suas orações entrecortadas de soluços! Beijar-lhes o seio palpitante e a cruz que se agita no seu colo! Apertar-lhes a cintura, e sufocar-lhes nos lábios uma oração! Deve ser delicioso!

SATÃ Tá! tá! tá! — Que ladainha! Parece que já estás enamorado, meu Dom Quixote, antes de ver as Dulcineias!

MACÁRIO Que boa terra! É o Paraíso de Mafoma!

SATÃ Mas as moças poucas vezes têm bons dentes. A cidade colocada na montanha, envolta de várzeas relvosas, tem ladeiras íngremes e ruas péssimas. É raro o minuto em que não se esbarra a gente com um burro ou com um padre. Um médico que ali viveu e morreu deixou escrito numa obra inédita, que para sua desgraça o mundo não há de ler, que a virgindade era uma ilusão. E contudo, não há em parte alguma mulheres que tenham sido mais vezes virgens que ali.

MACÁRIO Têm-se-me contado muito bonitas histórias. Dizem na minha terra que aí, à noite, as moças procuram os mancebos, que lhes batem à porta, e na rua os puxam pelo capote. Deve ser delicioso! Quanto a mim, quadra-me essa vida excelentemente, nem mais nem menos que um sultão escolherei entre essas belezas vagabundas a mais bela. Aplicarei contudo o ecletismo ao amor. Hoje uma, amanhã outra: experimentarei todas as taças. A mais doce embriaguez é a que resulta da mistura dos vinhos.

SATÃ A única que tu ganharás será nojenta. Aquelas mulheres são repulsivas. O rosto é macio, os olhos lânguidos, o seio morno... Mas o corpo é imundo. Têm uma lepra que ocultam num sorriso. Bofarinheiras de infâmia dão em troca do gozo o veneno da sífilis. Antes amar uma lazarenta!

MACÁRIO És o diabo em pessoa. Para ti nada há bom. Pelo que vejo, na criação só há uma perfeição, a tua. Tudo o mais nada vale para ti. Substância da soberba, ris de tudo o mais embuçado no teu desdém. Há uma tradição, que quando Deus fez o homem, veio Satã; achou a criatura adormecida, apalpou-lhe o corpo: achou-o perfeito, e deitou aí as paixões.

SATÃ Essa história é uma mentira. O que Satã pôs aí foi o orgulho. E o que são vossas virtudes humanas senão a encarnação do orgulho?

MACÁRIO Oh! Ali vejo luzes ao longe. Uma montanha oculta no horizonte. Disséreis um pântano escuro cheio de fogos errantes. Por que paras o teu animal?

SATÃ Tenho uma casa aqui na entrada da cidade. Entrando à direita, defronte do cemitério. Sturn, meu pajem, lá está preparando a ceia. Levanta-te sobre meus ombros: não vês naquele palácio uma luz correr uma por uma as janelas? Sentiram a minha chegada.

MACÁRIO Que ruínas são estas? É uma igreja esquecida? A lua se levanta ao longe nas montanhas. Sua luz horizontal banha o vale, e branqueia os pardieiros escuros do convento. Não mora ali ninguém? Eu tinha desejo de correr aquela solidão.

SATÃ É uma propensão singular a do homem pelas ruínas. Devia ser um frade bem sombrio, ébrio de sua crença profunda, o jesuíta que aí lançou nas montanhas a semente dessa cidade. Seria o acaso quem lhe pôs no caminho, à entrada mesmo, um cemitério à esquerda e umas ruínas à direita?

MACÁRIO Se quisesses, Satã, podíamos descer pelo despenhadeiro, e ir ter lá embaixo, enquanto Sturn prepara a ceia.

SATÃ Não, Macário. Minha barriga está seca como a de um eremita: deves também ter fome. Molhar os pés no orvalho não deve ser bom para quem vem de viagem. Vamos cear. Daqui a pouco o luar estará claro e poderemos vir.

MACÁRIO *Fiat voluntas tua.*

SATÃ *Amen!*

Ao luar.

Junto de uma janela está uma mesa.

SATÃ Então, não bebes, Macário? Que tens, que estás pensativo e sombrio? Olha, desgraçado, é verdadeiro vinho do Reno que desdenhas!

MACÁRIO E tu és mesmo Satã?

SATÃ É nisso que pensavas? És uma criança. Decerto que querias ver-me nu e ébrio como Calibã, envolto no tradicional cheiro de enxofre! Sangue de Baco! Sou o diabo em pessoa! Nem mais nem menos: porque tenha luvas de pelica, e ande de calças à inglesa, e tenha os olhos tão azuis como uma alemã! Queres que to jure pela Virgem Maria?

MACÁRIO (*bebe*) Este vinho é bom. Quando se tem três garrafas de Johannisberg na cabeça, sente-se a gente capaz de escrever um poema. O poeta árabe bem o disse — o vinho faz do poeta um príncipe e do príncipe um poeta. Sabes quem inventou o vinho?

SATÃ É uma bela coisa o vapor de um charuto! E demais, o que é tudo no mundo senão vapor? A adoração é incenso e o incenso o que é? O amor é o vapor do coração que embebeda os sentidos. Tu o sabes — a glória é fumaça.

MACÁRIO Sim. É belo fumar! O fumo, o vinho e as mulheres! Sabes... há ocasião em que dão-me venetas de viver no Oriente.

SATÃ Sim... o Oriente! Mas que achas de tão belo naqueles homens que fumam sem falar, que amam sem suspirar? É pelo fumo? Fuma aqui... Vê, o luar está belo: as nuvens do céu parecem a fumaça do cachimbo do Onipotente que resfolga dormindo. Pelas mulheres? Faze-te vigário de freguesia...

MACÁRIO É uma coisa singular esta vida. Sabes que às vezes eu queria ser uma daquelas estrelas para ver de camarote essa comédia que se chama o universo? essa comédia onde tudo que há mais estúpido é o homem que se crê um espertalhão? Vês aquele boi que rumina ali deitado sonolento na relva? Talvez seja um filósofo profundo que se ri de nós. A filosofia humana é uma vaidade. Eis aí, nós vivemos lado a lado, o homem dorme noite a noite com uma mulher: bebe, come, ama com ela, conhece todos os sinais de seu corpo, todos os contornos de suas formas, sabe todos os ais que ela murmura nas agonias do amor, todos os sonhos de pureza que ela sonha de noite e todas as palavras obscenas que lhe escapam de dia... Pois bem — a esse homem que deitou-se mancebo com essa mulher ainda virgem, que a viu em todas as fases, em todos os seus crepúsculos, e acordou um dia com ela ambos velhos e impotentes, a esse homem, perguntai-lhe o que é essa mulher, ele não saberá dizê-lo! Ter volvido e revolvido um livro a ponto de manchar-lhe e romper-lhe as folhas, e não entendê-lo! Eis o que é a filosofia do homem! Há cinco mil anos que ele se abisma em si, e pergunta-se quem é, donde veio, onde vai, e o que tem mais juízo é aquele que moribundo crê que ignora!

SATÃ Eis o que é profundamente verdade! Perguntai ao libertino que venceu o orgulho de cem virgens e que passou outras tantas noites no leito de cem devassas, perguntai a Don Juan, Hamlet ou ao Fausto o que é a mulher, e... nenhum o saberá dizer. E isso que te digo não é romantismo. Amanhã numa taverna poderás achar Romeu com a criada da estalagem, verás Don Juan com Julietas, Hamlet ou Fausto sob a casaca de um dândi. É que esses tipos são velhos e eternos como o sol. E a humanidade que os estuda desde os primeiros tempos ainda não entende esses míseros, cuja desgraça é não entender, e o sábio que os vê a seu lado deixa esse estudo para pensar nas estrelas; o médico, que talvez foi moço de coração e amou e creu, e desesperou e descreu, ri-se das doenças da alma, e só vê a nostalgia na ruptura de um vaso, o amor concentrado quando se materializa numa tísica. Se Antony ainda vive e deu-se à medicina, é capaz de receitar uma dose de jalapa para uma dor íntima; um cautério para uma dor de coração!

MACÁRIO Falas como um livro, como dizem as velhas. Só Deus ou tu sabes se o Ramée ou Don César de Bazan, Santa Teresa ou Marion Delorme, o sábio ou o ignorante, Creso ou Iro, Goethe ou o mendigo ébrio que canta, entenderam a vida. Quem sabe onde está a verdade? nos sonhos do poeta, nas visões do monge, nas canções obscenas do marinheiro, na cabeça do doido, na palidez do cadáver, ou no vinho ardente da orgia? Quem sabe?

SATÃ És triste como um sino que dobra. Não falemos nisto. Fala-me antes na beleza de alguma virgem nua, na languidez de uns olhos negros, na convulsão que te abala nalguma hora de deleite. A minha guitarra está ali: queres que te cante alguma modinha? Pela lua! estás distraído como um fumador de ópio!

MACÁRIO No que penso? Hás de rir se contar-to. É uma história fatal.

SATÃ Deixa-me acender outro charuto... Muito bem. Conta agora. É algum romance?

MACÁRIO Não: lembrei-me agora de uma mulher.[1] Uma noite encontrei na rua uma vagabunda. A noite era escura. Eu ia pelas ruas à toa... Segui-a. Ela levou-me à sua casa. Era um casebre. A cama era um catre: havia um colchão em cima, mas tão velho, tão batido, que parecia estar desfeito ao peso dos que aí haviam se revolvido. Deitei-me com ela. Estive algumas horas. Essa mulher não era bela: era magra e lívida. Essa alcova era imunda. Eu estava aí frio: o contato daquele corpo amolecido não me excitava sensações: e contudo eu mentia à minh'alma, dando-lhe beijos. Eu saí dali. No outro dia de manhã voltei. A casa estava fechada. Bati. Não me responderam. Entrei: — uma mulher saiu-me ao encontro. Perguntei-lhe pela outra. Silêncio! me disse a velha. — Está deitada ali no chão... Morreu esta noite... E com um ar cínico... — "Quereis vê-la? Está nua... vão amortalhá-la..."

SATÃ Na verdade, é singular. E o nome dessa mulher?

MACÁRIO Esqueci-o. Talvez amanhã eu to diga: amanhã ou depois, que importa um nome? E contudo essa misérrima com quem deitei-me uma noite, que pretendia ter o segredo da virgindade eterna de Marion Delorme, que me falava de *amanhã* com tanta certeza, que mercadejava sua noite de *amanhã* como vendera segunda vez a de seu *hoje*, e que decerto morreu pensando nos meios de excitar mais deleite, na receita da virgindade eterna que ela sabia como a antiga Marion Delorme, essa mulher que esqueci como se esquecem os que são mortos, me fez ainda agora estremecer.

SATÃ E quem sabe se aquela mulher, a cujo lado estiveste, não era a ventura?

MACÁRIO Não te entendo.

SATÃ Quem sabe se naquele pântano não encontrarias talvez a chave de ouro dos prazeres que deliram?

MACÁRIO Quem sabe! Talvez.

SATÃ É tarde. Agora é uma caveira a face que beijaste — uma caveira sem lábios, sem olhos e sem cabelos. O seio se desfez. A vulva onde a sede imunda do soldado se enfurdava — como um cão se sacia de lodo — foi consumida na terra. Tudo isso é comum. É uma ideia velha, não? E quem sabe se sobre aquele cadáver não correram lágrimas de alguma esperança que se desvaneceu? se com ela não se enterrou teu futuro de amor? Não gozaste aquela mulher?

MACÁRIO Não.

SATÃ Se ali ficasses mais alguma hora, talvez ela te morresse nos braços. Aquela agonia, o beijo daquela moribunda talvez te regenerasse. Da morte nasce muitas vezes a vida. Dizem que se a rabeca de Paganini dava sons tão humanos, tão melodiosos, é que ele fizera passar a alma de sua mãe, de sua velha mãe moribunda, pelas cordas e pela caverna de seu instrumento. Sentes frio, que te embuças assim no teu capote?

MACÁRIO Satã, fecha aquela janela. O ar da noite me faz mal. O luar me gela. Demais, senti nas folhagens ao longe um estremecer. Que som abafado é aquele ao longe? Dir-se-ia o arranco de um velho que estrebucha.

SATÃ É a meia-noite. Não ouves?

MACÁRIO Sim. É a meia-noite. A hora amaldiçoada, a hora que faz medo às beatas, e que acorda o ceticismo. Dizem que a essa hora vagam espíritos, que os cadáveres abrem os lábios inchados e murmuram mistérios... É verdade, Satã?

SATÃ Se não tivesses tanto frio, eu te levaria comigo ao campo. Eu te adormeceria no cemitério e havias ter sonhos como ninguém os tem, e como os que os têm não querem crê-los.

MACÁRIO Bem, muito bem. Irei contigo.

SATÃ Vamos pois. Dá-me tua mão. Está fria como a de um defunto! Dentro em alguns momentos estaremos longe daqui. Dormirás esta noite um sono bem profundo.

MACÁRIO O da morte?

SATÃ Fundo como o do morto: mas acordarás, e amanhã lembrarás sonhos como um ébrio nunca vislumbrou.

MACÁRIO Vamos — estou pronto.

SATÃ Deixa-me beber um trago de curaçau. — Vamos. A lua parou no céu. Tudo dorme. É a hora dos mistérios. Deus dorme no seio da criação como Ló no regaço incestuoso de sua filha. Só vela Satã.

No cemitério.[2]

Satã, com a mão sobre o estômago de Macário, que está deitado sobre um túmulo.

SATÃ Acorda!

MACÁRIO (*estremece*) Ah! pensei nunca mais acordar! Que sono profundo!

SATÃ Divertiste muito à noite, não?

MACÁRIO É horrível! horrível!

SATÃ Fala.

MACÁRIO Meu peito se exauriu. Meus lábios não podem transbordar estes mistérios.

SATÃ Era pois muito medonho o que vias? Levanta-te daí.

MACÁRIO Não posso: quebrou-se meu corpo entre os braços do pesadelo. Não posso.

SATÃ Liba esse licor: uma gota bastaria para reanimar um cadáver.

MACÁRIO (*toca-o nos lábios*) Que fogo! meu peito arde. Ah! ah! que dor!

SATÃ Não sabes que para o metal bruto se derreter e cristalizar é mister um fogo ardente, ou a centelha magnética?

MACÁRIO Que sonho! Era um ar abafado — sem nuvens e sem estrelas! — Que escuridão! Ouvia-se apenas de espaço a espaço um baque como o de um peso que cai no mar e afunda-se... Às vezes vinha uma luz, como uma estrela ardente, cair e apagar-se naquela lagoa negra... Depois eu vi uma forma de mulher pensativa. Era nua e seu corpo era perfeito como o de um anjo — mas era lívido como o mármore. Seus olhos eram vidrados, os lábios brancos, e as unhas roxeadas. Seu cabelo era loiro, mas tinha uns reflexos de branco. — Que dor desconhecida a gelara assim e lhe embranquecera os cabelos? Não sei. Ela se erguia às vezes, cambaleando, estremecendo suas pernas indecisas, como uma criança que tirita; — e se perdia nas trevas. Eu a segui. Caminhamos longo tempo num chão pantanoso...

SATÃ E tu a viste parar numa torrente que transbordava de cadáveres — tomá-los um por um nos braços sem sangue, apertar-se gelada naqueles seios de gelo — revolver-se, tremer, arquejar — e erguer-se depois sempre com um sorriso amargo.

MACÁRIO Quem era essa mulher?

SATÃ Era um anjo. Há cinco mil anos que ela tem o corpo da mulher e o anátema de uma virgindade eterna. Tem todas as sedes, todos os apetites lascivos, mas não pode amar. Todos aqueles em que ela toca se gelam. Repousou o seu seio, roçou suas faces em muitas virgens e prostitutas, em muitos velhos e crianças — bateu a todas as portas da criação, estendeu-se em todos os leitos e com ela o silêncio... Essa estátua ambulante é quem murcha as flores, quem desfolha o outono, quem amortalha as esperanças.

MACÁRIO Quem é?

SATÃ E depois o que viste?

MACÁRIO Vi muita coisa... Eram mil vozes que rebentavam do abismo, ardentes de blasfêmia! Das montanhas e dos vales da terra, das noites de amor e das noites de agonia, dos leitos do noivado aos túmulos da morte erguia-se uma voz que dizia: — Cristo, sê maldito! Glória, três vezes glória ao anjo do mal! — E as estrelas fugiam chorando, derramando suas lágrimas de fogo... E uma figura amarelenta beijava a criação na fronte — e esse beijo deixava uma nódoa eterna...

SATÃ Estás muito pálido. E contudo sonhaste só meia hora.

MACÁRIO Eu pensei que era um século. O que um homem sente em cem anos não equivale a esse momento. Que estrela é aquela que caiu do céu, que ai é esse que gemeu nas brisas?

SATÃ É um filho que o pai enjeitou. É um anjo que desliza na terra. Amanhã talvez o encontres. A pérola talvez se enfie num colar de bagas impuras — talvez o diamante se engaste em cobre. Aposto como daqui a um momento será uma mulher, daqui a um dia uma Santa Madalena!

MACÁRIO Descrido!

SATÃ O anjo é a criatura do amor. E o que há mais aberto ao amor que a filha de Jerusalém? Qual é a sombra onde mais vezes tem vibrado essa pólvora mágica e incompreensível? Qual é o seio onde tem caído ardentes mais lágrimas de gozo?

MACÁRIO Não ouviste um ai? um outro ai ainda mais dorido?

SATÃ É algum bacurau que passou; algum passarinho que acordou nas garras de uma coruja.

MACÁRIO Não: o eco ainda o repete. Ouves? É um ai de agonia, uma voz humana! Quem geme a essas horas? Quem se torce na convulsão da morte?

SATÃ (*dando uma gargalhada*) Ah! ah! ah!

MACÁRIO Que risada infernal. Não vês que tremo? que o vento que me trouxe esse ai me arrepiou os cabelos? Não sentes o suor frio gotejar da minha fronte?

SATÃ (*ri-se*) Ah! ah! ah!

MACÁRIO Satã! Satã! Que ai era aquele?

SATÃ Queres muito sabê-lo?

MACÁRIO Sim! pelo inferno ou pelo céu!

SATÃ É o último suspiro de uma mulher que morreu, é a última oração de uma alma que se apagou no nada.

MACÁRIO E de quem é esse suspiro? Por que é essa oração?

SATÃ Decerto que não é por mim... Insensato, não adivinhas que essa voz é a de tua mãe, que essa oração era por ti?

MACÁRIO Minha mãe! minha mãe!

SATÃ Pelas tripas de Alexandre Bórgia! Choras como uma criança!

MACÁRIO Minha mãe! minha mãe!

SATÃ Então ficas aí?

MACÁRIO Vai-te, vai-te, Satã! Em nome de Deus! em nome de minha mãe! eu te digo — Vai-te!

SATÃ (*desaparecendo*) É por pouco tempo. Amanhã me chamarás. Quando me quiseres é fácil chamar-me. Deita-te no chão com as costas para o céu; põe a mão esquerda no coração; com a direita bate cinco vezes no chão, e murmura — Satã!

A estalagem do caminho (*do princípio*).

As janelas fechadas. Batem à porta.

MACÁRIO (*acordando*) Que sonho! Foi um sonho... Satã! Qual Satã! Aqui estão as minhas botas, ali está o meu ponche... A ceia está intacta na mesa! Minha garrafa vazia do mesmo modo! Contudo eu sou capaz de jurar que não sonhei! Olá, mulher da venda!

A MULHER (*batendo de fora*) Senhor moço! Abra! abra!

MACÁRIO Que algazarra do diabo é essa? (*abre a porta. Entra a mulher*)

A MULHER Ah! Senhor! estou cansada de bater à sua porta! Pois o senhor dorme a sono solto até três horas da tarde!

MACÁRIO Como?

A MULHER Nem ceou — aposto: nem ceou. A vela ardeu toda. Ora vejam como podia pegar fogo na casa! Pegou no sono, comendo decerto!

MACÁRIO Esta é melhor! Pois aqui não esteve ninguém ontem comigo?

A MULHER Pela fé de Cristo! ninguém.

MACÁRIO Pois eu não saí daqui de noite, alta noite, na garupa de um homem de ponche vermelho e preto, porque meu burro tinha fugido para o sítio do Nhô Quito?

A MULHER (*espantada, benzendo-se*) Não, senhor! não ouvi nada... O burro está amarrado na baia. Comeu uma quarta de milho...

MACÁRIO (*chega à janela*) Como! Não choveu a cântaros esta noite? É singular! Eu era capaz de jurar que cheguei até a cidade, antes de meia-noite!

A MULHER (*benzendo-se*) Se não foi por artes do diabo, o senhor estava sonhando.

MACÁRIO O diabo! (*dá uma gargalhada à força*) Ora, sou um pateta! Qual diabo, nem meio diabo! Dormi comendo, e sonhei nestas asneiras!... Mas que vejo! (*olhando para o chão*) Não vês?

A MULHER O que é? Ai! ai! uns sinais de queimado aí pelo chão! Cruz! Cruz! Minha Nossa Senhora de S. Bernardo!... É um trilho de um pé...

MACÁRIO Tal e qual um pé...

A MULHER Um pé de cabra... um trilho queimado... Foi o pé do diabo! O diabo andou por aqui!

Segundo episódio

Na Itália.

Um vale, montanhas à esquerda. — Um rio torrentoso à direita. — No caminho, uma mulher sentada no chão acalenta um homem com a cabeça deitada no seu regaço.

MACÁRIO (*cismando*) Morrer! morrer! Quando o vinho do amor embebeda os sentidos, quando corre em todas as veias e agita todos os nervos... parece que esgotou-se tudo. Amanhã não pode ser tão belo como hoje. E acordar do sonho, ver desfeita uma ilusão! Nunca!... Olá, mulher, afasta-te do caminho. Quero passar.

A MULHER Não o piseis não, ele dorme. Dorme... está cansado. Não vedes como está pálido? Coitado!

MACÁRIO Sim: está pálido: não é o luar que o faz lívido. Eu o vejo. É teu amante? A lua que alveja tuas tranças grisalhas ri de teu amor. Messalina de cabelos brancos, quem apertas no seio emurchecido? Tão alta noite, quem é esse mancebo de cabelos negros que adormece no teu colo?... Como está pálido... Que testa fria... Mulher! louca mulher, quem acalentas é um cadáver.

A MULHER Um defunto?... Não... ele dorme: não vedes? É meu filho... Apanharam-no boiando nas águas levado pelo rio... Coitado! como está frio!... é das águas... Tem os cabelos ainda gotejantes... Diziam que ele morreu... Morrer! meu filho! é impossível... Não sabeis! ele é a minha esperança, meu sangue, minha vida. É meu passado de moça, meus amores de velha... Morrer ele? É impossível. Morrer? Como? Se eu ainda sinto esperanças, se ainda sinto o sangue correr-me nas veias, e a vida estremecer meu coração!

MACÁRIO Velha! — estás doida.

A MULHER Não morreu, não. Ele está dormindo. Amanhã há de acordar... Há muito tempo que ele dorme... Que sono profundo!... nem um ressonar! Ele foi sempre assim desde criança. Quando eu o embalava ao meu seio, ele às vezes empalidecia... que parecia um morto, tanto era pálido e frio!... Meu filho! Hei de aquentá-lo com meus beiços, com meu corpo...

MACÁRIO Pobre mãe!

A MULHER Falai mais baixo. Eu pedi ao vento que se calasse, ao rio que emudecesse... Não vedes? tudo é silêncio. Escuta: sabes tocar? Vai ver tua viola — e canta alguma cantiga da tua terra. Dizem que a música faz ter sonhos sossegados...

MACÁRIO Sonhos! Que sonhos soerguem teu lençol, ó leito da morte? (*passa adiante*) Esta mulher está doida. Este moço foi banhar-se na torrente, e afogou-se. Eu vi carregarem seu cadáver úmido e gelado. Pobre mãe! Embala-o nu e macilento no seu peito, crendo embalar a vida. Louca!... Feliz talvez! Quem sabe se a ventura não é a insânia? (*mais longe, sentado num rochedo à beira do rio, está Penseroso cismando*)

PENSEROSO É alta noite. Disseram-me ainda agora que eram duas horas. É doce pensar ao clarão da lua quando todos dormem. A solidão tem segredos amenos para quem sente. O coração do mancebo é como essas flores pálidas que só abrem de noite, e que o sol murcha e fecha. Tudo dorme. A aldeia repousa. Só além, junto das fogueiras, os homens da montanha e do vale conversam suas saudades. Mais longe, a toada monótona da viola se mistura à cantilena do sertanejo, ou aos improvisos do poeta singelo da floresta, alma ignorante e pura que só sabe das emoções do sentimento e dos cantos que lhe inspira a natureza virgem de sua terra. O rio corre negro a meus pés, quebrando nas pedras sua escuma prateada pelos raios da lua que parecem gotejar dentre os arvoredos da margem. No silêncio sinto minha alma acordar-se embalada nas redes moles do sonho. É tão doce o sonhar para quem ama!... No que estará ela pensando agora? Cisma, e lembra-se de mim? Dorme e sonha comigo? Ou encostada na sua janela ao luar sente uma saudade por mim?

MACÁRIO (*passando*) Penseroso! Boa noite, Penseroso! Que imaginas tão melancólico?

PENSEROSO Boa noite, Macário. Onde vais tão sombrio?

MACÁRIO (*sombrio*) Vou morrer.

PENSEROSO Eu sonhava em amor!

MACÁRIO E eu vou morrer!

PENSEROSO Tu brincas. Vi um sorriso nos teus lábios.

MACÁRIO É um sorriso triste, não? Eu to juro pela alma de minha mãe, vou morrer.

PENSEROSO Morrer! tão moço! E não tens pena dos que chorarão por ti? daquelas pobres almas que regarão de lágrimas ardentes teu rosto macilento, teu cadáver insensível?

MACÁRIO Não; não tenho mãe. Minha mãe não me embalará endoidecida entre seus joelhos, pensando aquentar com sua febre de louca o filho que dorme. Ninguém chorará. Não tenho mãe.

PENSEROSO Pobre moço! não amas!

MACÁRIO Amo — amo sim. Passei toda esta noite junto ao seio de uma donzela, pura e virgem como os anjos.

PENSEROSO Que tens? Cambaleias. Estás ébrio?

MACÁRIO Ébrio sim — ébrio de amor — de prazer. Aquela criança inocente embebedou-me de gozo. Que noite! Parece que meu corpo desfalece. E minh'alma absorta de ternura só tem um pensamento — morrer!

PENSEROSO Amar e não querer viver!

MACÁRIO Ela é muito bela. Eu vivi mais nesta noite que no resto de minha vida. Um mundo novo se abriu ante mim. Amei.

PENSEROSO Não é verdade que a mulher é um anjo?

MACÁRIO Sim — é um anjo que nos adormece, e nos seus braços nos leva a uma região de sonhos de harmonias desconhecidas. Sua alma se perde conosco num infinito de amor, como essas aves que voam à noite, e se mergulham no seio do mistério.

PENSEROSO A mulher! Oh! se todos os homens as entendessem! Essas almas divinas são como as fibras harmoniosas de uma rabeca. O ignorante não arranca delas um som melodioso... embalde suas mãos grosseiras revolvem e apertam o arco sobre elas — embalde! somente sons ásperos ressoam. Mas que a mão do artista as vibre, que a alma do músico se derrame nelas, e do instrumento grosseiro do mendigo ignorante, ou do cego vagabundo, como do *stradivarius* divino, exalam-se ais, vozes humanas, suspiros e acentos entrecortados de lágrimas.

MACÁRIO Oh! sim! Se na vida há uma coisa real e divina é a arte — e na arte se há um raio do céu é na música. Na música que nos vibra as cordas da alma, que nos acorda da modorra da existência a alma embotada. Oh! é tão doce sentir a voz vaporosa que trina, que nos enleva — e que parece que nos faz desfalecer, amar, e morrer!

PENSEROSO E é tão doce amar! Eu amei, eu amo muito. Sabe Deus as noites que me ajoelho pensando nela!... A brisa bebe meus suspiros, e minhas lágrimas silenciosas e doces orvalham meu rosto.

MACÁRIO Oh! o amor! E por que não se morre de amor! Como uma estrela que se apaga pouco a pouco entre perfumes e nuvens cor-de-rosa, por que a vida não desmaia e morre num beijo de mulher? Seria tão doce inanir e morrer sobre o seio da amante enlanguescida! No respirar indolente de seu colo confundir um último suspiro!

PENSEROSO Amar de joelhos, ousando a medo nos sonhos roçar de leve num beijo os cílios dela, ou suas tranças de veludo! Ousando a medo suspirar seu nome! Esperando a noite muda para contá-lo à lua vagabunda!

MACÁRIO Morrer numa noite de amor! Rafael no seio de sua Fornarina... Nos lábios perfumados da italiana, adormecer sonolento... dormir e não acordar!

PENSEROSO Que tens? Estás fraco. Senta-te junto de mim. Repousa tua cabeça no meu ombro. O luar está belo, e passaremos a noite conversando em nossos sonhos e nossos amores...

MACÁRIO (*desfalecendo*) Tudo se escurece... Não sentes que tudo anda à roda?... Que vertigem... Dá-me tua mão!... Sim. Enxuga minha fronte. Que suor!

PENSEROSO Como estás abatido... Como empalideces! Ah! Como resvalas... Que tens, meu amigo?

MACÁRIO Se eu pudesse morrer! (*desmaia*)

Satã entra.

SATÃ Que loucura! Esse desmaio veio a tempo: seria capaz de lançar-se à torrente. Porque amou, e uma bela mulher o embriagou no seu seio, querer morrer! (*carrega-o nos braços*)

Vamos... E como é belo descorado assim! com seus cabelos castanhos em desordem, seus olhos entreabertos e úmidos, e seus lábios feminis! Se eu não fora Satã eu te amaria, mancebo... (*vai levá-lo*)

PENSEROSO Quem és tu? Deixa-o... eu o levarei.

SATÃ Quem eu sou? que te importa? Vou deitá-lo num leito macio. Daqui a pouco seu desmaio passará. É um efeito do ar frio da noite sobre uma cabeça infantil ardente de febre. Adeus, Penseroso.

PENSEROSO Quem és tu, desconhecido, que sabes meu nome?

Macário e Satã.

MACÁRIO Tenho tédio, Satã! Aborreces-me como se aborrecem as amantes esquecidas.

SATÃ Tens cartas aí? Joguemos. Que queres? a ronda, a barca, o *lansquenet*?

MACÁRIO Sou infeliz no jogo. Queimo-me e perco. Quando aposto e perco, tenho desejos de atirar com as cartas à cara do banqueiro.

SATÃ Pois eu jogo, perco e gosto de jogar. É que somos como Adão e Eva, *os ex ossibus, caro ex carne*. A propósito de jogo, queres que te conte uma história?

MACÁRIO Mentirosa ou verdadeira?

SATÃ É o que não importa: nem mais nem menos que *As mil e uma noites*. Um dia deu-me a lua para virar a cabeça de uma moça. Meti-me no paletó de um mancebo; pálido, alumiado de seus sonhos de poeta, transbordando de orgulho — no mais nem feio nem bonito, tinha olhos pardos, o cabelo longo em anéis e a barba luzente como cetim. O moço tinha uma amante. Era uma moça bonita, morena, de olhos muito lânguidos e muito úmidos; o que tinha de mais melindroso era a boquinha de rosa e mãozinhas as mais suaves do mundo.

MACÁRIO Tua história é velha como o dilúvio. É difusa como um folhetim.

SATÃ Estás maçante como Falstaff bêbado. Não importa. Quero alegrar-te um pouco. A história é divertida. Podia-se bem torneá-la num volume em oitavo com estampas e retrato de autor, com a competente carta — prólogo de moda. — Mas escuta: sou mais fiel que os sermonistas, *serei breve* o mais possível. — Ora, a amante tinha uma irmã. Pálida e suave como a mais bela das amantes de Filipe II — era o retrato vivo da Calderona. Eram aquelas pálpebras rasgadas à espanhola, uns olhos negros cheios de fogo meridional, o seio adormecido. Acrescenta a essa imagem que a moça era virgem como um botão de rosa... Fazia sonhar a amante do rei quando seminua sentada sobre as bordas do leito, repousando a mão sobre a face, sentia as lágrimas do amor e da saudade banharem-lhe os olhos ao luar. Isto que te digo o moço o pensou. Foi um nunca findar de versos, de passeios românticos pelos vales, pelas encostas das montanhas, um inteiro viver e morrer por ela, como ele o dizia nalgum soneto... Vês que torno-me poético... Quando vi o moço com a cabeça tonta, revolvendo-se pálido nos seus delírios esperançosos, à fé de bom diabo que sou, interessei-me por ele. Demais, pareciam morrer um pelo outro. Os apertos de mão a furto, os olhares cheios de languidez, tudo isso parece que azoinou a mente virginal da donzela. — Uma noite na sombra, a medo beijaram-se. Aquele beijo tinha amor e loucura nos lábios. O moço perdeu-se de amor. Escreveu-lhe uma carta: transbordou aí todas as suas poesias, toda a febre de seu devaneio. Não te rias, é d'estilo, Macário. O que há de mais sério e risível que o amor? As falas de Romeu ao luar, os suspiros de Armida, os sonetos de Petrarca tomados ao sério dão desejos de gargalhar...

A partida estava proposta, as paradas feitas, e eu para assegurar o jogo tinha chumbado os dados. Era de apostar a minha cabeça contra a de um santo, todas as mulheres belas da terra por uma bruxa.

MACÁRIO Adivinho — ganhaste?

SATÃ Que sofreguidão! Não contava com o anjo da guarda da moça. Fez umas cócegas na criancice da virgem, e lá se vai ela toda chorosa levar a carta à irmã... O tal anjo que sabia orelhar a sua sota bifou-me o jogo, velhaqueou com o velhaco, surripiou os dados, e numa risada inocente chuleou-me a parada.

MACÁRIO Pobre moça!

SATÃ E o rapaz que perdeu as suas ilusões... Mas quero desforra.

MACÁRIO Desforra? tomas duas vezes.

SATÃ É doloroso. Mas o mundo é do diabo, assim como o céu dos tolos. Falam de convento. Querem cortar os cabelos negros da moça e cosê-la na mortalha da freira. Ora pois, se consigo ao mesmo tempo virar a cabeça da moça e da freira, mandar o anjo limpar a mão à parede, as santas que lhe peguem com um trapo quente. Demais a partida começou.

MACÁRIO E ela quer?

SATÃ Isso de mulheres, nem eu, que sou o diabo, as entendo. Quem entende o vento, as ondas e o murmurar das folhas? A mulher é um elemento. A santa mais santa, a virgem mais pura, há instantes em que se daria a Quasímodo; e Messalina era capaz de enjeitar Romeu ou Don Juan. Mas enfim… Macário?

MACÁRIO (*dormindo*) Hum!

SATÃ Dorme como um cão. Boa noite, minha criança. Vou fazer uma visita a uma bela da vizinhança que anda regateando o que lhe resta de alma para ser moça três dias. — Até lá dará meia-noite.

Macário, Penseroso.

MACÁRIO Que ideia rola no teu cérebro inflamado, meu poeta… Como um ramo despido de folhas que se dobra ao peso de um bando de aves da noite, por que tua cabeça se inclina ao peso dos pensamentos?

PENSEROSO E contudo eu amei-a! eu amei tanto… Sagrei-a no fundo de minha alma a rainha das fadas, e ressumbrei nela o anjo misterioso que me havia conduzido adormecido no seu batel mágico a um mundo maravilhoso de amores divinos. Se fui poeta, se pedi a Deus os delírios da inspiração, foi para encantar com seu nome as cordas douradas do alaúde, para votar nos seus joelhos as páginas de ouro de meus poemas, e semear o seu caminho dos louros da minha glória!

MACÁRIO Oh! acordar como Julieta com seu Romeu pálido no seio, com a cabeça romântica ainda dourada do último reflexo do crepúsculo da vida, acordar dos sonhos de noiva no sudário da morte, com os goivos murchos dos finados na fronte em vez da coroa nupcial cheirosa da amante de Romeu! Apertá-lo embalde ao seio ardente, banhar-lhe de lágrimas de fogo as faces pálidas, e de beijos os lábios frios, e procurar-lhe insana pelos lábios um derradeiro assomo de vida ou uma gota de veneno para ela. É duro, é triste! É um caso que merece as lágrimas mais doloridas dos olhos. — Mas dói ainda mais fundo acordar dos sonhos esperançosos com o cadáver frio das esperanças sobre o peito! Pobre Penseroso! Amaste um instante que foi tua vida como Julieta e como Romeu e não tiveste a conversa ao luar no jardim de Capuleto, não tremeste nas falas amorosas da primeira noite de amor, e não soubeste que doces que são os beijos da longa despedida, e o pensar que não são as aves da manhã, mas o rouxinol do vale quem gorjeia nas romeiras, que o revérbero de luz branca nas nuvens do Oriente, e o apagar das estrelas não crepusculava o dia, e crer na vida em si e numa mulher com as mãos de uma pálida amante sobre o coração!

PENSEROSO Por ela fui pedir à solidão os murmúrios, fui abrir meu coração aos hálitos moribundos do crepúsculo, ajoelhei-me junto das cruzes da montanha, e no sussurro das aves que adormeciam, no cintilar das primeiras estrelas da noite, na gaza transparente e purpurina que desdobrava seu véu luminoso por entre as sombras do vale em toda essa natureza bela que dormia, fui escutar as vozes íntimas do amor, e meu peito acordou-se cantando e sonhando com ela!

MACÁRIO Tenho pena de ti. Mas consola-te. Que valem as lágrimas insensatas? Todas elas são assim. Eu também chorei, mas como as gotas que porejam da abóbada escura das cavernas, essas lágrimas ardentes deixaram uma crosta de pedra no meu coração. Não chores. Vem antes comigo. Geórgio dá hoje uma ceia: uma orgia esplêndida como num romance. Teremos os vinhos da Espanha, as pálidas voluptuosas da Itália, e as americanas morenas, cujos beijos têm o perfume vertiginoso das magnólias e o ardor do sangue meridional. Não há melhor túmulo para a dor que uma taça cheia de vinho ou uns olhos negros cheios de languidez.

PENSEROSO Não — vai só. — Se tu soubesses no que eu penso e no que tenho pensado! Enquanto eu falo, minha alma desvaria, e a minha febre devaneia. Sonhei sangue no peito dela, sangue nas minhas mãos, sangue nos meus lábios, no céu, na terra... em tudo! Pareceu-me que tremia nas escadas bambas do cadafalso... senti a risada amarela do homem da vingança... depois minha cabeça escureceu-se... Pensei no suicídio... Macário, Macário, não te rias de mim! Como o vagabundo que se debruça sobre um precipício sem fundo, senti a vertigem regelar meus cabelos hirtos e um suor de medo banhar minha fronte... Tenho medo!... Sou um doido, Macário, eu o sei. Que longa vai essa noite! A lua avermelhada não lança luz no céu escuro: nem a brisa no ar: é uma noite de verão, ardente como se a natureza também tivesse a febre que inflama meu cérebro!...

Numa sala.

Sobre a mesa, livros de estudo. Penseroso encostado na mesa. Macário fumando.

PENSEROSO Li o livro que me deste, Macário. Li-o avidamente. Parece que no coração humano há um instinto que o leva à dor como o corvo ao cadáver. Aquele poema é frio como um cadáver. É um copo de veneno. Se aquele livro não é um jogo de imaginação, se o ceticismo ali não é máscara de comédia, a alma daquele homem é daquelas, mortas em vida, onde a mão do vagabundo podia semear sem susto as flores inodoras da morte.

MACÁRIO E o ceticismo não tem a sua poesia?... O que é a poesia, Penseroso? Não é porventura essa comoção íntima de nossa alma com tudo que nos move as fibras mais íntimas, com tudo que é belo e doloroso?... A poesia será só a luz da manhã cintilando na areia, no orvalho, nas águas, nas flores, levantando-se virgem sobre um leito de nuvens de amor, e de esperança? Olha o rosto pálido daquele que viu como a Níobe morrerem uma por uma feridas pela mão fatal que escreveu a sina do homem, suas esperanças nutridas da alma e do coração — e dize-me se no riso amargo daquele descrido, se na ironia que lhe cresta os beiços não há poesia como na cabeça convulsa do Laocoonte. As dores do espírito confrangem tanto um semblante como aquelas da carne. Assim como se cobre de capelas de flores a cruz de uma cova abandonada, por que não derramar os goivos da morte no cemitério das ilusões da vida? A natureza é um concerto cuja harmonia só Deus entende, porque só ele ouve a música que todos os peitos exalam. Só ele combina o canto do corvo e o trinar do pintassilgo, as nênias do rouxinol e o uivar da fera noturna, o canto de amor da virgem na noite do noivado, e o canto de morte que na casa junta arqueja na garganta de um moribundo. Não maldigas à voz rouca do corvo — ele canta na impureza um poema desconhecido, poema de sangue e dores peregrinantes como a do bengalim é de amor e ventura! Fora loucura pedir vibrações a uma harpa sem cordas, beijos à donzela que morreu — fogo a uma lâmpada que se apaga. Não peças esperanças ao homem que descrê e desespera.

PENSEROSO Macário! É ele tão velho, teve tantos cadáveres que apertar nos braços nas horas de despedida, que o seu sangue se gelasse, e seus nervos que não dormem precisassem do ceticismo, como Paganini do ópio para adormecer? Por que foi ele banhar sua fronte juvenil na vertigem dos gozos amaldiçoados? Com as mãos virgens por que vibrou o alaúde lascivo esquecido num canto do lupanar? É um livro imoral: por que esse moço entregou-se delirante a essa obra noturna de envenenamento? Não te rias, Macário — pobre daquele que não tem esperanças; porém maldito aquele que vai soprar as cinzas de sua esterilidade sobre a cabeça fecunda daquele que ainda era puro! O coração é um oceano que o bafejar de um louco pode turvar, mas a quem só o hálito de Deus aplaca as tormentas.

Esperanças! E esse descrido não palpita de entusiasmo no rodar do carro do século, nos alaridos do progresso, nos hosanas do industrialismo laurífero? Não sente ele que tudo se move — que o século se emancipa — e a cruzada do futuro se recruta? Não sonha ele também com esse Oriente para onde todos se encaminham sedentos de amor e de luz?

Esperanças! E esse americano não sente que ele é o filho de uma nação nova, não a sente o maldito cheia de sangue, de mocidade e verdor? Não se lembra que seus arvoredos gigantescos, seus oceanos escumosos, os seus rios, suas cataratas, que tudo lá é grande e sublime? Nas ventanias do sertão, nas trovoadas do sul, no sussurro das florestas à noite não escutou nunca os prelúdios daquela música gigante da terra que entoa à manhã a epopeia do homem e de Deus? Não sentiu ele àquela sua nação infante que se embala nos hinos da indústria europeia como Júpiter nas cavernas do Ida no alarido dos coribantes — tem futuro imenso?

Esperanças! Não tê-las quando todos as têm! quando todos os peitos se expandem como as velas de uma nau, ao vento do futuro! Por que antes não cantou a sua América como Chateaubriand e o poeta de Virgínia, a Itália como a Mignon de Goethe, o Oriente como Byron, o amor dos anjos como Thomas More, o amor das virgens como Lamartine?

MACÁRIO Muito bem, Penseroso. Agora cala-te: falas como esses oradores de lugares-comuns que não sabem o que dizem. A vida está na garrafa de conhaque, na fumaça de um charuto de Havana, nos seios voluptuosos da morena. Tirai isso da vida — o que resta? Palavra de honra que é deliciosa a água morna de bordo de vossos navios! que têm um aroma saudável as máquinas de vossos engenhos a vapor! que embalam num *far niente* balsâmico os vossos cálculos de comércio! Não sabeis da vida. Acende esse charuto, Penseroso, fuma e conversemos.

Falas em esperanças. Que eternas esperanças que nada parem! O mundo está de esperanças desde a primeira semana da criação... e o que tem havido de novo? Se Deus soubesse do que havia de acontecer, não se cansara em afogar homens na água do dilúvio, nem mandar crucificar, macilenta e ensanguentada, a imagem de seu Cristo divino. O mundo hoje é tão devasso como no tempo da chuva de fogo de Sodoma. Falais na indústria, no progresso? As máquinas são muito úteis, concordo. Fazem-se mais palácios hoje, vendem-se mais pinturas e mármores — mas a arte — degenerou em ofício — e o gênio suicidou-se.

Enquanto não se inventar o meio de ter mocidade eterna, de poder amar cem mulheres numa noite, de viver de música e perfumes, e de saber-se a palavra mágica que fará recuar das salas do banquete universal o espectro da morte — antes disso pouco tereis adiantado.

Dizes que o mundo caminha para o Oriente. Não serei eu, nem o sonhador daquele livro que ficaremos no caminho. O harém, os cavalos da Arábia, o ópio, o hatchiz, o café de Moka, e o latakiá — são coisas soberbas!

A poesia morre — deixá-la que cante seu adeus de moribunda. — Não escutes essa turba embrutecida no plagiar e na cópia. Não sabem o que dizem esses homens que para apaixonar-se pelo canto esperam que o hosana da glória tenha saudado o cantor. São estéreis em si como a parasita.[3] Músicos — nunca serão Beethoven nem Mozart. Escritores — todas as suas garatujas não valerão um terceto do Dante. Pintores — nunca farão viver na tela uma carnação de Rubens ou erguer-se no fresco um fantasma de Miguel Ângelo. É a miséria das misérias! Como uma esposa árida tressuam e esforçam-se debalde para conceber. Todos os dias acordam de um sonho mentiroso em que creram sentir o estremecer do feto nas entranhas reanimadas.

Falam nos gemidos da noite no sertão, nas tradições das raças perdidas da floresta, nas torrentes das serranias, como se lá tivessem dormido ao menos uma noite, como se acordassem procurando túmulos, e perguntando como Hamlet no cemitério a cada caveira do deserto o seu passado.

Mentidos! Tudo isso lhes veio à mente lendo as páginas de algum viajante que esqueceu-se talvez de contar que nos mangues e nas águas do Amazonas e do Orenoco há mais mosquitos e sezões do que inspiração: que na floresta há insetos repulsivos, répteis imundos, que a pele furta-cor do tigre não tem o perfume das flores — que tudo isto é sublime nos livros, mas é soberanamente desagradável na realidade!

Escuta-me ainda. O autor deste livro não é um velho. Se não crê é porque o ceticismo é uma sina ou um acaso, assim como é às vezes um fato de razão. As cordas daquela lira foram vibradas por mãos de moço, mãos ardentes e convulsas de febre... talvez de inspiração...

Foi talvez um delírio, mas foi da cabeça e do coração que se exalaram aqueles cantos selvagens. Foi numa vibração nervosa, com o sangue a galopar-lhe febril pelas veias, com a mente ébria de seu sonho ou do seu pesadelo que ele cantou. Se as fibras da harpa desafinam, se a mão ríspida as estala, se a harpa destoa, é que ele não pensou nos versos quando pensava na poesia, é que ele cria e crê que a estância é uma roupa como outra — apenas, como o diz George Sand — a arte é um manto para as belezas nuas: é que ele preferira deixar uma estátua despida, a pespontar de ouro uma túnica de veludo para embuçar um manequim. É que ele pensa que a música do verso é o acompanhamento da harmonia das ideias, e ama cem vezes mais o Dante com sua versificação dura, os rasgos de Shakespeare com seus versos ásperos, do que os alexandrinos feitos a compasso de Sainte-Beuve ou Turquety.

PENSEROSO Tudo isso nada prova. — É uma poesia, concordo — mas é uma poesia terrível. É um hino de morte sem esperança do céu, como o dos fantasmas de João Paulo Richter. É o mundo sem a luz, como no canto da treva. É o ateísmo como na *Rainha Mab* de Shelley. Tenho pena daqueles que se embriagam com o vinho do ceticismo.

MACÁRIO Amanhã pensarás comigo. Eu também fui assim. O tronco seco sem seiva e sem verdor foi um dia o arvoredo cheio de flores e de sussurro.

PENSEROSO Não crer! e tão moço! Tenho pena de ti.

MACÁRIO Crer? e no quê? No Deus desses sacerdotes devassos? desses homens que saem do lupanar quentes dos seios da concubina, com sua sotaina preta ainda alvejante do cotão do leito dela para ir ajoelhar-se nos degraus do templo! Crer no Deus em que eles mesmos não creem, que esses ébrios profanam até do alto da tribuna sagrada?

PENSEROSO Não falemos nisto. Mas o teu coração não te diz que se nutre de fé e de esperanças?

MACÁRIO A filosofia é vã. É uma cripta escura onde se esbarra na treva. As ideias do homem o fascinam, mas não o esclarecem. Na cerração do espírito ele estala o crânio na loucura ou abisma-se no fatalismo ou no nada.

PENSEROSO Não: não é o filosofismo que revela Deus. A razão do homem é incerta como a chama desta lâmpada: não a excites muito, que ela se apagará.

MACÁRIO Só restam dois caminhos àquele que não crê nas utopias do filósofo. O dogmatismo ou o ceticismo.

PENSEROSO Eu creio porque creio. Sinto e não raciocino.

MACÁRIO Talvez seja a treva de meu corpo que escureça minh'alma. Talvez um anjo mau soprasse no meu espírito as cinzas sufocadoras da dúvida. Não sei. Se existe Deus, ele me perdoará se a minh'alma era fraca, se na minha noite lutei embalde com o anjo como Jacó, e sucumbi. — Quem sabe? — eis tudo o que há no meu entendimento. Às vezes creio, espero: ajoelho-me banhado de pranto, e oro; — outras vezes não creio, e sinto o mundo objetivo vazio como um túmulo.

PENSEROSO Vê — o mundo é belo. A natureza estende nas noites estreladas o seu véu mágico sobre a terra, e os encantos da criação falam ao homem de poesia e de Deus. As noites, o sol, o luar, as flores, as nuvens da manhã, o sorriso da infância, até mesmo a agonia consolada e esperançosa do moribundo ungido que se volta para Deus. Tudo isso será mentira? As esperanças espontâneas, as crenças que um olhar de virgem nos infiltra, as vibrações unânimes das fibras sensíveis serão uma irrisão? O amor de tua mãe, as lágrimas do teu amor — tudo isso não te acorda o coração? Serás como essas harpas abandonadas cujas cordas rói a umidade e a ferrugem, e onde ninguém pode acordar uma harmonia? Por que estalaram? Que dor profunda as rebentou? Quando tua alma ardente abria seus voos para pairar sobre a vida cheia de amor, que vento de morte murchou-te na fronte a coroa das ilusões, apagou-te no coração o fanal do sentimento, e despiu-te das asas da poesia? Alma de guerreiro, deu-te Deus porventura o corpo inteiriçado do paralítico? Coração de Romeu, tens o corpo do lazarento ou a fealdade de Quasímodo?

Lira cheia de músicas suspirosas, negou-te a criação cordas argentinas? Oh! não! abre teu peito e ama. Tu nunca viste uma tua ilusão gelar-se na fronte da amante morta, teu amor degenerar nos lábios de uma adúltera. Alma fervorosa, no orgulho de teu ceticismo não te suicides na atonia do desespero. A descrença é uma doença terrível: destrói com seu bafo corrosivo o aço mais puro: é ela quem faz de Rembrandt um avarento, de Bocage um libertino!... Para os peitos rotos, desenganados nos seus afetos mais íntimos, onde sepultam-se como cadáveres todas as crenças, para esses aquilo que se dá a todos os sepulcros, uma lágrima! Aquele que jogou sua vida como um perdulário, que eivou-se numa dor secreta, que sentiu cuspirem-lhe nas faces sublimes... esses que riam como Demócrito, duvidem como Pirro, ou durmam indiferentes no seu escárnio como Diógenes, o cínico, no seu tonel. A esses leva uma torrente profunda: revolvem-se na treva da descrença como Satã no infinito da perdição e do desespero! Mas nós, mas tu e eu que somos moços, que sentimos o futuro nas aspirações ardentes do peito, que temos a fé na cabeça e a poesia nos lábios, a nós o amor e a esperança: a nós o lago prateado da existência. Embalemo-nos nas suas águas azuis — sonhemos, cantemos e creiamos! Se o poeta da perdição dos anjos nos conta o crime da criatura divina, liba-nos da despedida do Éden o beijo de amor que fez dos dois filhos da terra uma criatura, uma alma cheia de futuro. Se na primeira página da história da passagem do homem sobre a terra há o cadáver de Abel, e o ferrete de Caim, o anátema — naquelas tradições ressoa o beijo de mãe de Eva pálida sobre os lábios de seu filho!

MACÁRIO Ilusões! O amor — a poesia — a glória. — Ilusões! Não te ris tu comigo da glória, como eu rio dela? A glória! entre essa plebe corrupta e vil que só aplaude o manto do Tartufo e apedreja as estátuas mais santas do passado! Glória! Nunca te lembras do Dante, de Byron, de Chatterton, o suicida? E Verner, poeta, sublime e febril também, morto de ceticismo e desespero sob sua grinalda de orgia? Glória! São acaso os louros salpicados de lodo, manchados, descridos, cuspidos do poviléu, e que o futuro só consagra ao cadáver que dorme?

Escuta. Eu também amei. Eu também talvez possa amar ainda. Às vezes quando a mente se me embebe na melancolia, quando me passam n'alma sonhos de homem que não dorme, e que chamam poesia; eu sinto ainda reabrir-se o meu peito a amores de mulher. Parece que se aquela beleza de olhos e cabelos negros, de colo arquejante e flutuoso me deixasse repousar a cabeça sobre seu peito, eu poderia ainda viver e querer viver, e ter alento bastante para desmaiar ali na voluptuosidade pura de um espasmo, na vertigem de um beijo.

Mas o que me agita as fibras ainda é voluptuosidade — é o ademã de uma beleza lânguida, a sede insaciável do gozo.

São sonhos! sonhos, Penseroso! É loucura abrir tanto os véus do coração a essas brisas enlevadas que vêm tão sussurrantes de enleio, tão repassadas de aromas e beijos! É loucura talvez! E contudo quando o homem só vive deles, quando todas as portas se fecharam ao enjeitado — por que não ir bater na noite de febre no palácio da fada das imaginações? Põe a mão no meu coração. Tuas falas mo fizeram bater. Havia uma voz dentro dele que eu pensava morta, mas que estava só emudecida. Escuta-a. Há uma mulher em quem eu pensei noites e noites: que encheu minhas noites de insônia, meu sono de visões fervorosas, meus dias de delírio. Eu amei essa mulher. Eu a segui passo a passo na minha vida. Deitei-me na calçada da rua defronte de sua janela, para ouvir a sua voz, para entrevê-la a furto branca e vaporosa, para respirar o ar que ela bebia, para sentir o perfume de seus cabelos e ouvir o canto de seus lábios. Eu amei muito essa mulher. E por vê-la uma hora ao pé de mim — seminua — embora fosse adormecida — só por vê-la, e por beijá-la de leve — eu daria minha vida inteira ao nada. E essa mulher, essa mulher...

PENSEROSO Que tem, fala...

MACÁRIO Adeus, Penseroso. Eu pensei que tu me acordavas a vida no peito. Mas a fibra em que tocaste e onde foste despertar uma harmonia é uma fibra maldita, cheia de veneno e de morte. Adeus, Penseroso. Ai daquele a quem um verme roeu a flor da vida como a Werther! A descrença é a filha enjeitada do desespero. Fausto é Werther que envelheceu, e o suicídio da alma é o cadáver de um coração. O desfolhar das ilusões anuncia o inverno da vida.

PENSEROSO Onde vais, onde vais?

MACÁRIO Onde vou todas as noites. Vagarei à toa pelos campos até que o sono feche meus olhos e que eu adormeça na relva fria das orvalhadas da noite. Adeus.

A mesma sala.

PENSEROSO (*só, escreve*) Não escreverei mais: não. Calarei o meu segredo e morrerei com ele.

Esqueceu tudo! tudo! Esqueceu as noites solitárias em que eu estava a sós com ela, com sua mão na minha, com seus olhos nos meus. Esqueceu! Deus lhe perdoe. E se eu morro por ela, seja ela feliz!

Mas por que mentia se ela se ria de mim? Por que aqueles olhares tão lânguidos, aqueles suspiros tão doces? Por que sua mão estremecia nas minhas e se gelava quando eu a apertava? Por que naquela noite fatal, quando eu a beijei, ela escondeu seu rosto de virgem nas mãos, e as lágrimas corriam por entre seus dedos, e ela fugiu soluçando? (*pensativo*)

Ela me não ama — é certo. Nunca, nunca ela me teve amor: a ilusão morreu... Oh! não morrerei com ela? Ontem falei com David sobre o suicídio. David declamou, repetiu o que dizem esses homens sem irritabilidade de coração, que julgam que as palavras provam alguma coisa. Eu sorri. David é feliz — ele sim, nunca amará — não há de sentir esse sentimento único e queimador absorver como uma casuarina toda seiva do peito, alimentar-se de todas as esperanças, todas as ambições, todos os amores da terra e do céu, dos homens e de Deus, para fazer de tudo isso uma única essência, para transubstanciar tudo isso no amor de uma mulher! E depois, quando esse amor morrer, achando o peito vazio como o de um esqueleto, não terá ânimo para adormecer no seio da morte!

Eis aí o veneno. Ó minha terra! ó minha mãe! mais nunca te verei! Meu pai, meu santo pai! E tu, mãe de minha mãe que sentias por mim, cuja vida era uma oração por mim, que enxugavas tuas lágrimas nos teus cabelos brancos pensando no teu pobre neto! Adeus! Perdão! perdão!...

Creio que chorei. Tenho a face molhada. A dor me enfraqueceria? Não! não! Não há remédio. Morrerei.

Páginas de Penseroso.

Se há um homem que cresse no futuro, fui eu. Tive confiança no orgulho de meu coração e no gênio que sentia na minha cabeça. Eu sinto-o, Deus me fez poeta. Esse mundo, a natureza, as montanhas, o eflúvio luminoso das noites de luar, tudo isso me acordava vibrações, me revelava no peito cordas que nunca escutei senão nos poetas divinos, que nunca senti no peito cavernoso e vazio dos outros homens. Sou rico, moço, morrerei pouco mais velho que o desgraçado Chatterton. E por todo o meu futuro, minhas glórias, toda essa ambição imensa, essa sede fogosa de uma alma que não se sacia com os prazeres de convenção da vida suntuosa dos palácios esplêndidos, e das aclamações da fama, eu só queria seu peito junto do meu — sua mão na minha. O andrajo do miserável não me doeria se eu tivesse o manto de ouro do seu amor.

Oh! ela não me entendeu! Não merecia tamanho amor. Tomei-a nua, fria e bruta como o escultor uma pedra de mármore — a visão que vesti com a gaze acetinada das minhas ilusões, a estátua que despertei do seio da matéria, não estava aí. Estava no meu coração e só nele. Fi-la bela, dessa beleza divina que Deus me ressumbrou na alma de poeta. Talvez é assim — mas assim mesmo eu morro por ela. — Amo-a como o pintor a sua Madona, como o escultor a sua Vênus, como Deus a sua criatura.

Era a única estátua da criação que se podia aviventar ao bafo ardente de meu peito. Não amei nunca outra mulher. Se o coração é um lírio que as paixões desfloram, sou ainda virgem; no deleite das minhas noites delirantes, tu o sabes, meu Deus, eu nunca amei!

E por que viver se o coração é morto? Se eu hoje dormisse sobre essa ideia, se eu pudesse adormecer no ócio e no tédio, seria isso ainda viver?

Viver era sentir, era amar, era crer que a ventura não é um sonho, e que eu tinha um leito de flores onde descansar da vida, onde eu pudesse crer que a glória, o futuro não valem um beijo de mulher!

Morrerei. — Não posso trazer no peito o cadáver de minhas ilusões, como a infanticida o remorso a lhe tremer nas entranhas. Há doenças que não têm cura. A tempestade é violenta, e o cansado marinheiro adormeceu no seio da morte. Antes isso que a lenta agonia do desespero, do que esse corvo da descrença e da ironia que rói as fibras ainda vivas como um cancro.

E seria contudo tão bela a vida se ela me amasse! Oh! por que me traiu?... Por que embalou-me nos seus joelhos, nos acentos mágicos da música dos anjos da esperança, do amor, para lançar-me na treva erma desse desalento e dessa saudade eivada de morte?

Viveríamos tão bem! Era tão fácil minha ventura! Por esses rios imensos da minha terra há tantas margens viçosas e desertas, cheias de flores e de berços de verdura, de retiros amenos, onde as aves cantam na primavera eterna do nosso céu, e as brisas suspiram tão docemente nas tardes purpurinas! Seríamos sós — sós — e essa solidão nós a povoaríamos com o mundo angélico do nosso amor! Nos crepúsculos de verão eu a levaria pelas montanhas a embriagar-se de vida nos aromas da terra palpitante, pelos vales ainda úmidos de orvalho e ao tom das águas sem pensar na vida, pensando só que o amor é o ouro dos rochedos brancos da existência, a estrela dos céus misteriosos, a palavra sacramental e mágica que rompe as cavernas do infinito e da ventura! Oh! deitado nos seus joelhos, ouvindo sua voz misturar-se ao silêncio do deserto, vendo sua face mais bela no véu luminoso e pálido do luar, como seria doce viver! Era assim que eu esperava amar, era assim que eu podia morrer sem saudades da vida, suspirando de amor! Sou um doido, meu Deus! Por que mergulhar mais o meu coração nessa lagoa venenosa das ilusões? Quero ter ânimo para morrer. Estalou-se nas minhas mãos o último ramo que me erguia sobre o abismo. Para que sonhar mais o que é impossível?

É ainda um sonho o que vou escrever.

Eu sonhei esta noite — e sonhei com ela. — Era meio-dia na floresta. A sombra caía no ar calmoso..............

....

Uma rua.

PENSEROSO (*passando*) Tenho febre. É o efeito do veneno? Para que obre melhor tenho-o tomado aos poucos. Tenho às vezes estremecimentos que me gelam. Sinto um fogo no estômago — e as veias do meu cérebro parecem queimar o meu crânio e inundá-lo de sangue fervente. A cabeça me dói: às vezes parece-me que os ossos do meu crânio estalam — a minha vista se escurece e meus nervos tremem — meu coração parece abafado e palpita ansioso — a respiração me custa. Oh! custa tanto morrer!

O DOUTOR LÁRIUS (*passando a cavalo*) Penseroso! Penseroso! Onde vais tão pálido?

PENSEROSO Doutor, bom dia. Acha-me pálido?

O DOUTOR Como tua mão está ardente! Como tua testa queima! Tens febre, Penseroso.

PENSEROSO Tenho febre, não é assim? Ponha a mão no meu coração, veja como bate!

O DOUTOR Como teu peito está úmido de suor! Como pulsa teu coração! Penseroso! Penseroso! O que tens, meu amigo?

PENSEROSO O que tenho? Não tenho nada — absolutamente nada. Adeus, doutor.

O DOUTOR Onde vais? O sol está ardente, e tens febre. Descansemos aqui na sombra. Ou então vamos para casa e deita-te.

PENSEROSO Sim. Adeus, doutor. (*vai-se apressado*)

O DOUTOR Penseroso! Penseroso!

Uma sala.

Num canto da sala, junto do piano, Penseroso só com a italiana. Ouve-se o falar confuso partindo de outros lados da sala. Risadas, murmúrios de homens e mulheres que conversam.

PENSEROSO Adeus, senhora: eu me vou. Adeus, mas ao menos dai-me um olhar de compaixão para que se eu morrer de abandono, não morra sem uma bênção; — e o vosso olhar é uma bênção!

A ITALIANA Que dizeis, sr. Penseroso?

PENSEROSO Sim — não me entendeis: eu não sou um insensato. Pobre daquele a quem não compreendem!

A ITALIANA Por que o dizeis? Não vos prometi a minha mão? Por quem se espera no altar? É por mim? Não, Penseroso, é pela vontade de teu pai... Não te dei eu minha alma, assim como te darei meu corpo?

PENSEROSO Ó virgem! Se acaso um só momento de tua vida tu consagraste um suspiro ao desgraçado, se um só momento tu o amaste — ah! que Deus em paga desse instante te dê um infinito de ventura!

A ITALIANA Penseroso! Que tens? Nunca te vi assim. Eras pensativo e estás sombrio. Eras melancólico e estás triste. Que tens, que me não confias? Não sou eu tua noiva?

PENSEROSO Ó senhora! Se uma eternidade se pode comprar por um sonho, o sonho que me embalou na minha existência bem valera ser comprado por uma eternidade!

A ITALIANA O teu sonho é o meu — é o nosso amor — a minha vida por ti, a tua vida por mim: nós dois formando um único ser, uma única alma, um mundo de delícias e de mistério só para nós e por nós!

PENSEROSO Oh! sonhar e acordar!

A ITALIANA Então...

PENSEROSO Meu Deus! meu Deus! perdoai-me. Adeus! adeus! (*com os olhos em lágrimas*) Quem sabe se não será para sempre? (*sai*)

A ITALIANA (*empalidecendo*) Para sempre? Ah!

O quarto de Penseroso.

PENSEROSO (*só*) Ela me não ama. Que importa? Eu lho

perdoo. Perdoo a leviandade daquela criança pura e santa que me leva ao suicídio... Oh! se eu pudesse vê-la ainda!

Passei toda a noite pelo campo que se estende junto à casa dela. Vi as luzes apagarem-se uma por uma. Só o quarto dela ficara iluminado. Havia de ser muito tarde quando a luz se apagou. Pareceu-me ver ainda depois uma imagem branca encostada na janela...

Coitada! ela não sabe que eu estava ali, a seus pés, com o desespero n'alma, e o veneno no peito, cheio de desejos e de morte, cheio de saudades e de desesperança!

Vaguei toda a noite. Quando acordei estava muito longe. Assentei-me à borda do caminho. A meus pés se estendia o precipício coberto de ervaçal...

À direita, longe numa lagoa saíam os primeiros raios do dia. O orvalho reluzia nas folhas das árvores antigas do caminho, em cuja sombra imensa acordavam os passarinhos cantando...

Perdoai-me, meu Deus! Talvez seja uma fraqueza o suicídio — por que será um crime ao pobre louco sacrificar os seus sonhos da vida?

....

Este cordão de cabelos quero que seja entregue a ela: são cabelos de minha mãe — de minha mãe que morreu. Trouxe-os sempre no meu peito. Quero que ela os beije às vezes e lembre-se de mim.......................................

....

Esse amor foi uma desgraça. Foi uma sina terrível. Ó meu pai! ó minha segunda mãe! ó meus anjos! meu céu! minhas campinas! É tão triste morrer!.....................

....

Ah! que dores horríveis! tenho fogo no estômago... Minha cabeça se sufoca... Ar! ar! preciso de ar... Eu te amei, eu te amei tanto!... (*desmaia*)

HUBERTO (*entrando*) Penseroso! Que tens? Que convulsão! Ah! é uma agonia! Depressa, depressa, chamem alguém... O dr. Lárius... Ó meus companheiros, socorrei nosso amigo... Penseroso morre! David! David! Onde está David?

UMA VOZ Está caçando.

HUBERTO E Macário, onde está também?

A VOZ Tomou ontem uma bebedeira. Está ébrio como uma cabra.

À porta de uma taverna.

Macário vai saindo e encontra Satã.

SATÃ Onde vais?

MACÁRIO Sempre tu, maldito!

SATÃ Onde vais? Sabes de Penseroso?

MACÁRIO Vou ter com ele.

SATÃ Vai, doido, vai! que chegarás tarde! Penseroso morreu.

MACÁRIO Mataram-no!

SATÃ Matou-se.

MACÁRIO Bem.

SATÃ Vem comigo.

MACÁRIO Vai-te.

SATÃ És uma criança. Ainda não saboreaste a vida e já gravitas para a morte. O que te falta? Ouro em rios? eu to darei. Mulheres? tê-las-ás, virgens, adúlteras ou prostitutas... — O amor? dar-te-ei donzelas que morram por ti, e realizem na tua fronte os sonhos de seu histerismo... Que te falta?

MACÁRIO Vai-te, maldito...

SATÃ (*afastando-se*) Abrir a alma ao desespero é dá-la a Satã. Tu és meu. Marquei-te na fronte com meu dedo. Não te perco de vista. Assim te guardarei melhor. Ouvirás mais facilmente minha voz partindo de tua carne que entrando pelos teus ouvidos.

Uma rua.

Macário e Satã de braços dados.

SATÃ Estás ébrio? Cambaleias.

MACÁRIO Onde me levas?

SATÃ A uma orgia. Vais ler uma página da vida; cheia de sangue e de vinho — que importa?

MACÁRIO É aqui, não? Ouço vociferar a saturnal lá dentro.

SATÃ Paremos aqui. Espia nessa janela.

MACÁRIO Eu vejo-os. É uma sala fumacenta. À roda da mesa estão sentados cinco homens ébrios. Os mais revolvem-se no chão. Dormem ali mulheres desgrenhadas, umas lívidas, outras vermelhas... Que noite!

SATÃ Que vida! Não é assim? Pois bem! Escuta, Macário. Há homens para quem essa vida é mais suave que a outra. O vinho é como o ópio, é o Letes do esquecimento... A embriaguez é como a morte...

MACÁRIO Cala-te. Ouçamos.

Notas

1. Histórico. (Nota de Álvares de Azevedo)
2. Esta marcação entre colchetes foi posta por Antonio Candido.
3. Na edição de Homero Pires, o termo "parasita" aparece no feminino.

ÁLVARES DE AZEVEDO

SOB O PSEUDÔNIMO DE
JOB STERN

Noite na taverna

How now, Horatio? You tremble, and look pale.
Is not this something more than fantasy?
What think you on't?
Shakespeare, *Hamlet*, ato I, cena I

I
Uma noite do século

Bebamos! Nem um canto de saudade!
Morrem na embriaguez da vida as dores!
Que importam sonhos, ilusões desfeitas?
Fenecem como as flores!
José Bonifácio

— Silêncio! moços! acabai com essas cantilenas horríveis! Não vedes que as mulheres dormem ébrias, macilentas como defuntos? Não sentis que o sono da embriaguez pesa negro naquelas pálpebras onde a beleza sigilou os olhares da volúpia?

— Cala-te, Johann! enquanto as mulheres dormem e Arnold — o loiro — cambaleia e adormece murmurando as canções de orgia de Tieck, que música mais bela que o alarido da saturnal? Quando as nuvens correm negras no céu como um bando de corvos errantes, e a lua desmaia como a luz de uma lâmpada sobre a alvura de uma beleza que dorme, que melhor noite que a passada ao reflexo das taças?

— És um louco, Bertram! não é a lua que lá vai macilenta: é o relâmpago que passa e ri de escárnio às agonias do povo que morre, aos soluços que seguem as mortualhas do cólera!

— O cólera! e que importa? Não há por ora vida bastante nas veias do homem? não borbulha a febre ainda às ondas do vinho? não reluz em todo o seu fogo a lâmpada da vida na lanterna do crânio?

— Vinho! vinho! Não vês que as taças estão vazias e bebemos o vácuo, como um sonâmbulo?

— É o fichtismo na embriaguez! Espiritualista, bebe a imaterialidade da embriaguez!

— Oh! vazio! meu copo está vazio! Olá, taverneira, não vês que as garrafas estão esgotadas? Não sabes, desgraçada, que os lábios da garrafa são como os da mulher: só valem beijos enquanto o fogo do vinho ou o fogo do amor os borrifa de lava?

— O vinho acabou-se nos copos, Bertram, mas o fumo ondula ainda nos cachimbos! Após os vapores do vinho os vapores da fumaça! Senhores, em nome de todas as nossas reminiscências, de todos os nossos sonhos que mentiram, de todas as nossas esperanças que desbotaram, uma última saúde! A taverneira aí nos trouxe mais vinho: uma saúde! O fumo é a imagem do idealismo, é o transunto de tudo quanto há mais vaporoso naquele espiritualismo que nos fala da imortalidade da alma! e pois, ao fumo das Antilhas, à imortalidade da alma!

— Bravo! bravo!

Um *urrah* tríplice respondeu ao moço meio ébrio.

Um conviva se ergueu entre a vozeria: contrastavam-lhe com as faces de moço as rugas da fronte e a roxidão dos lábios convulsos. Por entre os cabelos prateava-se-lhe o reflexo das luzes do festim. Falou:

— Calai-vos, malditos! a imortalidade da alma? pobres doidos! e porque a alma é bela, porque não concebeis que esse ideal possa tornar-se em lodo e podridão, como as faces belas da virgem morta, não podeis crer que ele morra? Doidos! nunca velada levastes porventura uma noite à cabeceira de um cadáver? E então não duvidastes que ele não era morto, que aquele peito e aquela fronte iam palpitar de novo, aquelas pálpebras iam abrir-se, que era apenas o ópio do sono que emudecia aquele homem? Imortalidade da alma! e por que também não sonhar a das flores, a das brisas, a dos perfumes? Oh! não mil vezes! a alma não é, como a lua, sempre moça, nua e bela em sua virgindade eterna! a vida não é mais que a reunião ao acaso das moléculas atraídas: o que era um corpo de mulher vai porventura transformar-se num cipreste ou uma nuvem de miasmas; o que era um corpo do verme vai alvejar-se no cálice da flor ou na fronte da criança mais loira e bela. Como Schiller o disse, o átomo da inteligência de Platão foi talvez para o coração de um ser impuro. Por isso eu vo-lo direi: se entendeis a imortalidade pela metempsicose, bem! talvez eu creia um pouco: — pelo platonismo, não!

— Solfieri! és um insensato! o materialismo é árido como o deserto, é escuro como um túmulo! A nós frontes queimadas pelo mormaço do sol da vida, a nós sobre cuja cabeça a velhice regelou os cabelos, essas crianças frias! A nós os sonhos do espiritualismo!

— Archibald! deveras, que é um sonho tudo isso! No outro tempo o sonho da minha cabeceira era o espírito puro ajoelhado no seu manto argênteo, num oceano de aromas e luzes! Ilusões! a realidade é a febre do libertino, a taça na mão, a lascívia nos lábios, e a mulher seminua trêmula e palpitante sobre os joelhos.

— Blasfêmia! — e não crês em mais nada: teu ceticismo derribou todas as estátuas do teu templo, mesmo a de Deus?

— Deus! crer em Deus! sim, como o grito íntimo o revela nas horas frias do medo — nas horas em que se tirita de susto e que a morte parece roçar úmida por nós! Na jangada do náufrago, no cadafalso, no deserto — sempre banhado de suor frio — do terror é que vem a crença em Deus! — Crer nele como a utopia do bem absoluto, o sol da luz e do amor, muito bem! Mas se entendeis por ele os ídolos que os homens ergueram banhados de sangue, e o fanatismo beija em sua inanimação de mármore de há cinco mil anos! não creio nele!

— E os livros santos?

— Miséria! quando me vierdes falar em poesia eu vos direi: aí há folhas inspiradas pela natureza ardente daquela terra como nem Homero as sonhou — como a humanidade inteira ajoelhada sobre os túmulos do passado mais nunca lembrará! Mas quando me falarem em verdades religiosas, em visões santas, nos desvarios daquele povo estúpido — eu vos direi — miséria! miséria! três vezes miséria! Tudo aquilo é falso — mentiram como as miragens do deserto!

— Estás ébrio, Johann! O ateísmo é a insânia como o idealismo místico de Schelling, o panteísmo de Espinosa, o judeu, e o esterismo crente de Malebranche nos seus sonhos da visão em Deus. A verdadeira filosofia é o epicurismo. Hume bem o disse: o fim do homem é o prazer. Daí vede que é o elemento sensível quem domina. E pois ergamo-nos, nós que amarelecemos nas noites desbotadas de estudo insano, e vimos que a ciência é falsa e esquiva, que ela mente e embriaga como um beijo de mulher.

— Bem! muito bem! é um *toast* de respeito!

— Quero que todos se levantem, e com a cabeça descoberta digam-no: ao deus Pã da natureza, aquele que a antiguidade chamou Baco, o filho das coxas de um deus e do amor de uma mulher, e que nós chamamos melhor pelo seu nome — o vinho.

— Ao vinho! ao vinho!

Os copos caíram vazios na mesa.

— Agora ouvi-me, senhores! Entre uma saúde e uma baforada de fumaça, quando as cabeças queimam e os cotovelos se estendem na toalha molhada de vinho, como os braços do carniceiro no cepo gotejante, o que nos cabe é uma história sanguinolenta, um daqueles contos fantásticos — como Hoffmann os delirava ao clarão dourado do Johannisberg!

— Uma história medonha, não, Archibald? — falou um moço pálido que a esse reclamo erguera a cabeça amarelenta. — Pois bem, dir-vos-ei uma história. Mas quanto a essa, podeis tremer a gosto, podeis suar a frio da fronte grossas bagas de terror. Não é um conto, é uma lembrança do passado.

— Solfieri! Solfieri! aí vens com teus sonhos!

— Conta!

Solfieri falou: os mais fizeram silêncio.

II
Solfieri

> .... *Yet one kiss on your pale clay.*
> *And those lips once so warm — my heart! my heart!*
> Byron, *Cain*

Sabeis-lo. Roma é a cidade do fanatismo e da perdição: na alcova do sacerdote dorme a gosto a amásia, no leito da vendida se pendura o crucifixo lívido. É um requintar de gozo blasfemo que mescla o sacrilégio à convulsão do amor, o beijo lascivo à embriaguez da crença!

Era em Roma. Uma noite a lua ia bela como vai ela no verão por aquele céu morno, o fresco das águas se exalava como um suspiro do leito do Tibre. A noite ia bela. Eu passeava a sós pela ponte de... As luzes se apagaram uma por uma nos palácios, as ruas se faziam ermas, e a lua de sonolenta se escondia no leito de nuvens. Uma sombra de mulher apareceu numa janela solitária e escura. Era uma forma branca. — A face daquela mulher era como de uma estátua pálida à lua. Pelas faces dela, como gotas de uma taça caída, rolavam fios de lágrimas.

Eu me encostei à aresta de um palácio. A visão desapareceu no escuro da janela e daí um canto se derramava. Não era só uma voz melodiosa: havia naquele cantar um como choro de frenesi, um como gemer de insânia: aquela voz era sombria como a do vento à noite nos cemitérios cantando a nênia das flores murchas da morte.

Depois o canto calou-se. A mulher apareceu na porta. Parecia espreitar se havia alguém nas ruas. Não viu a ninguém — saiu. Eu segui-a.

A noite ia cada vez mais alta: a lua sumira-se no céu, e a chuva caía às gotas pesadas: apenas eu sentia nas faces caírem-me grossas lágrimas de água, como sobre um túmulo prantos de órfão.

Andamos longo tempo pelo labirinto das ruas: enfim ela parou: estávamos num campo.

Aqui, ali, além eram cruzes que se erguiam de entre o ervaçal. Ela ajoelhou-se. Parecia soluçar: em torno dela passavam as aves da noite.

Não sei se adormeci: sei apenas que quando amanheceu achei-me a sós no cemitério. Contudo a criatura pálida não fora uma ilusão — as urzes, as cicutas do campo-santo estavam quebradas junto a uma cruz.

O frio da noite, aquele sono dormido à chuva, causaram-me uma febre. No meu delírio passava e repassava aquela brancura de mulher, gemiam aqueles soluços, e todo aquele devaneio se perdia num canto suavíssimo...

Um ano depois voltei a Roma. Nos beijos das mulheres nada me saciava: no sono da saciedade me vinha aquela visão...

Uma noite, e após uma orgia, eu deixara dormida no leito dela a condessa Barbora. Dei um último olhar àquela forma nua e adormecida com a febre nas faces e a lascívia nos lábios úmidos, gemendo ainda nos sonhos como na agonia voluptuosa do amor. — Saí. — Não sei se a noite era límpida ou negra — sei apenas que a cabeça me escaldava de embriaguez. As taças tinham ficado vazias na mesa: nos lábios daquela criatura eu bebera até a última gota o vinho do deleite...

Quando dei acordo de mim estava num lugar escuro: as estrelas passavam seus raios brancos entre as vidraças de um templo. As luzes de quatro círios batiam num caixão entreaberto. Abri-o: era o de uma moça. Aquele branco da mortalha, as grinaldas da morte na fronte dela, naquela tez lívida e embaçada, o vidrento dos olhos mal apertados... Era uma defunta!... e aqueles traços todos me lembraram uma ideia perdida... — Era o anjo do cemitério? Cerrei as portas da igreja, que, ignoro por quê, eu achara abertas. Tomei o cadáver nos meus braços para fora do caixão. Pesava como chumbo.

Sabeis a história de Maria Stuart degolada e o algoz, "do cadáver sem cabeça e o homem sem coração", como a conta Brantôme? — Foi uma ideia singular a que eu tive. Tomei-a no colo. Preguei-lhe mil beijos nos lábios. Ela era bela assim: rasguei-lhe o sudário, despi-lhe o véu e a capela como o noivo as despe à noiva. Era uma forma puríssima. Meus sonhos nunca me tinham evocado uma estátua tão perfeita. Era mesmo uma estátua: tão branca era ela. A luz dos tocheiros dava-lhe aquela palidez de âmbar que lustra os mármores antigos. O gozo foi fervoroso — cevei em perdição aquela vigília. A madrugada passava já frouxa nas janelas. Àquele calor de meu peito, à febre de meus lábios, à convulsão de meu amor, a donzela pálida parecia reanimar-se. Súbito abriu os olhos empanados. — Luz sombria alumiou-os como a de uma estrela entre névoa — apertou-me em seus braços, um suspiro ondeou-lhe nos beiços azulados... Não era já a morte — era um desmaio. No aperto daquele abraço havia contudo alguma coisa de horrível. O leito de lájea onde eu passara uma hora de embriaguez me resfriava. Pude a custo soltar-me daquele aperto do peito dela... Nesse instante ela acordou...

Nunca ouvistes falar da catalepsia? É um pesadelo horrível aquele que gira ao acordado que emparedam num sepulcro; sonho gelado em que sentem-se os membros tolhidos, e as faces banhadas de lágrimas alheias sem poder revelar a vida!

A moça revivia a pouco e pouco. Ao acordar desmaiara. Embucei-me na capa e tomei-a nos braços coberta com seu sudário como uma criança. Ao aproximar-me da porta topei num corpo; abaixei-me — olhei; era algum coveiro do cemitério da igreja que aí dormira de ébrio, esquecido de fechar a porta...

Saí. — Ao passar a praça encontrei uma patrulha.

— Que levas aí?

A noite era muito alta — talvez me cressem um ladrão.

— É minha mulher que vai desmaiada...

— Uma mulher!... Mas essa roupa branca e longa? Serás acaso roubador de cadáveres?

Um guarda aproximou-se. Tocou-lhe a fronte — era fria.

— É uma defunta...

Cheguei meus lábios aos dela. Senti um bafejo morno. — Era a vida ainda.

— Vede — disse eu.

O guarda chegou-lhe os lábios: os beiços ásperos roçaram pelos da moça. Se eu sentisse o estalar de um beijo... o punhal já estava nu em minhas mãos frias...

— Boa noite, moço: podes seguir — disse ele.

Caminhei. — Estava cansado. Custava a carregar o meu fardo: e eu sentia que a moça ia despertar. Temeroso de que ouvissem-na gritar e acudissem-me, corri com mais esforço...

Quando eu passei a porta, ela acordou. O primeiro som que lhe saiu da boca foi um grito de medo...

Mal eu fechara a porta, bateram nela. Era um bando de libertinos meus companheiros que voltavam da orgia. Reclamaram que abrisse.

Fechei a moça no meu quarto — e abri.

Meia hora depois eu os deixava na sala bebendo ainda.

A turvação da embriaguez fez que não notassem minha ausência.

Quando entrei no quarto da moça, vi-a erguida. Ria de um rir convulso como a insânia, e frio como a folha de uma espada. Trespassava de dor o ouvi-la.

Dois dias e duas noites levou ela de febre assim... Não houve sanar-lhe aquele delírio, nem o rir do frenesi. Morreu depois de duas noites e dois dias de delírio.

À noite saí — fui ter com um estatuário que trabalhava perfeitamente em cera — e paguei-lhe uma estátua dessa virgem.

Quando o escultor saiu, levantei os tijolos de mármore do meu quarto, e com as mãos cavei aí um túmulo. — Tomei-a então pela última vez nos braços, apertei-a a meu peito muda e fria, beijei-a e cobri-a adormecida do sono eterno com o lençol de seu leito. — Fechei-a no seu túmulo e estendi meu leito sobre ele.

Um ano — noite a noite — dormi sobre as lajes que a cobriam... Um dia o estatuário me trouxe a sua obra. — Paguei-lha e paguei o segredo...

Não te lembras, Bertram, de uma forma branca de mulher que entreviste pelo véu do meu cortinado? Não te lembras que eu te respondi que era uma virgem que dormia?

— E quem era essa mulher, Solfieri?

— Quem era? seu nome?

— Quem se importa com uma palavra quando sente que o vinho queima assaz os lábios? quem pergunta o nome da prostituta com quem dormia e que sentiu morrer a seus beijos, quando nem há dele mister por escrever-lho na lousa?

Solfieri encheu uma taça. — Bebeu-a. — Ia erguer-se da mesa quando um dos convivas tomou-o pelo braço.

— Solfieri, não é um conto isso tudo?

— Pelo inferno que não! por meu pai que era conde e bandido, por minha mãe que era a bela messalina das ruas — pela perdição que não! Desde que eu próprio calquei aquela mulher com meus pés na sua cova de terra — eu vo-lo juro — guardei-lhe como amuleto a capela de defunta. — Ei-la.

Abriu a camisa, e viram-lhe ao pescoço uma grinalda de flores mirradas.

— Vedes-la? murcha e seca como o crânio dela!

III
Bertram

But why should I for others groan,
When none will sigh for me?
Byron, *Childe Harold*, canto I

Um outro conviva se levantou.

Era uma cabeça ruiva, uma tez branca, uma daquelas criaturas fleumáticas que não hesitaram ao tropeçar num cadáver para ter mão de um fim.

Esvaziou o copo cheio de vinho, e com a barba nas mãos alvas, com os olhos de verde-mar fixos, falou:

— Sabeis, uma mulher levou-me à perdição. Foi ela quem me queimou a fronte nas orgias, e desbotou-me os lábios no ardor dos vinhos e na moleza de seus beijos: quem me fez devassar pálido as longas noites de insônia nas mesas do jogo, e na doidice dos abraços convulsos com que ela me apertava o seio! Foi ela, vós o sabeis, quem fez-me num dia ter três duelos com meus três melhores amigos, abrir três túmulos àqueles que mais me amavam na vida — e depois, depois sentir-me só e abandonado no mundo, como a infanticida que matou o seu filho, ou aquele mouro infeliz junto à sua Desdêmona pálida!

Pois bem, vou contar-vos uma história que começa pela lembrança desta mulher.

Havia em Cádiz uma donzela — linda daquele moreno

das andaluzas que não há vê-las sob as franjas da mantilha acetinada, com as plantas mimosas, as mãos de alabastro, os olhos que brilham e os lábios de rosa d'Alexandria — sem delirar sonhos delas por longas noites ardentes!

Andaluzas! sois muito belas! Se o vinho, se as noites de vossa terra, o luar de vossas noites, vossas flores, vossos perfumes são doces, são puros, são embriagadores — vós ainda o sois mais! Oh! por esse eivar a eito de gozos de uma existência fogosa nunca pude esquecer-vos!

Senhores! aí temos vinho de Espanha, enchei os copos — à saúde das espanholas!...

....

Amei muito essa moça, chamava-se Ângela. Quando eu estava decidido a casar-me com ela, quando após das longas noites perdidas ao relento a espreitar-lhe da sombra um aceno, um adeus, uma flor — quando após tanto desejo e tanta esperança eu sorvi-lhe o primeiro beijo — tive de partir da Espanha para Dinamarca onde me chamava meu pai.

Foi uma noite de soluços e lágrimas, de choros e de esperanças, de beijos e promessas, de amor, de voluptuosidade no presente e de sonhos no futuro... Parti. Dois anos depois foi que voltei: quando entrei na casa de meu pai, ele estava moribundo: ajoelhou-se no seu leito e agradeceu a Deus ainda ver-me: pôs as mãos na minha cabeça, banhou-me a fronte de lágrimas — eram as últimas — depois deixou-se cair, pôs as mãos no peito, e com os olhos em mim murmurou — Deus!

A voz sufocou-se-lhe na garganta: todos choravam.

Eu também chorava — mas era de saudades de Ângela...

Logo que pude reduzir minha fortuna a dinheiro, pu-la no banco de Hamburgo, e parti para a Espanha.

Quando voltei, Ângela estava casada, e tinha um filho...

Contudo meu amor não morreu! Nem o dela!

Muito ardentes foram aquelas horas de amor e de lágrimas, de saudades e beijos, de sonhos e maldições para nos esquecermos um do outro.

....

Uma noite, dois vultos alvejavam nas sombras de um jardim, as folhas tremiam ao ondear de um vestido, as brisas soluçavam aos soluços de dois amantes, e o perfume das violetas que eles pisavam, das rosas e madressilvas que abriam em torno deles era ainda mais doce perdido no perfume dos cabelos soltos de uma mulher...

Essa noite — foi uma loucura! foram poucas horas de sonhos de fogo! e quão breve passaram! Depois a essa noite seguiu-se outra, outra... e muitas noites as folhas sussurravam ao roçar de um passo misterioso, e o vento se embriagou de deleite nas nossas frontes pálidas...

Mas um dia o marido soube tudo: quis representar de Otelo com ela. Doido...

Era alta noite: eu esperava ver passar nas cortinas brancas a sombra do anjo. Quando passei, uma voz chamou-me. Entrei — Ângela, com os pés nus, o vestido solto, o cabelo desgrenhado e os olhos ardentes, tomou-me pela mão... Senti-lhe a mão úmida... Era escura a escada que subimos: passei a minha mão molhada pela dela por meus lábios. — Tinha saibo de sangue.

— Sangue, Ângela! De quem é esse sangue?

A espanhola sacudiu seus longos cabelos negros e riu-se.

Entramos numa sala. Ela foi buscar uma luz, e deixou-me no escuro.

Procurei, tateando, um lugar para assentar-me: toquei numa mesa. Mas ao passar-lhe a mão senti-a banhada de umidade: além senti uma cabeça fria como neve e molhada de um líquido espesso e meio coagulado. Era sangue...

Quando Ângela veio com a luz, eu vi... Era horrível. O marido estava degolado.

Era uma estátua de gesso lavada em sangue... Sobre o peito do assassinado estava uma criança de bruços. Ela ergueu-a pelos cabelos... Estava morta também: o sangue que corria das veias rotas de seu peito se misturava com o do pai!

— Vês, Bertram, esse era o meu presente: agora será, negro embora, um sonho do meu passado. Sou tua e tua só. Foi por ti que tive força bastante para tanto crime... Vem, tudo está pronto, fujamos. A nós o futuro!

....

Foi uma vida insana a minha com aquela mulher! Era um viajar sem fim. Ângela vestira-se de homem: era um formoso mancebo assim. No demais ela era como todos os moços libertinos que nas mesas da orgia batiam com a taça dela. Bebia já como uma inglesa, fumava como uma sultana, montava a cavalo como um árabe, e atirava as armas como um espanhol.

Quando o vapor dos licores me ardia a fronte, ela ma repousava em seus joelhos, tomava um bandolim e me cantava as modas de sua terra...

Nossos dias eram lançados ao sono como pérolas ao amor: nossas noites sim eram belas!

....

Um dia ela partiu: partiu, mas deixou-me os lábios ainda queimados dos seus, e o coração cheio do germe de vícios que ela aí lançara. Partiu. Mas sua lembrança ficou como o fantasma de um mau anjo perto de meu leito.

Quis esquecê-la no jogo, nas bebidas, na paixão dos duelos. Tornei-me um ladrão nas cartas, um homem perdido por mulheres e orgias, um espadachim terrível e sem coração.

....

Uma noite eu caíra ébrio às portas de um palácio: os cavalos de uma carruagem pisaram-me ao passar e partiram-me a cabeça de encontro à lájea. Acudiram-me desse palácio. Depois amaram-me: a família era um nobre velho viúvo e uma beleza peregrina de dezoito anos. Não era amor decerto o que eu sentia por ela — não sei o que foi — era uma fatalidade infernal. A pobre inocente amou-me; e eu, recebido como o hóspede de Deus sob o teto do velho fidalgo, desonrei-lhe a filha, roubei-a, fugi com ela... E o velho teve de chorar suas cãs manchadas na desonra de sua filha, sem poder vingar-se.

Depois enjoei-me dessa mulher. — A saciedade é um

tédio terrível: — uma noite que eu jogava com Siegfried — o pirata, depois de perder as últimas joias, dela, vendi-a.

A moça envenenou Siegfried logo na primeira noite, e afogou-se...

....

Eis aí quem eu sou: se quisesse contar-vos longas histórias do meu viver, vossas vigílias correriam breves demais...

Um dia — era na Itália — saciado de vinho e mulheres, eu ia suicidar-me. A noite era escura e eu chegara só na praia. Subi um rochedo: daí minha última voz foi uma blasfêmia, meu último adeus uma maldição... *meu último*, digo mal; porque senti-me erguido nas águas pelo cabelo.

Então na vertigem do afogo o anelo da vida acordou-se em mim. A princípio tinha sido uma cegueira — uma nuvem ante meus olhos, como aos daquele que labuta nas trevas. A sede da vida veio ardente: apertei aquele que me socorria: fiz tanto, em uma palavra, que, sem querê-lo, matei-o. Cansado do esforço desmaiei...

Quando recobrei os sentidos estava num escaler de marinheiros que remavam mar em fora. Aí soube eu que meu salvador tinha morrido afogado por minha culpa. Era uma sina, e negra; e por isso ri-me; ri-me, enquanto os filhos do mar choravam.

Chegamos a uma corveta que estava erguendo âncora.

O comandante era um belo homem. Pelas faces vermelhas caíam-lhe os crespos loiros onde a velhice alvejava algumas cãs.

Ele perguntou-me:

— Quem és?

— Um desgraçado que não pode viver na terra, e não deixaram morrer no mar.

— Queres pois vir a bordo?

— A menos que não prefirais atirar-me ao mar.

— Não o faria: tens uma bela figura. Levar-te-ei comigo. Servirás...

— Servir! — e ri-me: depois respondi-lhe frio: deixai que me atire ao mar...

— Não queres servir? Queres então viajar de braços cruzados?

— Não: quando for a hora da manobra dormirei: mas quando vier a hora do combate ninguém será mais valente do que eu...

— Muito bem: gosto de ti — disse o velho lobo do mar. — Agora que estamos conhecidos dize-me teu nome e tua história.

— Meu nome é Bertram. Minha história? Escutai: o passado é um túmulo! Perguntai ao sepulcro a história do cadáver! Guarda o segredo... ele dir-vos-á apenas que tem no seio um corpo que se corrompe! Tereis sobre a lousa um nome — e não mais!

O comandante franziu as sobrancelhas, e passou adiante para comandar a manobra.

O comandante trazia a bordo uma bela moça. Criatura pálida, parecera a um poeta o anjo da esperança adormecendo esquecido entre as ondas. Os marinheiros a respeitavam: quando pelas noites de lua ela repousava o braço na amurada e a face na mão, aqueles que passavam junto dela se descobriam respeitosos. Nunca ninguém lhe vira olhares de orgulho, nem lhe ouvira palavras de cólera: era uma santa.

Era a mulher do comandante.

Entre aquele homem brutal e valente, rei bravio no alto-mar, esposado, como os doges de Veneza ao Adriático, à sua garrida corveta — entre aquele homem pois e aquela madona havia um amor de homem como o palpita o peito que longas noites abriu-se às luas do oceano solitário, que adormeceu pensando nela ao frio das vagas e ao calor dos trópicos, que suspirou nas horas de quarto, alta noite na amurada do navio, lembrando-a nos nevoeiros da cerração, nas nuvens da tarde... Pobres doidos! parece que esses homens amam muito! A bordo ouvi a muitos marinheiros seus amores singelos: eram moças loiras da Bretanha e da Normandia, ou alguma espanhola de cabelos negros vista ao passar — sentada na praia com sua cesta de flores — ou adormecida entre os laranjais cheirosos — ou dançando o fandango lascivo nos bailes ao relento! Houve-as junto a mim muitas faces ásperas e tostadas ao sol do mar que se banharam de lágrimas...

Voltemos à história. — O comandante a estremecia como um louco — um pouco menos que a sua honra, um pouco mais que sua corveta.

E ela — ela no meio de sua melancolia, de sua tristeza e sua palidez — ela sorria às vezes quando cismava sozinha — mas era um sorrir tão triste que doía. Coitada! Um poeta a amaria de joelhos. Uma noite — decerto eu estava ébrio — fiz-lhe uns versos. Na lânguida poesia, eu derramara uma essência preciosa e límpida que ainda não se poluíra no mundo...

Bofé que chorei quando fiz esses versos. Um dia, meses depois — li-os, ri-me deles e de mim e atirei-os ao mar... Era a última folha da minha virgindade que lançava ao esquecimento...

Agora, enchei os copos: o que vou dizer-vos é negro: é uma lembrança horrível, como os pesadelos no oceano.

Com suas lágrimas, com seus sorrisos, com seus olhos úmidos, e os seios intumescidos de suspiros — aquela mulher me enlouquecia as noites. Era como uma vida nova que nascia cheia de desejos, quando eu cria que todos eles eram mortos como crianças afogadas em sangue ao nascer.

Amei-a: por que dizer-vos mais? Ela amou-me também. Uma vez a luz ia límpida e serena sobre as águas — as nuvens eram brancas como um véu recamado de pérolas da noite — o vento cantava nas cordas. Bebi-lhe na pureza desse luar, ao fresco dessa noite, mil beijos nas faces molhadas de lágrimas, como se bebe o orvalho de um lírio cheio. Aquele seio palpitante, o contorno acetinado, apertei-os sobre mim...

O comandante dormia.

....

Uma vez ao madrugar o gajeiro assinalou um navio. Meia hora depois desconfiou que era um pirata...

Chegávamos cada vez mais perto. Um tiro de pólvora seca da corveta reclamou a bandeira. Não responderam. Deu-se segundo — nada. Então um tiro de bala foi cair nas águas do barco desconhecido como uma luva de duelo. O barco que até então tinha seguido rumo oposto ao nosso e vinha proa contra nossa proa virou de bordo e apresentou-nos seu flanco enfumaçado: um relâmpago correu nas baterias do pirata — um estrondo seguiu-se — e uma nuvem de balas veio morrer perto da corveta.

Ela não dormia, virou de bordo: os navios ficaram lado a lado. À descarga do navio de guerra o pirata estremeceu como se quisesse ir a pique.

....

O pirata fugia: a corveta deu-lhe caça: as descargas trocaram-se então mais fortes de ambos os lados.

Enfim o pirata pareceu ceder. Atracaram-se os dois navios como para uma luta. A corveta vomitou sua gente a bordo do inimigo. O combate tornou-se sanguento — era um matadouro: o chão do navio escorregava de tanto sangue: o mar ansiava cheio de escumas ao boiar de tantos cadáveres. Nesta ocasião sentiu-se uma fumaça que subia do porão. O pirata dera fogo às pólvoras... Apenas a corveta por uma manobra atrevida pôde afastar-se do perigo. Mas a explosão fez-lhe grandes estragos. Alguns minutos depois o barco do pirata voou pelos ares. Era uma cena pavorosa ver entre aquela fogueira de chamas, ao estrondo da pólvora, ao reverberar deslumbrador do fogo nas águas, os homens arrojados ao ar irem cair no oceano.

Uns a meio queimados se atiravam à água, outros com os membros esfolados e a pele a despegar-se-lhes do corpo nadavam ainda entre dores horríveis e morriam torcendo-se em maldições. A uma légua da cena do combate havia uma praia bravia, cortada de rochedos... Aí se salvaram os piratas que puderam fugir.

E nesse tempo, enquanto o comandante se batia como um bravo, eu o desonrava como um covarde.

Não sei como se passou o tempo todo que decorreu depois. Foi uma visão de gozos malditos — eram os amores de Satã e de Eloá, da morte e da vida, no leito do mar.

Quando acordei um dia desse sonho, o navio tinha encalhado num banco de areia: o ranger da quilha a morder na areia gelou a todos... Meu despertar foi a um grito de agonia...

— Olá, mulher! taverneira maldita, não vês que o vinho acabou-se?

Depois foi um quadro horrível! Éramos nós numa jangada no meio do mar. Vós que lestes o *Don Juan*, que fizestes talvez daquele veneno a vossa Bíblia, que dormistes as noites da saciedade como eu, com a face sobre ele — e com os olhos ainda fitos nele vistes tanta vez amanhecer —, sabeis quanto se coa de horror ante aqueles homens atirados ao mar, num mar sem horizonte, ao balouço das águas, que parecem sufocar seu escárnio na mudez fria de uma fatalidade!

Uma noite — a tempestade veio — apenas houve tempo de amarrar nossas munições... Fora mister ver o oceano bramindo no escuro como um bando de leões com fome, para saber o que é a borrasca — fora mister vê-la de uma jangada à luz da tempestade, às blasfêmias dos que não creem e maldizem, às lágrimas dos que esperam e desesperam, aos soluços dos que tremem e tiritam de susto como aquele que bate à porta do nada... E eu, eu ria: era como o gênio do ceticismo naquele deserto. Cada vaga que varria nossas tábuas descosidas arrastava um homem — mas cada vaga que me rugia aos pés parecia respeitar-me. Era um oceano como aquele de fogo onde caíram os anjos perdidos de Milton, o cego: quando eles passavam cortando-as a nado, as águas do pântano de lava se apertavam: a morte era para os filhos de Deus — não para o bastardo do mal!

Toda aquela noite passei-a com a mulher do comandante nos braços. Era um himeneu terrível aquele que se consumava entre um descrido e uma mulher pálida que enlouquecia: o tálamo era o oceano, a escuma das vagas era a seda que nos alcatifava o leito. Em meio daquele concerto de uivos que nos ia ao pé, os gemidos nos sufocavam: e nós rolávamos abraçados — atados a um cabo da jangada — por sobre as tábuas...

Quando a aurora veio, restávamos cinco: eu, a mulher do comandante, ele e dois marinheiros...

Alguns dias comemos umas bolachas repassadas da salsugem da água do mar. Depois tudo o que houve de mais horrível se passou...

— Por que empalideces, Solfieri? A vida é assim. Tu o sabes como eu o sei. O que é o homem? É a escuma que ferve hoje na torrente e amanhã desmaia: alguma coisa de louco e movediço como a vaga, de fatal como o sepulcro! O que é a existência? Na mocidade é o caleidoscópio das ilusões: vive-se então da seiva do futuro. Depois envelhecemos: quando chegamos aos trinta anos, e o suor das agonias nos grisalhou os cabelos antes do tempo, e murcharam como nossas faces as nossas esperanças, oscilamos entre o passado visionário e este *amanhã* do velho, gelado e ermo — despido como um cadáver que se banha antes de dar à sepultura! Miséria! Loucura!

— Muito bem! miséria e loucura! — interrompeu uma voz.

O homem que falara era um velho. A fronte se lhe descalvara, e longas e fundas rugas a sulcavam — eram ondas que o vento da velhice lhe cavava no mar da vida... Sob espessas sobrancelhas grisalhas lampejavam-lhe os olhos pardos, e um espesso bigode lhe cobria parte dos lábios. Trazia um gibão negro e roto, e um manto desbotado, da mesma cor, lhe caía dos ombros.

— Quem és, velho? — perguntou o narrador.

— Passava lá fora: a chuva caía a cântaros: a tempestade era medonha: entrei. Boa noite, senhores! Se houver mais uma taça na vossa mesa, enchei-a até às bordas e beberei convosco.

— Quem és?

— Quem eu sou? Na verdade fora difícil dizê-lo: corri muito mundo, a cada instante mudando de nome e de vida. — Fui poeta — e como poeta cantei. Fui soldado, e banhei minha fronte juvenil nos últimos raios de sol da águia de Waterloo. — Apertei ao fogo da batalha a mão do homem do século. Bebi numa taverna com Bocage — o Português, ajoelhei-me na Itália sobre o túmulo de Dante — e fui à Grécia para sonhar como Byron naquele túmulo das glórias do passado.

— Quem eu sou? Fui um poeta aos vinte anos, um libertino aos trinta — sou um vagabundo sem pátria e sem crenças aos quarenta. Sentei-me à sombra de todos os sóis — beijei lábios de mulheres de todos os países — e de todo esse peregrinar só trouxe duas lembranças — um amor de mulher que morreu nos meus braços na primeira noite de embriaguez e de febre — e uma agonia de poeta... Dela, tenho uma rosa murcha e a fita que prendia seus cabelos. — Dele — olhai...

O velho tirou do bolso um embrulho: era um lenço vermelho o invólucro: desataram-no: dentro estava uma caveira.

— Uma caveira! — gritaram em torno. — És um profanador de sepulturas?

— Olha, moço, se entendes a ciência de Gall e Spurzheim, dize-me, pela protuberância dessa fronte, e pelas bossas dessa cabeça, quem podia ser esse homem?

— Talvez um poeta — talvez um louco.

— Muito bem! adivinhaste. Só erraste não dizendo que talvez ambas as coisas a um tempo. Sêneca o disse — a poesia é a insânia. Talvez o gênio seja uma alucinação, e o entusiasmo precise da embriaguez para escrever o hino sanguinário e fervoroso de Rouget de L'Isle, ou para, na criação do painel medonho do Cristo morto de Holbein, estudar a corrupção no cadáver. Na vida misteriosa de Dante, nas orgias de Marlowe, no peregrinar de Byron, havia uma sombra da doença de Hamlet: quem sabe?

— Mas a que vem tudo isso?

— Não bradastes — miséria e loucura! — vós, almas onde talvez borbulhava o sopro de Deus, cérebros que a luz divina do gênio esclarecia, e que o vinho enchia de vapores e a saciedade de escárnios? Enchei as taças até a borda! enchei-as e bebei; bebei à lembrança do cérebro que ardeu nesse crânio, da alma que aí habitou, do poeta--louco — Werner! e eu bradarei ainda uma vez: — miséria e loucura!

O velho esvaziou o copo, embuçou-se e saiu. Bertram continuou a sua história.

— Eu vos dizia que ia passar-se uma coisa horrível: não havia mais alimentos, e no homem despertava a voz do instinto, das entranhas que tinham fome, que pediam seu cevo como o cão do matadouro, fosse embora sangue.

A fome! a sede! tudo quanto há de mais horrível...

Na verdade, senhores, o homem é uma criatura perfeita! Estatuário sublime, Deus esgotou no talhar desse mármore todo o seu esmero. Prometeu divino, encheu-lhe o crânio protuberante da luz do gênio. Ergueu-o pela mão, mostrou-lhe o mundo do alto da montanha, como Satã quatro séculos depois o fez a Cristo, e disse-lhe: Vê, tudo isso é belo — vales e montes, águas do mar que espumam, folhas das florestas que tremem e sussurram como as asas dos meus anjos — tudo isso é teu. Fiz-te o mundo belo no véu purpúreo do crepúsculo, dourei-to aos raios de minha face. Ei-lo, rei da terra! Banha a fronte olímpica nessas brisas, nesse orvalho, na escuma dessas cataratas. — Sonha como a noite, canta como os anjos, dorme entre as flores! Olha! entre as folhas floridas do vale dorme uma criatura branca como o véu das minhas virgens, loira como o reflexo das minhas nuvens, harmoniosa como as aragens do céu nos arvoredos da terra. — É tua: acorda-a: ama-a, e ela te amará; no seio dela, nas ondas daquele cabelo, afoga-te como o sol entre vapores. — Rei no peito dela, rei na terra, vive de amor e crença, de poesia e de beleza, levanta-te, vai e serás feliz!

Tudo isso é belo, sim — mas é a ironia mais amarga, a decepção mais árida de todas as ironias e de todas as decepções. Tudo isso se apaga diante de dois fatos muito prosaicos — a fome e a sede.

O gênio, a águia altiva que se perde nas nuvens, que se aquenta no eflúvio da luz mais ardente do sol — cair assim com as asas torpes e verminosas no lodo das charnecas? Poeta! porque no meio do arroubo mais sublime do espírito, uma voz sarcástica e mefistofélica te brada — meu Fausto, ilusões! a realidade é a matéria: Deus escreveu Ανάγκη na fronte de sua criatura! — Don Juan! por que choras a esse beijo morno de Haideia que desmaia-te nos braços? A prostituta vender-tos-á amanhã mais queimadores!... Miséria! E dizer que tudo o que há de mais divino no homem, de mais santo e perfumado na alma se infunde no lodo da realidade, se revolve no charco e acha ainda uma convulsão infame para dizer — sou feliz!...

Isso tudo, senhores, para dizer-vos uma coisa muito simples... um fato velho e batido — uma prática do mar, uma lei do naufrágio — a antropofagia.

Dois dias depois de acabados os alimentos restavam três pessoas: eu, o comandante e ela — eram três figuras macilentas como o cadáver, cujos peitos nus arquejavam como a agonia cujos olhares fundos e sombrios se injetavam de sangue como a loucura.

O uso do mar — não quero dizer a voz da natureza física, o brado do egoísmo do homem — manda a morte de um para a vida de todos. — Tiramos a sorte — o comandante teve por lei morrer.

Então o instinto de vida se lhe despertou ainda. Por um dia mais de existência, mais um dia de fome e sede, de leito úmido e varrido pelos ventos frios do norte, mais umas horas mortas de blasfêmia e de agonia, de esperança e desespero — de orações e descrença — de febre e de ânsia — o homem ajoelhou-se, chorou, gemeu a meus pés...

— Olhai — dizia o miserável —, esperemos até amanhã... Deus terá compaixão de nós... Por vossa mãe, pelas entranhas de vossa mãe! Por Deus se ele existe! Deixai, deixai-me ainda viver!

Oh! a esperança é pois como uma parasita que morde e despedaça o tronco, mas quando ele cai, quando morre e apodrece, ainda o aperta em seus convulsos braços! Esperar! quando o vento do mar açoita as ondas, quando a escuma do oceano vos leva o corpo lívido e nu, quando o horizonte é deserto e sem termo, e as velas que branqueiam ao longe parecem fugir! Pobre louco!

Eu ri-me do velho. — Tinha as entranhas em fogo. — Morrer hoje, amanhã, ou depois — tudo me era indiferente, mas hoje eu tinha fome, e ri-me porque tinha fome.

O velho lembrou-me que me acolhera a seu bordo, por piedade de mim — lembrou-me que me amava — e uma torrente de soluços e lágrimas afogava o bravo que nunca empalidecera diante da morte.

Parece que a morte no oceano é terrível para os outros homens: quando o sangue lhes salpica as faces, lhes ensopa as mãos, correm à morte como um rio ao mar — como a cascavel ao fogo. Mas assim — no deserto — nas águas — eles temem-na, tremem diante dessa caveira fria da morte!

Eu ri-me porque tinha fome.

Então o homem ergueu-se. A fúria levantou nele — com a última agonia. Cambaleava, e um suor frio lhe corria no peito descarnado. — Apertou-me nos seus braços amarelentos e lutamos ambos corpo a corpo, peito a peito, pé por pé — por um dia de miséria!

A lua amarelada erguia sua face desbotada, como uma meretriz cansada de uma noite de devassidão — do céu escuro parecia zombar desses dois moribundos que lutavam por uma hora de agonia...

O valente do combate desfalecia — caiu: pus-lhe o pé na garganta — sufoquei-o — e expirou...

Não cubrais o rosto com as mãos — faríeis o mesmo... Aquele cadáver foi nosso alimento dois dias...

Depois, as aves do mar já baixavam para partilhar minha presa; e às minhas noites fastientas uma sombra vinha reclamar sua ração de carne humana...

Lancei os restos ao mar...

Eu e a mulher do comandante passamos — um dia, dois — sem comer nem beber...

Então ela propôs-me morrer comigo. — Eu disse-lhe que sim. Esse dia foi a última agonia do amor que nos queimava: gastamo-lo em convulsões para sentir ainda o mel fresco da voluptuosidade banhar-nos os lábios... Era o gozo febril que podem ter duas criaturas em delírio de morte. Quando soltei-me dos braços dela a fraqueza a fazia desvairar. O delírio tornava-se mais longo, mais longo: debruçava-se nas ondas e bebia a água salgada, e oferecia-ma nas mãos pálidas, dizendo que era vinho. As gargalhadas frias vinham mais de entuviada...

Estava louca.

Não dormi — não podia dormir: uma modorra ardente me fervia as pálpebras: o hálito de meu peito parecia fogo: meus lábios secos e estalados apenas se orvalhavam de sangue.

Tinha febre no cérebro — e meu estômago tinha fome. Tinha fome como a fera.

Apertei-a nos meus braços, oprimi-lhe nos beiços a minha boca em fogo: apertei-a convulsivo — sufoquei-a. Ela era ainda tão bela!

Não sei que delírio estranho se apoderou de mim. Uma vertigem me rodeava. O mar parecia rir de mim, e rodeava em torno, escumante e esverdeado, como um sorvedouro. As nuvens pairavam correndo e pareciam filtrar sangue negro. O vento que me passava nos cabelos murmurava uma lembrança.

De repente senti-me só. Uma onda me arrebatara o cadáver. Eu a vi boiar pálida como suas roupas brancas, seminua, com os cabelos banhados de água: eu via-a erguer-se na escuma das vagas, desaparecer, e boiar de novo: depois não a distingui mais — era como a escuma das vagas, como um lençol lançado nas águas...

Quantas horas, quantos dias passei naquela modorra nem o sei... Quando acordei desse pesadelo de homem desperto, estava a bordo de um navio.

Era o brigue inglês *Swallow*, que me salvara...

Olá, taverneira, bastarda de Satã, não vês que tenho sede, e as garrafas estão secas, secas como tua face e como nossas gargantas?

IV
Gennaro

Meurs ou tue!
Corneille

— Gennaro, dormes, ou embebes-te no sabor do último trago do vinho, da última fumaça do teu cachimbo?

— Não: quando contava tua história, lembrava-me uma folha da vida, folha seca e avermelhada como as do outono, e que o vento varreu.

— Uma história?

— Sim: é uma das minhas histórias: sabes, Bertram, eu sou pintor, é uma lembrança triste essa que vou revelar, porque é a história de um velho e de duas mulheres, belas como duas visões de luz.

Godofredo Walsh era um desses velhos sublimes, em cujas cabeças as cãs semelham o diadema prateado do gênio. Velho já, casara em segundas núpcias com uma beleza de vinte anos.

Godofredo era pintor: diziam uns que este casamento fora um amor artístico por aquela beleza romana, como que feita ao molde das belezas antigas — outros criam-no compaixão pela pobre moça que vivia de servir de modelo. O fato é que ele a queria como filha — como Laura, a filha única de seu primeiro casamento — Laura, corada como uma rosa, e loira como um anjo.

Eu era nesse tempo moço: era aprendiz de pintura em casa de Godofredo. Eu era lindo então! que trinta anos lá vão! que ainda os cabelos e as faces me não haviam desbotado como nesses longos quarenta e dois anos de vida! Eu era aquele tipo de mancebo ainda puro do ressumbrar infantil, pensativo e melancólico como o Rafael se retratou no quadro da galeria Barberini. Eu tinha quase a idade da mulher do mestre. — Nauza tinha vinte — e eu tinha dezoito anos.

Amei-a, mas meu amor era puro como meus sonhos de dezoito anos. Nauza também me amava: era um sentir tão puro! era uma emoção solitária e perfumosa como as primaveras cheias de flores e de brisas que nos embalavam aos céus da Itália.

Como eu disse — o mestre tinha uma filha chamada Laura. Era uma moça pálida, de cabelos castanhos e olhos azulados; sua tez era branca, e só às vezes, quando o pejo a incendia, duas rosas lhe avermelhavam a face e se lhe destacavam no fundo de mármore. Laura parecia querer-me como a um irmão. Seus risos, seus beijos de criança de quinze anos eram só para mim. À noite, quando eu ia deitar-me, ao passar pelo corredor escuro com minha lâmpada, uma sombra me apagava a luz e um beijo me pousava nas faces, nas trevas.

Muitas noites foi assim.

Uma manhã — eu dormia ainda — o mestre saíra e Nauza fora à igreja — quando Laura entrou no meu quarto e fechou a porta: deitou-se a meu lado. Acordei — nos braços dela.

O fogo de meus dezoito anos, a primavera virginal de uma beleza, ainda inocente, o seio seminu de uma donzela a bater sobre o meu: isso tudo ao despertar dos sonhos alvos da madrugada, me enlouqueceu...

Todas as manhãs Laura vinha a meu quarto...

Três meses passaram assim. Um dia entrou ela no meu quarto e disse-me:

— Gennaro, estou desonrada para sempre... A princípio eu quis-me iludir — já não o posso — estou de esperanças...

Um raio que me caísse aos pés não me assustaria tanto.

— É preciso que cases comigo — que me peças a meu pai, ouves, Gennaro?

Eu calei-me.

— Não me amas então?

Calei-me ainda.

— Oh! Gennaro, Gennaro!

E caiu no meu ombro desfeita em soluços. Carreguei-a assim fria e fora de si para seu quarto. Nunca mais tornou a falar-me em casamento.

Que havia de eu fazer? contar tudo ao pai e pedi-la em casamento? Fora uma loucura... Ele me mataria e a ela: ou pelo menos me expulsaria de sua casa... E Nauza? cada vez eu a amava mais. Era uma luta terrível essa que se travava entre o dever e o amor, e entre o dever e o remorso.

Laura não me falara mais. Seu sorriso era frio: cada dia tornava-se mais pálida, mas a gravidez não crescia, antes mais nenhum sinal se lhe notava...

O velho levava as noites passeando no escuro. Já não pintava. Vendo a filha que morria aos sons secretos de uma harmonia de morte, que empalidecia cada vez mais, o misérrimo arrancava as cãs.

Eu contudo não esquecera Nauza, nem ela se esquecia de mim. Meu amor era sempre o mesmo: eram sempre noites de esperança e de sede que me banhavam de lágrimas o travesseiro. Só às vezes a sombra de um remorso me passava, mas a imagem dela dissipava todas essas névoas...

Uma noite... foi horrível... vieram chamar-me: Laura morria. Na febre murmurava meu nome e palavras que ninguém podia reter, tão apressadas e confusas lhe soavam. Entrei no quarto dela: a doente conheceu-me.

Ergueu-se branca, com a face úmida de um suor copioso: chamou-me. Sentei-me junto do leito dela. Apertou minha mão nas suas mãos frias e murmurou em meus ouvidos:

— Gennaro, eu te perdoo: eu te perdoo tudo... Eras um infame... Morrerei... Fui uma louca... Morrerei... por tua causa... teu filho... o meu... Vou vê-lo ainda... mas no céu... Meu filho que matei... antes de nascer...

Deu um grito: estendeu convulsivamente os braços como para repelir uma ideia, passou a mão pelos lábios como para enxugar as últimas gotas de uma bebida, estorceu-se no leito, lívida, fria, banhada de suor gelado, e arquejou... Era o último suspiro.

Um ano todo se passou assim para mim. O velho parecia endoidecido. Todas as noites fechava-se no quarto onde morrera Laura: levava aí a noite toda em solidão. Dormia? ah que não! Longas horas eu o escutei no silêncio arfar com ânsia, outras vezes afogar-se em soluços. Depois tudo emudecia: o silêncio durava horas — o quarto era escuro: e depois as passadas pesadas do mestre se ouviam pelo quarto, mas vacilantes como de um bêbado que cambaleia.

Uma noite eu disse a Nauza que a amava: ajoelhei-me junto dela, beijei-lhe as mãos, reguei seu colo de lágrimas. Ela voltou a face: eu cri que era desdém, ergui-me.

— Então, Nauza, tu me não amas — disse eu.

Ela permanecia com o rosto voltado.

— Adeus pois: perdoai-me se vos ofendi: meu amor é uma loucura, minha vida é uma desesperança — o que me resta? Adeus, irei longe — longe daqui... talvez então eu possa chorar sem remorso...

Tomei-lhe a mão e beijei-a.

Ela deixou sua mão nos meus lábios.

Quando ergui a cabeça, eu a vi: ela estava debulhada em lágrimas.

— Nauza — Nauza — uma palavra, tu me amas?

....

Tudo o mais foi um sonho: a lua passava entre os vidros da janela aberta, e batia nela: nunca eu a vira tão pura e divina!

....

E as noites que o mestre passava soluçando no leito vazio de sua filha, eu as passava no leito dele, nos braços de Nauza.

Uma noite houve um fato pasmoso.

O mestre veio ao leito de Nauza. Gemia e chorava aquela voz cavernosa e rouca: tomou-me pelo braço com força, acordou-me, e levou-me de rasto ao quarto de Laura...

Atirou-me ao chão: fechou a porta. Uma lâmpada estava acesa no quarto defronte de um painel. Ergueu o lençol que o cobria. — Era Laura moribunda! E eu macilento como ela tremia como um condenado. A moça com seus lábios pálidos murmurava no meu ouvido...

Eu tremi de ver meu semblante tão lívido na tela: e lembrei-me que naquele dia ao sair do quarto da morta, no espelho dela que estava ainda pendurado à janela, eu me horrorizara de ver-me cadavérico...

Um tremor, um calafrio se apoderou de mim. Ajoelhei-me, e chorei lágrimas ardentes. Confessei tudo: parecia-me que era ela quem o mandava, que era Laura que se erguia dentre os lençóis do seu leito, e me acendia o remorso, e no remorso me rasgava o peito.

Por Deus! que foi uma agonia!

No outro dia o mestre conversou comigo friamente. Lamentou a falta de sua filha — mas sem uma lágrima: sobre o passado da noite, nem palavra.

Todas as noites era a mesma tortura, todos os dias a mesma frieza.

O mestre era sonâmbulo...

E pois eu não me cri perdido...

Contudo lembrei-me que uma noite, quando eu saía do quarto de Laura com o mestre, no escuro vira uma roupa branca passar-me por perto, roçaram-me uns cabelos soltos, e nas lájeas do corredor estalavam umas passadas tímidas de pés nus... Era Nauza que tudo vira e tudo ouvira, que se acordara e sentira minha falta no leito, que ouvira esses soluços e gemidos, e correra para ver...

....

Uma noite, depois da ceia, o mestre Walsh tomou sua capa e uma lanterna, e chamou-me para acompanhá-lo. Tinha de sair fora da cidade e não queria ir só. Saímos juntos: a noite era escura e fria. O outono desfolhara as árvores e os primeiros sopros do inverno rugiam nas folhas secas do chão. Caminhamos juntos muito tempo: cada vez mais nos entranhávamos pelas montanhas, cada vez o caminho era mais solitário. O velho parou. Era na fralda de uma montanha. À direita o rochedo se abria num trilho: à esquerda as pedras soltas por nossos pés a cada passada se despegavam e rolavam pelo despenhadeiro, e instantes depois se ouvia um som como de água onde cai um peso...

A noite era escuríssima. Apenas a lanterna alumiava o caminho tortuoso que seguíamos. O velho lançou os olhos à escuridão do abismo e riu-se.

— Espera-me aí — disse ele —, já venho.

Godofredo tomou a lanterna e seguiu para o cume da montanha: eu sentei-me no caminho à sua espera: vi aquela luz ora perder-se, ora reaparecer entre os arvoredos nos zigue-zagues do caminho. Por fim vi-a parar. O velho bateu à porta de uma cabana: a porta abriu-se. Entrou. O que aí se passou nem o sei: quando a porta abriu-se de novo uma mulher lívida e desgrenhada apareceu com um facho na mão.

A porta fechou-se. Alguns minutos depois o mestre estava comigo.

O velho assentou a lanterna num rochedo, despiu a capa e disse-me:

— Gennaro, quero contar-te uma história. É um crime, quero que sejas juiz dele. Um velho era casado com uma moça bela. De outras núpcias tinha uma filha bela também. Um aprendiz — um miserável que ele erguera da poeira, como o vento às vezes ergue uma folha, mas que ele podia reduzir a ela quando quisesse...

Eu estremeci, os olhares do velho pareciam ferir-me.

— Nunca ouviste essa história, meu bom Gennaro?

— Nunca — disse eu a custo e tremendo.

— Pois bem, esse infame desonrou o pobre velho: traiu-o como Judas ao Cristo.

— Mestre, perdão!

— Perdão! E perdoou o malvado ao pobre coração do velho?

— Piedade!

— E teve ele dó da virgem, da desonra, da infanticida?

— Ah! — gritei.

— Que tens? Conheces o criminoso?

A voz de escárnio dele me abafava.

— Vês pois, Gennaro — disse ele mudando de tom —, se houvesse um castigo pior que a morte, eu to daria. Olha esse despenhadeiro! É medonho! Se o visses de dia, teus olhos se escureceriam e aí rolarias talvez — de vertigem! É um túmulo seguro: e guardará o segredo, como um peito o punhal. Só os corvos irão lá ver-te, só os corvos e os vermes. E pois, se tens ainda no coração maldito um remorso, reza tua última oração: mas seja breve. O algoz espera a vítima: a hiena tem fome de cadáver...

Eu estava ali pendente junto à morte. Tinha só a escolher o suicídio ou ser assassinado. Matar o velho era impossível. Uma luta entre mim e ele fora insana. Ele era robusto, a sua estatura alta, seus braços musculosos me quebrariam como o vendaval rebenta um ramo seco. Demais, ele estava armado. Eu — eu era uma criança débil: ao meu primeiro passo ele me arrojaria da pedra em cujas bordas eu estava... Só me restaria morrer com ele — arrastá-lo na minha queda. Mas para quê?

E curvei-me no abismo: tudo era negro: o vento lá gemia embaixo nos ramos desnuados, nas urzes, nos espinhais ressequidos, e a torrente lá chocalhava no fundo escumando nas pedras.

Eu tive medo.

Orações, ameaças, tudo seria debalde.

— Estou pronto — disse.

O velho riu-se: infernal era aquele rir dos seus lábios estalados de febre. Só vi aquele riso... Depois foi uma vertigem... O ar que sufocava, um peso que me arrastava, como naqueles pesadelos em que se cai de uma torre e se fica preso ainda pela mão, mas a mão cansa, fraqueia, sua, esfria... Era horrível: ramo a ramo, folha por folha os arbustos me estalavam nas mãos, as raízes secas que saíam pelo despenhadeiro estalavam sobre meu peso e meu peito sangrava nos espinhais. A queda era muito rápida... De repente não senti mais nada... Quando acordei estava junto a uma cabana de camponeses que me tinham apanhado junto da torrente, preso nos ramos de uma azinheira gigantesca que assombrava o rio.

Era depois de um dia e uma noite de delírios que eu acordara. Logo que sarei uma ideia me veio: ir ter com o mestre. Ao ver-me salvo assim daquela morte horrível, pode ser que se apiedasse de mim, que me perdoasse, e então eu seria seu escravo, seu cão, tudo o que houvesse mais abjeto num homem que se humilha — tudo! — contanto que ele me perdoasse. Viver com aquele remorso me parecia impossível. Parti pois: no caminho topei um punhal. Ergui-o: era o do mestre. Veio-me então uma ideia de vingança e de soberba. Ele quisera matar-me, ele tinha rido à minha agonia, e eu havia ir chorar-lhe ainda aos pés para ele repelir-me ainda, cuspir-me nas faces, e amanhã procurar outra vingança mais segura?... Eu humilhar-me quando ele me tinha abatido! Os cabelos me arrepiaram na cabeça, e suor frio me rolava pelo rosto.

Quando cheguei à casa do mestre achei-a fechada. Bati — não abriram. O jardim da casa dava para a rua:

saltei o muro: tudo estava deserto e as portas que davam para ele estavam também fechadas. Uma delas era fraca: com pouco esforço arrombei-a. Ao estrondo da porta que caiu só o eco respondeu nas salas. Todas as janelas estavam fechadas e contudo era dia claro fora. Tudo estava escuro: nem uma lamparina acesa. Caminhei tateando até a sala do pintor. Cheguei lá — abri as janelas e a luz do dia derramou-se na sala deserta. Cheguei então ao quarto de Nauza — abri a porta e um bafo pestilento corria daí. O raio da luz bateu em uma mesa. — Junto estava uma forma de mulher com a face na mesa, e os cabelos caídos: atirado numa poltrona um vulto coberto com um capote. Entre eles um copo onde se depositara um resíduo polvilhento. Ao pé estava um frasco vazio. Depois eu o soube — a velha da cabana era uma mulher que vendia veneno: era ela decerto que o vendera, porque o pó branco do copo parecia sê-lo...

Ergui os cabelos da mulher, levantei-lhe a cabeça... Era Nauza, mas Nauza cadáver, já desbotada pela podridão. Não era aquela estátua alvíssima de outrora, as faces macias e colo de neve... Era um corpo amarelo... Levantei uma ponta da capa do outro — o corpo caiu de bruços com a cabeça para baixo — ressoou no pavimento o estalo do crânio... Era o velho — morto também e roxo e apodrecido: eu o vi — da boca lhe corria uma escuma esverdeada.

....

V
Claudius Hermann

Ecstasy!
My pulse, as yours, doth temperately keep time,
And makes as healthful music. It is not madness
That I have utter'd.
Shakespeare, *Hamlet*

— E tu, Hermann! Chegou a tua vez. Um por um evocamos ao cemitério do passado um cadáver. Um por um erguemos-lhe o sudário para amostrar-lhe uma nódoa de sangue. Fala que chegou tua vez.

— Claudius sonha algum soneto ao jeito do Petrarca, alguma auréola de pureza como a dos espíritos puros da *Messíada*! — disse entre uma fumaça e uma gargalhada Johann erguendo a cabeça da mesa.

— Pois bem! quereis uma história? Eu pudera contá-las, como vós, loucuras de noites de orgia — mas para quê? Fora escárnio Fausto ir lembrar a Mefistófeles as horas de perdição que lidou com ele. Sabeis-las todas essas minhas nuvens do passado, lestes-lo à farta o livro desbotado de minha existência libertina. Se o não lembrásseis, a primeira mulher das ruas pudera contá-lo. Nessa torrente negra que se chama a vida, e que corre para o passado enquanto nós caminhamos para o futuro, também desfolhei muitas crenças, e lancei despidas as minhas roupas mais perfumadas para trajar a túnica da saturnal! O passado é o que foi, é a flor que murchou, o sol que se apagou, o cadáver que apodreceu. Lágrimas a ele? fora loucura! Que durma, e que durma com suas lembranças negras! Revivam: acordem apenas os miosótis abertos naquele pântano! sobreague naquele não ser o eflúvio de alguma lembrança pura!

— Bravo! Bravíssimo! Claudius, estás completamente bêbado! bofé que estás romântico!

— Silêncio, Bertram! Certo que esta não é uma lenda para inscrever-se após das vossas: uma dessas coisas que se contem com os cotovelos na toalha vermelha, e os lábios borrifados de vinho e saciados de beijos... Mas que importa?

Vós todos, que amais o jogo, que vistes um dia correr naquele abismo uma onda de ouro — redemoinhar-lhe no fundo, como um mar de esperanças que se embate na ressaca do acaso, sabeis melhor que vertigem nos tonteia então: ideais melhor a loucura que nos delira naqueles jogos de milhares de homens, onde fortuna, aspirações, a vida mesma vão-se na rapidez de uma corrida, onde todo esse complexo de misérias e desejos, de crimes e virtudes que se chama a existência se joga numa parelha de cavalos!

Apostei como homem a quem não doera empobrecer: o luxo também sacia, e é essa uma saciedade terrível! Para ela nada basta: nem as danças do Oriente, nem as lupercais romanas, nem os incêndios de uma cidade inteira lhe alimentariam a seiva de morte, essa *vitalidade do veneno* — de que fala Byron. Meu lance no turfe foi minha fortuna inteira. Eu era rico, muito rico então: em Londres ninguém ostentava mais dispendiosas devassidões: nenhum nababo numa noite esperdiçava somas como eu. O suor de três gerações derramava-o eu no leito das perdidas, e no chão das minhas orgias.

No instante em que as corridas iam começar, em que todos sentiam-se febris de impaciência — um murmúrio correu pelas multidões — um sorriso — e depois eram as frontes que se expandiam — e depois uma mulher passou a cavalo.

Vísseis-la como eu — no cavalo negro, com as roupas de veludo, as faces vivas, o olhar ardente entre o desdém dos cílios, transluzindo a rainha em todo aquele ademã soberbo: vísseis-la bela na sua beleza plástica e harmônica, linda nas suas cores puras e acetinadas, nos cabelos negros, e a tez branca da fronte; o oval das faces coradas, o fogo de nácar dos lábios finos, o esmero do colo ressaltando nas roupas de amazona: vísseis-la assim, e à fé, senhores, que não havíeis rir de escárnio como rides agora!

— Romantismo! Deves estar muito ébrio, Claudius, para que nos teus lábios secos de Lovelace e na tua insensibilidade de Don Juan venha a poesia ainda passar-te um beijo!

— Ride, sim! misérrimos! que não compreendeis o que porventura vai de incêndio por aqueles lábios de Lovelace e como arqueja o amor sob as roupas gotejantes de chuva de Don Juan, o libertino! Insanos, que nunca sonhastes Lovelace sem sua máscara talvez chorando Clarissa Harlowe, pobre anjo, cujas asas brancas ele ia desbotar maldizendo essa fatalidade que faz do amor uma infâmia e um crime! Mil vezes insanos que nunca sonhastes o espanhol acordando no lupanar, passando a mão pela fronte, e rugindo de remorso e saudade ao lembrar tantas visões alvas do passado!

— Bravo! bravo!

— Poesia! poesia! — murmurou Bertram.

— Poesia! Por que pronunciar-lho à virgem casta o nome santo como um mistério, no lodo escuro da taverna? Por que lembrá-la a estrela do amor à luz do lampião da crápula? Poesia! Sabeis o que é a poesia?

— Meio cento de palavras sonoras e vãs que um pugilo de homens pálidos entende, uma escada de sons e harmonias que àquelas almas loucas parecem ideias e lhes despertam ilusões como a lua as sombras… Isto no que se chama os poetas. Agora, no ideal, na mulher, o ressaibo do último romance, o delírio e a paixão da última heroína de novela, e o presente incerto e vago de um gozo místico, pelo qual a virgem se morre de volúpia, sem sabê-lo por quê...

— Silêncio, Bertram! Teu cérebro queimaram-to os vinhos, como a lava de um vulcão as relvas e flores da campina. Silêncio! És como essas plantas que nascem e mergulham-se no mar Morto: cobre-as uma cristalização calcária, enfezam-se e mirram. A poesia, eu to direi também por minha vez, é o voo das aves da manhã no banho morno das nuvens vermelhas da madrugada, é o cervo que se rola no orvalho da montanha relvosa, que se esquece da morte de amanhã, da agonia de ontem em seu leito de flores!

— Basta, Claudius: que isso que aí dizes ninguém o entende: são palavras, palavras e palavras, como o disse o Hamlet: e tudo isso é inanido e vazio como uma caveira seca, mentiroso como os vapores infectos da terra que o sol no crepúsculo iria de mil cores, e que se chamam as nuvens, ou essa fada zombadora e nevoenta que se chama a poesia!

— À historia! à história! Claudius, não vês que essa discussão nos faz bocejar de tédio?

— Pois bem, contarei o resto da história. No fim desse dia eu tinha dobrado minha fortuna.

No dia seguinte eu a vi: era no teatro. Não sei o que representaram; não sei o que ouvi, nem o que vi; sei só que lá estava uma mulher — bela como tudo quanto passa mais puro à concepção do estatuário. Essa mulher era a duquesa Eleonora... No outro dia vi-a num baile... Depois... Fora longo dizer-vo-lo: seis meses! concebeis-lo? seis meses de agonia e desejo anelante — seis meses de amor com a sede da fera! seis meses! como foram longos!

Um dia achei que era demais. Todo esse tempo havia passado em contemplação — em vê-la, amá-la e sonhá-la: apertei minhas mãos jurando que isso não iria além — que era muito esperar em vão: e que se ela não viria como Gulnare aos pés do Corsário, a ele cabia ir ter com ela.

Uma noite tudo dormia no palácio do duque. A duquesa, cansada do baile, adormecia num divã. A lâmpada de alabastro estremecia-lhe sua luz dourada na testa pálida. Parecia uma fada que dormia ao luar...

O reposteiro do quarto agitou-se: um homem aí estava parado, absorto. Tinha a cabeça tão quente e febril e ele a repousava no portal.

A fraqueza era covarde: e demais, esse homem comprara uma chave e uma hora à infâmia venal de um criado; esse homem jurara que nessa noite gozaria aquela mulher: fosse embora veneno, ele beberia o mel daquela flor, o licor de escarlate daquela taça. Quanto a esses prejuízos de honra e adultério, não riais deles — não que ele ria disso. Amava e queria: a sua vontade era como a folha de um punhal — ferir ou estalar.

Na mesa havia um copo e um frasco de vinho: encheu o copo: era vinho espanhol... Chegou-se a ela, ergueu-a com suas roupas de veludo desatadas, seus cabelos a meio soltos ainda entremeados de pedraria e flores, seus seios meio nus, onde os diamantes brilhavam como gotas de orvalho — ergueu-a nos braços; deu-lhe um beijo. Ao calor daquele beijo, seminua, ela acordou-se: entre os vagos sonhos se lhe perdia uma ilusão talvez; murmurou "amor!", e com olhos entreabertos deixou cair a cabeça e adormeceu de novo.

O homem tirou do seio um frasquinho de esmeralda.

Levou-o aos lábios entreabertos dela: verteu-lhe algumas gotas que ela absorveu sem senti-las. Deitou-a e esperou. Daí a instantes o sono dela era profundíssimo... A bebida era um narcótico onde se misturaram algumas gotas daqueles licores excitantes que acordam a febre nas faces e o desejo voluptuoso no seio.

O homem estava de joelhos: o seu peito tremia, e ele estava pálido como após de uma longa noite sensual. Tudo parecia vacilar-lhe em torno... Ela estava nua: nem veludo, nem véu leve a encobria. O homem ergueu-se, afastou o cortinado.

A lâmpada brilhou com mais força — e apagou-se...

O homem era Claudius Hermann.........................

....

Quando me levantei, embucei-me na capa e saí pelas ruas. Queria ir ter a meu palácio, mas estava tonto como um ébrio. Titubeava, e o chão era lúbrico como para quem desmaia. Uma ideia contudo me perseguia. Depois daquela mulher nada houvera mais para mim. Quem uma vez bebeu o suco das uvas purpurinas do paraíso, mais nunca deve inebriar-se do néctar da terra... Quando o mel se esgotasse, o que restava a não ser o suicídio?

Uma semana se passou assim: todas as noites eu bebia nos lábios à dormida um século de gozo. Um mês! o mês em que delirantes iam os bailes do entrudo, em que mais cheia de febre ela adormecia quente, com as faces em fogo!

Uma noite — era depois de um baile — eu esperei-a na alcova, escondido atrás do seu leito. — No copo cheio d'água que estava junto à sua cabeceira derramara as últimas gotas do filtro, quando entrou ela com o duque.

Era ele um belo moço! Antes de deixá-la passou-lhe as duas mãos pelas fontes e deu-lhe um beijo. Embevecido daquele beijo, o anjo pendeu a cabeça no ombro dele, e enlaçou-o com seus braços nus, reluzentes das pulseiras de pedraria. O duque teve sede, pegou no copo da duquesa, bebeu algumas gotas; ela tomou-lhe o copo — bebeu o resto. Eu os vi assim: aquele esposo ainda tão moço, aquela mulher — ah! e tão bela!... e tez ainda virgem — e apertei o punhal...

— Virás hoje, Maffio? — disse ela.

— Sim, minh'alma.

Um beijo sussurrou, e afagou as duas almas. E eu na sombra sorri, porque sabia que ele não havia de vir ....

Ele saiu, ela começou a despir-se. Eu lhas vi uma por uma caírem as roupas brilhantes, as flores e as joias — desatarem-se-lhe as tranças luzidias e negras — e depois aparecia no véu branco do roupão transparente como as estátuas de ninfas a meio nuas, com as formas desenhadas pela túnica repassada da água do banho.

O que vi — foi o que sonhara e muito, o que vós todos, pobres insanos, idealizastes um dia como a visão dos amores sobre o corpo da vendida! Eram os seios níveos e veiados de azul, trêmulos de desejo, a cabeça perdida entre a chuva de cabelos negros — os lábios arquejantes — o corpo todo palpitante — era a languidez do desalinho, quando o corpo da beleza mais se enche de beleza, e como uma rosa que abre molhada de sereno, mais se expande, mais patenteia suas cores.

O narcótico era fortíssimo: uma sofreguidão febril lhe abria os beiços: extenuada e lânguida, caída no leito, com as pálpebras pálidas, os braços soltos e sem força — parecia beijar uma sombra ....

....

Ergui-a do leito, carreguei-a com suas roupas diáfanas, suas formas cetinosas, os cabelos soltos úmidos ainda de perfume, seus seios ainda quentes...

Corri com ela pelos corredores desertos, passei pelo pátio — a última porta estava cerrada: abri-a.

Na rua estava um carro de viagem: os cavalos nitriam e escumavam de impaciência. Entrei com ela dentro do carro. Partimos.

Era tempo. Uma hora depois amanhecia.

Breve estivemos fora da cidade.

A madrugada aí vinha com seus vapores, seus rosais borrifados de orvalho, suas nuvens aveludadas, e as águas salpicadas de ouro e vermelhidão. A natureza corava ao primeiro beijo do sol, como branca donzela ao primeiro beijo do noivo: não como amante afanada de noite voluptuosa como a pintou o paganismo; antes como virgem acordada do sono infantil, meio ajoelhada ante Deus; que ora e murmura suas orações balsâmicas — ao céu que se azula — à terra que cintila — às águas que se douram. Essa madrugada baixava à terra como o bafo de Deus: e entre aquela luz e aquele ar fresco a duquesa dormia — pálida como os sonos daquelas criaturas místicas das iluminuras da Idade Média — bela como a Vênus dormida do Ticiano, e voluptuosa como uma das amásias do Veronese.

Beijei-a: eu sentia a vida que se me evaporava nos seus lábios. Ela sobressaltou-se — entreabriu os olhos; mas o peso do sono ainda a acabrunhava, e as pálpebras descoradas se fecharam...

A carruagem corria sempre.

....

O sol estava a prumo no céu — era meio-dia: o calor abafava: pela fronte, pelas faces, pelo colo da duquesa rolavam gotas de suor como aljôfares de um colar roto... Paramos numa estalagem: lancei-lhe sobre a face um véu, tomei-a nos meus braços, e levei-a a um aposento.

Ela devia ser muito bela assim! Os criados paravam nos corredores: era assombro de tanta beleza, mais ainda que curiosidade indiscreta.

A dona da casa chegou-se a mim.

— Senhor, vossa esposa ou irmã, quem quer que ela seja, decerto precisará de uma criada que a sirva...

— Deixai-me: ela dorme.

Foi essa a minha única resposta.

Deitei-a no leito: corri os cortinados, cerrei as janelas para que a luz lhe não turbasse o sono. Não havia ali ninguém que nos visse; estávamos sós, o homem e seu anjo, e a criatura da terra ajoelhou-se ao pé do leito da criatura do céu.

Não sei quanto tempo correu assim: não sei se dormia, mas sei que sonhava muito amor e muita esperança: não sei se velava, mas eu a via sempre ali, eu lhe contemplava cada movimento gracioso do dormir: eu estremecia a cada alento que lhe tremia os seios — e tudo me parecia um sonho — um desses sonhos a que a alma se abandona como um cisne, que modorra, ao tom das águas... Não sei quanto tempo correu assim: sei só que o meu delíquio quebrou-se: a duquesa estava sentada sobre o leito: com os braços nus afastava as ondas do cabelo solto que lhe cobria o rosto e o colo.

— É um sonho? — murmurou. — Onde estou eu? Quem é esse homem encostado em meu leito?

O homem não respondeu.

Ela desceu da cama: seu primeiro impulso foi o pudor: quis encobrir com as mãozinhas os seios palpitantes de susto. Sentiu-se quase nua, exposta às vistas de um estranho, e tremia como contam os poetas que tremera Diana ao ver-se exposta, no banho, nua às vistas de Acteon.

— Senhor, dizei-me por compaixão, se tudo isso não é uma ilusão... se não fora uma infâmia! Nem quero pensá-lo. Maffio não deve tardar, não é assim? o meu Maffio!... Tudo isso é uma comédia... Mas que alcova é esta? Eu adormeci no meu palácio... como despertei numa sala desconhecida? Dizei, tudo isso é um brinco de Maffio? quer se rir de mim?... Mas, vede, vede, eu tremo, tenho medo.

O homem não respondia: tinha os olhos a fito naquela forma divina: seria a estátua da paixão na palidez, no olhar imóvel, nos lábios sedentos, se o arfar do peito lhe não denunciasse a vida.

Ela ajoelhou-se: nem sei o que ela dizia. Não sei que palavras se evaporaram daqueles lábios: eram perfumes, porque as rosas do céu só têm perfumes; eram harmonias, porque as harpas do céu só têm harmonias; e o lábio da mulher bela é uma rosa divina, e seu coração é uma harpa do céu. Eu a escutava, mas não a entendia: sentia só que aquelas falas eram muito doces, que aquela voz tinha um talismã irresistível para minh'alma, porque só nos meus sonhos de infante que se ilude de amores, uma voz assim me passara. Os gemidos de duas virgens abraçadas no céu, douradas da luz da face de Deus, empalidecidas pelos beijos mais puros, pelo tremuloso dos abraços mais palpitantes — não seriam tão suaves assim!

A moça chorava, soluçava: por fim ela ergueu-se.

Eu a vi correr à janela, ia abri-la... Eu corri a ela e tomei-a pelas mãos...

— Pois bem — disse ela —, eu gritarei... Se não for um deserto, se alguém passar por aqui... talvez me acudam... Socor...

Eu tapei-lhe a boca com as mãos...

— Silêncio, senhora!

Ela lutava para livrar-se de minhas mãos: por fim sentiu-se enfraquecida. Eu soltei-a de pena dela.

— Então, diz-me onde estou — dizei-mo, ou eu chamarei por socorro...

— Não gritareis, senhora!

— Por compaixão então esclarecei-me nesta dúvida: por que tudo isso que eu vejo? Tudo o que penso, o que adivinho, é muito horrível!

— Escutai pois — disse-lhe eu. — Havia uma mulher... era um anjo. Havia um homem que a amava, como as águas amam a lua que as prateia, como as águias da montanha o sol que as fita, que as enche de luz e de amor. Nem sei quem ele era: ergueu-se um dia de uma vida de febre, esqueceu-a; e esqueceu o passado, adiante de uns olhos transparentes de mulher, as manchas de sua história, numa aurora de gozos, onde se lhe desenhava a sombra desse anjo... Escutai: não o amaldiçoeis! Esse homem tinha muita infâmia no passado: profanara sua mocidade — prostituíra-a — como a borboleta de ouro a sua geração, lançando-a no lodo: frio, sem crenças, sem esperanças, abafara uma por uma suas ilusões, como a infanticida seus filhos... Deus o tinha amaldiçoado talvez! ou ele mesmo se amaldiçoara... Esquecera que era homem, e tinha no seu peito harmonias santas como as do poeta... Ele as esquecera, e elas dormiam-lhe no mistério como os suspiros nas cordas de uma guitarra abandonada. Esquecera que a natureza era bela e muito bela, que o leito das flores da noite era recendente, que a lua era a lâmpada dos amores, as aragens do vale, os perfumes do poeta no seu noivado com os anjos, e que a aurora tinha eflúvios frescos... e com suas nuvens virginais, suas folhas molhadas de orvalho, suas águas nevoentas tinha encantos que só as almas puras entendem! Tudo isso enjeitou, esqueceu... para só lembrar a furto e com escárnio nas horas suarentas da devassidão... Ele era muito infame!

— Mas tudo isso não me diz quem sois vós... nem por que estou aqui...

— Escutai. — O libertino amou pois o anjo, voltou o rosto ao passado, despiu-se dele como de um manto impuro. Retemperou-se no fogo do sentimento, apurou-se na virgindade daquela visão — porque ela era bela como uma virgem, e refletia essa luz virgem do espírito, nesse brilho d'alma divina que alumia as formas — que não são da terra, mas do céu. Ainda o tempo não eivara o coração do insano de uma lepra sem cura: nem selo inextinguível lhe gravara na fronte — *impureza*! Deixou-se do viver que levara, desconheceu seus companheiros, suas amantes venais, suas insônias cheias de febre: quis apagar todo o gosto da existência, como o homem que perdeu uma fortuna inteira no jogo quer esquecer a realidade.

E o homem pôde esquecer tudo isto. Mas ele não era ainda feliz. As noites passava-as ao redor do palácio dela, via-a às vezes bela e descorada ao luar, no terraço deserto, ou distinguia suas formas na sombra que passava pelas cortinas da janela aberta de seu quarto iluminado. Nos bailes seguia com olhares de inveja aquele corpo que palpitava nas danças. No teatro, entre o arfar das ondas da harmonia, quando o êxtase boiava naquele ambiente balsâmico e luminoso, ele nada via senão ela — e só ela! E as horas de seu leito — suas horas de sono não, que mal as dormia às vezes — eram longas de impaciência e insônia, outras vezes eram curtas de sonhos ardentes! O pobre insano teve um dia uma ideia; era negra sim, mas era a da ventura. O que fez não sei: nem o sabereis nunca. E depois bastante ébrio para vos sonhar, bastante louco para nos sonhos de fogo de seu delírio imaginar gozar-vos, foi profano assaz para roubar a um templo o cibório d'ouro mais puro. Esse homem — tende compaixão dele, que ele vos amará de joelhos... ó anjo, Eleonora...

— Meu Deus! meu Deus! por que tanta infâmia, tanto lodo sobre mim? Ó minha Madona! por que maldissestes minha vida, por que deixastes cair na minha cabeça uma nódoa tão negra?

As lágrimas, os soluços abafam-lhe a voz.

— Perdoai-me, senhora, aqui me tendes a vossos pés! Tende pena de mim, que eu sofri muito, que amei-vos, que vos amo muito! Compaixão! que serei vosso escravo, beijarei vossas plantas — ajoelhar-me-ei à noite à vossa porta, ouvirei vosso ressonar, vossas orações, vossos sonhos — e isso me bastará. — Serei vosso escravo e vosso cão, deitar-me-ei a vossos pés quando estiverdes acordada, velarei com meu punhal quando a noite cair: e se algum dia, se algum dia vós me puderdes amar — então! então!...

— Oh! deixai-me! deixai-me!...

— Eleonora! Eleonora! Perder noites e noites numa esperança! Alentá-la no peito como uma flor que murcha de frio — alentá-la, revivê-la cada dia — para vê-la desfolhada sobre meu rosto! Absorver-me em amor e só ter irrisão e escárnio! Dizei antes ao pintor que rasgue sua Madona, ao escultor que despedace a sua estátua de mulher.

Louca, pobre louca que sois! Credes que um homem havia de encarnar um pensamento em sua alma, viver desse cancro, embeber-se da vitalidade da dor, para depois rasgá-lo do seio? Credes que ele consentiria que se lhe pisasse no coração, que lhe arrancassem — a ele, poeta e amante da coroa de ilusões — as flores uma por uma? que pela noite da desgraça, a seu amor insano de mãe lhe sufocassem sobre o seio a criatura de seu sangue, o filho de sua vida, a esperança de suas esperanças?

— Oh! e não tereis vós também dó de mim? Não sabeis-lo? Isto é infame! sou uma pobre mulher. De joelhos eu vos peço perdão se vos ofendi... Eu vo-lo peço, deixai-me! Que me importam vossos sonhos, vosso amor!

Doía-me profundamente aquela dor: aquelas lágrimas me queimavam. Mas minha vontade fez-se rija e férrea como a fatalidade.

— Que te importam meus sonhos, que te importam meus amores? Sim, tens razão! Que importa à água do deserto, à gazela do areal que o árabe tenha sede ou que o leão tenha fome? Mas a sede e a fome são fatais. O amor é como eles: — entendes-me agora?

— Matai-me então! Não tereis um punhal? Uma punhalada pelo amor de Deus! Eu juro, eu vos abençoarei...

— Morrer! e pensas no morrer! Insensata! — Descer do leito morno do amor à pedra fria dos mortos! Nem sabes o que dizes. Sabes o que é essa palavra — morrer? É a dúvida que afana a existência: é a dúvida, o pressentimento que resfria a fronte do suicida, que lhe passa nos cabelos como um vento de inverno, e nos empalidece a cabeça como Hamlet! Morrer! é a cessação de todos os sonhos, de todas as palpitações do peito, de todas as esperanças! É estar peito a peito com nossos antigos amores e não senti-los! Doida! é um noivado medonho o do verme: um lençol bem negro, o da mortalha! Não fales nisso; por que lembrar o coveiro junto ao leito da vida? Põe a mão no teu coração — bate e bate com força, como o feto nas entranhas de sua mãe. Há aí dentro muita vida ainda: muito amor por amar, muito fogo por viver! Oh! se tu quisesses amar-me!

Ela escondeu a cabeça nas mãos e soluçou.

— É impossível: eu não posso amar-vos!

Eu disse-lhe:

— Eleonora, ouve-me: deixo-te só; velarei contudo sobre ti daquela porta. Resolve-te: seja uma decisão firme, sim, mas pensada. Lembra-te que hoje não poderás voltar ao mundo: o duque Maffio seria o primeiro que fugiria de ti: a torpeza do adultério senti-la-ia ele nas tuas faces; creria roçar na tua boca a umidade de um beijo de estranho. E ele te amaldiçoaria! Vê: além a maldição e o escárnio: a irrisão das outras mulheres, a zombaria vingativa daqueles que te amaram e que não amaste. Quando entrares, dir-se-á: ei-la! arrependeu-se! o marido — pobre dele! perdoou-a... As mães te esconderão suas filhas — as esposas honestas terão pejo de tocar-te... E aqui, Eleonora, aqui terás meu peito e meu amor — uma vida só para ti: um homem que só pensará em ti e sonhará sempre contigo; um homem cujo mundo serás tu, serão teus risos, teus olhares, teus amores: que se esquecerá de *ontem* e de *amanhã* para fazer como um Deus de ti a sua Eternidade. Pensa, Eleonora! Se quisesses, partiríamos hoje: uma vida de venturas nos espera. Sou muito rico, bastante para adornar-te como uma rainha. Correremos a Europa, iremos ver a França com seu luxo, a Espanha, onde o clima convida ao amor, onde as tardes se embalsamam nos laranjais em flor, onde as campinas se aveludam e se matizam de mil flores — iremos à Itália, à tua pátria — e no teu céu azul, nas tuas noites límpidas, nos teus crepúsculos suavíssimos viver de novo ao sol meridional!... Se quiseres... senão seria horrível... não sei o que aconteceria: mas quem entrasse neste quarto levaria os pés ensopados de sangue...

Saí: duas horas depois voltei.

— Pensaste, Eleonora?

Ela não respondeu. Estava deitada com o rosto entre as mãos. À minha voz ergueu-se. Havia um papel molhado de suas lágrimas sobre o leito. Estendi a mão para tomá-lo — ela entregou-mo.

Eram uns versos meus. — Olhei para a mesa, minha carteira de viagens, que eu trouxera do carro, estava aberta, os papéis eram revoltos. Os versos eram estes.

Claudius tirou do bolso um papel amarelado e amarrotado: atirou-o na mesa. Johann leu:

Não me odeies, mulher, se no passado
Nódoa sombria desbotou-me a vida:
No vício ardente requeimando os lábios
E de tudo descri com fronte erguida.

A masc'ra de Don Juan queimou-me o rosto
Na fria palidez do libertino:
Desbotou-me esse olhar — e os lábios frios
Ousam de maldizer do meu destino.

Sim! longas noites no fervor do jogo
Esperdicei febril e macilento:
E votei o porvir ao Deus do acaso
E o amor profanei no esquecimento!

Murchei no escárnio as c'roas do poeta,
Na ironia da glória e dos amores:
Aos vapores do vinho, à noite insano
Debrucei-me do jogo nos fervores!

A flor da mocidade profanei-a
Entre as águas lodosas do passado...
No crânio a febre, a palidez nas faces,
Só cria no sepulcro sossegado!

E asas límpidas do anjo em colo impuro
Mareei — nos bafos da mulher vendida:
Inda nos lábios me roxeia o selo
Dos ósculos da perdida.

E a mirra das canções nem mais vapora
Em profanada taça eivada e negra:
Mar de lodo passou-me ao rio d'alma,
As níveas flores me estalou das bordas.
Sonho de glórias só me passa a furto
Qual flor aberta a medo em chão de tumbas
— Abatida e sem cheiro...

O meu amor... o peito o silencia:
Guardo-o bem fundo — em sombras do sacrário,
Onde ervaçal não se abastou nos ermos.
Meu amor... foi visão de roupas brancas
Da orgia à porta, fria e soluçando:
Lâmpada santa erguida em leito infame:
Vaso templário da taverna à mesa:
Estrela-d'alva refletindo pálida
No tremedal do crime.

Como o leproso das cidades velhas
Sei me fugiras com horror aos beijos:
Sei, no doido viver dos loucos anos
As crenças desflorei em negra insânia:
— Vestal, prostituí as formas virgens
— Lancei eu próprio ao mar da c'roa as folhas
— Troquei a rósea túnica da infância
Pelo manto das orgias.

Oh! não me ames sequer! Pois bem! um dia
Talvez diga o Senhor ao podre Lázaro:
Ergue-te — aí do lupanar da morte,
Revive ao fresco do viver mais puro!
E viverei de novo: a mariposa
Sacode as asas, estremece-as, brilha,
Despindo a negra tez, a bava imunda
Da larva desbotada.

Então, mulher — acordarei: do lodo,
Onde Satã se pernoitou comigo,
Onde inda morno perfumou seu molde
Cetinosa nuez de formas níveas.
E a loira meretriz nos seios brancos
Deitou-me a fronte lívida, na insônia
Quedou-me a febre da volúpia à sede
Sobre os beijos vendidos.

E então acordarei ao sol mais puro,
Cheirosa a fronte às auras da esperança!
Lavarei-me da fé nas águas d'ouro
De Madalena em lágrimas — e ao anjo
Talvez que Deus me dê, curvado e mudo,
Nos eflúvios do amor libar um beijo,
Morrer nos lábios dele!

Ela calou-se: chorava e gemia.

Acerquei-me dela: ajoelhei-me como ante Deus.

— Eleonora — sim ou não?

Ela voltou o rosto para o outro lado, quis falar — interrompia-se a cada sílaba.

— Esperai, deixai que ore um pouco: a Madona talvez me perdoe.

Esperava eu sempre. — Ela ajoelhou-se.

Agora... — disse ela erguendo-se e estendendo-me a sua mão.

— Então?

— Irei contigo.

E desmaiou.

....

....

Aqui parou a história de Claudius Hermann.

Ele abaixou a cabeça na mesa, não falou mais.

— Dormes, Claudius? Por Deus! ou está bêbado ou morto!

Era Archibald que o interpelava: sacudia-o a toda a força.

Claudius levantou um pouco a cabeça, estava macilento: tinha os olhos fundos numa sombra negra.

— Deixai-me, amaldiçoados! deixai-me pelo céu ou pelo inferno! Não vedes que tenho sono — sono e muito sono?

— E a história, a história? — bradou Solfieri.

— E a duquesa Eleonora? — perguntou Archibald.

— É verdade... a história. Parece-me que olvidei tudo isso. Parece que foi um sonho!

— E a duquesa?

— A duquesa?... Parece-me que ouvi esse nome alguma vez... Com os diabos, que me importa?

Aí quis prosseguir: mas uma força invencível o prendia.

— A duquesa... é verdade! Mas como esqueci tudo isso que não me alembro!... Tirai-me da cabeça esse peso... Bofé que encheram-me o crânio de chumbo derretido!... e ele batia na cabeça macilenta como um médico no peito do agonizante para encontrar um eco de vida.

— Então?

— Ah! ah! ah! — gargalhou alguém que tinha ficado estranho à conversa.

— Arnold! cala-te!

— Cala-te antes, Solfieri! eu contarei o fim da história.

Era Arnold — o loiro que acordava.

— Escutai vós todos — disse. — Um dia Claudius entrou em casa. Encontrou o leito ensopado de sangue: e num recanto escuro da alcova um doido abraçado com um cadáver. O cadáver era o de Eleonora: o doido nem o pudéreis conhecer, tanto a agonia o desfigurara. Era uma cabeça hirta e desgrenhada, uma tez esverdeada, uns olhos fundos e baços onde o lume da insânia cintilava a furto como a emanação luminosa dos pauis entre as trevas...

Mas ele o conheceu... era o duque Maffio...

Claudius soltou uma gargalhada. — Era sombria como a insânia — fria como a espada do anjo das trevas. Caiu ao chão: lívido e suarento como a agonia: inteiriçado como a morte...

Estava ébrio como o defunto patriarca Noé, o primeiro amante da vinha, virgem desconhecida até então, e hoje prostituta de todas as bocas... ébrio como Noé, o primeiro borracho de que reza a história! Dormia pesado e fundo como o apóstolo são Pedro no Horto das Oliveiras... O caso é que ambos tinham ceado à noite...

Arnold estendeu a capa no chão, e deitou-se sobre ela.

Daí a alguns instantes os seus roncos de barítono se mesclavam ao magno concerto dos roncos dos dormidos...

VI
Johann

Pourquoi? C'est que mon cœur, au milieu des délices,
D'un souvenir jaloux constamment oppressé,
Froid au bonheur présent, va chercher ses supplices,
Dans l'avenir et le passé.
Alexandre Dumas

— Agora a minha vez! Quero lançar também uma moeda em vossa urna: é o cobre azinhavrado do mendigo: pobre esmola por certo!

Era em Paris, num bilhar. Não sei se o fogo do jogo me arrebatara, ou se o kirsch e o curaçau me queimaram demais as ideias... Jogava contra mim um moço: chamava-se Artur.

Era uma figura loira e mimosa como a de uma donzela. Rosa infantil lhe avermelhava as faces, mas era uma rosa de cor desfeita. Leve buço lhe sombreava o lábio, e pelo oval do rosto uma penugem dourada lhe assomava como a felpa que rebuça o pêssego.

Faltava um ponto a meu adversário para ganhar. A mim, faltavam-me não sei quantos: sei só que eram muitos, e pois requeria-se um grande sangue-frio, e muito esmero no jogar.

Soltei a bola. Nessa ocasião o brilhar estremeceu... O moço loiro, voluntariamente ou não, se encostara ao bilhar... A bola desviou-se, mudou de rumo: com o desvio dela perdi... A raiva levou-me de vencida. Adiantei-me para ele. A meu olhar ardente o mancebo sacudiu os cabelos loiros e sorriu como d'escárnio.

Era demais! Caminhei para ele: ressoou uma bofetada. O moço convulso caminhou para mim com um punhal, mas nossos amigos nos sustiveram.

— Isso é briga de marujo. O duelo, eis a luta dos homens de brio.

O moço rasgou nos dentes uma luva, e atirou-ma à cara. Era insulto por insulto, lodo por lodo: tinha de ser sangue por sangue.

Meia hora depois tomei-lhe a mão com sangue-frio e disse-lhe no ouvido:

— Vossas armas, senhor?

— Sabê-las-eis no lugar.

— Vossas testemunhas?

— A noite e minhas armas.

— A hora?

— Já.

— O lugar?

— Vireis comigo... Onde pararmos, aí será o lugar...

— Bem, muito bem: estou pronto, vamos.

Dei-lhe o braço e saímos. Ao ver-nos tão frios a conversar creram uma satisfação. Um dos assistentes contudo entendeu-nos.

Chegou a nós e disse:

— Senhores, não há pois meio de conciliar-vos?

Nós sorrimos ambos.

— É uma criançada — tornou ele.

Nós não respondemos.

— Se precisardes de uma testemunha, estou pronto.

Nós nos curvamos ambos.

Ele entendeu-nos: viu que a vontade era firme: afastou-se.

Nós saímos.

....

Um hotel estava aberto. O moço levou-me para dentro.

— Moro aqui, entrai — disse-me.

Entramos.

— Senhor — disse ele —, não há meio de paz entre nós: um bofetão e uma luva atirada às faces de um homem são nódoas que só o sangue lava. É pois um duelo de morte.

— De morte — repeti como um eco.

— Pois bem: tenho no mundo só duas pessoas — minha mãe e... Esperai um pouco.

O moço pediu papel, pena e tinta. Escreveu: as linhas eram poucas. Acabando a carta, deu-ma a ler.

— Vede, não é uma traição — disse.

— Artur, creio em vós: não quero ler esse papel.

Repeli o papel. Artur fechou a carta, selou o lacre com um anel que trazia no dedo. Ao ver o anel, uma lágrima correu-lhe na face e caiu sobre a carta.

— Senhor, sois um homem de honra. Se eu morrer, tomai esse anel: no meu bolso achareis uma carta: entregareis tudo a... Depois dir-vos-ei a quem...

— Estais pronto? — perguntei.

— Ainda não! Antes de um de nós morrer é justo que brinde o moribundo ao último crepúsculo da vida. Não sejamos abissínios: demais o sol no cinábrio do poente ainda é belo.

O vinho do Reno correu em águas d'ouro nas taças de cristal verde. O moço ergueu-se.

— Senhor, permiti que eu faça uma saúde convosco.

— A quem?

— É um mistério — é uma mulher, e o nome daquela que se apertou uma vez nos lábios, a quem se ama, é um segredo. Não a fareis?

— Seja como quiserdes — disse eu.

Batemos os copos. O moço chegou à janela. Derramou algumas gotas de vinho do Reno à noite. Bebemos.

— Um de nós fez a sua última saúde — disse ele. — Boa noite para um de nós... bom leito, e sonos sossegados para o filho da terra!

Foi a uma secretária, abriu-a: tirou duas pistolas.

— Isto é mais breve — disse ele. — Pela espada é mais longa a agonia. Uma delas está carregada, a outra não. Tirá-las-emos à sorte. Atiraremos à queima-roupa.

— É um assassinato...

— Não dissemos que era um duelo de morte, que um de nós devia morrer?

— Tendes razão. Mas dizei-me: onde iremos?

— Vinde comigo. Na primeira esquina deserta dos arrabaldes. Qualquer canto de rua é bastante sombrio para dois homens dos quais um tem de matar o outro.

À meia-noite estávamos fora da cidade. Ele pôs as duas pistolas no chão.

— Escolhei, mas sem tocá-las.

Escolhi.

— Agora vamos — disse eu.

— Esperai, tenho um pressentimento frio: e uma voz suspirosa me geme no peito. Quero rezar... é uma saudade por minha mãe.

Ajoelhou-se. À vista daquele moço de joelhos — talvez sobre um túmulo — lembrei-me que eu também tinha mãe e uma irmã... e que eu as esquecia. Quanto a amantes, meus amores eram como a sede dos cães das ruas, saciavam-se na água ou na lama... Eu só amara mulheres perdidas.

— É tempo — disse ele.

Caminhamos frente a frente. As pistolas se encostaram nos peitos. As espoletas estalaram: um tiro só estrondou, ele caiu quase morto...

— Tomai — murmurou o moribundo e acenava-me para o bolso.

Atirei-me a ele. Estava afogado em sangue. Estrebuchou três vezes e ficou frio... Tirei-lhe o anel da mão. Meti-lhe a mão no bolso como ele dissera. Achei dois bilhetes.

A noite era escura: não pude lê-los.

Voltei à cidade. À luz baça do primeiro lampião vi os

dois bilhetes. O primeiro era a carta para sua mãe. O outro estava aberto: li.

À uma hora da noite na rua de...
nº 60, 1º andar: acharás a porta aberta.
Tua G.

Não tinha outra assinatura.

Eu não soube o que pensar. Tive uma ideia: era uma infâmia.

Fui à entrevista. Era no escuro. Tinha no dedo o anel que trouxera do morto... Senti uma mãozinha acetinada tomar-me pela mão: subi. A porta fechou-se.

Foi uma noite deliciosa! A amante do loiro — era virgem! Pobre Romeu! Pobre Julieta! Parece que essas duas crianças levavam a noite em beijos infantis e em sonhos puros!

(Johann encheu o copo: bebeu-o, mas estremeceu.)

Quando eu ia sair, topei um vulto à porta.

— Boa noite, cavalheiro, eu vos esperava há muito.

Essa voz pareceu-me conhecida. Porém eu tinha a cabeça desvairada...

Não respondi: o caso era singular. Continuei a descer: o vulto acompanhou-me. Quando chegamos à porta vi luzir a folha de uma faca. Fiz um movimento e a lâmina resvalou-me no ombro. A luta fez-se terrível na escuridão. Eram dois homens que se não conheciam; que não pensavam talvez terem-se visto um dia à luz, e que não haviam mais ver-se porventura ambos vivos.

O punhal escapou-lhe das mãos, perdeu-se no escuro: subjuguei-o. Era um quadro infernal, um homem na escuridão abafando a boca do outro com a mão, sufocando-lhe a garganta com o joelho, e a outra mão a tatear na sombra procurando um ferro.

Nessa ocasião senti uma dor horrível: frio e dor me correram pela mão. O homem morrera sufocado, e na agonia me enterrara os dentes pela carne. Foi a custo que desprendi a mão sanguenta e descarnada da boca do cadáver. Ergui-me.

Ao sair tropecei num objeto sonoro. Abaixei-me para ver o que era. Era uma lanterna furta-fogo. Quis ver quem era o homem. Ergui a lâmpada...

O último clarão dela banhou a cabeça do defunto... e apagou-se...

Eu não podia crer: era um sonho fantástico toda aquela noite. Arrastei o cadáver pelos ombros... levei-o pela laje da calçada até ao lampião da rua, levantei-lhe os cabelos ensanguentados do rosto... (um espasmo de medo contraiu horrivelmente a face do narrador — tomou o copo, foi beber: os dentes lhe batiam como de frio: o copo estalou-lhe nos lábios).

Aquele homem — sabeis-lo! era do sangue do meu sangue — era filho das entranhas de minha mãe como eu — era meu irmão: uma ideia passou ante meus olhos como um anátema. Subi ansioso ao sobrado. Entrei. A moça desmaiara de susto ouvindo a luta. Tinha a face fria como o mármore. Os seios nus e virgens estavam parados e gélidos como os de uma estátua... A forma de neve eu a sentia meio nua entre os vestidos desfeitos, onde a infância asselara a nódoa de uma flor perdida.

Abri a janela — levei-a até aí...

Na verdade que sou um maldito! Olá, Archibald, dai-me um outro copo, enchei-o de conhaque, enchei-o até a borda! Vedes: sinto frio, muito frio: tremo de calafrios e o suor me corre nas faces! Quero o fogo dos espíritos! a ardência do cérebro ao vapor que tonteia... quero esquecer!

— Que tens, Johann? tiritas como um velho centenário!

— O que tenho? o que tenho? Não o vedes pois? Era minha irmã! ....

VII
Último beijo de amor

Well, Juliet, I will lie with thee tonight!
Shakespeare, *Romeu e Julieta*

A noite ia alta: a orgia findara. Os convivas dormiam repletos, nas trevas.

Uma luz raiou súbito pelas fisgas da porta. A porta abriu-se. Entrou uma mulher vestida de negro. Era pálida, e a luz de uma lanterna, que trazia erguida na mão, se derramava macilenta nas faces dela e dava-lhe um brilho singular aos olhos. Talvez que um dia fosse uma beleza típica, uma dessas imagens que fazem descorar de volúpia nos sonhos de mancebo. Mas agora com sua tez lívida, seus olhos acesos, seus lábios roxos, suas mãos de mármore, e a roupagem escura e gotejante da chuva, disséreis antes — o anjo perdido da loucura.

A mulher curvou-se: com a lanterna na mão procurava uma por uma entre essas faces dormidas um rosto conhecido.

Quando a luz bateu em Arnold, ajoelhou-se. Quis dar-lhe um beijo — alongou os lábios... Mas uma ideia a susteve. Ergueu-se. Quando chegou a Johann, que dormia, um riso embranqueceu-lhe os beiços: o olhar tornou-se-lhe sombrio.

Abaixou-se junto dele: depôs a lâmpada no chão. O lume baço da lanterna dando nas roupas dela espelhava sombra sobre Johann. A fronte da mulher pendeu — e sua mão pousou na garganta dele. — Um soluço rouco e sufocado ofegou daí. A desconhecida levantou-se. Tremia, e ao segurar na lanterna ressoou-lhe na mão um ferro... Era um punhal... Atirou-o ao chão. Viu que tinha as mãos vermelhas — enxugou-as nos longos cabelos de Johann...

Voltou a Arnold; sacudiu-o.

— Acorda e levanta-te!

— Que me queres?

— Olha-me: não me conheces?

— Tu! e não é um sonho? És tu! oh! deixa que eu te aperte ainda! Cinco anos sem ver-te! Cinco anos! E como mudaste!

— Sim: já não sou bela como há cinco anos! É verdade, meu loiro amante! É que a flor de beleza é como todas as flores. Alentai-as ao orvalho da virgindade, ao vento da pureza, e serão belas. — Revolvei-as no lodo — e como os frutos que caem, mergulham nas águas do mar, cobrem-se de um invólucro impuro e salobro! Outrora era Giorgia, a virgem: mas hoje é Giorgia, a prostituta!

— Meu Deus! meu Deus!

E o moço sumiu a fronte nas mãos.

— Não me amaldiçoes, não!

— Oh! deixa que me lembre: estes cinco anos que passaram foram um sonho. Aquele homem do bilhar, o duelo à queima-roupa, meu acordar num hospital, essa vida devassa onde me lançou a desesperação, isto é um sonho? Oh! lembremo-nos do passado! Quando o inverno escurece o céu, cerremos os olhos; pobres andorinhas moribundas, lembremo-nos da primavera!...

— Tuas palavras me doem... É um adeus, é um beijo de adeus e separação que venho pedir-te: na terra nosso leito seria impuro, o mundo manchou nossos corpos. O amor do libertino e da prostituta! Satã riria de nós. É no céu, quando o túmulo nos lavar em seu banho, que se levantará nossa manhã do amor...

— Oh! ver-te e para deixar-te ainda uma vez! E não pensaste, Giorgia, que me fora melhor ter morrido devorado pelos cães na rua deserta, onde me levantaram cheio de sangue? Que fora-te melhor assassinar-me no dormir do ébrio, do que apontar-me a estrela errante da ventura e apagar-me a do céu? Não pensaste que, após cinco anos, cinco anos de febre e de insônias, de esperar e desesperar, de vida por ti, de saudades e agonia, fora o inferno ver-te para deixar-te?

— Compaixão, Arnold! É preciso que esse adeus seja longo como a vida. Vês, minha sina é negra: nas minhas lembranças há uma nódoa torpe... Hoje! é o leito venal... Amanhã!... só espero no leito do túmulo! Arnold! Arnold!

— Não me chames Arnold! chama-me Artur como dantes. Artur! não ouves? Chama-me assim! Há tanto tempo que não ouço me chamarem por esse nome!... Eu era um louco! Quis afogar meus pensamentos, e vaguei pelas cidades e pelas montanhas deixando em toda a parte lágrimas — nas cavernas solitárias, nos campos silenciosos, e nas mesas molhadas de vinho! Vem, Giorgia! senta-te aqui, senta-te nos meus joelhos — bem conchegada a meu coração... tua cabeça no meu ombro! Vem! um beijo! Quero sentir ainda uma vez o perfume que respirava outrora nos teus lábios. — Respire-o eu e morra depois!... Cinco anos! oh! tanto tempo a esperar-te, a desejar uma hora no teu seio!... Depois... escuta... tenho tanto a dizer-te! tantas lágrimas a derramar no teu colo! Vem! e dir-te-ei toda a minha história! minhas ilusões de amante e as noites malditas da crápula, e o tédio que me inspiravam aqueles beiços frios das vendidas que me beijavam! Vem! contar-te-ei tudo isto: dir-te-ei como profanei minh'alma, e meu passado: e choraremos juntos — e nossas lágrimas nos lavarão como a chuva lava as folhas do lodo!

— Obrigada, Artur! obrigada!

A mulher sufocava-se nas lágrimas, e o mancebo murmurava entre beijos palavras de amor.

— Escuta, Artur! eu vinha só dizer-te adeus! da borda do meu túmulo: e depois contente fecharia eu mesma a porta dele... Artur, eu vou morrer!

Ambos choravam.

— Agora vê — continuou ela. — Acompanha-me: vês aquele homem?

Arnold tomou a lanterna.

— Johann! morto! sangue de Deus! quem o matou?

— Giorgia. Era ele um infame. Foi ele quem deixou por morto um mancebo a quem esbofeteara numa casa de jogo. Giorgia, a prostituta, vingou nele Giorgia, a virgem. Esse homem foi quem a desonrou! desonrou-a, a ela que era sua irmã!

— Horror! horror!

E o moço virou a cara e cobriu-a com as mãos.

A mulher ajoelhou-se a seus pés.

— E agora adeus! adeus que morro! Não vês que fico lívida, que meus olhos se empanam e tremo... e desfaleço?

— Não! eu não partirei. Se eu vivesse amanhã haveria uma lembrança horrível em meu passado...

— E não tens medo? Olha! é a morte que vem! é a vida que crepuscula em minha fronte. Não vês esse arrepio entre minhas sobrancelhas?...

— E que me importa o sonho da morte? Meu porvir amanhã seria terrível: e à cabeça apodrecida do cadáver não ressoam lembranças; seus lábios gruda-os a morte: a campa é silenciosa. Morrerei!

A mulher recuava... recuava. O moço tomou-a nos braços, pregou os lábios nos dela... Ela deu um grito, e caiu-lhe das mãos. Era horrível de ver-se. O moço tomou o punhal, fechou os olhos, apertou-o no peito, e caiu sobre ela. Dois gemidos sufocaram-se no estrondo do baque de um corpo...

A lâmpada apagou-se.

JOSÉ DE ALENCAR

Mãe

DRAMA EM QUATRO ATOS

À minha mãe e minha senhora,
D. Ana J. de Alencar

Mãe,

Em todos os meus livros há uma página que me foi inspirada por ti. É aquela em que fala esse amor sublime que se reparte sem dividir-se e remoça quando todas as afeições caducam.

Desta vez não foi uma página, mas o livro todo.

Escrevi-o com o pensamento em ti, cheio de tua imagem, bebendo em tua alma perfumes que nos vêm do céu pelos lábios maternos. Se, pois, encontrares aí uma dessas palavras que dizendo nada exprimem tanto, deves sorrir-te; porque foste tu, sem o querer e sem o saber, quem me ensinou a compreender essa linguagem.

Acharás neste livro uma história simples; simples quanto pode ser.

É um coração de mãe como o teu. A diferença está em que a Providência o colocou o mais baixo que era possível na escala social, para que o amor estreme e a abnegação sublime o elevassem tão alto, que ante ele se curvassem a virtude e a inteligência; isto é, quanto se apura de melhor na lia humana.

A outra que não a ti causaria reparo que eu fosse procurar a maternidade entre a ignorância e a rudeza do cativeiro, podendo encontrá-la nas salas trajando sedas. Mas sentes que se há diamante inalterável é o coração materno, que mais brilha quanto mais espessa é a treva. Rainha ou escrava, a mãe é sempre mãe.

Tu me deste a vida e a imaginação ardente que faz que eu me veja tantas vezes viver em ti, como vives em mim; embora mil circunstâncias tenham modificado a obra primitiva. Me deste o coração que o mundo não gastou, não; mas cerrou-o tanto e tão forte, que só, como agora, no silêncio da vigília, na solidão da noite, posso abri-lo e vazá-lo nestas páginas que te envio.

Recebe, pois, Mãe, do filho a quem deste tanto, esta pequena parcela da alma que bafejaste.

J. de Alencar
Rio de Janeiro, 1859

PERSONAGENS

Dr. Lima
Jorge
Gomes
Peixoto
Vicente
Elisa
Joana

A cena é no Rio de Janeiro
A época 1855.

Ato primeiro

Em casa de Gomes. Sala de visitas.

Cena I

Elisa e Gomes.

GOMES Já estás cosendo, minha filha?
ELISA Acordei tão cedo... Não tinha que fazer.
GOMES Por que me ocultas o teu generoso sacrifício? Cuidas que não adivinhei?
ELISA O quê, meu pai?... Que fiz eu?...
GOMES São as tuas costuras que têm suprido esta semana as nossas despesas. Conheceste que eu não tinha dinheiro para os gastos da casa e não me pediste... trabalhaste!
ELISA Não era a minha obrigação, meu pai?
GOMES Oh! É preciso que isso tenha um termo!
ELISA Também hoje é 3 do mês... Vossa mercê receberá o seu ordenado.
GOMES Meu ordenado?... Já o recebi.
ELISA Ah! Precisou dele para pagar a casa?
GOMES Depois que morreu tua mãe, Elisa, tenho sofrido muito. Além dessa perda irreparável, as despesas da moléstia me atrasaram de modo que não sei quando poderei pagar as dívidas que pesam sobre mim.
ELISA E são muitas?

GOMES Nem eu sei... Já perdi a cabeça! Mas isso vai acabar... Não é possível viver assim.

ELISA Que diz, meu pai!

GOMES Perdoa, Elisa. Foi um grito de desespero... Às vezes, confesso-te, tenho medo de enlouquecer! Até logo.

Cena II

Elisa e Joana.

JOANA Bom dia, iaiá.

ELISA Adeus, Joana.

JOANA Iaiá está boa?

ELISA Boa, obrigada.

JOANA Sr. Gomes já foi para a repartição...

ELISA Saiu agora mesmo.

JOANA Encontrei ele na escada. Hoje não é dia de lição de nhonhô Jorge?

ELISA Segunda-feira... É, e ainda nem tive tempo de passar os olhos por ela.

JOANA Então como há de ser?

ELISA Estou acabando esta costura. Já vou estudar.

JOANA Pois enquanto iaiá cose, eu vou arrumando a sala: pode vir gente.

ELISA Mas, Joana... Teu senhor não há de gostar disso!

JOANA De quê, iaiá?

ELISA Tu nos serves, como se fosses nossa escrava. Todas as manhãs vens arranjar-nos a casa. Varres tudo, espanas os trastes, lavas a louça e até cozinhas o nosso jantar.

JOANA Ora, iaiá! Que me custa a fazer isso?... Nhonhô sai muito cedinho, logo às sete horas; eu endireito tudo lá por cima, num momento, porque também tem pouco que fazer; e depois venho ajudar a iaiá que se mata com tanto trabalho.

ELISA E o sr. Jorge sabe disso?

JOANA Que tem que saiba?… Não é nada de mal!

ELISA Muitos senhores não gostam que seus escravos sirvam a pessoas estranhas.

JOANA Iaiá não é nenhuma pessoa estranha… Depois, Vm. não conhece meu nhonhô? Não sabe como ele é bom?…

ELISA Oh! Sei!… Há um ano que é nosso vizinho, e neste pouco tempo quanto lhe devemos!

JOANA Mas iaiá é uma moça bonita!… E eu que sou sua mulata velha… Desde que nhonhô Jorge nasceu que o sirvo, e nunca brigou comigo! Se ele não sabe ralhar… Olhe, iaiá! Todas as festas me dá um vestido bonito… E não dá mais porque é pobre!

ELISA Foste tu que o criaste?

JOANA Foi, iaiá. Nunca mamou outro leite senão o meu…

ELISA E por que ele não te chama — *mamãe Joana*?

JOANA Mamãe!… Não diga isso, iaiá!

ELISA De que te espantas? Uma coisa tão natural!

JOANA Nhonhô não deve me chamar assim!… Eu sou escrava, e ele é meu senhor.

ELISA Mas é teu filho de leite.

JOANA Meu filho morreu!

ELISA Ah! Agora compreendo!… Esse nome de mãe te lembra a perda que sofreste!… Perdoa, Joana.

JOANA Não tem de quê, iaiá. Mas Joana lhe pede… Se não quer ver ela triste, não fale mais nisso.

ELISA Eu te prometo.

JOANA Obrigada, iaiá. (*pausa*)

ELISA Devem ser perto de nove horas… O sr. Jorge não tarda.

JOANA É mesmo!… Ele que vem sempre à hora certa.

ELISA Nem tenho vontade de estudar.

JOANA Estão batendo.

Cena III

Elisa, Joana e Peixoto.

PEIXOTO Viva, minha senhora! O sr. Gomes?
ELISA Há pouco saiu.
PEIXOTO Já saiu! Tão cedo!... Ainda não são nove horas.
JOANA Meu senhor, ele teve que fazer.
PEIXOTO Nem de propósito! Sempre que o procuro, o sr. Gomes não está em casa.
ELISA O senhor não quer sentar-se?
PEIXOTO Obrigado; tenho pressa.
ELISA Por que não o procura na repartição?
PEIXOTO Não estou para isso. Queria dizer-lhe que o Peixoto aqui veio e voltará dentro de meia hora.
ELISA Sim, senhor.
PEIXOTO Sem mais!

Cena IV

Joana e Elisa.

JOANA Cruzes!... Que homem grosseiro, minha Virgem Santíssima!... Um senhor assim era um purgatório.
ELISA Coitado! A culpa não é dele!
JOANA De quem é, então?
ELISA Dos pais, que não lhe souberam dar educação.
JOANA Que bom coração tem, iaiá!... Desculpa tudo.
ELISA Para que me desculpem também os meus defeitos, Joana.
JOANA É o que iaiá não tem. Oh! Joana sabe conhecer gente! E então iaiá que está mesmo mostrando o que é, nesse rostinho de prata!
ELISA Deixa-te disso, Joana.
JOANA Ah! Se iaiá soubesse como eu lhe quero bem!...
ELISA Assim te pudesse eu agradecer como desejava!
JOANA Ainda mais, iaiá?
ELISA Estás brincando!... Nunca te dei nada.
JOANA Então, iaiá!... Cuida que é pouco ver meu nhonhô feliz?

ELISA Joana!...

JOANA Não se zangue, não, iaiá, com sua mulata velha.

ELISA Para que falas dessas coisas? Não gosto.

JOANA Está bom! Eu calo a boca. Então ele não merece?

ELISA Merece muito mais; porém...

JOANA Ora, iaiá!... Não disfarce!...

ELISA Outra vez?

JOANA Eu só peço uma coisa. Nosso Senhor não me mate sem que eu veja isso. Há de ser uma festa!...

ELISA Queres que eu me agaste deveras, hein?

JOANA Não, iaiá, não! Mas que noivo bonito, e a noiva, hi!... Feitinhos um para o outro!

ELISA Eu te peço, Joana...

JOANA Nesse dia... Olhe, iaiá! Hei de pôr meu cabeção novo, como as mulatinhas da Bahia... Que pensa! Não faça pouco na sua escrava, iaiá! Joana também já foi moça... Sabia riçar o pixaim e bater com o tacão da chinelinha na calçada; só — taco, taco, tataco! Oh! Hei de me lembrar do meu tempo... Se eu já estou chorando de contente!... E meu nhonhô como não há de ficar alegre!

ELISA Não gosto dessas graças, já te disse.

JOANA Que mal faz? É uma coisa que há de acontecer.

ELISA Estás bem livre!

JOANA Se iaiá não pagasse a meu nhonhô todo o bem que lhe quer...

ELISA Que farias?

JOANA Eu, iaiá?... Nada! Que pode fazer uma escrava?... Mas iaiá era ingrata!

ELISA Pois serei.

JOANA Iaiá jura?... Não é capaz!... Nem que esse coração não estivesse aí saltando!

ELISA Se continuas... Vou-me embora! (*batem*)

JOANA Querem ver que é nhonhô!

ELISA Bico!... Ouviste?

JOANA Joana sabe guardar um segredo, iaiá.

Cena V

As mesmas e Jorge.

JORGE Como passou, d. Elisa?... Ah! Joana está lhe fazendo companhia!

ELISA Veio conversar comigo.

JORGE Quando precise de mandar por ela fazer alguma coisa, não tenha acanhamento, d. Elisa.

ELISA Já lhe sou tão obrigada, sr. Jorge!

JOANA Eu não lhe disse, iaiá?

JORGE O quê?

JOANA Não vê, nhonhô, que estes dias, desde que o escravo do sr. Gomes foi doente para a Misericórdia, eu venho fazer algum serviço, pouco...

JORGE Tu és sempre boa, Joana!

JOANA Não digas isso, nhonhô!

JORGE Digo, sim! D. Elisa, creio que minha mãe, a quem não conheci, não me teria mais amor do que esta segunda mãe, que me criou.

JOANA Hô gente, nhonhô! Isso são modos de tratar sua escrava.

ELISA O senhor tem razão, sr. Jorge.

JOANA Não tem! Não tem!

ELISA Basta ouvi-la falar do senhor.

JORGE Ah! Ela falou-lhe de mim?... Que disse?...

JOANA Nada, nhonhô.

ELISA Em outras palavras, o que o senhor acaba de repetir.

JOANA Iaiá... Eu disse que queria bem a meu senhor, como uma escrava pode querer... Só!

JORGE Como uma escrava!... Sentes ser cativa, não é?

JOANA Eu!... Não, nhonhô! Joana é mais feliz em servir seu senhor do que se estivesse forra.

JORGE Bem sabes! Hoje é o dia de meus anos. Tenho um presente para ti.

JOANA Nhonhô já me deu um este mês.

JORGE Não faz mal. Pudesse eu dar-te quantos desejo. — Vamos à nossa lição, d. Elisa?

ELISA Quando o senhor quiser.

JOANA E eu vou cuidar da minha cozinha.

Cena VI

Jorge e Elisa.

JORGE Acho-a triste hoje.

ELISA É engano seu. Nunca fui alegre.

JORGE Perdão! Quando a conheci, a senhora tinha mais vivacidade do que tem hoje. Também não se diverte, não passeia.

ELISA Sou pouco amiga de passear.

JORGE Mas é necessário ter uma distração.

ELISA Tinha uma de que muito gostava.

JORGE Qual?

ELISA A música, mas...

JORGE Mas também enfastia. Não é?

ELISA A mim, nunca.

JORGE Pois está em suas mãos cultivá-la.

ELISA Se estivesse!...

JORGE Não a compreendo.

ELISA Escute, sr. Jorge. Há dias que tenciono dizer-lhe... porém falta-me o ânimo.

JORGE O quê?... Diga, d. Elisa.

ELISA Não posso continuar com as lições.

JORGE Ah!... Tem outro mestre?

ELISA Não seja injusto! Que melhor mestre podia achar do que o senhor? Eu é que não quero mais estudar.

JORGE Por quê, minha senhora?

ELISA Não lhe posso dizer.

JORGE Desculpe se cometi uma indiscrição.

ELISA Nenhuma... E demais, é preciso que o senhor saiba... Meu pai não pode... Pagar-lhe...

JORGE A senhora me ofende, d. Elisa!... Exigi alguma coisa?

ELISA Oh! Não!... E é por isso que lho disse... Já lhe devemos seis meses.

JORGE Não fale nisso! Nunca foi minha intenção receber paga de tão pequeno serviço. Ao contrário, tinha-me por feliz em poder prestá-lo.

ELISA Mas eu é que não devo.

JORGE Por que me recusaria isso? Assim, fique tranquila. Continuaremos com as nossas lições.

ELISA Como?... Não tenho piano.

JORGE E este?

ELISA Meu pai quer vendê-lo... Precisa...

JORGE É só esse o motivo?... Eu lhe emprestarei o meu. Nunca toco.

ELISA Ainda quando aceitasse, o que não devia, o seu delicado oferecimento, sr. Jorge, era impossível continuar.

JORGE Entendo, d. Elisa. A senhora procura um pretexto para despedir-me; e eu estou torturando-a com a minha insistência.

ELISA Sr. Jorge!...

JORGE Desculpe. Se tivesse percebido, há muito que me teria retirado.

ELISA Meu Deus! Não me obrigue a confessar-lhe tudo!

JORGE Adeus, minha senhora!

ELISA Mas, sr. Jorge...

JORGE Tenho a consciência de que nunca lhe faltei ao respeito que devia...

ELISA Pois bem... O senhor quer. Eu preciso trabalhar!... Preciso ganhar para viver!

JORGE A senhora, d. Elisa?

ELISA Bem vê que não tenho nem tempo, nem vontade para estudar!

JORGE Perdoe-me! Estava tão longe de suspeitar!

ELISA Ainda supõe que seja um pretexto?

JORGE Esqueça o que lhe disse.

ELISA Só me lembro do que lhe devemos. (*pausa*)

JORGE Ouça-me, d. Elisa, e sirvam-me as suas lágrimas de testemunhas perante Deus. Há muito tempo que trabalho para conseguir uma posição digna de lhe ser oferecida. Quer dar-me o direito de partilhar a sua sorte?... Responda-me! Eu lhe suplico!

ELISA Não!... Não posso responder-lhe!... Nem aceitar.

JORGE Por que é pobre?... Também eu o sou! Seremos dois a lutar.

ELISA Meu pai... lhe dirá... Eu não!

JORGE Era minha intenção falar-lhe; mas antes quero o seu consentimento. Recusa-me?

ELISA Não sei!

JORGE Elisa!...

ELISA Fale!...

JORGE Obrigado, minha mulher!...

ELISA Não me chame assim!

JORGE Esse título me impõe o dever de fazer a sua felicidade e me dá o direito de velar sobre a sua existência.

ELISA Se meu pai não se opuser.

JORGE Ainda quando ele se oponha, Elisa. Não contrariaremos a sua vontade, não esqueceremos os nossos deveres; mas a aliança pura de duas almas que se compreendem tem a sua religião.

ELISA É meu pai!

JORGE Vem a propósito.

ELISA Mas não lhe fale agora, não.

Cena VII

Os mesmos e Gomes.

JORGE Bom dia, sr. Gomes!...

GOMES Ah!... Como passou, sr. Jorge?... Desculpe!... Não tinha visto. (*senta-se distante*)

JORGE Permite que continuemos?

GOMES Pois não!

JORGE (*a Elisa*) Não quer dar a sua lição?

ELISA (*a meia-voz*) Não posso cantar agora!... Não vê como estou toda trêmula!

JORGE Pois toque um pouco.

GOMES (*sentindo a falta do relógio*) Ah!... Que horas são?... Deixei o meu relógio a consertar.

JORGE Nove e vinte.

GOMES Já?... Não chega!... Que martírio!...

ELISA Que tem, meu pai?

GOMES Nada! Deixa-me! Estou aflito!... Espero uma resposta.

ELISA Vossa mercê está tão descorado!

GOMES É o calor... O cansaço, talvez! Não te inquietes.

JORGE (*a Elisa*) Seu pai está incomodado. Naturalmente deseja ficar só. Até logo.

ELISA Sim! Até logo.

JORGE Não se esqueça que me deu o direito de viver para a sua felicidade.

ELISA É coisa que se esqueça nunca?

JORGE Se houver alguma novidade, mande-me chamar.

ELISA Imediatamente.

JORGE Sr. Gomes!...

GOMES Já vai?

JORGE Quando poderei falar-lhe hoje, que menos o incomode?

GOMES À tarde... ou à noite.

JORGE Eu passarei à noite. (*volta*) Uma carta que acabam de entregar.

GOMES Ah!...

Cena VIII

Gomes e Elisa.

GOMES (*lendo*) "Sinto muito... porém... as minhas circunstâncias..." É o que todos respondem!... Infames! Não lembram que se hoje lhes peço as migalhas, já lhes dei a abastança.

ELISA Que diz essa carta que o agonia tanto, meu pai?

GOMES O que há de ser, minha filha?!... Mais um ingrato a quem estendo a mão e que me repele com o pé.

ELISA Não lhes peça nada!... Olhe: o nosso trabalho bastará para vivermos! Guarde o seu ordenado para pagar casa e vestirmos. Eu não preciso de nada. Das minhas costuras tirarei o necessário para os gastos diários.

GOMES Não te iludas, Elisa! Podes te matar, mas não farás impossíveis.

ELISA Há de ver.

Cena IX

Os mesmos e Vicente.

VICENTE O sr. Gomes, empregado público...

GOMES Que deseja?

VICENTE É vossa senhoria?

GOMES Um seu criado.

VICENTE Então permita... Cito-o pela petição supra e seu despacho, do teor seguinte: — "Ilmo. Sr. Dr. Juiz Municipal da 3ª Vara. Diz..."

GOMES Peço-lhe que me dispense dessa formalidade.

VICENTE Prescinde da leitura, neste caso?

GOMES Sei de que se trata. É do meu senhorio?

VICENTE Justamente! Mandado de despejo, dentro de vinte e quatro horas, por não pagamento de aluguéis.

ELISA Meu Deus!

GOMES Estou ciente, senhor.

ELISA Mas, então, meu pai?

GOMES Tudo nos persegue, minha filha.

VICENTE Vossa senhoria tem à mão papel e tinta para passar a contrafé... Senão dou um pulo à venda defronte.

ELISA Aqui tem, senhor.

VICENTE Qualquer pena serve.

ELISA O senhor não poderá fazer alguma coisa a favor de meu pai?

VICENTE Sou suspeito, sra. Dona... Oficial do juízo!

ELISA Então amanhã vêm deitar-nos fora de casa?

VICENTE Qual!... O senhor seu pai não tem advogado? É pedir vista... embargos... agravo... Lá o doutor sabe bem disso! Tem chicana para um ano!

ELISA Ouve, meu pai? — Ainda há remédio.

GOMES Se eu tivesse dinheiro para pagar a advogados... Mas nesse caso pagaria antes ao meu credor, cuja dívida é justa.

VICENTE É vossa senhoria o primeiro réu que o confessa!

Cena X

Os mesmos e Peixoto.

PEIXOTO Com licença!

GOMES Quem é?

ELISA Ah! É o senhor que há pouco o procurou, meu pai.

PEIXOTO Finalmente achei-o em casa.

GOMES Sr. Peixoto, não me nego a pessoa alguma.

PEIXOTO Não digo o contrário, mas é difícil de o encontrar.

VICENTE Vossa senhoria paga a contrafé?

ELISA Quanto é?

GOMES Não tenho com que pagar, senhor.

VICENTE Bem. É só para declarar.

PEIXOTO Hum!... Já lhe anda esta gente por casa... Mau sinal!

VICENTE Viva, sr. Peixoto! (*a Gomes*) Aqui tem!

GOMES Não preciso deste papel.

VICENTE Em todo o caso aí fica. Às ordens! Queira desculpar!

PEIXOTO (*a meia-voz*) Que foi isso?

VICENTE (*idem*) Despejo!

PEIXOTO Mau!

GOMES Elisa, vai para dentro. Deixa-me conversar com o senhor.

Cena XI

Gomes e Peixoto.

PEIXOTO Sabe o que me traz aqui?

GOMES Sim, senhor. Não lhe posso pagar.

PEIXOTO Essa é boa! Por quê?

GOMES Porque não tenho dinheiro.

PEIXOTO Veremos.

GOMES Enquanto conservei uma esperança, pedi-lhe que tivesse paciência. Hoje nada espero; nada peço.

PEIXOTO Que fez do ordenado?

GOMES Descontei-o seis meses adiantados para viver.

PEIXOTO A sua mobília?

GOMES Já não é minha. A pessoa que a comprou deixou-me alugada; e como não lhe tenho pago os aluguéis, vem buscá-la amanhã.

PEIXOTO E os escravos que possuía?

GOMES O último saiu desta casa sob o pretexto de ir para a Misericórdia, a fim de que minha filha ignorasse... Foi penhorado!

PEIXOTO Mas há pouco vi aqui uma mulata.

GOMES Era talvez a escrava do meu vizinho do segundo andar.

PEIXOTO Ah! É verdade. Conheço-a! Do sr. Jorge?

GOMES Sim, senhor.

PEIXOTO Assim, nada lhe resta?

GOMES Nada absolutamente! Estou na miséria!

PEIXOTO Pois não sei como há de ser. Não estou disposto a perder o meu dinheiro.

GOMES Se eu pudesse vender-me para pagar-lhe, creia que não hesitaria. Não posso. Que hei de fazer?

PEIXOTO O senhor não sabe?

GOMES Sei!...

PEIXOTO É arranjar dinheiro, se não quer ir parar na cadeia.

GOMES O senhor insulta-me!

PEIXOTO Se acha que isso é um insulto, nesse caso é a lei, não sou eu quem o insulta.

GOMES Cometi algum crime?... É culpa minha se não tenho com que pagar-lhe?

PEIXOTO Se fosse só isso!

GOMES Explique-se!

PEIXOTO É muito simples. O senhor negociou comigo uma letra de quinhentos mil-réis. Tinha o seu aceite; mas estava sacada e endossada pelo sr. Francisco de Faria, negociante desta praça.

GOMES O senhor deu-me por ela quatrocentos mil-réis, dos quais ainda tive de pagar cinquenta ao sr. Faria.

PEIXOTO Essa não é a questão. O saque e o endosso são falsos.

GOMES Falsos!...

PEIXOTO Faria nunca sacou letras.

GOMES Mas então quem era a pessoa com quem tratei?

PEIXOTO É coisa que não me interessa. O senhor responderá à polícia.

GOMES À polícia?... Eu!

PEIXOTO Está bem visto!... A letra foi negociada com o senhor. Tenho testemunhas. Que me importa essa pessoa?

GOMES Mas, senhor, não é possível!... Não se condena assim um homem que não tem notas na sua vida.

PEIXOTO Sr. Gomes, acabemos com isso!... Não lhe quero fazer mal; porém, se às cinco horas da tarde o senhor não tiver o dinheiro para pagar-me, às seis apresento a letra na polícia.

GOMES Dê-me tempo ao menos para procurar o homem com quem tratei.

PEIXOTO E o senhor tratou com alguém?

GOMES Infame!... Duvida de minha palavra!

PEIXOTO Ah! Quer brigar? Não estou disposto. Até às cinco horas.

GOMES Meu Deus! Condenado como um falsário!... Não! Já resisti por muito tempo!

Cena XII

Gomes e Elisa.

ELISA Meu pai!...

GOMES Tu ouviste, minha filha?

ELISA Ouvi tudo.

GOMES Pois então ouve o resto.

ELISA Sossegue primeiro.

GOMES Não há sossego nestes transes. Acabas de saber que estamos na miséria; nada temos, nada devemos esperar. Mas isso não era bastante; aí vem a desonra coroar a miséria.

ELISA Mas o que disse aquele homem é uma mentira, não é?

GOMES Tu duvidaste um momento da probidade de teu pai?

ELISA Oh! Não, não!

GOMES Se eu quisesse, já não digo roubar, mas transigir com a minha consciência, os que agora nos desprezam aí estariam ainda nos importunando com a sua amizade fingida e hipócrita.

ELISA Não se defenda, meu pai. Eu creio na sua honra, como creio em Deus. Se lho perguntei é porque desejava ouvir de sua boca o desmentido de semelhante calúnia. (*pausa*)

GOMES Elisa, minha filha!... Este último golpe é mais forte que minha razão. Muitas vezes já a minha coragem vacilou encarando a miséria: um projeto louco me passou pelo espírito e esteve bem prestes a realizar-se. Resisti, lembrando-me de ti. À vergonha, à infâmia, minha filha, não posso... não sei resistir!

ELISA Não pense nisso, meu pai.

GOMES Quando não se pode viver honrado, morre-se.

ELISA Quer-se matar!

GOMES Isto é vida?

ELISA Meu Deus!... Por piedade!

GOMES É necessário!

ELISA E eu, e sua filha? Deixa-a ao desamparo?

GOMES Preferes que a arraste à vergonha?... Não sentes que vais perder teu pai?... Escolhe! Vê-lo infame nas galés, ou chorá-lo morto, porém honrado.

ELISA Mas ainda pode salvar-se!... Não há de ser condenado, não!

GOMES Refleti, Elisa. Que defesa tenho eu?... A minha palavra. E isso basta? Sem dinheiro, sem amigos?... Só me resta uma esperança; e é que esse homem não cumpra o que disse. Mas essa... não acredito nela.

ELISA Por quê?... Esse homem deve ter um coração! Eu lhe suplicarei de joelhos.

GOMES Tu sabes se te quero, Elisa, e com que extremos te amo. A única dor que levo desta vida é deixar-te!... Uma menina de dezoito anos, sem pai, sem mãe, ao desamparo, é um anjo perdido neste mundo torpe. Toda a sua virtude não basta às vezes para defendê-la. Sucumbe à necessidade implacável.

ELISA E quer me abandonar!

GOMES Sou eu que te abandono, Elisa, ou é a fatalidade que me arranca de teus braços?

ELISA Deus se há de condoer de nós!

GOMES Se te sentes com força de lutar, minha filha, talvez a felicidade te depare um homem que te ame e proteja a tua orfandade.

ELISA E por que não nos protegerá a ambos?

GOMES Eu já não preciso senão do perdão do Senhor e do teu. — Se, porém, te sentes fraca... Não te aconselho... Não digo que o faças... Segue o impulso de tua alma...

ELISA Acabe, meu pai!

GOMES O que ficar deste vidro...

ELISA Ah!

GOMES É a única herança de teu pai, Elisa.

ELISA Oh! Sim! Morremos juntos!

GOMES Não! Foi uma loucura!... Esquece o que te disse! Tu ainda podes ser feliz, minha filha!...

Ato segundo

Em casa de Jorge. Sala simples, mas elegante.

Cena I

Joana e Vicente.

VICENTE Como vai isto por cá?

JOANA Oh! Bilro!... Vamos indo, como Deus é servido!

VICENTE Há saúde e patacos, é o que se quer.

JOANA Saúde não falta, não, Bilro! No mais vai-se vivendo, como se pode.

VICENTE Olhe, sra. Joana... Há muito que estou para lhe pedir uma coisa.

JOANA Sra. Joana!... Estás doido, Bilro?

VICENTE Não, mas é que... Sim... Bem vê que tenho hoje uma posição... E esse modo de chamar a gente de Bilro...

JOANA (*rindo*) Ah! ah! ah!... Então porque és pedestre ou meirinho... Não sei o quê!

VICENTE Menos isso!... Oficial de justiça!

JOANA Pois que seja... Oficial da justiça, ou da injustiça... Porque és isto, julgas que ficas desonrado se eu te chamar de Bilro?... Ora, não vejam só este meu senhor! Que figurão!... Vossa senhoria faz obséquio...

ou vossa excelência?... Queira ter a bondade... Por quem é... Sr. Vicente...

VICENTE Romão... Romão...

JOANA Sr. Vicente Romão. Queira desculpar!... Sem mais aquela.

VICENTE Está zombando.

JOANA Não é assim que deve tratá-lo?

VICENTE Toma o recado na escada... Eu por mim não me importava; mas falam.

JOANA Pois olha! Cá comigo está se ninando!... Eu te conheci assim tamaninho, já era rapariga, mucama de minha senhora moça, que Deus tem, e foi sempre Bilro para lá, tia Joana para cá. Se quiseres há de ser o mesmo... Senão, passar bem. Ninguém há de morrer por isso.

VICENTE Mas, Joana...

JOANA Tia Joana!

VICENTE Está bom, para fazer-lhe a vontade... Tia Joana! Não era melhor que a gente se tratasse como os outros?...

JOANA Não sei se é melhor, se não... Quando te vir hei de chimpar-te com o Bilro na venta.

VICENTE Não tem graça nenhuma.

JOANA Se te parecer, não responde: é o mesmo.

VICENTE Em teima ninguém lhe ganha!... Não vê que é preciso a gente dar-se ao respeito.

JOANA Dá-te ao respeito lá com as outras. Comigo estás bem aviado.

VICENTE Pois é isto que eu quero! Não me entendeu... Diante dos outros a senhora... A tia Joana que lhe custa me chamar de Vicente?

JOANA Diante dos outros?... Pois sim! Mas olha que é Vicente só!

VICENTE Vicente Romão... É mais cheio.

JOANA Uma figa!... Nem Romão, nem senhor! Vicente.

VICENTE Enfim! Era melhor o nome todo... Não quer! Que se lhe há de fazer!

JOANA Então não perguntas por nhonhô Jorge?

VICENTE Ia perguntar; mas vossa mercê....

JOANA Vossa mercê.... Hein... Bilro...

VICENTE Você me atrapalhou, tia Joana. Como está ele, o sr. Jorge? Está bom?

JOANA Bom e crescido que faz gosto... Se tu o vires!

VICENTE Não há quinze dias que estive com ele.

JOANA Pois faz sua diferença!... Todos os dias parece que fica mais alto e mais sério... Eu acho ele tão bonito, meu Deus!

VICENTE Pudera não! Você o criou!

JOANA E tu não achas?

VICENTE Eu não! E é preciso que diga.

JOANA Já lhe saiu todo o buço.

VICENTE Também ele já anda rastejando pelos vinte e um.

JOANA Completou hoje, Bilro.

VICENTE É verdade. Ora, tia Joana! Já estamos ficando velhos. Inda me parece que foi outro dia que você dava de mamar a ele.

JOANA Como me lembra!... Eu tinha dezessete anos, e tu eras um pirralho de oito. Vinhas bulir com ele no meu colo; e como eras muito travesso, nós te começamos a chamar de Bilro. Nunca estavas quieto!

VICENTE E aquela vez que um sujeito fez-me por força levar-lhe um recado... Quando a gente é criança faz cada uma!

JOANA Doeu-te o puxão de orelha que te dei?

VICENTE Oh! Se doeu!... Também nunca mais!

JOANA E perdias teu tempo!

VICENTE Lá isso eu sempre disse... Nunca houve mulatinha que se desse mais ao respeito do que tia Joana. Pois em casa punham a boca em todos; mas dela não tinham que mexericar.

JOANA Não fala mais nisso, Bilro. A gente tem vontade de chorar.

VICENTE É mesmo, tia Joana. Bom tempo! Sr. doutor só fazia ralhar. Tirante disso, era bom amo.

JOANA Tens tido notícias dele?

VICENTE Depois que foi viajar, nunca mais soube por onde anda.

JOANA E a comadre Rosa que ele vendeu a um homem da rua da Alfândega?

VICENTE Essa morreu... O André está cocheiro na praça.

JOANA Cada um para sua banda.

VICENTE Vou indo também para a minha. Adeus, tia Joana.

JOANA Agora até quando?

VICENTE Não sei! Hoje, como tive que fazer por aqui, então disse cá com os meus botões: Deixa-me ver a tia Joana. Já vi... Estão batendo.

JOANA Vê quem é.

VICENTE Pode entrar.

Cena II

Os mesmos e dr. Lima.

DR. LIMA Ainda se lembram aqui do amigo velho?

JOANA Ah! Meu senhor dr. Lima. Há que anos!...

VICENTE Sr. doutor!...

DR. LIMA Esqueceste que parti para a Europa.

JOANA Não esqueci, não... meu senhor. Ainda há pouco estava falando nisso.

DR. LIMA Cheguei hoje pelo paquete. Acabo de desembarcar. Que de Jorge?

JOANA Saiu. Que alegria ele vai ter!... Mas como meu senhor acertou com a casa?

DR. LIMA Custou-me!... Já andei por aí à matroca. Na rua do Conde é que me ensinaram.

VICENTE O vizinho de defronte?

DR. LIMA Justamente! Mas eu estou reconhecendo esta figura...

JOANA O ciganinho, pajem de meu senhor...

DR. LIMA Ah! O grande Bilro!

VICENTE Vicente Romão, sr. doutor.

DR. LIMA Como vais?... Que fazes?... Estás mais bem-comportado?

JOANA É oficial de justiça.

DR. LIMA Escolheste um bom emprego, Bilro.

VICENTE Vicente Romão, sr. doutor. Mas então vossa senhoria acha?

DR. LIMA O quê, homem?...

VICENTE Bom o meu emprego?

DR. LIMA Decerto! Precisavas viver bem com a justiça.

VICENTE Peço vista para embargos, sr. doutor; não tenho culpas no cartório.

DR. LIMA Bem mostras que és do ofício!

VICENTE (*a Joana*) É preciso perder esse mau costume de chamar a gente de ciganinho. Ouviu?!

JOANA Ai!... Começas outra vez com as tuas empáfias.

VICENTE Que embirrância!...

DR. LIMA Que é isso lá? Assim é que festejam a minha chegada?

JOANA É Bilro que...

VICENTE Não é nada, sr. doutor; vossa senhoria me dê as suas ordens.

DR. LIMA Vai me ver. Estou no Hotel da Europa.

VICENTE Obrigado, sr. doutor. Até mais ver, tia Joana.

Cena III

Dr. Lima e Joana.

JOANA Meu senhor não quer descansar?...

DR. LIMA Recosto-me aqui mesmo, neste sofá.

JOANA Já almoçou, meu senhor? Aí tem café e leite.

DR. LIMA Ainda conservo os meus antigos hábitos. Às oito horas já estava almoçado.

JOANA Quem sabe se meu senhor não quer tomar o seu banho?

DR. LIMA Não! Vem cá. Senta-te aí.

JOANA Eu converso mesmo de pé com meu senhor.

DR. LIMA Como vai teu filho?... Já está um homem?

JOANA Meu senhor!... Eu lhe peço de joelhos... Não diga esse nome!

DR. LIMA Pelo que vejo o mistério dura ainda!

JOANA E há de durar sempre! Meu senhor me prometeu.

DR. LIMA Prometi.

JOANA Meu senhor jurou!

DR. LIMA É verdade! Mas julgava que na minha ausência tudo se havia de se revelar.

JOANA Ele não sabe nada, e eu peço todos os dias a Deus que não lhe deixe nem suspeitar.

DR. LIMA Assim tu ainda passas por sua escrava?

JOANA Não passo, não! Sou escrava dele.

DR. LIMA Mas, Joana! Isso não é possível!

JOANA Meu senhor... Eu já lhe disse!... E não cuide que por ter esta cor não hei de cumprir... No dia em que ele souber que eu sou... que eu sou... Nesse dia Joana vai rezar ao céu por seu nhonhô.

DR. LIMA E por que razão hás de fazer uma tal loucura?

JOANA Por quê?... Desde que nasceu ainda está para ser a primeira vez que se zangue comigo. E vossa mercê quer que se envergonhe... Que me aborreça talvez!... Meu Deus! Matai-me antes que eu veja essa desgraça!

DR. LIMA És tu a culpada?

JOANA Não sei, meu senhor, não sei. Às vezes penso... Quando fazem vinte e um anos eu senti o primeiro movimento dele... de meu...

DR. LIMA De teu filho. Fala! Que receio é esse?... Estamos sós.

JOANA Vossa mercê não sabe que medo tenho de dizer este nome!... Até à noite quando rezo por ele baixinho... Não me atrevo... Ele pode ouvir... Eu posso me acostumar...

DR. LIMA Mas dizias?

JOANA Ah! Quando senti o primeiro movimento que ele fez no meu seio, tive uma alegria grande, como nunca pensei que uma escrava pudesse ter. Depois uma dor que só tornarei a ter se ele souber. Pois meu filho havia de ser escravo como eu? Eu havia de lhe dar a vida para que um dia quisesse mal à sua mãe? Deu-me vontade de morrer para que ele não nascesse... Mas isso era possível?... Não, Joana devia viver!

DR. LIMA Foi então que Soares te comprou...

JOANA Ele me queria tanto bem! Deu por mim tudo quanto tinha... Dois contos de réis! Eu fui para sua casa. Aí meu nhonhô nasceu e foi logo batizado como filho dele, sem que ninguém soubesse quem era sua mãe.

DR. LIMA Desgraçadamente morreu poucos dias depois... Se eu soubesse então!...

JOANA Mas meu senhor não sabia nada. Fui eu que lhe confessei...

DR. LIMA Porque já tinha suspeitado...

JOANA E por isso só. Vossa mercê era capaz de afirmar? Não! Quem lhe contou fui eu, com a condição de não dizer nunca!...

DR. LIMA Pois bem, Joana! Não direi uma palavra. Continuarás a ser escrava de teu filho. Será para ele a dor mais cruel quando souber...

JOANA Nunca!... Quem vai lhe dizer?... Além de vossa mercê e de mim, só Deus sabe este segredo. Enquanto meu senhor estava fora eu vivia descansada...

DR. LIMA E tinhas razão... Presente, vendo-te ao lado de Jorge, não respondo por mim.

JOANA Meu senhor, vossa mercê teve sua mãe... Lembre-se que dor a pobre havia de sentir se seu filho tivesse vergonha dela!... Não o faça desgraçado! E por causa de quem?... De mim, que morreria por ele.

DR. LIMA Bem; prometo-lhe que hei de ter coragem! Virei raras vezes aqui. Evitarei o mais que puder... Com receio de me trair.

JOANA É melhor. Até vossa mercê se habituar.

DR. LIMA Nunca me habituarei!... Tu não sabes como eu te admiro, Joana; e como dói-me no coração ver esse martírio sublime a que te condenas.

JOANA Eu vivo tão feliz, meu senhor!

DR. LIMA Mas que necessidade tinhas de ser escrava ainda? Não podias estar forra?

JOANA Eu, meu senhor?... Como?

DR. LIMA Com o dinheiro que tiravas do teu trabalho e gastavas na educação de teu filho.

JOANA Nunca pensei nisso, meu senhor!... Demais, forra, podiam-me deitar fora de casa, e eu não estaria mais junto dele. A escrava não se despede.

DR. LIMA Mas... Estremeço só com esta ideia!

JOANA Qual, meu senhor?

DR. LIMA Supõe que... te vendiam.

JOANA Joana morreria; porém ao menos deixaria a ele aquilo que custasse... Sempre era alguma coisa... Para um moço pobre!

DR. LIMA E eu hei de estar condenado a ouvir Jorge agradecer-me a sua educação que ele deve unicamente a ti; a chamar-me seu segundo pai, ignorando que sua...

JOANA Mais baixo!... Não se zangue, meu senhor!

DR. LIMA Sabes que mais! Vou-me embora. Voltarei logo para abraçar Jorge e não pisarei mais aqui. É uma tortura!

JOANA Adeus, meu senhor! Não se agaste comigo.

DR. LIMA Não. Quem sabe se tu não tens razão!

JOANA Deus dê muita felicidade a meu senhor dr. Lima. (*abre a porta*)

Cena IV

Os mesmos e Jorge.

JOANA Ah!

DR. LIMA É ele?

JOANA Nhonhô não conhece, não!... Sr. dr. Lima!

DR. LIMA Jorge!

JORGE Ah! Doutor! Quando chegou?

DR. LIMA Hoje mesmo. É a minha primeira visita.

JORGE E devia ser pelo bem que lhe queremos, eu e Joana. Venha sentar-se.

DR. LIMA Está um homem!

JOANA Não é, meu senhor doutor?... E um moço bonito! Hi! Faz andar à roda a cabecinha dessas moças todas.

JORGE Se lhe der ouvidos, doutor, é um não acabar de elogios!... Mas há cinco anos que está ausente!

JOANA Há de fazer pela Páscoa.

DR. LIMA É verdade. Deixei-o quase criança... Tinha dezesseis anos. Acabou os seus estudos naturalmente!

JORGE Ainda não.

JOANA É o melhor estudante. Não sou eu que digo!... São os mestres dele.

DR. LIMA Sempre foi... Que profissão escolheu?

JORGE Segui o seu conselho... Estudo medicina; estou no quinto ano.

DR. LIMA E de fortuna... Como vamos?

JORGE O necessário. As minhas lições.

DR. LIMA Ah! Dá lições? De quê?

JORGE De música e de francês.

DR. LIMA Lembro-me que tinha muita disposição para o piano. Cultivou essa arte?

JOANA Toca que faz gosto!... Vossa mercê há de ouvir.

DR. LIMA Sem dúvida. E quanto lhe rendem as lições?

JORGE Uns cem mil-réis por mês.

DR. LIMA É pouco.

JORGE Faço também algumas traduções que deixam às vezes um extraordinário. Joana por seu lado ganha...

JOANA Quase nada, nhonhô! Já estou velha. Não coso mais de noite.

JORGE Nem eu quero. Foi de passares as noites sobre costura que ias perdendo a vista.

DR. LIMA Faz bem em tratá-la com amizade, Jorge. É uma boa...

JOANA Sou uma escrava como as outras.

JORGE És uma amiga como poucas se encontram.

JOANA Ora, nhonhô!...

JORGE Sabe, doutor! Creio que foi Deus que o enviou a esta casa.

DR. LIMA Por que razão, Jorge?

JORGE Eu lhe digo... Vem cá, Joana!... Mais perto!... Quero contar-te uma história.

JOANA Mas... Eu vou dar uma vista d'olhos lá dentro.

JORGE Espera. (*toma-lhe a mão*)

JOANA Que é isso, nhonhô? Já se viu... Que modos?

JORGE Olhe, doutor! Estou no meio de minha família. Meu segundo pai, minha segunda mãe! Não conheci os outros.

DR. LIMA Jorge, meu amigo!

JOANA Para que falar nestas coisas num dia de se estar alegre... Meu senhor doutor chegou... Nhonhô faz anos.

DR. LIMA É verdade!... É hoje 3 de fevereiro...

JORGE Escolhi justamente este dia para pagar-te uma dívida. Quem foi testemunha da dedicação, doutor, verá o reconhecimento.

JOANA Nhonhô, me dê licença!

JORGE Toma, Joana. Eu escrevi-a esta manhã lembrando-me de minha mãe.

DR. LIMA Muito bem, Jorge. Deus o inspirou!

JOANA Mas o quê... Que papel é este, nhonhô?

DR. LIMA É a tua carta de liberdade, Joana!

JOANA Não quero! Não preciso!

JORGE Não é tua carta de liberdade, não, minha boa Joana; porque eu nunca te considerei minha escrava. É apenas um título para que não te envergonhes mais nunca da afeição que me tens.

JOANA Mas eu não deixarei a meu nhonhô?

JORGE A menos que tu não o exijas.
JOANA Eu!... Que lembrança!
DR. LIMA Não faz ideia do quanto me comove esta cena.
JORGE As nossas almas se compreendem, doutor. Guarda, Joana, este papel...
JOANA Por que nhonhô mesmo não guarda?
JORGE De modo algum. Ele te pertence, manda-o registrar em um tabelião.
DR. LIMA É prudente.
JORGE Há muito tempo, doutor, que tencionava realizar este pensamento. Mas tinha tomado algum dinheiro com hipoteca...
DR. LIMA Com hipoteca!... Sobre Joana?
JOANA Que mal fazia?
JORGE Conheço que fui imprudente, mas a necessidade urgia.
DR. LIMA Não o censuro, Jorge! O senhor não sabia...
JORGE O quê, doutor?
DR. LIMA Não sabia... Quanto esses empréstimos são perigosos!...
JORGE Felizmente já não sou devedor... Nem ao homem que me emprestou... Nem à minha consciência que me ordenava desse a Joana essa pequena prova da estima que lhe tenho. Resta-me ainda uma dívida... Dívida de amizade e gratidão que nunca poderei pagar.
DR. LIMA A ela!... Por certo que nunca!
JOANA A meu senhor!... A mim não. (*batem*)

Cena V

Os mesmos e Gomes.

JOANA Sr. Gomes!
JORGE Tenha a bondade de entrar.
GOMES Desculpe se o incomodo, meu vizinho!
JORGE Ao contrário, dá-me muito prazer... Por que não se senta?

DR. LIMA (*a Joana*) Agora podes ficar tranquila! Terei forças de calar-me.

JOANA Meu senhor... Não toque nisto... agora.

DR. LIMA Que tem?... Não nos ouvem.

JOANA Fale mais baixo!... Pelo amor de Deus!

JORGE (*a Gomes*) Hoje me pareceu incomodado?

GOMES Estou bom!

JORGE Mas ainda o acho pálido.

GOMES Não é nada!

JORGE Ainda bem! Quero apresentar-lhe a um amigo que chegou-nos hoje de repente... Devo-lhe mais que a existência, devo-lhe a educação.

GOMES Como?... Perdão! Estava distraído!... Que dizia?

JORGE Que desejava apresentar-lhe um amigo.

GOMES Ah! Com muito gosto.

JORGE Dr. Lima!... O senhor estimará fazer o conhecimento de uma pessoa que todos respeitam pela sua honradez... O sr. Gomes... Empregado público.

DR. LIMA Estimo muito!... Um médico pobre, sem clínica, que esteve cinco anos fora do seu país, de pouco presta, mas pode contar...

GOMES Obrigado, sr. doutor. (*a Jorge*) Porém eu desejava falar-lhe em particular.

JORGE Por que não disse?...

DR. LIMA Neste caso eu me retiro.

GOMES Não é preciso! Não! Eu voltarei depois.

JORGE Para que ter esse trabalho?... O doutor pode entrar um momento.

DR. LIMA Decerto! Vou ver a casa. Anda, Joana. Vem mostrar-me os teus arranjos.

Cena VI

Gomes e Jorge.

GOMES Não incomode seu amigo. Voltarei depois.

JORGE Ora, sr. Gomes, não é incômodo. Estou à sua disposição.

GOMES É verdade que o negócio de que lhe pretendia falar é urgente… mas…

JORGE Pois então, não há necessidade de adiá-lo.

GOMES Talvez o senhor estranhe… O passo é impróprio, eu conheço…

JORGE Fale com franqueza.

GOMES Não! Temo abusar… Agradeço-lhe a sua atenção… Outra vez conversaremos. Hoje mesmo… Logo mais.

JORGE O sr. Gomes tem alguma coisa que o inquieta; creia que se estiver nas minhas mãos servi-lo…

GOMES É engano seu!… Não tenho nada.

JORGE Talvez algum embaraço… Sim! Isto não depende de nós… Pode acontecer a qualquer… De repente precisamos de algum… dinheiro…

GOMES Sr. Jorge! Não vim pedir-lhe dinheiro emprestado! Não é meu costume.

JORGE Perdão, sr. Gomes! Não tive intenção de ofendê-lo. Estimo-o e respeito-o muito…

GOMES Faço justiça às suas intenções… Mas creia… Se me visse reduzido a essas circunstâncias preferiria morrer de fome a tirar esmolas.

JORGE A palavra é dura! Recorrer a um amigo não é mendigar.

GOMES Não; mas pedir quando não se pode e não se espera pagar… é mais que mendigar… É abusar da confiança; é roubar. Bem vê que não seria capaz.

JORGE Mas o sr. Gomes não está nessas circunstâncias.

GOMES Não devo tomar-lhe o tempo com os meus negócios. O objeto sobre que desejava falar-lhe… é muito diferente.

JORGE Pois eu o escuto.

GOMES Não! Preciso refletir ainda.

JORGE Mas não poderei saber?...
GOMES É escusado... Permita-me!
JORGE Como quiser.
GOMES Passe bem!

Cena VII

Jorge, dr. Lima e Joana.

DR. LIMA Já foi o seu amigo?
JORGE Já, doutor.
DR. LIMA Examinou-o bem?... Ele tem alguma coisa. Não está no seu estado normal.
JORGE Assim me pareceu.
DR. LIMA Aconselhe-lhe que se trate.
JORGE Hei de procurá-lo daqui a pouco. É nosso vizinho; mora no primeiro andar... Julgo que tem sofrido desarranjos nos seus negócios.
JOANA Iaiá d. Elisa me disse, nhonhô, que ele sempre foi assim triste.
DR. LIMA Quem é iaiá d. Elisa?
JOANA É a filha do sr. Gomes.
DR. LIMA Bonita?
JOANA Como nhonhô! Parece que nasceram um para o outro.
DR. LIMA Ah! Temos romance?
JORGE Qual, doutor!... São ideias de Joana.
DR. LIMA Havemos de conversar a esse respeito. Corri a casa. Está bem acomodado... Tem o que é preciso para um moço solteiro.
JOANA Oh! Ainda falta muita coisa! Mas há de vir com o tempo.
DR. LIMA E graças aos teus cuidados. Mas não te esqueças, Joana! Vai aprontar o quarto do doutor.
JOANA Sr. doutor fica morando aqui?

JORGE Então!

DR. LIMA Já tomei um quarto no Hotel da Europa.

JORGE Como, doutor?... Não esperava.

DR. LIMA Desculpe, meu amigo! Tenho os meus hábitos. Já estou velho. Não quero nem incomodá-lo, nem incomodar-me.

JORGE Ao menos há de jantar conosco...

DR. LIMA Hoje não é possível.

JORGE Ora! Não o deixo sair. Lembre-se que dia é hoje.

DR. LIMA Já me disse. É o dia de seus anos.

JORGE E o da sua chegada!... Mas pertence também a Joana.

DR. LIMA É verdade.

JORGE (*a Joana*) Vai! Olha que o doutor chega da Europa onde se cozinha perfeitamente. Hás de deitar três talheres.

JOANA Nhonhô espera mais alguém?

JORGE Quantos somos nós?

JOANA Nhonhô!... Logo não vê!... Joana sentar-se na mesa com seu senhor!... Credo!

JORGE Já te disse, Joana!... Aqui não há nem senhor, nem escrava... Se me tornas a falar assim, ralho contigo.

JOANA Será a primeira vez.

JORGE E quem terá a culpa?... Anda! Quem desembarca precisa jantar cedo.

DR. LIMA Mas, decididamente, Jorge, não posso.

JORGE Sério, doutor?

DR. LIMA Se lhe recuso isto é que tenho motivo forte.

JORGE Neste caso não insisto. (*escreve*)

DR. LIMA Outro dia! Breve... Hoje deitarás apenas dois talheres, Joana; um para Jorge e outro para ti.

JOANA Não lembre mais isto, meu senhor!

JORGE Não acha que deve ser assim?

DR. LIMA Decerto. (*baixo a Joana*) Senão, fico.

JOANA Está bom... Será como vossa mercê quiser.

DR. LIMA E no jantar hão de beber duas saúdes.

JORGE À sua, doutor.

DR. LIMA À minha, sim, mas em primeiro lugar à de sua mãe.
JORGE E à de Joana.
DR. LIMA Também!
JORGE Joana, escuta. Permite, doutor?
DR. LIMA Pois não!
JORGE Leve esta carta a d. Elisa.
JOANA A iaiá?... Dê cá, nhonhô.
JORGE Não!... Melhor é que eu não lhe escreva.
JOANA Que tem isso agora?
JORGE Ela pode ofender-se!... Desce e procura saber que tem seu pai.
JOANA Sim, nhonhô!... Vou já.
JORGE Não te demores!
JOANA Meu senhor doutor ainda fica?
DR. LIMA Não. Também vou.
JORGE Espere um momento.
JOANA Sr. doutor tem que fazer, nhonhô.
JORGE Vai, Joana.
DR. LIMA Adeus. Basta de maçada.

Cena VIII

Dr. Lima e Jorge.

JORGE Que pressa é essa, doutor? Sente-se.
DR. LIMA Teremos muitas ocasiões de conversar.
JORGE Sem dúvida; mas estou impaciente por saber de sua boca o nome de minha mãe.
DR. LIMA De... sua mãe?
JORGE Sim, doutor.
DR. LIMA Também eu o ignoro, Jorge.
JORGE Mas, doutor, eu fui criado em sua casa. Devo-lhe a educação...
DR. LIMA Pela última vez lhe digo, Jorge... Nada me deve... Nada absolutamente!
JORGE Ora, doutor!...

DR. LIMA Dou-lhe minha palavra, e sabe que nunca a dou debalde.

JORGE Creio, doutor.

DR. LIMA Pois dou-lhe minha palavra que nunca despendi um real com a sua educação... Quando o quisesse, não podia... Sou pobre!

JORGE Mas então quem pagava as despesas que eu fazia?

DR. LIMA Sua mãe.

JORGE E a ocultam de mim!

DR. LIMA Não a conheci... Escute, Jorge. Todo o segredo do seu nascimento é este.

JORGE Fale, doutor.

DR. LIMA Uma noite fui chamado a toda a pressa para ver meu amigo Soares...

JORGE Meu pai!

DR. LIMA Quando cheguei, seu pai já estava moribundo. Apenas me viu, estendeu-me a mão, balbuciando estas palavras: "Meu filho... sua mãe...". E expirou.

JORGE E nada mais?

DR. LIMA Nada mais. Trouxe-o para minha casa, onde Joana o criou.

JORGE Joana; a única herança de meu pai!

DR. LIMA A única!... É verdade.

JORGE Também ela ignora!... Mas, doutor, não me disse como esses suprimentos se faziam.

DR. LIMA De uma maneira muito simples. Quando o senhor precisava de roupa, livros ou qualquer objeto, vinham trazê-lo à casa.

JORGE Quem?

DR. LIMA Caixeiros... alfaiates...

JORGE E nunca lhe disseram?

DR. LIMA Se eles não sabiam?

JORGE Assim estou condenado a ignorar sempre o nome de minha mãe.

DR. LIMA Não se ocupe com isso!... Algum dia, quando menos esperar, há de saber. Continue a portar-se como homem de bem e deixe o mais à Providência.

JORGE Mas é triste, doutor.

DR. LIMA Quem sabe?... Quantas vezes esse mistério não é uma felicidade.

JORGE Não o percebo.

DR. LIMA Quantas vezes a revelação não perturba as relações de pessoas que se estimam e não acarreta sobre elas o opróbrio e a desonra...

JORGE É possível?... Sacrificar-se o filho ao egoísmo.

DR. LIMA Não acuse, Jorge.

JORGE Tem razão, doutor.

DR. LIMA Já se viram pais que se ocultaram para não envergonhar os filhos do seu nascimento.

JORGE Não diga isso, doutor!... Um filho nunca se pode envergonhar de seu pai!

DR. LIMA Mas suponha que ele teve a desgraça de sofrer uma condenação... Que tornou-se indigno...

JORGE Nem assim! Não há motivo que justifique semelhante ingratidão.

DR. LIMA Nem um?...

JORGE Nem um, doutor! Se pois é essa a razão...

DR. LIMA Que lembrança!... Foi apenas uma suposição... Já lhe disse quanto sabia.

JORGE Dá-me a sua palavra?

DR. LIMA Jorge, não se esteja a afligir com estas coisas, que no fim de contas nenhuma influência têm sobre a vida... Adeus. É tarde.

JORGE Estou convencido agora de que sabe mais do que disse.

DR. LIMA Engana-se.

JORGE Por que não me dá a sua palavra?

DR. LIMA Não vale a pena.

Cena IX

Os mesmos e Joana.

JOANA Ainda está aqui, meu senhor?
DR. LIMA Esperava que chegasses.
JORGE Então, Joana?
JOANA Já fui, nhonhô.
DR. LIMA Meu amigo, o senhor tem que conversar com Joana. Deixo-o. Até amanhã.
JORGE Até amanhã, doutor. Hei de procurá-lo.
DR. LIMA Já lhe disse onde estou... Hotel...
JORGE Da Europa.
DR. LIMA Justo! Mas não sei se ficarei lá. É caro para os pobres.
JOANA Ora, meu senhor andou viajando.
DR. LIMA É o que tu pensas!... Gasta-se por lá metade do que é necessário para viver aqui modestamente.
JORGE Reflita no que lhe disse. Faz mal em ocultar-me.
DR. LIMA Não pense mais nisso.

Cena X

Jorge e Joana.

JOANA O que é que o sr. doutor não quer dizer a nhonhô?
JORGE Uma coisa que não te interessa.
JOANA Nhonhô não quer que Joana saiba seus segredos... Não pergunto mais.
JORGE Não é por isso.
JOANA Deve ser assim mesmo, nhonhô... Quem é esta pobre mulata para que vossa mercê lhe conte sua vida!
JORGE Está bom, Joana! Eu te digo... Perguntei ao doutor quem era minha mãe.
JOANA Ah! E ele?...
JORGE Respondeu o mesmo que tu. Mas que soubeste de Elisa?
JOANA De iaiá d. Elisa...
JORGE Já não te lembras?

JOANA Lembro, lembro, nhonhô!... Ela está muito triste; porém não quis dizer por quê.
JORGE E seu pai?
JOANA Sr. Gomes saiu. Iaiá perguntou se vossa mercê estava em casa... Talvez ela queira falar com nhonhô.
JORGE Vou vê-la.
JOANA Vá, nhonhô. Como ela há de ficar contente!
JORGE Estás com as tuas ideias.
JOANA Pois então, nhonhô!... Onde é que se viu um parzinho mais igual.
JORGE Achas que sim?
JOANA E não sou eu só!... Quando nhonhô descer, cerra a porta. Eu vou enxaguar uma roupa lá dentro, pode alguém entrar.

Cena XI

Jorge e Elisa.

JORGE Elisa!
ELISA Não me leve a mal, sr. Jorge.
JORGE O quê, Elisa?
ELISA Este passo que dei... Se soubesse!
JORGE Conte-me!... Que sucedeu a seu pai?
ELISA Uma desgraça!... Ele não esteve aqui?
JORGE Há pouco... Bastante perturbado... E não me disse o motivo por que me procurava.
ELISA Faltou-lhe a coragem... Meu pobre pai!
JORGE O que foi?... A que vinha ele?
ELISA Vinha... Vinha pedir-lhe emprestado... Oh! Como lhe custou!
JORGE Mas... por que repeliu o oferecimento que lhe fiz...
ELISA Teve vergonha de aceitá-lo... E, entretanto, era para salvar a sua vida!...
JORGE A vida de seu pai! Como, meu Deus!... Elisa! Explique-me o que se passa...

ELISA Estou tão aflita... Nem posso falar... Desculpe, sr. Jorge!...

JORGE Descanse um pouco!

ELISA Não! Desço já. Não devo me demorar aqui!

JORGE Tem receio... Não está em sua casa? Esqueceu-se!

ELISA Se não tivesse tanta confiança no senhor, subiria aqui?... Morreria antes. Veria morrer meu pai! Mas não teria ânimo...

JORGE Diga-me... O que houve?

ELISA Meu pai vendeu tudo quanto tinha para pagar as suas dívidas...

JORGE Sossegue! Não lhe faltará o necessário.

ELISA Oh! Se fosse isto!... Eu posso trabalhar... Mas uma coisa horrível, uma calúnia... Dizem que meu pai falsificou uma letra!

JORGE Ah!

ELISA Meu pai, o homem mais honrado...

JORGE Incapaz de semelhante ação.

ELISA Teme ser condenado... Diz que não pode resistir à vergonha... Quer matar-se!

JORGE Que loucura!

ELISA Mas ele o fará! Olhe!

JORGE O que é isto, Elisa?

ELISA Veneno, sr. Jorge... Veneno que meu pai trazia consigo, porque há muitos dias essa ideia o persegue.

JORGE Dê-me este vidro. Eu falarei a seu pai.

ELISA Não lhe fale, não!... Ele se irritaria... sem mudar de tenção. Já supliquei de joelhos!

JORGE Então confessou-lhe.

ELISA Tudo... E disse-me que se não tivesse força para lutar contra a desgraça, ainda aí ficaria bastante... para mim!

JORGE Cale-se, Elisa.

ELISA "É a única herança de teu pai" — me disse ele chorando.

JORGE Está louco!...

ELISA Não, sr. Jorge! Ele tem razão! Devemos morrer juntos!

JORGE Havemos de viver juntos, Elisa. Porque juro que salvarei seu pai. Mas preciso vê-lo.

ELISA Não lhe diga que lhe contei...

JORGE Como saberei as circunstâncias do fato que lhe imputam?

ELISA Ele mesmo nada sabe... Senão que um homem o procurou há pouco e ameaçou-o de entregar a letra falsificada à polícia, se lhe não pagasse hoje às cinco horas da tarde!

JORGE Em quanto monta essa letra?

ELISA Em quinhentos mil-réis.

JORGE E, paga ela, seu pai está salvo?

ELISA Da desonra... e da morte... sim!

JORGE Não tenho agora essa quantia... Mas prometo arranjá-la, Elisa.

ELISA Não, não consinto, sr. Jorge! Não era isso que lhe vinha pedir...

JORGE Qualquer estranho o faria para salvar a vida de seu semelhante.

ELISA Eu não lhe devia ter dito!... Mas a ideia de ver morrer meu pai!

JORGE Elisa!... Repila essa ideia!... Confie em Deus!

ELISA Em Deus e no senhor!... Quem tenho eu mais na terra, além de meu pai?

JORGE Preciso sair... Daqui a uma hora voltarei! Hei de salvá-lo!

ELISA Vou com essa esperança!...

Cena XII

Jorge e Joana.

JORGE Quinhentos mil-réis!...

JOANA O que é, nhonhô?

JORGE Deixa-me!...

JOANA Meu Deus!... Perdão!... Que lhe fiz eu, nhonhô?

JORGE Nada.

JOANA Contaram-lhe alguma coisa!... Não acredite!...

JORGE Em quê?

JOANA Não acredite no que lhe disseram.

JORGE E tu sabes o que me disseram?

JOANA Não!... Não sei... Mas não é verdade!... Eu lhe juro, nhonhô.

JORGE Não te entendo, Joana! Perdeste a cabeça?

JOANA Mas... Que tem nhonhô então?

JORGE Estou desesperado!

JOANA Por quê?

JORGE Preciso de dinheiro... E não sei como hei de obtê-lo. (*sai*)

JOANA Ah!

Ato terceiro

Em casa de Jorge. A mesma sala.

Cena I

Jorge e Joana.

JORGE O doutor não veio?...
JOANA Depois que nhonhô saiu?... Não!
JORGE Já não sei o que faça!
JOANA Nhonhô não achou o dinheiro de que precisa?
JORGE Qual!... Fui ao doutor, não estava... Deixei-lhe uma carta. Procurei um homem que me costumava emprestar às vezes... Exige penhor... Que posso eu dar?... Só tenho esta mobília!
JOANA Mas a casa há de ficar sem trastes?
JORGE Que remédio, Joana!... Prometeu vir daqui a pouco avaliar... Quanto poderão valer essas cadeiras?... Uma bagatela... cem mil-réis?
JOANA Valem muito mais!...
JORGE O meu relógio deu-me apenas cinquenta!
JOANA Nhonhô foi empenhar o seu relógio?...
JORGE Que havia de fazer?
JOANA Jesus!... Que pena!... Mas sr. doutor já há de ter recebido a carta... Não deve tardar por aí.

JORGE É a minha única esperança.

JOANA Enquanto ele não chega, venha jantar, nhonhô; são mais de três horas.

JORGE Não quero jantar agora, Joana... Estou fatigado... inquieto... Depois.

JOANA Almoçou tão pouco!

JORGE Almocei como de costume. Não tenho disposição.

JOANA Nhonhô não se agasta se eu lhe perguntar uma coisa?...

JORGE Podes perguntar.

JOANA Não é só para saber, não... É que talvez Joana possa remediar... Esse dinheiro de que nhonhô precisa para que é?

JORGE Se o segredo me pertencesse, eu to diria.

JOANA Ah! É um segredo... Mas precisa mesmo?...

JORGE Daria metade da minha vida para obtê-lo.

JOANA Pois então, nhonhô, fique descansado! Tudo se há de arranjar.

JORGE Como, Joana?... Por que meio?

Cena II

Os mesmos e dr. Lima.

JORGE Ah! É o doutor...

JOANA Ele mesmo!...

DR. LIMA Apenas recebi a sua carta, meti-me num tílburi e aqui estou. Que temos?

JORGE Creia, doutor, que só uma circunstância extraordinária me obrigaria a recorrer à sua amizade.

DR. LIMA Nada de preâmbulos, meu amigo. Eu o conheço. Em que lhe posso servir?

JORGE Preciso, doutor...

DR. LIMA De quê? Não se vexe!

JORGE Talvez repare...

DR. LIMA Precisa de dinheiro... Não é?

JORGE É verdade.

DR. LIMA De quanto?

JORGE De quinhentos mil-réis... Reconheço que é uma quantia avultada.

DR. LIMA Até aí chegam as minhas forças. Amanhã lhos trarei.

JORGE Amanhã?

DR. LIMA Apenas tire o meu fato da alfândega.

JOANA Ora, bravo... Está tudo arranjado. Eu bem sabia que meu senhor dr. Lima era um amigo de mão cheia.

JORGE Mas eu preciso para hoje às quatro horas sem falta.

DR. LIMA Eis o que é impossível. Três e dez... A alfândega está fechada... Os meus papéis estão na mala... A ninguém conheço... Entretanto vou tentar.

JORGE Inda mais incômodo!... Com efeito, o senhor deve fazer bem triste ideia de mim!

DR. LIMA Jorge!... Não me ofenda!

JORGE Parece que o estava esperando para importuná-lo... Mas quando souber o motivo me desculpará.

DR. LIMA Não quero que mo declare; sei que é honroso, e isto basta-me.

JORGE Muito obrigado!

DR. LIMA Não percamos tempo. Se não estiver aqui às quatro horas, é que nada consegui.

Cena III

Jorge e Joana.

JORGE Está acabado!... Morrerei também!

JOANA Nhonhô! Não diga isso!... Há de ter esse dinheiro.

JORGE A última esperança foi-se!

JOANA Ainda não, nhonhô! Não é de quinhentos mil-réis que precisa?

JORGE Onde irei eu achá-los?

JOANA Mas... Sua mulata assim mesmo velha ainda vale mais do que isso.

JORGE Que queres dizer, Joana?

JOANA Nhonhô não me deu este papel?... Eu não careço dele!

JORGE A tua carta!... Estás louca?

JOANA Ouça, nhonhô...

JORGE Não quero ouvir nada.

JOANA Mas nhonhô prometeu dar esse dinheiro.

JORGE Prometi.

JOANA Então! Há de faltar à sua palavra... E falar em morrer...

JORGE Queres que para evitar um mal, cometa um crime?... Que roube a liberdade que te dei?...

JOANA Nhonhô não rouba nada!... Eu é que não quero... Não pedi!...

JORGE Que importa?... O que dei não me pertence.

JOANA Pois eu não aceito! Veja...

JORGE Que vais fazer?

JOANA Nhonhô não há de obrigar... Não sou forra!... Não quero ser!... Não quero!... Sou escrava de meu senhor!... E ele não há de padecer necessidades!... Tinha que ver agora uma mulher em casa sem fazer nada, sem prestar para coisa alguma... E meu nhonhô triste e agoniado.

JORGE Não recebo o teu sacrifício. É escusado. Depois, de que me serviria isto?

JOANA Mas vem cá, nhonhô... Vossa mercê não disse esta manhã que há muito tempo me queria forrar?

JORGE E disse a verdade.

JOANA Quem duvida?... Mas não forrou porque tinha pedido um dinheiro emprestado com... Não sei como se chama.

JORGE Com hipoteca?

JOANA Isso mesmo!... Pois que custa nhonhô pedir outra vez esse dinheiro emprestado?

JORGE Tu já não és minha escrava.

JOANA O que sou eu então!... Nhonhô não me quer mais... Não presto para nada... Paciência!

JORGE Estás forra.

JOANA Mas eu rasguei o papel.

JORGE É indiferente. Eu o escrevi.

JOANA Que tinha que fizesse isto? Amanhã, sr. dr. Lima trazia o dinheiro, e estava tudo direito.

JORGE Vê quem está batendo. Deve ser o Peixoto.

JOANA Mas então, nhonhô?

JORGE Abre a porta.

Cena IV

Os mesmos e Elisa.

JOANA Iaiá d. Elisa!

ELISA Sr. Jorge. (*Joana afasta-se*)

JORGE Nada obtive ainda, Elisa.

ELISA Meu Deus!... Ele já me perguntou pelo vidro!... Eu lhe respondi... Nem sei o que lhe respondi!... São mais de três horas...

JORGE Não desespere, Elisa! Ainda temos tempo. Vá fazer-lhe companhia. Não o deixe.

ELISA Oh! Se as minhas lágrimas o salvassem!

JORGE Em último caso, se nada conseguir, irei ter com ele... Não o deixarei realizar o projeto que medita.

ELISA Mas ficará desonrado... Acusado de falsificador, será demitido... Cuida que resistirá?

JORGE Procuremos salvar-lhe a honra... Se não for possível, de duas desgraças a menor... a que ainda pode ser reparada!

ELISA Conto com o senhor!... Não nos abandone, sr. Jorge.

JORGE Vá descansada! Talvez mais cedo do que pensa eu possa levar-lhe uma boa notícia!... Se houver alguma coisa de novo, venha me dizer!...

JOANA Que tem iaiá que está tão triste?
ELISA Logo te direi, Joana.
JOANA Sua mulata de nada serve, mas...
ELISA Sei quanto és boa! Porém não me podes valer.
JOANA Quem sabe, iaiá?

Cena V

Jorge e Joana.

JORGE Joana!... Aceito o sacrifício que me fazes!...
JOANA Qual sacrifício!... Isso é o que nhonhô devia ter feito logo. Já estava livre de cuidados.
JORGE Não o aceitaria nunca se não fosse para o fim que é... Para salvar a vida de um homem... de um pai!
JOANA Do sr. Gomes?
JORGE Sim, do pai de Elisa.
JOANA Por isso é que iaiá está com os olhos vermelhos de chorar!... Pois nhonhô sabia e recusava!...
JORGE Nem imaginas quanto me custa!... Há muito tempo não tenho uma tão grande satisfação como a que senti hoje dando-te a liberdade, Joana! Nunca o dinheiro ganho pelo trabalho honesto me inspirou tão nobre e tão justo orgulho!... E destruir agora a minha obra!... Ah! Elisa não sabe que fel me fazem tragar as suas lágrimas!
JOANA Está bom, nhonhô, não esteja triste!... Tudo vai se arranjar... daqui a uma semana, se tanto, que festa não há de haver nesta casa!
JORGE Se eu já tiver restituído o que hoje confias de mim com tanta generosidade. Antes disso juro que não gastarei senão o que for absolutamente necessário para viver.
JOANA E por que agora nhonhô há de se privar do que precisar?
JORGE O devedor que assim não procede, rouba ao seu

credor. E se houve dívida sagrada no mundo é esta que vou contrair contigo.

JOANA Não vejo nada de maior.

JORGE Aumentas o sacrifício diminuindo-lhe o valor.

JOANA Nhonhô hoje não está bom, não! Tão cheio de partes!...

JORGE Será o doutor?

Cena VI

Os mesmos e Peixoto.

PEIXOTO Com licença!

JORGE Ah!... Faz obséquio de sentar-se?

PEIXOTO Tardei um pouco. Tive que fazer.

JOANA É o homem dos trastes, nhonhô?

JORGE E o doutor nada!

JOANA Não achou.

PEIXOTO Vamos a isso! Falou-me na sua mobília. É esta?

JORGE Sim, senhor. Tenho também alguns trastes na varanda.

PEIXOTO Jacarandá... Mais de meio uso.

JOANA Quase nova, meu senhor...

PEIXOTO Tem alguns dois anos de serviço.

JOANA Jesus!... Nem dois meses!

PEIXOTO Então foi comprada em leilão. Não há que fiar agora. Imaginem trastes velhos por novos... Lixa e verniz... Não custa.

JORGE Mas quanto dá o senhor?

PEIXOTO Por isto que aqui está... Último preço oitenta mil-réis. Não vale mais.

JORGE Oitenta só?

PEIXOTO Só. E não é pouco.

JOANA Ora, meu senhor! Mais do que isto custou o sofá.

PEIXOTO Pode ser. Não dou mais.

JORGE E pela minha cama?... É de mogno maciço.

PEIXOTO Vejamos. (*entra na alcova*)

JOANA Mas nhonhô há de ficar sem a sua cama? Isso não tem jeito nenhum.

JORGE Comprarei outra depois.

JOANA Melhor é fazer o que lhe disse, nhonhô.

JORGE Deixa ver... Talvez não seja preciso.

PEIXOTO A cama e a mobília da sala... Fica tudo por cento e vinte mil-réis. Tem mais alguma coisa?

JOANA Tem, sim, meu senhor!... Tem esta escrava! Quanto acha vossa mercê que ela vale?

PEIXOTO Ah! Isso é outro caso!... (*a Jorge*) Quer renovar a hipoteca sobre ela?

JOANA Quer... Ele quer... Pois já não disse?...

PEIXOTO Não ouvi! Então fica sem efeito o negócio dos trastes?

JOANA Fica, meu senhor!... Não é, nhonhô?

JORGE Não sei.

PEIXOTO Em que ficamos?

JOANA Devem ser quatro horas!

JORGE Quatro horas!?... Que decide, senhor?

PEIXOTO Sobre a mulata?

JORGE Sim!

PEIXOTO Dou-lhe sobre ela trezentos mil-réis.

JORGE Como, senhor?!... Não lhe estava hipotecada por seiscentos mil-réis que acabei de pagar hoje?

PEIXOTO Foi em outro tempo! Hoje está velha.

JOANA Eu velha, meu senhor!... Mal tenho trinta e sete anos... Depois não sou qualquer mulatinha como essas preguiçosas que não entendem de outra coisa senão de estar na janela!... Eu sei pentear e vestir uma moça que faz gosto. Melhor do que muita mucama de fama.

PEIXOTO Não tenho filhas.

JOANA Mas eu também sei coser, lavar, engomar. Que pensa meu senhor?... Onde me vê, não é por me gabar... Dou conta do arranjo de uma casa... Varro, arrumo tudo, cozinho, ponho a mesa; e ainda me fica tempo para fazer as minhas costuras, remendar os panos de prato, arear as panelas... Pergunte a nhonhô!

JORGE Joana, eu te peço!

JOANA Olhe, meu senhor! Dê quinhentos mil-réis, que não se há de arrepender!... Dê sem susto, porque o mais tarde, o mais tarde, amanhã meu nhonhô vai lhe pagar.

PEIXOTO Não posso. Tu não estás segura...

JOANA Eu não preciso, meu senhor!... Prometo a vossa mercê que não morro!... Não é capaz!... Tenho vida para cem anos. Vossa mercê não conhece esta mulata, não. Seguro... Isso é para a gente de hoje!...

JORGE Escuta, Joana.

JOANA Nhonhô espere... Então vossa mercê não dá os quinhentos mil-réis?

PEIXOTO Veremos: veremos! Conforme as condições que teu senhor aceitar.

JOANA Logo vi que vossa mercê havia de chegar... Porque olhe!... Também por menos, estava bem livre!... — O que é, nhonhô?

JORGE (*a meia-voz*) Deixa-nos a sós. Quero tratar com este homem.

JOANA E que tem que eu esteja aqui, nhonhô?

JORGE Em tua presença nunca poderei.

JOANA Pois eu vou. Não se arrependa, nhonhô. D. iaiá Elisa está esperando... Coitadinha!...

Cena VII

Jorge e Peixoto.

PEIXOTO Está disposto a efetuar o negócio?

JORGE Por quinhentos mil-réis dados imediatamente.

PEIXOTO Já vejo que nada fazemos.

JORGE O senhor supõe que estou, como certas pessoas com

quem trata, procurando rodeios para tirar-lhe a maior soma possível. Engana-se.

PEIXOTO Não suponho tal.

JORGE Tenho urgente necessidade de quinhentos mil-réis, hoje, dentro de meia hora. Desde que não é possível obter essa quantia, o negócio não me convém. E não sei, sr. Peixoto, se deva agradecer-lhe.

PEIXOTO Então precisa de quinhentos mil-réis?

JORGE Justos.

PEIXOTO Pois não seja esta a dificuldade. Dou-lhe esse dinheiro sobre a escrava.

JORGE Já?

PEIXOTO Não o trago aqui, mas vou buscá-lo... num instante... Isto é, eu ainda não examinei a peça... mas podemos terminar isso.

JORGE Que é preciso fazer?... Ir a um tabelião...

PEIXOTO Levaria muito tempo. Distribuir a escritura... pagar selo... Nem amanhã se concluiria.

JORGE Mas eu preciso hoje.

PEIXOTO Há meio de remediar tudo. Faça um penhor!

JORGE Para que o senhor a leve?

PEIXOTO Um simples escrito, e está o negócio arranjado.

JORGE Isso de maneira alguma! Pensei que era o contrato que já fizemos! Joana hipotecada ao senhor, mas sempre em minha casa.

PEIXOTO Desse modo nem é possível, nem eu lhe daria os quinhentos mil-réis. Devo lucrar os serviços.

JORGE Por algumas horas... Pois amanhã...

PEIXOTO Lá isso não sei... Pode ser por meses.

JORGE Não tenho ânimo de separá-la de mim, de tirá-la de casa!

PEIXOTO Pois resolva-se!... Vou ao escritório buscar o dinheiro. Daqui a cinco minutos venho saber a resposta.

JORGE É escusado... Para que se incomodar?

PEIXOTO Tenho um negócio para estas bandas. Até já.

Cena VIII

Jorge e Joana.

JOANA Arranjou-se tudo, nhonhô! Não foi?

JORGE Não fiz nada; estou na mesma.

JOANA O homem teimou em não dar os quinhentos mil-réis?

JORGE Dava; mas com uma condição que não quis... que não devia aceitar.

JOANA Qual, nhonhô?

JORGE Não entendes de negócio. Tanto faz dizer-te como não.

JOANA É verdade que Joana não estudou como os homens que vão à escola! Mas... Nhonhô não faça pouco... Eu sei muita coisa. Pode ser que lembre uma ideia boa.

JORGE Não fazemos nada, Joana. O melhor é resignar-me.

JOANA Então nhonhô deixa morrer o pai de iaiá d. Elisa?

JORGE Ele há de atender-me!... É impossível que um homem razoável persista em fazer semelhante loucura.

JOANA Mas vossa mercê prometeu a iaiá... E quando ela vier que lhe há de responder?

JORGE O quê?... Que esta vida não vale as lágrimas que custa!

JOANA Nhonhô!... Não se lembre disso!

JORGE Que hei de fazer, Joana?

JOANA Se não tivesse deixado o homem sair.

JORGE Ele ficou de voltar para saber a resposta.

JOANA Que resposta?

JORGE Da condição que me propôs... Queria que te desse em penhor.

JOANA Que eu fosse para a casa dele?

JORGE Bem vês que não devia aceitar!

JOANA Nhonhô precisa do dinheiro... Aceite!... Mas é por hoje só, não é?

JORGE Unicamente!... Amanhã, apenas o doutor chegasse, iria te buscar.

JOANA Pois então!... Uma tarde depressa se passa!... Nhonhô não faltará ao que prometeu.

JORGE Elisa vai agradecer-me o que só deverá a ti! Assim é este mundo.

JOANA Eu não faço nada por iaiá d. Elisa... É por meu senhor...

JORGE O Peixoto está se demorando! Se não voltar!

JOANA Eu vou chamá-lo.

JORGE Espera!... Às vezes tenho vontade que ele não venha.

JOANA Ah! Se o sr. doutor aparece por aí!

JORGE Não ouves subir?

JOANA Vou ver.

Cena IX

Os mesmos e Peixoto.

PEIXOTO Já sei que resolveu-se?

JORGE As circunstâncias me forçaram.

PEIXOTO Ora bem! Fechemos o negócio. Vem cá, mulata.

JOANA Meu senhor!

PEIXOTO Deixa lá ver os pés!

JOANA Meu senhor está desconfiado comigo! Eu não tenho doença!... Se nunca senti me doer a cabeça até hoje, graças a Deus!

PEIXOTO Tá, tá, tá, cantigas!... Vamos!... Não te faças de boa!

JOANA Ninguém ainda me tratou assim, meu senhor!

PEIXOTO Anda lá!... Mostra os dentes!

JOANA Todos sãos!

PEIXOTO É o que esta gente tem que mete inveja! Se fosse possível trocar!... E não tens marca?

JORGE Senhor! Acabe com isto!... Não posso mais ver semelhante cena.

PEIXOTO Quem dá o seu dinheiro, sr. Jorge, deve saber o que compra... Se não lhe agrada...

JORGE Está no seu direito; quem lhe contesta?... Mas terminemos com isto de uma vez.

PEIXOTO Não desejo outra coisa. Então tens as tais marcas, hein?...

JOANA Fui mucama de minha senhora moça, que me tratava como sua irmã dela. Saí para o poder de nhonhô, que até hoje nunca me disse "Joana, estou zangado contigo!".

PEIXOTO Tens um bom senhor, já vejo!

JORGE Perdoa, Joana, o por que te fiz passar!

JOANA Não foi nada, nhonhô.

PEIXOTO Muito bem! Aqui está o papel.

JORGE O senhor enganou-se!... Seiscentos mil-réis?

PEIXOTO É difícil enganar-me. São mesmo seiscentos mil-réis.

JORGE Mas eu pedi-lhe quinhentos mil-réis.

PEIXOTO Justo! É o que há de receber. Os cem são de juros.

JORGE Por um dia?... Pois amanhã...

PEIXOTO Não empresto por um dia! Se quiser pagar amanhã, nada tenho com isso.

JORGE Mas receberá.

PEIXOTO Certamente!

JORGE E ganhará em um só dia 20%.

PEIXOTO São os riscos do negócio... Posso esperar anos sem receber.

JORGE Nesse caso os serviços.

PEIXOTO Ainda não sei quais são. Demais, tenho alimentação, vestuário, botica, médico etc.

JORGE Enfim!... Já não é tempo de recuar. (*vai à mesa assinar o papel*)

JOANA Meu senhor, não cuide que vou lhe fazer despesas. Como um quase nada...

PEIXOTO Que interesse tens tu no negócio! Parece que estás morrendo por te ver livre de teu senhor.

JOANA Está ouvindo, nhonhô?

JORGE Mas, senhor!... Isto é um papel de venda.

JOANA De venda?!... Nhonhô me vender!

PEIXOTO Questão de palavras!... Não vê que tem a condição de retro?

JORGE O senhor falou-me em penhor... Venda! Nunca teria consentido.

PEIXOTO É uma e a mesma coisa. No penhor, se o senhor não me pagar, a escrava é minha. Na venda a retro ela volta ao seu poder logo que me pague.

JORGE Em todo o caso prefiro o penhor.

PEIXOTO Meu caro senhor, tenho tido todas as condescendências possíveis; mas vossa senhoria não está habituado a tratar certos negócios, de modo que nunca chegaremos a um acordo.

JORGE Porque o senhor não diz francamente o que exige.

PEIXOTO Essa é boa! Quer mais franqueza?... É aceitar ou largar! Não obrigo!

JOANA Mas se nhonhô lhe pagar amanhã, fica meu senhor outra vez?

PEIXOTO Que dúvida!... Tem um mês para pagar!

JOANA Então, nhonhô... Vem dar no mesmo.

JORGE Não!... Não posso assinar semelhante papel!

PEIXOTO Bem! O dito por não dito!... Outra vez fará o obséquio de não me incomodar. Perdi com o senhor a manhã inteira... sem o menor proveito. (*Elisa aparece*)

Cena X

Os mesmos e Elisa.

JORGE Ah! (*assina*) Tome, senhor. O dinheiro? (*corre a Elisa*)

PEIXOTO Ei-lo. — Oh! Quem é esta moça?

JOANA É a filha do sr. Gomes.

PEIXOTO Hum!... Percebo!

JORGE Não se importe que a vejam aqui! Se a caluniarem, eu farei calar o infame!

ELISA Nem sei já o que faço!...

JORGE (*a Peixoto*) O dinheiro?

PEIXOTO Aqui o tem. Faça o favor de contar.

ELISA Este homem!...

JORGE Que tem?

ELISA É o que ameaçou meu pai!

JORGE Devia ter adivinhado!

ELISA Vendo-o entrar, julguei que já vinha... Fiquei fora de mim... Subi! Há que tempo estou ali sem ânimo de entrar.

JORGE Finalmente seu pai está salvo! Tome, Elisa!...

ELISA Oh! Não, sr. Jorge!

JORGE Tem vergonha de aceitá-los da mão de seu marido?...

ELISA Não era melhor que o senhor mesmo entregasse a meu pai?

JORGE Ele aceitaria mais facilmente de sua filha!

ELISA Mas eu é que não posso!... Não devo...

JORGE Espere!... (*a Peixoto*) O senhor tem em seu poder uma letra do sr. Gomes?

PEIXOTO Uma letra de quinhentos mil-réis? Sim, meu senhor!

JORGE Está paga! Dê-me esta letra!

PEIXOTO Então era essa a necessidade urgente? (*dá a letra*) Muito podem uns bonitos olhos!

JORGE Insolente!... Respeite nesta senhora minha mulher.

PEIXOTO Perdão! Não sabia.

JORGE (*a Elisa*) Agora não deve ter escrúpulos. É um papel sem valor.

ELISA Sem valor, Jorge!... Vale a honra e a vida de meu pai; vale a nossa felicidade.

JORGE Vá depressa sossegar seu pai... Ah! Agradeça a Joana, Elisa.

ELISA Por quê? Ela também se interessou por mim?
JORGE Depois lhe direi por quê.
JOANA Eu só peço a Deus que faça meu nhonhô e iaiá d. Elisa muito, muito felizes!

Durante a cena seguinte veem-se Jorge e Elisa na porta.

Cena XI

Peixoto e Joana.

PEIXOTO Não tens alguma roupa?... Ou é só a do corpo?
JOANA Tenho muita roupa, graças a Deus; é o que não me falta. Nhonhô me dá mais do que eu preciso.
PEIXOTO Pois então vai arrumar a trouxa. E anda com isso.
JOANA Por uma noite?... Nhonhô amanhã vai me buscar.
PEIXOTO Todos eles dizem o mesmo... Amanhã, amanhã... E o tal amanhã dura um ano.
JOANA Que diz, meu senhor?... Um ano!... Oh! Meu nhonhô não é como esses. Vossa mercê há de ver... Ele quer bem à sua mulata.
PEIXOTO Vamos. Despacha-te. Vai sempre ver a roupa. Não digas que te engano.
JOANA Não, meu senhor. Se eu ficar lá, o que Deus não há de permitir, não... Eu virei buscar os meus trapinhos. Agora!... Se eu os levasse... Era como se não tivesse mais de voltar para o poder de meu nhonhô!... E Joana não poderia!
PEIXOTO Bem! Eu cá mandarei.

Cena XII

Os mesmos e Jorge.

JORGE Desculpe se os fiz esperar.

PEIXOTO Não manda mais nada ao seu serviço?

JORGE Tenho apenas uma súplica a fazer-lhe.

PEIXOTO Que diremos?

JORGE Durante o tempo que esta... que Joana vai estar em sua casa.

PEIXOTO Que é minha escrava, quer o senhor dizer.

JORGE Peço-lhe que a trate com doçura. Está habituada a viver comigo, mais como uma companheira do que...

PEIXOTO Escusa pedir-me isto. Sou bom senhor. O caso é saberem levar-me. Anda, mulata! Vamos.

JOANA Já?!... Me deixe dizer adeus a meu nhonhô.

PEIXOTO Pois dize lá o teu adeus... E nada de choramingas.

JOANA Meu nhonhô, adeus! Sua escrava vai-se embora!

JORGE Joana!

JOANA Não chore, nhonhô. É por hoje só. Não é?

JORGE Eu te juro.

JOANA Oh! Se não fosse, nhonhô me deixava ir?

JORGE Decerto que não!

JOANA Mas se o sr. doutor não vier amanhã?

JORGE Se ele faltar, meu Deus!

JOANA Não há de faltar, não. Sr. doutor é homem de palavra...

JORGE E quando por qualquer acaso sucedesse... Ainda tenho forças para trabalhar.

JOANA Oh! Meu nhonhô! Não é por mim que tenho medo de ficar lá. Deus é testemunha... Mas quem há de tratar de meu nhonhô quando sua Joana não estiver aqui?... Quem há de preparar tudo para que não lhe falte nada? E se nhonhô cair doente?!... Meu Jesus!... Que dor de coração só de pensar nisso!

JORGE Consola-te, Joana. Algumas horas depressa se passam.

JOANA É assim mesmo, nhonhô... Mas que saudades que Joana vai ter... Ela que nunca saiu de junto de seu senhor... Nem um dia... Que nunca se deitou sem lhe tomar a bênção! Nhonhô também há de ter saudades de sua escrava?...

JORGE Perguntas, Joana.

JOANA Oh! Eu sei que nhonhô há de ter!... Mas não fique triste, não.

JORGE Joana, não me faças perder a coragem... Deste modo não terei ânimo.

JOANA Está bom, nhonhô. Olhe: Joana não chora mais! Está se rindo. Amanhã ela estará aqui outra vez, servindo seu nhonhô... E iaiá d. Elisa, sr. Gomes... todos contentes!

PEIXOTO Se continuamos assim, não saio daqui hoje! É uma choradeira que nunca mais se acaba.

JORGE Não zombe destas lágrimas, senhor! Joana me criou! Nunca nos separamos. É toda a minha família! Ela e um amigo que tive hoje a felicidade de ver. Amor de mãe que não conheci, amor de irmã que não tive, tudo concentrei nela!

PEIXOTO Mas é preciso que terminemos com isto.

JORGE É justo... Joana! Adeus! Até amanhã!

JOANA Até amanhã!... Sim, meu nhonhô!... Mas se eu lhe pedisse...

JORGE O quê? Dize...

JOANA Não... Para quê... Incomodar o nhonhô?

JORGE Pode... O quê?

JOANA Nhonhô à tardinha... Quando se recolhesses... Podia passar...

JORGE Compreendo... Eu irei ver-te, minha boa Joana.

JOANA Que alegria que Joana terá!

PEIXOTO Não posso mais. Psiu! Mulata! Segue-me!

JORGE Não lhe fale assim!

PEIXOTO Ora, essa! É minha escrava. Posso fazer dela o que quiser.

JORGE Usurário!... Não me obrigue a fazer uma loucura!

JOANA Nhonhô, não se altere... Vamos, meu senhor. Estou pronta.

PEIXOTO Passa! Anda…
JOANA Nhonhô! Lembre-se de sua escrava.
JORGE Meu Deus!

Ato quarto

Em casa de Jorge, a mesma sala.

Cena I

Jorge e Elisa.

ELISA Sr. Jorge!...
JORGE Ah! Bom dia, Elisa!... Seu pai?
ELISA Está inteiramente calmo. Saiu... Disse-me que daqui a pouco lhe viria agradecer.
JORGE Ele já sabe?
ELISA Contei-lhe tudo!... Não devia?
JORGE Fez bem. Que respondeu ele?
ELISA Sorriu, Jorge!
JORGE Aprovou, portanto...
ELISA Parece...
JORGE Só nos falta para sermos felizes...
ELISA O quê?... Não me responde?
JORGE Não posso agora! Depois saberá, Elisa.
ELISA Deve ser alguma coisa que lhe pesa! Está inquieto!
JORGE É engano!... Não tenho motivo de inquietação.
ELISA Quer ocultar de mim, que lhe contei todos os meus pesares?
JORGE Nada oculto... São recordações... O espírito hu-

mano é assim... Inquieta-se, possui-se de um vago temor, quando maior razão tem de alegrar-se.

ELISA Pois eu o deixo... Já que não posso desvanecer, não quero perturbar essas recordações.

JORGE É uma queixa injusta. Fique!

ELISA Oh! Não... Não posso demorar-me... Não devo! Quis unicamente agradecer-lhe... Na presença de meu pai não teria ânimo.

JORGE Por quê, Elisa?

ELISA Não sei!... Há certas coisas que... Não posso explicar... Mas só ao senhor as diria!

JORGE Tem razão, Elisa! Se há poder sublime é o da alma.

ELISA Será talvez por isso... Eu conheço que é impróprio vir aqui! Porém ontem a desgraça me arrastou sem consciência do que fazia! Hoje foi a gratidão que me trouxe.

JORGE Uma vez por todas, Elisa. Não tem que me agradecer.

ELISA Oh! Sr. Jorge!

JORGE Não, Elisa. O que fiz foi por egoísmo. Não defendia a minha felicidade? E, se alguém deve ser grato, não sou eu?

ELISA O que o senhor chama a sua felicidade, não é também a minha? Fui eu que a dei ou que recebi?...

JORGE Deu-a.

ELISA Recebi-a com a honra e a vida de meu pai. Bem vê que a gratidão me pertence e a mim só!

JORGE De modo algum!

ELISA Não ma roube!... É a minha única riqueza.

JORGE E o amor, Elisa?

ELISA Esse não me pertence! É seu!... Bem o sabe! Adeus.

JORGE Até logo, então?

ELISA Até logo, sim... Onde está Joana?

JORGE Joana? Lá dentro... Saiu... Creio.

ELISA Ainda hoje não a vi!... Desde ontem à tarde!...

JORGE Esteve ocupada talvez.

ELISA Ralhe com ela para não ser ingrata!... É verdade!... O que ficou de me dizer ontem?...

JORGE Depois, Elisa!

ELISA Também o senhor hoje vai deixando tudo para depois. Quando se realizarão todas as suas promessas?...

JORGE No dia em que se realizarem as minhas esperanças.

ELISA Ah!... Tem bem que esperar!

JORGE Não há de ser tão má.

Cena II

Os mesmos e Joana.

ELISA Aqui está ela!

JORGE Joana!

JOANA Meu nhonhô!... Como está?... Dormiu bem?... Não teve nenhum incômodo, não?... Ai, que já não podia!... Passar tanto tempo sem ver meu nhonhô! Adeus, iaiá.

ELISA Estou muito agastada contigo!... Onde é que andaste?

JOANA Eu! Aí mesmo, iaiá.

ELISA Mas chegaste de fora... Ainda não tinhas visto sr. Jorge hoje?

JORGE Ainda não.

ELISA O senhor ainda não saiu!...

JOANA Não vê, iaiá... Sim! Eu fui ontem de tarde... Aproveitei, como o tempo estava bom... Fui lavar uma trouxa de roupa numa chácara em Santa Teresa.

ELISA Por isso é que não te vi mais ontem?

JOANA Foi, iaiá... Foi por isso mesmo!... Mas nhonhô está triste! Não fala com sua mulata.

JORGE Já te falei, Joana. Estou esperando pelo doutor!

JOANA Não tarda, nhonhô... Vem sem falta. Não se agonie.

ELISA E eu não quero que me encontre aqui!

JOANA Iaiá já vai?... Então quando é o dia?

ELISA Que dia?... Começas com as tuas graças!
JOANA Ora, isso é uma coisa tratada. Não é, nhonhô?
JORGE Só falta o que tu sabes, Joana!
ELISA O quê?... Não me dizem?
JORGE É um segredo!
JOANA Iaiá quer saber?
ELISA Quero, sim!... É a meu respeito?
JOANA Escute, iaiá... No ouvido. É o vestido que está se fazendo.
ELISA Mentirosa!... Cuidas que eu acredito?
JOANA Se eu é que hei de cosê-lo com estas mãos!
ELISA Antes disso tens muito que coser.
JOANA O enxoval! Não é, iaiá?
ELISA Joana! Por tua causa não hei de vir mais aqui. (*sai*)

Cena III

Joana e Jorge.

JORGE Como te tratou aquele homem, Joana? Não imaginas quanto me arrependi... Entretanto, se não o fizesse, quem sabe o que aconteceria!
JOANA Não tenha cuidado, nhonhô! Joana vive em toda a parte... O que tem é que sente um aperto de coração quando não pode ver seu nhonhô!
JORGE Também eu! Toda a noite não pude sossegar... Faltava-me alguma coisa.
JOANA Deveras!... Nhonhô sentiu que sua Joana se fosse embora!... Como nhonhô é bom! Como quer bem à sua Joana!
JORGE Pois duvidavas?
JOANA Então eu não sei que nhonhô me estima!
JORGE Muito!... E o doutor que não chega!
JOANA Não pode tardar. Enquanto nhonhô espera, eu vou endireitar isto... Como há de estar tudo numa desordem!

JORGE Decerto!... Não estando tu aqui...

JOANA Por isso eu hoje, logo que acordei, pedi a Nosso Senhor Jesus Cristo primeiro pela vida e saúde de meu nhonhô, de iaiá d. Elisa, do sr. Gomes, do sr. doutor; depois prometi à Nossa Senhora uma camisinha bordada para seu Menino Jesus dela, o que está na igreja do Sacramento, se não deixasse dar nove horas em São Francisco de Paula sem que eu viesse ver meu nhonhô, tomar a bênção a ele e fazer seu serviço para que não sentisse a falta de sua Joana.

JORGE E sou eu que hei de cumprir a tua promessa.

JOANA Não é nhonhô que me dá tudo?... Depois, das mãos de nhonhô a Virgem Santa há de receber com mais gosto.

JORGE Ela a receberá do teu coração, Joana.

JOANA Mas eu é que hei de bordar a camisinha!

JORGE Faz-te mal aos olhos o bordar.

JOANA Para Nossa Senhora... Para seu Menino Jesus dela! Qual!

JORGE Só consinto com a condição de não trabalhares à noite.

JOANA Pois sim, nhonhô. Mas eu não disse como Nossa Senhora se lembrou de mim!

JORGE Como foi?

JOANA Olhe, nhonhô!... Vê-se mesmo que foi coisa do Céu! E há gente que zomba e não quer acreditar!... Pois eu estava pensando no meu canto que volta havia de dar para ver nhonhô, quando o homem me chamou e disse: "Se alguém bater fala pela janela e manda esperar. Eu costumo fechar a porta da rua e levar a chave".

JORGE Deixou-te presa?

JOANA Não, nhonhô! Aí é que está o milagre de Nossa Senhora! Eu fiquei fria quando ele disse aquilo!... De repente chega uma carta! O homem lê, ataranta-se todo, e lá se vai, sem chave, sem nada!

JORGE E saíste?

JOANA Fechei tudo direitinho, cerrei a porta da rua e corri até aqui.

JORGE Não se zangue ele quando voltar!

JOANA Antes disso eu hei de estar lá... Deixe-me endireitar tudo... Espanar a mobília.

JORGE Talvez não voltes mais! Chegando o doutor...

JOANA Quem dera, nhonhô!

JORGE Não te há de alegrar mais do que a mim.

JOANA Ora, nhonhô quer se privar de sua mobília tão bonita!... Simples, mas bem-feitinha!... Estas cadeiras tão direitinhas... E leves!... Estes aparadores... Parece que se tomou a medida pela casa.

JORGE Preferia perder tudo isto a ver-te sair de minha casa... E como?

JOANA O melhor é a gente não se lembrar mais disso! Oh! Nhonhô! Que vidro é este que está aqui?

JORGE Qual, Joana?

JOANA Este, nhonhô. Não vê?

JORGE Cuidado, Joana. É veneno!

JOANA Veneno!... Nhonhô!... Que quer fazer?... Mau...

JORGE Ouve!...

JOANA Mau, sim!... Nhonhô é um ingrato!... Meu Senhor Deus!... E eu não tive uma pancada no coração que me dissesse!

JORGE Que estás aí a inventar, Joana? Quem te disse que este veneno era para mim?

JOANA Ah! Não era... Mas como veio parar aqui?

JORGE Eu te explico. Ninguém mais do que tu deve saber. É a prova da tua generosidade!... O pai de Elisa.

JOANA Sr. Gomes?

JORGE Queria matar-se!

JOANA Por causa daquela letra?

JORGE Justamente. Elisa tirou-lhe o veneno e me confessou tudo ontem!

JOANA Que menina! Humm!... Não me disse nada! Foi dela que nhonhô tomou o vidro?... Mas não devia deixar por aqui.

JORGE Esqueci-me. Tenho tido tantas preocupações. Dá cá.

JOANA Eu guardo, nhonhô, para deitar fora.

JORGE Vê se te descuidas!...

JOANA Está no seio. Vou atirar ao mar... Pode algum malfazejo...

JORGE Não o abras!

JOANA Eu!... Nosso Senhor me defenda.

JORGE Aí está o doutor!

JOANA Ah!... Que ia fazendo?

JORGE Hein?... Que foi?...

JOANA Naquela aflição de ontem me esqueci!... Nhonhô não diga nada a ele do que se passou!... Olhe lá!

JORGE Por quê? Não queres que ele te admire?

JOANA Nhonhô! Fora de graça!... Não diga nada! Por tudo quanto há!

JORGE Tens razão!...

Cena IV

Os mesmos e dr. Lima.

DR. LIMA Então como se arranjou?

JORGE Achei quem me emprestasse, mas com a condição de pagar hoje sem falta.

DR. LIMA Muito bem! Eu fiz o que pude. Ontem nada consegui.

JORGE E hoje?...

DR. LIMA Adeus, Joana.

JOANA Meu senhor passou bem?

JORGE Mas então, doutor?

DR. LIMA O que lhe disse eu ontem?

JORGE Que hoje às nove horas, se não pudesse antes.

DR. LIMA Que horas são?

JORGE Não sei! Empenhei o meu relógio!...

JOANA Hão de ser nove, meu senhor.

DR. LIMA Menos cinco minutos. Eu aqui estou, e o dinheiro comigo.

JORGE Ah!

JOANA Eu sempre disse! Homem de palavra, como meu senhor!...

DR. LIMA Espera! Que temos uma conta a ajustar...

JOANA Comigo?... Eu não fiz nada!

DR. LIMA Já te falo. (*a Jorge*) Aqui tem. Está nesta carteira um conto de réis. Tire o que precisar.

JORGE Preciso de seiscentos mil-réis. Tenho oitenta, bastam-me quinhentos e vinte.

DR. LIMA Não se acanhe!... Esses oitenta mil-réis são naturalmente o produto do seu relógio empenhado!... Vá desfazer essa transação. Gaste o que for preciso para pôr em ordem os seus negócios. Depois falaremos.

JORGE Não lhe sei agradecer, doutor!... Se este dinheiro fosse para matar-me a fome, eu não o receberia com tanta avidez.

DR. LIMA Agora a nossa conta, Joana. Jorge não te deu ontem um papel?...

JOANA Meu senhor!...

JORGE Como soube, doutor?

DR. LIMA Eu não estava aqui?... Já se esqueceram?...

JORGE Estava... mas...

DR. LIMA Quando te deu esse papel, que te disse Jorge?

JOANA A que vem isso agora, meu senhor?

DR. LIMA Ainda!... Disse-te: "Joana, nesta casa não há mais nem senhor, nem escrava". (*a Jorge*) Não foi isso?

JORGE Foi, doutor, e repito.

DR. LIMA Ora bem! Se eu te ouvir daqui em diante alguma destas palavras, meu senhor, sua escrava, saio por aquela porta e não ponho mais os pés aqui!

JOANA Meu... Sr. doutor!

JORGE Ralhe! Ralhe com ela, doutor, para ver se emenda-se.

DR. LIMA Não venho mais cá e escrevo uma carta a Jorge... explicando-lhe o motivo!

JOANA Ah! Vossa mercê não há de fazer isso! Eu juro o que quiser.

DR. LIMA Estamos entendidos.

JORGE Dê-me licença, doutor. Vou sair um instante para saldar essa dívida que me pesa.

DR. LIMA Sem cerimônia! Vá. Enquanto espero, Joana, prepara alguma coisa, que ainda não almocei.

JORGE Ouves, Joana?!

JOANA Já. Num momento!

DR. LIMA Chá e pão, basta!... Quem toca por aqui?

JOANA É iaiá.

JORGE É a minha vizinha do primeiro andar.

DR. LIMA Que não tarda subir ao segundo?

JORGE Talvez, doutor.

Cena V

Dr. Lima e Joana.

DR. LIMA Dá-me o jornal!... Aquilo que eu te disse é sério, ouviste, Joana?

JOANA Ouvi, sr. doutor. Quer que eu jure outra vez?

DR. LIMA Não é necessário.

JOANA Ai!... Iaiá d. Elisa vai cantar! Como ela está contente hoje! Coitadinha! É uma pombinha sem fel!... E como canta bem!... Ora, discípula de nhonhô!... Que bonita voz!... Não é, sr. doutor?

DR. LIMA Muito; há outra que eu acharia mais bonita.

JOANA Qual?... Não é capaz.

DR. LIMA A tua, Joana...

JOANA Gentes!... Que partes do sr. doutor.

DR. LIMA Se ouvisses o resto... É a tua quando me disseres que o almoço está pronto.

JOANA Santo Deus!... E eu a dar à taramela!... Perdão, sr. doutor.

DR. LIMA Perdoo-te o julgares que com sessenta anos tinha tenções de namorar-te.

Cena VI

Dr. Lima.

Cena muda. O doutor lê o jornal, interrompendo às vezes a leitura para ouvir o romance francês Aiguille *que Elisa canta; afinal adormece. Pouco depois de acabar o romance, entra Jorge.*

Cena VII

Dr. Lima e Jorge.

JORGE Que maçada!
DR. LIMA Hein!... Que é?... Que temos?
JORGE Estou contrariado, doutor. Não achei o homem.
DR. LIMA Não é culpa sua. Ele que o procure.
JORGE Fiquei de ir levar-lhe o dinheiro, eu mesmo.
DR. LIMA Voltará depois.
JORGE Devo pagar-lhe hoje sem falta.
DR. LIMA O dia apenas começou. Há tempo de sobra.
JORGE Só o encontrarei de manhã.
DR. LIMA Ora, se lhe parece!... Faça disso uma questão de honra! Já o procurou; cumpriu o seu dever. Ele que apareça.
JORGE Aqui?
DR. LIMA Então!... Onde há de ser?
JORGE Eu é que devo ir à sua casa.
DR. LIMA Há de poupar-lhe esse incômodo. Não digo!

Cena VIII

Os mesmos, Elisa e Gomes.

GOMES Não é uma visita, sr. Jorge, que viemos fazer-lhe, minha filha e eu.

JORGE Sente-se, d. Elisa... Sr. Gomes, doutor!...

GOMES Não é uma visita, não. É uma romaria, como dizem que outrora faziam aos lugares santos.

JORGE Ora, sr. Gomes.

GOMES O sr. doutor, a quem peço desculpa de minha distração de ontem...

DR. LIMA Não tem de quê. Vi que estava indisposto.

GOMES Estava, como pode estar o homem a quem a honra ordena que morra e sua filha órfã pede que viva.

ELISA Meu pai!... Esqueça-se!...

GOMES Ao contrário, devo lembrar! Devo confessá-lo! Não temos outro meio de reconhecer a dedicação daquele a quem tu deves a vida do teu pai; e eu mais do que a vida.

JORGE Para que voltar a um passado que nos aflige a todos?

GOMES Eu não conheço egoísmo mais cruel do que o do benfeitor que recusa o reconhecimento daqueles a quem recorreu. A gratidão, sr. Jorge, não é só um dever; é também um direito.

DR. LIMA E um direito sagrado!

JORGE Porém, doutor, o sr. Gomes nada me tem a agradecer. Ele o sabe; e vou dar-lhe a prova. Estamos entre amigos, Elisa... seu pai e o meu...

DR. LIMA Pela afeição unicamente! Nunca lhe fiz serviços...

JORGE Doutor!... Não há meia hora!

GOMES Vê, sr. Jorge! O senhor mesmo me dá razão.

JORGE Não, senhor! Ouça... Eu concebi, há meses, uma esperança de cuja realização depende a ventura de minha vida. Amava... Amo sua filha!

GOMES Ela me confessou, sr. Jorge.

JORGE Confessou-lhe unicamente que eu a amava?

GOMES E que era...

ELISA Meu pai!...

GOMES Não cores, minha filha. O amor puro, como o teu, é a coroa de virgem de uma moça. Elisa também o ama, sr. Jorge.

JORGE Que fiz eu pois, sr. Gomes, senão velar sobre a minha felicidade?... Fui apenas egoísta!... Não tenho razão, doutor?...

DR. LIMA Todos têm razão; mas é preciso que se entendam. Definamos a situação, como dizem os estadistas quando a querem embrulhar. Jorge pede-lhe a mão de sua filha, sr. Gomes.

GOMES Responde, Elisa.

ELISA Não... Logo... Meu pai!

GOMES É de ti unicamente que ele deve receber a tua mão!

ELISA Ele já não sabe?

JORGE É verdade! Só esperamos pelo seu consentimento.

GOMES Não tenho consentimento a dar... Faço um voto pela felicidade de ambos.

DR. LIMA Isto é mais claro. Marquemos o dia.

GOMES O sr. Jorge dirá.

ELISA Já!... Que pressa!

JORGE Elisa é quem deve marcar.

ELISA Eu não!

DR. LIMA Pois marco eu. E aposto que vão todos ficar satisfeitos. Que dia é hoje?

JORGE Terça-feira.

DR. LIMA Em três dias faz-se um vestido... Sábado!

GOMES Muito bem.

JORGE Concordo.

ELISA Tão cedo!...

DR. LIMA Quanto à casa, esta tem as acomodações necessárias.

JORGE Ainda não a viu, sr. Gomes? Venha. Quero mostrar-lhe o gabinete que lhe destino.

GOMES A mim!...

JORGE Desejo que Elisa tenha seu pai junto de si. Entremos. É casa de estudante... Não repare.

Cena IX

Dr. Lima e Elisa.

DR. LIMA Há pouco, sem o suspeitar, deu-me grande prazer, minha senhora. Ouvi-a cantar.

ELISA Ah! Estava aqui?

DR. LIMA Era um romance francês!...

ELISA Aprendi-o a cantar sentindo-o. Por isso gosto muito dele.

DR. LIMA Tem uma linda voz!

ELISA Qual!... Há muitos dias que não cantava! Hoje tive umas saudades!

DR. LIMA Da música ou do mestre?...

Cena X

Os mesmos e Peixoto.

PEIXOTO Viva, senhor!

DR. LIMA Tire o chapéu!... Não vê que está diante de uma senhora?

PEIXOTO Não reparo nestas coisas... A minha escrava?...

DR. LIMA Que escrava? O senhor sabe a quem fala?

PEIXOTO A escrava que o tal sr. Jorge me vendeu!... Fugiu-me esta manhã!... Está acoitada aqui!

ELISA Joana!

DR. LIMA Tranquilize-se, d. Elisa. Joana está forra. Jorge deu-lhe ontem a carta à minha vista!

ELISA Ela o merecia!

PEIXOTO Que história está aí o senhor a contar?
DR. LIMA Digo-lhe a verdade.
PEIXOTO Pois enganou-se!... Quero já para aqui a minha escrava!... Senão vou à polícia!... É uma velhacada!
DR. LIMA Lembro-lhe de que não está em sua casa! De que escrava fala o senhor?
PEIXOTO Quantas vezes quer que lhe diga?... Da mulata Joana, que comprei ontem!
ELISA Ah!
DR. LIMA O senhor mente!
PEIXOTO Veremos!... Eu lhe mostrarei para que serve este papel. (*o doutor lê o papel na mão de Peixoto. Joana aparece no fundo*)

Cena XI

Os mesmos, Jorge e Gomes.

JORGE Cale-se.
GOMES Este miserável aqui!
PEIXOTO A minha escrava!
DR. LIMA Desgraçado!...
JORGE Doutor...
DR. LIMA Tu vendeste tua mãe! (*Joana foge*)
JORGE Minha mãe!... Ah!...
DR. LIMA Tua mãe, sim!... Digo-o alto! Porque te sei bastante nobre para não renegares aquela que te deu o ser. (*pequena pausa*)
PEIXOTO Em todo o caso... Eu não perco o meu dinheiro.
DR. LIMA Quanto se lhe deve?
PEIXOTO Seiscentos mil-réis! (*Jorge atira o dinheiro*)
DR. LIMA Dê-me este papel.
JORGE Não o rasgue, doutor!
DR. LIMA Para que conservar esse testemunho?
JORGE Para exprobrar-lhe o que me obrigou a fazer!... Porque foi ela... quem tratou com esse homem.

PEIXOTO Lá isso é a pura verdade.

JORGE A carta rasgou-a!

DR. LIMA Amor de mãe!...

JORGE Ah! Meu pai!... Como deves sofrer neste momento!

DR. LIMA Ele não teve tempo de declarar... A morte foi repentina.

JORGE E ter vivido vinte anos com ela, recebendo todos os dias, a todo o instante as efusões desse amor sublime!... E não adivinhar!... Não pressentir!... Perdão, minha mãe!... Onde está ela? (*sai*)

Cena XII

Dr. Lima, Gomes, Elisa, Peixoto e Vicente.

VICENTE (*a Peixoto*) Alto lá, camarada! (*segura-o pela gola*)

PEIXOTO Isto são modos!

VICENTE Bom dia, sr. doutor e companhia.

DR. LIMA Adeus.

PEIXOTO Largue-me, senhor!

VICENTE Está seguro! Deixe-se de partes.

PEIXOTO Com que direito me priva de sair?

VICENTE Já lhe digo. (*lê*) "Mandado de prisão passado a requerimento do dr. Promotor!..."

PEIXOTO Eu preso!... Por quê?

VICENTE Por causa de certas letras...

PEIXOTO É falso!

VICENTE São falsas mesmo as tais letras...

PEIXOTO Sr. Vicente...

VICENTE Romão, meu caro senhor, Romão... Tenha a bondade de seguir-me.

GOMES Deus é justo! (*Elisa entra rapidamente na alcova*)

Cena XIII

Dr. Lima, Gomes e Jorge.

JORGE Viu-a, doutor?... Não a encontrei!... Procurei tudo!

DR. LIMA Sossegue, Jorge! Deve ter saído... Ela nada sabe ainda! Seja prudente... Não lhe anuncie de repente!... O choque pode ser terrível!...

JORGE Não me sei conter!... Quero abraçá-la!... Minha mãe!... Que prazer supremo que eu sinto em pronunciar esse nome!... Parece-me que aprendi-o há pouco!...

GOMES Sr. Jorge.

JORGE Ah! Desculpe... Esqueci-me que estava aqui... O que acabo de saber!...

GOMES Penaliza-me bastante, creia.

JORGE Como, sr. Gomes?

GOMES Sinto muito, porém. O senhor compreende a minha posição... As considerações sociais...

JORGE Acabe, senhor!...

GOMES Esse casamento não é mais possível!

JORGE Ah!

DR. LIMA Por que razão, sr. Gomes?

JORGE Porque não reneguei minha mãe!

GOMES Sr. Jorge, eu o estimo... porém...

JORGE Tem razão, sr. Gomes!... O senhor me julga indigno de pertencer à sua família porque eu sou filho daquela que se vendeu para salvar essa mesma honra em nome da qual me repele!

GOMES Que diz, senhor?...

ELISA (*fora*) Jorge!... Sua mãe!...

JORGE Elisa!... Aonde?... (*entra na alcova*)

GOMES Nas minhas circunstâncias que faria, sr. doutor?

DR. LIMA Não há considerações nem prejuízos, senhor, que me obriguem a cometer uma ingratidão.

Cena XIV

Dr. Lima, Gomes, Jorge e Joana.

JORGE Doutor, acuda!... Depressa!...
DR. LIMA O quê?
ELISA Este vidro!...
GOMES Envenenada!...
JOANA Um ataque!...
JORGE É o mesmo veneno que ela arrancou-lhe dos lábios... Sr. Gomes!
DR. LIMA Que fizeste, Joana?
JOANA Nada, meu... Sr. doutor.
JORGE Salve-a, meu amigo!...
DR. LIMA Só Deus!... A ciência nada pode!
JORGE Minha mãe!...
JOANA Não!... Eu não sou sua mãe, nhonhô... O que ele disse, sr. doutor, não é verdade... Ele não sabe...
DR. LIMA Joana!...
JOANA Não é verdade, não!... Pois já se viu isso?... Eu ser mãe de um moço como nhonhô!... Eu, uma escrava!... Não vê, nhonhô, que ele se engana?
JORGE Me perdoa, minha mãe, não te haver conhecido!
JOANA Sr. doutor quer dizer que eu fui ama de nhonhô!... Que nhonhô era meu... meu... de leite... só... só de leite!...
JORGE Chama-me teu filho!... Eu te suplico!...
JOANA Mas não é... não!... Eu juro...
DR. LIMA Joana!... Deus nos ouve!
JOANA Por Deus mesmo... Ele sabe por que digo isso!... Por Deus mesmo... Juro... que... Ah!...
JORGE Morta!...
ELISA Minha boa Joana!...
JOANA Escute, iaiá Elisa... É a última coisa que lhe peço... Iaiá há de fazer meu nhonhô muito feliz!... Me promete?... Queira a ele tanto bem, como Joana queria... Mas, nem iaiá, nem ninguém pode... não!...

JORGE Minha mãe!... Por que foges de teu filho, apenas ele te reconhece?

JOANA Adeus, meu nhonhô... Lembre-se às vezes de Joana... Sim?... Ela vai rezar no céu por seu nhonhô... Mas antes eu queria pedir...

JORGE O quê, mãe? Pede-me!...

JOANA Nhonhô não se zanga?

JORGE Eu sou teu filho!... Dize!... Uma vez ao menos... este nome.

JOANA Ah!... Não!... Não posso!

JORGE Fala! Fala!

JOANA É um atrevimento!... Mas eu queria antes de morrer... beijar sua... sua testa, meu nhonhô!...

JORGE Mãe!...

JOANA Ah!... Joana morre feliz!

JORGE Abandonando seu filho.

JOANA Nhonhô!... Ele se enganou!... Eu não... Eu não sou tua mãe, não... meu filho! (*morre*)

JORGE (*de joelhos*) Minha mãe!...

ELISA E minha, Jorge!...

GOMES Ela abençoe tão santa união!...

DR. LIMA E me perdoe o mal que lhe fiz!

MARIA ANGÉLICA RIBEIRO

Cancros sociais

DRAMA EM CINCO ATOS

REPRESENTADO PELA PRIMEIRA VEZ
NO TEATRO GINÁSIO DRAMÁTICO
A 13 DE MAIO DE 1865.

PERSONAGENS

Eugênio S. Salvador, trinta e quatro anos, negociante
Barão de Maragogipe, cinquenta e oito anos, capitalista
Visconde de Medeiros, cinquenta e seis anos, negociante
Antônio Forbes, sessenta anos, procurador de causas
Pedro, trinta anos, criado de Eugênio
Paulina, trinta e dois anos, esposa de Eugênio
Olímpia, quinze anos, filha de Eugênio
Matilde, quarenta e cinco anos, amiga de Paulina
Marta (parda clara), quarenta e sete anos
Um empregado da casa de correção, trinta e cinco anos
Homens, senhoras, criados etc.
Guardas, músicos, artesãos, presos etc.

Época, atualidade; ação, Rio de Janeiro, 1862.

Ato primeiro

Em casa de Eugênio, a 2 de julho, de manhã.

Salão, esteirado, com duas portas ao fundo, outras duas à esquerda e duas janelas à direita. Mobília elegante ao gosto da quadra; espelhos, vasos, quadros, candelabros, cortinados etc. Um divã, uma mesa pequena perto, e em lugar conveniente uma grande moldura com um retrato de homem, coberto de gaze verde.

Cena I

O Barão e o Visconde.

BARÃO Se é sobre negócios que vossa excelência pretende falar a Eugênio, creio que não escolheu dia muito oportuno (*apresenta-lhe uma cadeira*); a recepção de hoje é toda em obséquio à menina S. Salvador.

VISCONDE Não ignoro essa circunstância, e é mesmo para cumprimentá-la que aqui venho (*assentam-se*); mais tarde, apresentar-me-ei em caráter oficial e solene. (*surpresa no Barão*) A filha do comendador é uma adorável criatura! Rica, formosa... Ora... Sejamos francos, Barão! Ainda não percebeu que eu gosto muito da jovem Olímpia?

BARÃO Vossa excelência?!

VISCONDE Sim, meu caro Maragogipe! Estou mesmo apaixonado! Brevemente formularei o meu pedido, debaixo de toda a formalidade exigida pelas conveniências da *nossa roda.*

BARÃO E conta com o assentimento de S. Salvador?

VISCONDE Creio que ele não desdenhará ter uma filha viscondessa.

BARÃO E ela?

VISCONDE Nenhuma moça rejeita a mão do homem que lhe oferece um título e uma brilhante posição.

BARÃO Já vejo que o sr. Visconde não conhece a fundo o caráter das pessoas de quem fala, e com quem trata, há muito pouco tempo! Eugênio S. Salvador preza muito a felicidade de sua filha para sacrificá-la às considerações de títulos e posição; quanto à sua esposa, senhora de espírito reto, inteligente e ilustrada, penso que não há de entregar às carícias de um esposo da idade de vossa excelência uma menina que mal sai da infância.

VISCONDE (*irônico*) Como está o Barão ao fato de todas essas coisas!

BARÃO Posso afirmar ao sr. Visconde que são estas as ideias dos meus amigos.

VISCONDE (*fátuo*) Apelarei então para Olímpia...

BARÃO Não conte com esse auxiliar. Essa menina é dotada de uma ingenuidade tão franca, tão *límpida*, por assim dizer, que não se deixará seduzir pela vaidade, que perde a maior parte das mulheres.

VISCONDE O Barão está ainda muito atrasado no conhecimento do coração humano!

BARÃO Nesta casa, sr. Visconde, a felicidade não é um *mito*, é uma realidade.

VISCONDE É por essa razão que insisto em efetuar um casamento conveniente aos dois lados, pela riqueza e pela posição.

BARÃO (*intencional*) E pelo sentimento?!...

VISCONDE Isso... São frioleiras dispensadas pelos cônjuges da *nossa roda*! Entre nós outros fidalgos de nada valem essas puerilidades a que chamam — interesses do coração!

BARÃO (*friamente*) Com semelhante modo de encarar um enlace tão solene, forma vossa excelência uma exceção... *na nossa roda.*

VISCONDE *Costumeiras* antediluvianas, meu caro! (*erguem-se*) Felizmente já nos vamos emancipando de muitos abusos dos nossos antepassados! (*pega o chapéu*) O comendador demora-se... as senhoras...

BARÃO Creio que ainda é muito cedo para vê-las.

VISCONDE Voltarei à tarde. (*vê o relógio*) Já nove horas!

Cena II

Os mesmos e Pedro.

PEDRO (*ao Barão*) Está aí uma pessoa que pede para falar a vossa excelência.

BARÃO Faça entrar quem é. (*sai Pedro*)

Cena III

O Barão e o Visconde.

VISCONDE Está bem, não o quero incomodar mais, Barão; até logo.

BARÃO (*friamente*) Adeus, sr. Visconde.

Cena IV

Os mesmos e Forbes.

VISCONDE (*ao sair encontra Forbes*) Antônio Forbes!
FORBES O sr. Visconde de Medeiros! (*param à porta*)
VISCONDE O sr. Forbes por aqui! Deixou então a Bahia!
FORBES Sim, excelentíssimo, o foro por lá nada deixa.
VISCONDE Isso acontece por toda a parte. Se há tantos *zangões* de tribunais!... Adeus, sr. Forbes. Se precisar de mim, apareça.
FORBES (*com intenção*) Não me despeço do favor de vossa excelência (*cumprimentando-o*); sempre pronto para o servir. (*sai o Visconde, e Forbes aproxima-se*)

Cena V

O Barão e Antônio Forbes.

FORBES Um criado do sr. Barão!
BARÃO (*assentando-se*) Já sei que vem concluir o que tratamos. (*indica-lhe uma cadeira*)
FORBES (*assenta-se*) Foi para esse fim que tive a honra de procurar o sr. S. Salvador; porém, como não o encontro, creio que com vossa excelência é a mesma coisa.
BARÃO Acho melhor ultimar com ele próprio esse ato. Se não quiser esperar um pouco, pode passar por aqui mais tarde.
FORBES Como vossa excelência entender.
BARÃO Está então resolvido de todo?
FORBES (*suspira*) Desejo que ela seja feliz.
BARÃO Parece estimá-la muito!
FORBES Só a grande urgência das minhas precárias circunstâncias me obrigaria a receber a importância da sua liberdade e a privar-me dos seus serviços! Vossa excelência não imagina as boas qualidades de que é dotada aquela mulher! É uma criatura inteligente, laboriosa...
BARÃO E... é morigerada?

FORBES Foi a ambição da liberdade que a levou à beira do abismo, onde talvez se precipitasse, se...

BARÃO Compreendo: foi seduzida com promessas de liberdade.

FORBES E de casamento... promessas que nunca se realizam. Quem dá valor a juramentos feitos a uma escrava?

BARÃO É exato. Há, infelizmente, homens que se julgam desobrigados dos mais santos deveres para com a honra da mulher cativa! Mas em que ficamos quanto ao preço do resgate da sua parda?

FORBES Não posso aceitar menos de dois contos de réis; e, creia vossa excelência, que é bem pouco pelo sacrifício que faço.

BARÃO (*depois de breve reflexão*) Bem; creio que o meu amigo não fará questão sobre este ponto. (*erguem-se*)

FORBES Terei a honra de procurar o sr. comendador, mais tarde. (*inclina-se*) Às ordens do sr. Barão! (*o Barão cumprimenta-o, e ele sai*)

Cena VI

O Barão e depois Pedro.

BARÃO (*chamando*) Pedro! (*aparece Pedro*) Se esse homem voltar antes da chegada de seu amo, faça-o esperar. (*sai Pedro. O Barão vai tomar o chapéu, que está sobre uma cadeira, e vê Paulina e Matilde que entram*)

Cena VII

Barão, Paulina e Matilde.

BARÃO (*alegremente*) Oh!... Já acordada! Julgava que os passarinhos não tivessem ainda gorjeado nas janelas do aposento de vossa excelência!

PAULINA (*sorrindo-se e apertando-lhe a mão*) Acha então que madruguei?

BARÃO Sem dúvida!

PAULINA (*sorrindo-se*) Pois não só os passarinhos já voltejaram pelas *papoulas* e *jasmins*, do meu jardinzinho, como também (*indicando ou tomando a mão de Matilde*) *chilreamos* há mais de meia hora em coisas agradáveis e variadas.

MATILDE Como tem passado, sr. Barão?

BARÃO Sempre bem, e ao dispor de vossa excelência! (*pega no chapéu*)

PAULINA Como! Já nos deixa! Eugênio pouco pode tardar.

BARÃO Estarei de volta à hora do almoço — se me guardarem o meu lugar de costume, à mesa.

PAULINA O seu lugar, meu amigo, é nos nossos corações, onde ninguém o pode substituir!

BARÃO (*apertando-lhe afetuosamente a mão*) Eu o sei, minha filha! Até logo. (*cumprimenta a Matilde*) Minha senhora!...

MATILDE (*apertando-lhe a mão*) Até logo, sr. Barão! (*acompanha-o até a porta, e voltam a assentar-se no divã*)

Cena VIII

Paulina e Matilde.

PAULINA Com efeito! Seu marido, pelo que a senhora acaba de contar-me...

MATILDE Se eu lhe referisse tudo quanto sofri!...

PAULINA Nem sei como se casou com semelhante homem! (*entra um criado com duas taças de chocolate sobre uma bandejinha de prata, põe-na sobre a mesinha e retira-se. Paulina dá uma taça à Matilde e toma a outra. Bebem o chocolate*)

MATILDE Casei-me por vontade de meu pai; e, para obedecer-

-lhe, sacrifiquei a ventura de pertencer a um homem que me teria feito bem feliz!

PAULINA Avalio o quanto lhe seria penoso um tal sacrifício!

MATILDE (*tristemente*) Meu pai chorou amargamente a minha desgraça; e, ao morrer, pediu-me perdão da violência que fizera aos meus sentimentos. A sua morte, que me deixou só no mundo, foi o prelúdio de todas as minhas infelicidades! (*larga a taça na bandeja*) É muito mau sujeitar-se o coração de uma menina a cálculos pecuniários. O ouro não dá ao coração a ventura íntima de um afeto compreendido e partilhado.

PAULINA (*larga a taça na bandeja*) Porém, entregar-se uma filha a um homem que não possa dignamente sustentar tão melindroso encargo é fazer dois infelizes.

MATILDE Não vou ao contrário disso; o que eu digo é que não se deve só atender às considerações de dinheiro, porque, digam o que disserem: nem sempre a mulher rica é a mulher feliz!

PAULINA Isso é bem verdade!

MATILDE E a prova do que digo tenho-a em mim própria. Quando eu era rica, fui festejada, acatada... adulada mesmo! O que era muito natural... Dávamos esplêndidas funções! Tínhamos sempre uma lauta mesa à disposição dos admiradores da nossa baixela e adoradores dos nossos cozinheiros!... Julgavam-me por isso a mulher mais feliz da cidade da Bahia, e no entanto... Só Deus sabe o quanto era digna de lástima a minha sorte! Mas, deixemos este assunto, que sempre me entristece... (*pequena pausa*) A senhora não conserva algumas reminiscências daquela linda cidade?

PAULINA Nenhumas; vim de lá mui pequena. Também, as minhas recordações, nada teriam de agradáveis! Meu pai faliu e viu-se obrigado a vir para o Rio de Janeiro, acusado de estelionatário, pesando-lhe sobre a sua honra uma sentença infamante.

MATILDE Estelionatário!

PAULINA Uma denúncia, acompanhada de falsos documentos, apresentou-o como tendo sonegado objetos de valor à massa falida!

MATILDE E conseguiu reabilitar-se?

PAULINA (*tristemente*) Não o pôde fazer; sucumbiu à vergonha da sua condenação, quando se preparava para combater os elementos da sua ruína!

MATILDE (*apreensiva*) Como se chamava seu pai?

PAULINA Olímpio Torres.

MATILDE (*erguendo-se*) Olímpio Torres!

PAULINA (*erguendo-se*) A senhora conheceu meu pai?

MATILDE (*serenando-se*) De nome: esse lamentável fato foi muito notório. E sua mãe?

PAULINA (*tristemente*) Essa... acompanhou-o ao túmulo, bem de perto! Fiquei entregue aos cuidados de minha madrinha, que acabou de me criar e que me educou com o carinho e os desvelos de uma verdadeira mãe. De sua casa saí casada com Eugênio, que era então primeiro guarda-livros do Barão de Maragogipe...

MATILDE (*um pouco enleada*) Parece ser um excelente homem.

PAULINA Se é: a ele deve meu marido tudo quanto é no mundo! Mandou-o educar com todo o esmero, habilitando-o a seguir qualquer carreira; e tendo Eugênio preferido a do comércio, fê-lo seu caixeiro, mais tarde, seu guarda-livros, e depois do nosso casamento, deu-lhe sociedade na casa, abonando-o na Praça, com todo o seu crédito. Eis aqui a minha história. Não a acha bem simples e pequenina? (*encaminhando-se para o sofá*)

MATILDE E bem interessante! (*assentam-se*) A minha é mais cheia de tristes episódios! Contava apenas dezenove anos quando a lei dos homens desatou os laços com que as da Igreja me ligara a um esposo brutal e perdulário, que havia transformado o santuário conjugal em teatro das mais indignas fraquezas!

PAULINA Quantas contrariedades não sofreria a senhora durante o período da sua ação de divórcio!

MATILDE Contrariedades? A senhora não imagina o quanto é ultrajada a mulher que, como no meu caso, procura refugiar-se na proteção que as leis lhe facultam! Sofre, em todo o seu peso, a reprovação dos austeros moralistas da nossa sociedade!

PAULINA Mesmo sendo virtuosa?

MATILDE A virtude, minha cara senhora, é, para muitos *espíritos fortes*, uma — quimera! Julgam — ou fingem julgar — que a virtude da mulher não passa de uma utopia moral. Por muito favor concedem-lhe a graça das aparências.

PAULINA Pois existem homens convictos de uma geral perversão de costume?

MATILDE Há muitos caracteres nobres e imparciais; todavia, a justiça que deveria presidir ao julgamento da mulher, não penetrou ainda convenientemente na consciência de tais julgadores. Os homens, isto é, a causa primordial de todos os erros da mulher, são os seus mais implacáveis juízes! Convertem a esposa honesta, ou a virgem inocente, em uma proscrita do círculo honrado e virtuoso; e se a transviada não tem a força de vontade precisa para reagir contra a sua condenação, está irremediavelmente perdida! Neste caso, ei-la trajando todas as galas da hipocrisia e afrontando os seus próprios juízes, que então iludidos a aplaudem e a proclamam: regenerada!

PAULINA Acho-a injusta, negando a possibilidade da regeneração da mulher culpada!

MATILDE Santo Deus! Eu não nego a possibilidade! Duvido simplesmente da sua sinceridade! A *erradia*, verdadeiramente arrependida, não se apresenta aos comentários das turbas, coberta de vestes e joias preciosas! A vergonha de uma passada degradação concentra-se e pede ao esquecimento dos seus desvios o perdão da sociedade, e a paz da sua consciência.

PAULINA Mas, quantas infelizes, lançadas no opróbrio por causas imperiosas, quando encontram em seu caminho algum apoio, não se erguem da sua abjeção, tornando-se boas esposas e mães exemplares?

MATILDE Será como diz; não quero desfazer as suas belas ilusões! Cá por mim penso de outro modo. A mulher que uma vez se vendeu ao demônio do vício, ou da vaidade, não pode mais erguer-se à altura donde caiu. As nódoas dos beijos mercenários não se apagam das faces que os receberam... nem se resgata por alguns dias de continência uma vida de excessos e ebriedade! A virtude, minha cara amiga, tem a sua coroa: desfolhadas e dispersas as flores de que ela se compõe, nunca mais torna a ser o mesmo emblema!

PAULINA (*melancólica*) Quanta descrença se revela no fundo acrimonioso das suas proposições!

MATILDE A descrença é o bem que ficou dos meus passados infortúnios! Sou quase cética para muitas coisas desta vida! *Creio* que — ainda — existem *virtude* e *justiça*; porém, não as admito sem as mais minuciosas indagações!

Cena IX

As mesmas e Olímpia.

OLÍMPIA (*beijando a mão de Paulina*) Bom dia, mamãe... A sra. d. Matilde estava aqui?! (*Matilde beija-a na face*) Que maldade!

MATILDE O quê? — a minha presença, ou o meu beijo?

OLÍMPIA Por que não mandaram chamar-me há mais tempo para gozar de tão amável companhia?

MATILDE Julgávamos que a menina ainda estivesse entre os seus nevoeiros de rendas e cambraias, a conversar com os anjinhos.

OLÍMPIA (*sorrindo-se*) A esta hora? Mamãe interromperia os meus colóquios com as suas exprobrações!

MATILDE Nisso faria ela muito bem. As moças são como as flores, e, como estas, devem erguer-se com as auras da madrugada.

OLÍMPIA A sra. d. Matilde anda em competência com papai, nos seus lindos madrigais! (*assentam-se, ficando Olímpia perto de Paulina*) O que me dá hoje, mamãezinha?

PAULINA Um beijo, ou uma flor: escolhe.

OLÍMPIA (*apresentando a face*) Venha o beijo. (*Paulina beija-a*) Agora, em vez da flor, quero um vestido para a reunião da *Campesina*.

PAULINA (*tornando-se séria*) Não pode ser; já o mês passado teu pai comprou-te dois.

OLÍMPIA Mas, mamãe...

PAULINA Vejo-te um tanto inclinada ao luxo e à ostentação!... Olha que estas duas paixões nunca conduzem a mulher à verdadeira felicidade! Demais, minha filha; não é na profusão e riqueza dos atavios que está o encanto de uma moça; é na simplicidade e compostura deles.

MATILDE São belas essas máximas; mas, uma imaginação de quinze anos, não opta muito pela sua moralidade! (*olhando*) Ali vem o sr. comendador... (*erguem-se, Olímpia corre a recebê-lo*)

Cena X

As mesmas e Eugênio.

EUGÊNIO (*prazenteiro*) Como! Venho encontrar a sra. d. Matilde aqui?!

MATILDE (*apertando-lhe a mão*) E o que tem isso de extraordinário, sr. comendador?

EUGÊNIO Nada, minha senhora! Como tem vossa excelência passado?

MATILDE Bem... neste momento especialmente.

EUGÊNIO (*com amabilidade*) Sempre oficiosa! (*assentam-se, menos Olímpia que fica encostada à cadeira de Eugênio*)

MATILDE Diga antes: apreciadora da ventura que se goza neste paraíso!

PAULINA (*indicando Eugênio*) Graças ao anjo que o tem sob a sua guarda.

EUGÊNIO (*beijando-lhe a mão*) E com tão sedutora *Eva*!...

PAULINA (*sorrindo*) Lisonjas?!

OLÍMPIA (*tristemente*) A mim ainda o papai nada disse.

EUGÊNIO (*afagando-a*) O que mais te hei de dizer, minha *pérola*?... Só se te repetir...

PAULINA (*vivamente*) Nada de lhe repetires os teus gracejos; ela já os tem ouvido demais.

EUGÊNIO (*sorrindo-se, para Olímpia*) A mamãe tem medo que eu te faça vaidosa!

PAULINA Oh!... Por esse lado já o mal está feito!

EUGÊNIO Como! Pois tu és vaidosa, Olímpia?

OLÍMPIA (*meiga*) Não acredite nisso, papai; mamãe está *de pontas comigo*, porque eu lhe pedi... (*entra Pedro pelo fundo com um magnífico ramo de flores naturais*) Oh! Que lindas flores!...

Cena XI

Os mesmos e Pedro, que apresenta o ramo a Olímpia.

OLÍMPIA São para mim? (*toma o ramo*)

PEDRO (*apresentando-lhe uma carta*) Da casa do sr. comendador Menezes. (*sai*)

Cena XII

Os mesmos, menos Pedro.

OLÍMPIA (*dando a carta a Paulina*) É de Carlota.
PAULINA (*lendo*) "À sua amiga Olímpia. — Carlota."
EUGÊNIO (*sorrindo-se*) É lacônica a tua amiga!
MATILDE Não se pode ser mais concisa!
OLÍMPIA Boa Carlota! Vejam se ela se esqueceu de mim! (*a Matilde*) Dá-me licença para ir pôr estas flores no meu toucador?
MATILDE Pois não, minha menina! Não faça cerimônias comigo! (*sai Olímpia*)

Cena XIII

Os mesmos, menos Olímpia.

EUGÊNIO (*para Matilde*) Vossa excelência deixa-nos hoje dispor do seu dia?
MATILDE (*amável*) Felizmente não lhes posso dar essa concessão.
EUGÊNIO (*com amável censura*) Felizmente?!...
MATILDE O dia e a noite de hoje pertencem à minha amiguinha Olímpia.

Cena XIV

Os mesmos e Pedro.

PAULINA (*percebendo Pedro*) O que quer, Pedro?... Pode chegar. (*Pedro aproxima-se e diz-lhe algumas palavras em voz baixa*) Está bem: já vou. (*sai Pedro*)

Cena XV

Os mesmos, menos Pedro.

MATILDE (*sorrindo-se*) Já sei que tem de atender às exigências do chefe de seção de alguma das suas repartições?

PAULINA (*sorrindo-se*) Se a senhora me permite...

MATILDE O melhor meio de obsequiar-me é não fazer cerimônia alguma comigo. (*sai Paulina*)

Cena XVI

Eugênio e Matilde.

EUGÊNIO Não esperávamos ter hoje o prazer da sua companhia, minha senhora.

MATILDE Oh!... Pois eu não sabia que a nossa linda açucena entrava hoje na sua décima sexta primavera?

EUGÊNIO Em paga de não o ter esquecido, vou fazer-lhe uma confidência.

MATILDE (*sorrindo-se*) Se é segredo, não o comprometa; lembre-se de que sou mulher.

EUGÊNIO (*sorrindo-se*) Não há dúvida; exijo segredo até a hora do jantar somente.

MATILDE Pois até lá... mudarei de sexo! De que se trata?

EUGÊNIO De uma surpresa que tenciono causar a Olímpia; será o meu brinde de anos.

MATILDE A surpresa? (*assentam-se*)

EUGÊNIO Uma folha de papel selado; a liberdade de uma escrava. Hoje é dia para mim duplamente glorioso; 2 de julho, aniversário da emancipação política da minha terra, e o natalício de minha filha; desejo, portanto, comemorá-lo restituindo ao grêmio social um dos seus representantes. O que pensa vossa excelência do meu *mimo*?

MATILDE Penso que seria um singular *mimo* de anos para uma menina, se essa menina não pertencesse à família S. Salvador.

EUGÊNIO (*beijando-lhe a mão*) Oh!... Minha senhora!...

MATILDE É alguma escrava da casa?

EUGÊNIO Não, sra. d. Matilde; em minha casa não há cativos; todos os meus servos são pessoas livres.

MATILDE Tal e qual como na minha! Abomino os escravos! São criaturas destituídas de toda a moralidade e de todos os sentimentos nobres!

EUGÊNIO (*com amável censura*) Estou desconhecendo a habitual retidão de vossa excelência.

MATILDE Crê-me então injusta?

EUGÊNIO Pelo menos, pouco benevolente para com essa mísera classe, deserdada de todos os gozos sociais e lançada, como uma vil excrescência, fora dos círculos civilizados.

MATILDE (*surpresa*) Está falando sério, sr. comendador?!...

EUGÊNIO Sim, minha senhora; estou intimamente convencido que existem muitíssimos escravos morigerados e dedicados às pessoas e aos interesses dos seus senhores.

MATILDE Discordo da sua convicção. Que haja alguma exceção de regra que a autorize, concedo; mas, muitíssimas?!

EUGÊNIO Vejo que vossa excelência é do número daqueles que pensam que o cativeiro impõe a estupidez e a desmoralização.

MATILDE Não, sr. comendador; sei que os instintos das paixões, boas ou más, se manifestam e se desenvolvem em qualquer estado ou condição da criatura. E nem julgue que sou apologista dessa monstruosa aberração do direito das gentes, que dá ao homem a propriedade individual sobre o seu semelhante! À ideia grandiosa do herói da nossa independência, tão magnanimamente por ele realizada nos campos do Ipiranga, devia ter-se seguido a completa abolição de uma lei que nos apresenta ao estrangeiro como um povo bárbaro e ainda por civilizar! Esse cancro, que solapa a base da nossa emancipação. Lamento a sorte anômala desses infelizes; porém... aborreço-os! Devo todos os meus infortúnios a escravos, dos quais era eu mais mãe do que senhora. É gente muito ingrata!

Cena XVII

Os mesmos e Pedro.

PEDRO (*a Eugênio*) Está aí um homem que procurou por vossa senhoria esta manhã, e pede para lhe falar. Vem com uma parda.

EUGÊNIO Faça-os entrar para aqui. (*sai Pedro*)

Cena XVIII

Eugênio e Matilde.

MATILDE Deixo-o com as suas visitas; vou esperar as minhas amigas no seu gabinete de trabalho.

EUGÊNIO Se só se tratasse de uma visita, pediria a vossa excelência que abríssemos um parêntese na nossa conversação; porém, é uma conferência enfadonha.

MATILDE A aquisição do seu brinde?

EUGÊNIO (*seguindo-a*) A troca do mais precioso atributo da humanidade por algumas notas do banco!

MATILDE Até já. (*sai*)

Cena XIX

Eugênio, Forbes e Marta.

FORBES (*à porta*) Vossa senhoria dá licença? (*Eugênio faz-lhe um gesto, e Forbes entra acompanhado por Marta*) É ao sr. Eugênio S. Salvador a quem tenho a honra de falar?

EUGÊNIO Sim, senhor; (*indica-lhe uma cadeira*) faça o favor de assentar-se. (*assentam-se; Marta conserva-se de pé em lugar donde possa naturalmente olhar para o retrato*) Sei que já me procurou.

FORBES E o sr. Barão de Maragogipe, com quem falei, autorizou-me a procurar de novo a vossa senhoria para ultimarmos este negócio. Tomei a liberdade de a trazer; o preço é dois contos de réis.

EUGÊNIO (*olha para Marta, que está muito atenta para o retrato*) Traz a carta competentemente legalizada?

FORBES (*entregando-lhe um papel*) Não me esqueceu formalidade alguma.

EUGÊNIO (*depois de ler, ergue-se*) Está em ordem. (*guarda-a no bolso*) Dê-me licença, vou buscar-lhe o dinheiro. (*vai a sair e repara em Marta, que está muito agitada a contemplar o retrato*) Meu Deus!...

MARTA (*mostrando o retrato a Forbes*) Que semelhança! (*para Eugênio*) Meu senhor... (*encarando-o*) Jesus!!! (*contempla por alguns momentos a Eugênio, que está muito perturbado*) Será isto um sonho?! Perdoe, meu senhor... não me conhece? Repare bem para mim... Interrogue as suas reminiscências, as suas mais antigas recordações... (*em grande ansiedade*)

EUGÊNIO (*com esforço*) Não... não a conheço!

MARTA (*muito angustiada*) Ah!... (*fica como que aniquilada por alguns instantes*)

FORBES (*a Eugênio*) Vossa senhoria há de desculpar...

MARTA (*vai ao retrato, arranca-lhe o véu*) Sim... é ele!!

FORBES (*repara no retrato e estremece*) Ele?!... É... alguma pessoa da família?...

EUGÊNIO É o pai de minha mulher...

MARTA (*fulminada*) Sua mulher!! (*dolorosamente*) Desgraçado!... O que fizeste!...

No momento em que o pano desce, entram Paulina, Olímpia e Matilde, alguns homens e algumas senhoras.

Ato segundo

Na noite do mesmo dia.

Gabinete esteirado, com portas ao fundo e aos lados. Poltronas, divã à direita, secretária à esquerda, mesa ao meio, com livros, objetos para escrever, tímpano e candelabro com velas acesas.

Cena I

Eugênio, assentado no divã, e Paulina, de pé, junto dele.

PAULINA (*com solicitude*) Estás melhor, meu amigo?
EUGÊNIO Quase bom; foi uma leve indisposição.
PAULINA Vi-te empalidecer tanto!... Por pouco não caíste.

Cena II

Os mesmos, Olímpia e Matilde.

OLÍMPIA (*entrando apressada*) Meus Deus!... O que teve, papai?...
MATILDE Retirou-se da sala bastante incomodado, meu amigo?

EUGÊNIO (*querendo gracejar*) Tive um achaque de moça bonita: um *faniquito*!

OLÍMPIA (*sorrindo-se*) O papai com *faniquitos*?!

MATILDE Quando o doente graceja, bem vai o caso. O seu papai não tem coisa de cuidado; venha cumprir a sua promessa.

OLÍMPIA Ora... Sra. d. Matilde!...

MATILDE Então! Quer *roer-me a corda*? Olhe que ordeno uma invasão de *dilettanti* a este gabinete!

EUGÊNIO O que lhe prometeu ela, sra. d. Matilde?

MATILDE Prometeu-me cantar uma nova cançoneta, cuja letra, produção do nosso patrício Luiz Ayque, é realçada pela linda música do Furtado Coelho.

OLÍMPIA Mas... se eu ainda não estou bem certa!...

PAULINA (*séria*) Não prometerias cantá-la se não a soubesses.

OLÍMPIA (*sorrindo-se*) Que tirania!... Enfim... Vamos, sra. d. Matilde. Até logo, papai. (*beija-lhe a mão*)

MATILDE (*oferece-lhe o braço*) Quero ser o seu cavalheiro.

OLÍMPIA (*dando o braço a Matilde*) Vou fazer uma *bonita* figura! (*encaminham-se para o fundo*)

MATILDE Já a entendo, sra. vaidosazinha! (*saem*)

Cena III

Eugênio e Paulina.

EUGÊNIO Não vais também apreciá-la?

PAULINA Gosto mais da música ao longe.

EUGÊNIO Não acho conveniente a tua ausência da sala.

PAULINA Inconveniente seria eu deixar-te só, incomodado como te achas.

EUGÊNIO Preciso somente de um pouco de descanso.

PAULINA Pois descansa. (*assenta-se perto da mesa e pega em um livro*) Mais tarde iremos juntos.

EUGÊNIO (*levemente impaciente*) Eis uma encantadora teima! Agradeço-te, mas...

PAULINA Não insistas; não vou para a sala sem ti.

EUGÊNIO (*ergue-se*) Nesse caso... (*oferece-lhe o braço*)

PAULINA O que pretendes?

EUGÊNIO Restituir à festa a sua rainha.

PAULINA (*sorrindo-se*) Sempre a gracejar! (*ergue-se e larga o livro*) Já que o exiges, deixo-te só. Mas se daqui a meia hora não apareceres, vir-te-ei buscar.

EUGÊNIO (*vivamente*) Não!... Não quero que aqui venha pessoa alguma!

PAULINA (*admirada*) Está bom... Sossega; aqui ninguém virá. (*sai pelo fundo*)

Cena IV

Eugênio e depois Pedro.

EUGÊNIO (*depois de pensar imerso em tristeza, toca no tímpano e aparece Pedro pela direita*) Já chegou a pessoa de quem lhe falei?

PEDRO Neste mesmo instante; já eu vinha participar a vossa senhoria.

EUGÊNIO Conduza-o para aqui, pelo corredor interior. (*Pedro vai a sair*) Espere um pouco. (*procura na mesa um bilhete de visita e escreve nele algumas palavras a lápis*) Entregue este bilhete ao sr. Barão, quando ele estiver só. (*dá-lhe o bilhete; Pedro sai*)

Cena V

Eugênio e depois Forbes.

Ouve-se Olímpia cantar uma cançoneta, música de Furtado Coelho e letra de Macedo Ayque.

Do azul do céu, minha estrela
Luziu brilhante e morreu!
A mão da sorte em minh'alma
Um véu de crepe estendeu.

Meus sonhos são agonias!
Espinho que ceva a dor.
É meu futuro um deserto,
Sem planta, nem luz, nem flor!

A derradeira esperança
Em limbo escuro tombou,
E morta vivo das penas
Que o sofrimento deixou!

Enquanto Olímpia canta, Eugênio passeia tristemente, parando de espaço a espaço. Findo o canto, ouvem-se grandes aplausos, bravos etc.

EUGÊNIO (*assenta-se muito opresso*) Oh!... a fatalidade!... a fatalidade!...

FORBES (*à porta, como que respondendo*) Sou eu, sr. comendador! (*Eugênio ergue-se*) Vossa senhoria dá licença?

EUGÊNIO Entre, senhor. (*Forbes entra*)

FORBES Sei que a ocasião é imprópria; porém, como vossa senhoria pediu-me que viesse aqui esta noite...

EUGÊNIO (*indica-lhe uma cadeira*) Faça o favor de assentar-se. (*assentam-se*) Desejo obter do senhor algumas informações sobre a pessoa que libertei hoje. Foi para isso que lhe pedi que me procurasse.

FORBES Aqui estou ao dispor de vossa senhoria.

EUGÊNIO Há quantos anos possuía o senhor...?

FORBES A minha escrava Marta?... Há de haver perto... ou talvez mais de trinta anos.

EUGÊNIO De quem a comprou?

FORBES Comprei-a, juntamente com um filho, de certo negociante, que *quebrou* na mesma ocasião em que os vendeu. Até creio que, por causa dessa venda, foi ele condenado como estelionatário, por ter subtraído e vendido clandestinamente bens sujeitos à massa falida.

EUGÊNIO E sabe que destino teve esse homem?

FORBES Foi pronunciado na Bahia, em... mil oitocentos e trinta e tantos; e para escapar à vindita da lei, fugiu aqui para esta capital. Creio que morreu há muito tempo! Vossa senhoria está incomodado!...

EUGÊNIO (*ansioso*) E... o que foi feito do filho de Marta?

FORBES Vendi-o aqui para o Rio; era um mulatinho endiabrado! Não o pude suportar!

EUGÊNIO E nunca teve notícias dele?

FORBES (*fitando-o*) O sr. comendador interessa-se singularmente pelo filho de Marta! Pois, sobre a sorte desse pequeno, nada posso dizer a vossa senhoria; nunca tive a menor informação a tal respeito. (*pequena pausa*)

EUGÊNIO Há de desculpar-me o incômodo que lhe dei; (*erguem-se*) estou satisfeito.

FORBES Incômodo nenhum. Mesmo eu tinha de procurar a vossa senhoria para comunicar-lhe que... (*tira um maço de notas, do bolso*) Refleti melhor; não me convém aceitar só dois contos de réis pela liberdade da minha escrava... (*apresenta o dinheiro a Eugênio*)

EUGÊNIO (*sem tomar o dinheiro*) Não lhe convém?!

FORBES Não, senhor. (*põe o dinheiro sobre a mesa*) É muito pouco.

EUGÊNIO (*surpreso*) Pouco!... Dois contos de réis!

FORBES Vinte que fossem, não era coisa alguma!

EUGÊNIO Vinte?! (*encara-o muito admirado*) O senhor está louco?!

FORBES (*friamente*) Louco estaria eu se aceitasse semelhante bagatela!

EUGÊNIO Pois, senhor, faça o favor de guardar o seu dinheiro, e...

FORBES Não, senhor; e uma vez que não nos ajustamos

no preço, tenha a bondade de restituir-me a carta e mandar vir a parda, que a quero levar.

EUGÊNIO Levá-la! Isso nunca! O senhor já não tem direito algum sobre ela!

FORBES Essa agora!...

EUGÊNIO Essa mulher é livre...

FORBES (*perturbando-se*) Livre!...

EUGÊNIO A carta da sua liberdade ficou hoje registrada nas notas do cartório do tabelião Castro.

FORBES (*visivelmente contrariado*) Registrada! (*ergue-se*)

EUGÊNIO Cumpri lealmente aquilo que tratamos; não posso ser responsável pelas intermitências da sua vontade.

FORBES (*com cólera mal disfarçada*) E acha vossa senhoria que eu estarei sujeito à sua? Está muito enganado, meu caro senhor! Não me deixarei espoliar do meu direito de propriedade, sem que a questão se discuta em público!

EUGÊNIO (*perturbado*) E o que tenho eu a recear em semelhante discussão? (*pequena pausa*) Acha pequena a quantia que arbitrou para o resgate da sua escrava? Pois, em consideração a essa desventurada, dar-lhe-ei mais um... (*Forbes fica impassível*) dois... (*desorientando-se*) três contos de réis!

FORBES (*friamente*) É pouco.

EUGÊNIO (*surpreso*) Ainda acha pouco?!

FORBES É mesmo uma ridicularia. (*assenta-se*)

EUGÊNIO (*indignado*) Se o senhor não está doido, está...

FORBES (*sorrindo-se*) Embriagado?... Pode concluir a frase; em discussões sobre negócios, nunca me dou por ofendido. No entanto, para validar o que tratarmos, devo assegurar a vossa senhoria que não me acho em nenhum desses deploráveis estados.

EUGÊNIO Então, não compreendo as suas exigências. (*assenta-se*) Faça o favor de retirar-se por onde entrou.

FORBES Menos viveza em suas palavras, sr. Eugênio S. Salvador! Reflita na singularíssima posição em que se acha e veja que deve-me...

EUGÊNIO (*ergue-se encolerizado*) Eu, nada lhe devo! Já lhe disse que guardasse o seu dinheiro e se retirasse! (*passeia muito agitado*)

FORBES Nada me deve?! (*ergue-se*) Já que vossa senhoria é tão falto de memória, irei perguntar à filha do ladrão Olímpio Torres...

EUGÊNIO (*avançando furioso para Forbes*) Miserável!...

FORBES (*sem se alterar*) Por quanto deve seu marido comprar o segredo do seu ex-escravo Eugênio...

EUGÊNIO Senhor!...

FORBES Filho da minha escrava Marta!

EUGÊNIO (*suplicante*) Basta!... Nem mais uma palavra!... Oh!... (*deixa-se cair sobre uma poltrona; pequena pausa; Forbes contempla-o ironicamente*) Não!... (*ergue-se bruscamente*) Não é possível!... Com que documentos prova o senhor o que acaba de dizer?

FORBES Com o papel de compra, de Marta e de seu filho, passado e assinado pelo próprio Olímpio Torres, que mos vendeu.

EUGÊNIO E o que exige por esse papel?... Diga-o com franqueza... com audácia mesmo...

FORBES Já que me permite... vou ser franco: dos meus perdidos cabedais, só me ficaram dívidas, ruins paixões... vícios mesmo...

EUGÊNIO (*amargamente*) Que pretende alimentar à custa de uma revelação fatal?...

FORBES Não direi que tenciono alimentar as minhas perniciosas paixões à custa do segredo do meu ex-escravo Eugênio. (*respeitoso*) Constituo, porém, meu banqueiro, o sr. Eugênio S. Salvador. (*intencional*) Os títulos e as garantias do meu capital estão em lugar seguro. E creia vossa senhoria que terei sempre em vista o preceito: *Usar, mas não abusar!* Se quiser dar-me os dois contos de réis... por conta... (*Eugênio empurra-lhe o dinheiro, que ele guarda*) Quanto ao mais... quando eu precisar...

EUGÊNIO (*toca no tímpano*) Desculpe... preciso ficar só.

FORBES (*pegando o chapéu*) Oh! Sr. comendador! Vossa senhoria está em sua casa!...

Cena VI

Os mesmos e Pedro.

EUGÊNIO (*a Pedro*) Acompanhe o senhor até a escada.
FORBES (*cumprimentando*) Sr. S. Salvador!...

Cena VII

Os mesmos e o Visconde, pelo fundo.

VISCONDE Desculpe, comendador!... Só agora soube que... (*vê Forbes*) O senhor aqui?!...
FORBES (*intencional*) De que se admira, sr. Visconde?... Não está também vossa excelência? Ora!... (*sai pela porta por onde entrou, acompanhado por Pedro*)

Cena VIII

Eugênio e o Visconde.

VISCONDE Não supunha este homem na sua intimidade!
EUGÊNIO Não sei por que vossa excelência diz isso.
VISCONDE Aqui!... No seu gabinete!
EUGÊNIO (*friamente*) Também vossa excelência honra neste momento o meu gabinete, sem que eu o conte no número dos meus íntimos!
VISCONDE (*afetando dignidade*) Consinta que eu repila o paralelo que parece estabelecer entre a minha pessoa e um tal tratante! Se aquele homem tem a felicidade de ser do número dos seus amigos, declino dessa honra! A minha categoria...

EUGÊNIO (*secamente*) As relações que existem entre mim e o sr. Visconde não o autorizam a censurar os meus atos. Só o conheço há algumas horas, se é, como diz, um *tratante*, o seu próprio interesse o fará não ser comigo. É esta a explicação única que posso dar à suscetibilidade de vossa excelência, e dos meus *oficiosos*!

VISCONDE Como! Pois o comendador formalizou-se?!

EUGÊNIO Não, sr. Visconde; salvo se vossa excelência chama *formalizar-me* o não querer eu comunicar-lhe os meus negócios particulares.

Cena IX

Os mesmos e o Barão.

BARÃO (*pelo fundo*) Eis-me aqui, Eugênio... O que tens? Estás agitado...

VISCONDE Não é nada, Barão! Tivemos uma ligeira controvérsia, mas já nos achamos de perfeito acordo, e amigos como sempre! Bem sabe que entre pessoas da *nossa roda*...

EUGÊNIO (*ao Visconde*) Se vossa excelência dá-me licença... preciso falar ao meu amigo.

VISCONDE Cerimônias comigo, meu caro! Eu me retiro. Nós outros fidalgos não costumamos ser importunos! Até já, comendador!... Barão!... (*sai*)

Cena X

Eugênio e o Barão.

BARÃO Se este homem não fosse a personificação da estupidez, sê-lo-ia da fatuidade e do ridículo! Vou contar-te o que ele me comunicou esta manhã; prepara-te para rir... Mas, o que tens? Estás com fisionomia tão transtornada!

EUGÊNIO Estou perdido, Barão!

BARÃO Perdido! O que te aconteceu?

EUGÊNIO Minha mãe está nesta casa.

BARÃO (*assombrado*) Tua mãe!! Como sabes?... Quem a trouxe?...

EUGÊNIO Deus, ou a Fatalidade!... É a escrava que libertei esta manhã.

BARÃO O que dizes?! (*encara-o e pega-lhe na mão*) Estás sob a influência de um acesso febril... Vem para a sala distrair-te.

EUGÊNIO Não tenho febre nem deliro. É minha mãe. Conheci-a no momento em que fui por ela reconhecido. E... repeli-a!... Reneguei-a!...

BARÃO À tua mãe?!...

EUGÊNIO Foi uma indignidade... um crime! Bem o sei! Fiquei impassível ante a dolorosa agonia desse coração que voava para mim... fiz mais: minha mulher, minha filha, amigos, esse Forbes, tinham todas as vistas sobre mim; temi uma revelação humilhante, e... confundi-a entre os meus criados... Oh! Sou um filho indigno!... Um ingrato!

BARÃO (*sentido*) Não esperava de ti semelhante proceder!

EUGÊNIO E a desonra que sobre mim pesaria se soubessem que sou filho de uma escrava?! Que fui... Cativo! Eu?... (*desesperado*) Oh!...

BARÃO Conta-me como se passou esse caso. (*assenta-se*)

EUGÊNIO Antônio Forbes estava presente quando nos reconhecemos, e a nossa comoção, sem dúvida, lhe denunciou a verdade. Não sei se ele também me reconheceu; só sei que está senhor do meu funesto segredo e que pretende tirar dele todo o partido possível.

BARÃO Que desgraçada ocorrência!

EUGÊNIO E, como se não bastasse o horror do sucesso que me acabrunha, vem ainda uma terrível circunstância complicar mais a minha situação! Paulina é filha do primeiro senhor de... Marta.

BARÃO (*ergue-se*) É possível?!

EUGÊNIO Marta e seu filho foram os objetos que ocasionaram a ruína do infeliz Torres!

BARÃO O que estás a dizer, Eugênio!

EUGÊNIO A verdade, autorizada pelas informações de Antônio Forbes, as quais coincidem com as poucas reminiscências que eu conservo do passado.

BARÃO (*consternado*) A ser assim, é uma horrível desgraça! (*assenta-se; Eugênio passeia tristemente*) Quem sabe se não és vítima de alguma especulação dessas criaturas, que guiadas por algum indício da verdade...

EUGÊNIO (*meneia tristemente a cabeça*) Marta não fingiu. O brado que soltou, quando me reconheceu, só podia sair da alma de uma mãe!

BARÃO (*ergue-se*) E se ambos se houvessem enganado? Se uma fortuita semelhança... Olha que se joga uma tremenda partida sobre o teu destino!

EUGÊNIO Não nos enganamos; o coração mo diz.

BARÃO Então, repito, é uma grande desgraça!

EUGÊNIO Do que serve, pois, ter-me elevado a esse pedestal, erigido pela consideração social, se um imprevisto revés da sorte me vai dele fulminar! Oh!... Deus não é justo!

BARÃO (*severo*) Também descrente?!

EUGÊNIO Barão!...

BARÃO Entendes que para a felicidade do homem basta-lhe só sacrificar ao seu egoísmo e aos preconceitos do mundo os seus mais sagrados deveres? Enganaste; é preciso, antes de tudo, o temor de Deus, e *fé* na sua bondade! Duvidas da sua justiça? Desvia os olhos das paixões mundanas que te toldam o espírito, e vê-las-ás pairar sobre a tua própria cabeça!

EUGÊNIO (*tristemente*) Se conhecesse a força do golpe que me abate!...

BARÃO E não me fere ele também na afeição que te consagro? Sabes se te estimo; com a liberdade que te dei, adquiriste um pai, ao qual tornaste mais suportável a solidão de uma vida sem afetos e sem laços de família. Não quero ouvir-te blasfemar, juntando à fraqueza de ânimo a impiedade do coração!

EUGÊNIO Perdão, meu bom pai!

BARÃO Porém… (*assentam-se*) Como é crível que não tenhas reconhecido no retrato de teu sogro o homem em cuja casa nasceste?

EUGÊNIO Não tenho a menor ideia de suas feições, assim como não me recordo de ter nunca visto esse Forbes, que, segundo o seu dizer, foi quem mandou o infeliz filho de Marta para o Rio de Janeiro.

BARÃO E que provas tem esse homem?…

EUGÊNIO Um papel de… compra! Documento assaz valioso, que o torna senhor da minha felicidade e da minha honra!

BARÃO Da tua honra, não! Se nasceste escravo, não deixas por isso de ser honrado. Não é a condição que desonra o homem, são os seus próprios atos!

EUGÊNIO Porém, como aceitará Paulina a minha infelicidade?… E minha filha? Oh!… se perco a ternura desses dois anjos!…

BARÃO Não te deixes abater quando mais precisas de energia! Já que a adversidade te manda tão dolorosa prova, aceita-a corajoso! Luta… e vence!

EUGÊNIO (*desanimado*) Lutar?… Tudo se junta para perder-me. Quem me afiança a discrição de Antônio Forbes? O que aconselhará o despeito ao coração dessa desventurada tão atrozmente repelida por mim?

BARÃO Como julgas mal esses *seres*, que chamariam — anjos — se não se chamassem — mães!… — Despeito em uma mãe?… Abre os braços à pobre Marta…

EUGÊNIO (*interrompendo*) Não!… Se o fizesse, cair-me-iam neles todas as irrisões da sociedade!

BARÃO Queres então sacrificar a tais preconceitos a felicidade de tua mãe e o sossego da tua consciência?

(*ergue-se severo*) Que ideia fazes tu da honra, Eugênio?!...

EUGÊNIO Expor-me ao desprezo da mulher a quem amo?

BARÃO E... Qual é o interesse desse homem, guardando o papel que te compromete?

EUGÊNIO Obrigar-me a satisfazer-lhe as ambiciosas exigências; ele próprio o confessou.

BARÃO A questão, pois, milita sob um princípio: o *ouro*, não é assim? Ameaça-te, para que lhe dês dinheiro?

EUGÊNIO Sim, e muito!

BARÃO Por que te julgas então um homem perdido? Se ele quer dinheiro, dá-lho! De que nos serviria a riqueza, se ela não fosse o *poder moderador*; para onde apelam as paixões dos homens? Compra a peso de ouro o teu segredo! Faz esse Forbes teu amigo pelo reconhecimento, ou teu escravo pela ambição!

EUGÊNIO E Paulina?

BARÃO Paulina ama-te bastante para sujeitar-se à tua sorte. Conta-lhe tudo.

EUGÊNIO Nunca! Morreria de vergonha antes de pronunciar a primeira palavra! Pois eu quero ser respeitado por ela, hei de ir depor a seus pés uma fronte envilecida pelo ferrete da escravidão?... (*pequena pausa*) Diz bem, meu amigo, devo lutar! Será uma luta grandiosa, entre a fraqueza do homem e a onipotência do destino, porém... vencerei!

BARÃO Muito bem! É assim que te quero ver! Não é com vãs lamentações que se repelem os ataques da adversidade! Combate-se enquanto há elementos para isso!

EUGÊNIO E... Marta?...

BARÃO Não és bastante rico para lhe proporcionares uma existência feliz?

EUGÊNIO Longe de mim, exposta à curiosidade do mundo? É impossível!

BARÃO (*indignado*) Impossível!... Tens um coração duro e ingrato! (*passeia e para*) Amanhã falaremos sobre isto.

Vem para a sala que a tua ausência já deve ter sido notada.

EUGÊNIO Aparecer neste estado de perturbação? (*Marta aparece à porta*)

BARÃO Pois acalma-te e vem depois; eu vou para perto dos teus amigos. (*sai. Marta aproxima-se*)

Cena XI

Eugênio e Marta.

EUGÊNIO (*apercebendo-a*) O que vem fazer aqui?...

MARTA (*muito comovida*) Meu filho!... (*súplice*) Agora que estamos sós... uma palavra ao menos...

EUGÊNIO Nada tenho a ouvir nem a dizer!... Já lhe disse que... não a conheço!

MARTA (*amargamente*) Não me conheces?... Oxalá que assim fora! Não pranthearia com lágrimas de sangue a tua crueldade!

EUGÊNIO (*perturbado*) Senhora!...

MARTA (*ressentida e penalizada*) É possível que a tua opulência e o esplendor da tua posição sejam causas para que renegues aquela que te alimentou com o sangue das suas veias? (*enternecendo-se*) Que te ajudou a dar os primeiros passos na vida e te ensinou a balbuciar a primeira oração a Deus?...

EUGÊNIO (*em grande luta de sentimentos*) Basta... basta!...

MARTA (*súplice*) Chama-me tua mãe!... (*olha em torno da sala*) Tua mãe!... (*com muita ternura*) Filho de minha alma!... Oh...! (*quer pegar na mão de Eugênio; este, que tem estado em grande agitação, afasta-se vivamente*)

EUGÊNIO Repito-lhe que... está enganada!

MARTA (*com amargura*) Enganada?! Crês tu que um coração de mãe se possa enganar? Julgas que o íntimo de um seio de mulher estremeça sem ser pelo ente a quem gerou?... (*Eugênio encaminha-se para o fundo. Marta toma-lhe a passagem*) Filho! (*em lágrimas*) Meu filho! Não me fujas! Atende à mísera que te chamou nos longos dias de vinte e nove anos! A única consolação que eu tinha nas minhas cruéis aflições era a esperança de um dia encontrar-te e unir-te ao meu seio! (*Eugênio olha desassossegado para as portas*) Vejo que é o receio que te faz fugir dos meus braços... sim, tu me hás reconhecido... a tua comoção mo diz.

EUGÊNIO (*em crescente comoção*) Deixe-me, senhora!... preciso ficar só...

MARTA (*agarrando-lhe na mão*) Eugênio!... (*quer abraçá-lo*)

EUGÊNIO (*revestindo-se de ânimo e repelindo-a*) Esse Eugênio... morreu para a senhora!

MARTA (*com grande angústia*) Oh!... Meu Deus!... Meu Deus!... (*cai desmaiada nos braços de Eugênio, que a ampara. Paulina vem entrando pelo fundo e, ao vê-los, para a poucos passos muito maravilhada*)

Ato terceiro

Em casa de Eugênio, a 6 de setembro de manhã. A mesma decoração do primeiro ato.

Cena I

Barão e Paulina, assentados.

BARÃO Repito-lhe, minha filha: seu marido não lhe merece semelhante tratamento...

PAULINA Eu não o trato mal; se ando triste é porque não me posso contrafazer; não sei fingir.

BARÃO E por que anda triste? Eu não lhe aconselho o fingimento nem quero que se contrafaça. Seja alegre, francamente, sem esforço, como outrora! Mostre-se prazenteira, expansiva... Se soubesse o quanto uma mulher se torna interessante com a sua meiguice e amabilidade? Veja como se tem deixado abater! Já não trata de si com aquele cuidado... tem a fisionomia tão mortificada!

PAULINA (*forcejando para não chorar*) Meu amigo!

BARÃO Está com o coração opresso e a nadar-lhe em lágrimas... pois desafogue-o! Chore!... Chore em presença do seu velho amigo, que sê-lo-á sempre, sincero e desvelado! (*Paulina prorrompe em soluços*) O que a aflige?... (*pega-lhe na mão*) O que a atormenta? Fale, seja franca comigo! (*pequena pausa*)

PAULINA (*mais calma*) Por que anda Eugênio tão triste? O que lhe hei feito para que ele busque sempre evitar-me?

BARÃO Ele!... Evitá-la!... Que prevenção a guia do juízo que faz acerca do pobre Eugênio?

PAULINA Prevenção?... Sempre tão preocupado, tão sombrio...

BARÃO (*tristemente*) Ora, minha filha! Pois um homem na posição de seu marido não tem, no giro dos seus negócios, coisas que o preocupem?

PAULINA (*secamente*) Está bom; mudemos de conversa. (*pequena pausa*) Ainda não pude saber a causa do desmaio de Marta na noite em que Eugênio tanto insistiu para ficar só. Tem-me feito disso um mistério...

BARÃO Algum achaque antigo, talvez...

PAULINA E o que foi ela fazer ao gabinete de Eugênio, àquela hora?

BARÃO Isso... nada quer dizer! É tão fácil dar-se qualquer caso que...

PAULINA (*com ironia amarga*) O Barão é um amigo dedicado ao último extremo!

BARÃO (*com dignidade*) Paulina! Acho-a incapaz de ofender o pai de seu marido! O que pensa? O que supõe?

PAULINA Penso que em tudo isto existe um mistério indigno!

BARÃO Os meus cabelos brancos e a minha dedicação à sua felicidade impõem-lhe o dever de dar crédito às minhas palavras. Seu esposo é credor de todo o seu afeto e digno de toda a sua estima!

PAULINA Que suplício de conjecturas! (*erguem-se à entrada de Eugênio*)

Cena II

Os mesmos e Eugênio.

EUGÊNIO (*apertando a mão do Barão*) Bom dia, meu amigo!... Não sabia que estava aqui!

BARÃO Cheguei há pouco!

PAULINA (*ao Barão*) Agora que o deixo acompanhado, dê-me licença; tenho que escrever algumas cartas. (*encaminha-se, e o Barão acompanha-a*)

BARÃO (*a meia-voz*) A docilidade é a arma mais poderosa da mulher! (*Paulina sai*)

Cena III

Eugênio e o Barão.

EUGÊNIO Paulina estava comovida... O que lhe disse ela?

BARÃO Nada; porém, eu compreendi muito. Tu te comprometes com as tuas inconveniências! Já muitas vezes te hei dito que a presença de tua mãe nesta casa pode ser-te muito prejudicial! Nem sei como consentes que seja criada de tua filha!

EUGÊNIO É ela quem assim o quer. Ama muito a Olímpia, e...

BARÃO E reconhece a necessidade de um pretexto que justifique a sua presença na tua casa. É mister tirá-la de semelhante posição.

EUGÊNIO Hoje, sinto que não posso viver longe dela! A natureza recobra enfim os seus direitos, e brada mais alto em meu coração do que no meu espírito o temor dos escárnios sociais. (*roda um carro*)

BARÃO Tendo-a fora daqui, podes vê-la e torná-la feliz com a tua presença e os teus cuidados.

EUGÊNIO E se Paulina souber das minhas visitas?

Cena IV

Os mesmos e Pedro.

PEDRO (*a Eugênio*) O sr. Visconde de Medeiros manda perguntar se pode cumprimentar a vossa senhoria.

EUGÊNIO Que faça o obséquio de entrar. (*sai Pedro*)

Cena V

Os mesmos, menos Pedro.

BARÃO Para que continuas a receber o Visconde depois da formal recusa que lhe fizeste da mão de tua filha?

EUGÊNIO Crê que me sejam agradáveis as suas visitas? Procura-me, e a delicadeza impõe-me a benevolência.

Cena VI

Os mesmos e o Visconde.

VISCONDE (*largando o chapéu*) Ora, bom dia, meu caro S. Salvador! Oh!... o Barão por cá!... (*o Barão toma o chapéu e a bengala*) Como! Pois sai, com a minha chegada?

BARÃO (*secamente*) Já me dispunha a sair, quando vossa excelência entrou. Até a tarde, Eugênio. (*aperta-lhe a mão*) Adeus, sr. Visconde. (*encaminha-se para o fundo, e Eugênio segue-o*) Pensa no que te disse. (*sai*)

Cena VII

Eugênio e o Visconde.

VISCONDE O comendador já sabe que o Forbes apelou para a Relação? Diz o seu advogado que tem certa a sua absolvição... o que não duvido! De ordinário, a balança da justiça pende para o lado dos velhacos! (*Eugênio apresenta-lhe cadeira, e assentam-se*) O abuso do patronato entre nós...

EUGÊNIO Se a Relação o absolver, é porque está inocente. Os caracteres dos magistrados respeitáveis de que se compõe esse venerando tribunal repelem as insinuações que se notam nas palavras de vossa excelência.

VISCONDE Não faça a injustiça de supor-me em dúvida sobre a imparcialidade de tão ilibados funcionários da alta justiça! Bem vê que, entre fidalgos da nossa *plana*, não se deixa de atender a certo espírito de classe! Mas... se reformam a sentença daquele *tratante*...

EUGÊNIO Tenho notado em vossa excelência um tal escarniçamento contra esse homem...

VISCONDE (*com ênfase*) É o escarniçamento que todo o homem honrado tem contra o vício e a velhacaria.

EUGÊNIO (*friamente*) Se vossa excelência quisesse expor-me o objeto da sua visita?

VISCONDE Simplesmente cumprimentá-lo; sou muito *puritano* naquilo que respeita ao cumprimento de deveres sociais, mormente entre pessoas na *nossa roda*! Uma vez satisfeitos esses deveres... (*erguem-se*) Não o quero importunar mais. Até outro dia, comendador! (*pega o chapéu e encaminha-se para o fundo, Eugênio acompanha-o*) Nada de incômodos! Nós outros, fidalgos, dispensamos formalidades vulgares. (*sai*)

Cena VIII

Eugênio e depois Paulina.

Eugênio assenta-se no divã, toma um jornal e percorre-o sem ler. Paulina entra com algumas cartas na mão, assenta-se perto da mesa e toca no tímpano.

EUGÊNIO (*vai para perto dela*) Sempre dás a tua reunião amanhã?

PAULINA (*friamente*) Se isso o não contrariar.

EUGÊNIO (*amável*) De modo nenhum! Sabes que só estou contente quando te vejo satisfeita. São os teus convites?

PAULINA Os últimos que tenho para fazer.

Cena IX

Os mesmos e Marta.

PAULINA (*dando as cartas a Marta*) Dê estas cartas a Pedro, para mandá-las ao seu destino. (*Marta, ao tomar as cartas, deixa cair algumas no chão e apressa-se em apanhá-las*) Então!... nada faz em ordem!... anda sempre abstrata!...

MARTA Desculpe-me, minha senhora; são coisas que acontecem.

PAULINA (*com mau humor*) Deixe-se de respostas! Vá fazer o que lhe disse! (*Marta olha penalizada para Eugênio, que passeia tristemente pela sala, e sai*)

Cena X

Eugênio e Paulina.

EUGÊNIO (*assenta-se perto de Paulina*) És tão severa para com aquela pobre mulher!...

PAULINA (*encarando-o fixamente*) Acha isso?!

EUGÊNIO Sem dúvida. A tua natural brandura para todos os teus servos torna mais sensível a rispidez com que a tratas.

PAULINA (*friamente*) Aceito as suas observações; farei todo o possível para não desgostá-lo neste ponto.

EUGÊNIO Em que tom me falas tu, Paulina! (*pega-lhe na mão*) Estás doente?

PAULINA Alguma coisa.

EUGÊNIO Talvez as minhas palavras sobre Marta te contrariassem; porém, sei que não gostas de maltratar a pessoa alguma, e vejo que ela se mortifica quando a tratas com dureza.

PAULINA Se não está satisfeita aqui, por que não se retira? Não é livre?

EUGÊNIO (*descontente*) Realmente, Paulina! Estou desconhecendo-te! Sabes que ela não nos quer deixar; afeiçoou-se de tal modo a Olímpia, a quem, diz ela, deve a liberdade, que fora cruel o despedi-la.

Cena XI

Os mesmos e Marta.

PAULINA (*vendo Marta*) Quem a chamou aqui?

MARTA Já entreguei as cartas, e venho saber se a senhora tem algumas ordens a dar-me. (*Eugênio toma de novo o jornal*)

PAULINA (*zangada*) É preciso coibir-se do mau costume de apresentar-se, sempre, onde não a chamam! Já me aborrece tanta solicitude! Diga a Luís que prepare o necessário para me vestir de preto. (*Marta sai*)

Cena XII

Eugênio e Paulina.

Paulina vai até a janela e volta a assentar-se.

EUGÊNIO Já sei que vais à missa da Cruz. Queres que te acompanhe?

PAULINA Ser-lhe-ia um passeio muito aborrecido!... Além de algumas compras que preciso fazer, tenho ainda de visitar a muitas das nossas pensionistas!

EUGÊNIO Minha piedosa Paulina! (*beija-lhe a mão*)

Cena XIII

Os mesmos e Olímpia.

OLÍMPIA Ora graças a Deus! Já os vejo juntos e satisfeitos! Há quanto tempo papai não beija a mão de mamãe?

EUGÊNIO Sempre, minha linda, sempre!

PAULINA Teu pai já pouco se ocupa com tais puerilidades!

EUGÊNIO Como és má e injusta comigo, Paulina!

OLÍMPIA Então!... ainda temos *rusgas*? Ora muito bem! Saibam que eu não gosto de os ver arrufados! É uma coisa tão feia, num casal tão bonito! Mamãe? Eu não vou também me vestir?

PAULINA Para quê?

OLÍMPIA Nunca vou à missa da Piedade, nem dou esmola aos pobres!...

PAULINA Todo o teu dinheiro é pouco para ninharias da rua do Ouvidor.

EUGÊNIO Para praticar o bem nunca faltam elementos. (*tira da carteira algumas notas que dá a Olímpia*) Eis aqui, para os pobres, e para a rua do Ouvidor.

OLÍMPIA (*transportada, abraçando-o*) É meu papaizinho!

EUGÊNIO (*sorrindo-se*) Interesseira! (*beija-a na testa*) Vai-te vestir: (*Olímpia hesita e olha receosa para Paulina*) então, já não queres ir à missa?

OLÍMPIA (*a meia-voz*) E se mamãe ralhar por eu perder as lições de música e de francês?

EUGÊNIO (*alto*) Não te há de ralhar. O desejo de tornar-te *enciclopédica* não a fará ter-te reclusa todas as semanas do mês.

PAULINA Estou hoje bem infeliz! Não lhe mereço senão repreensões! (*sai arrebatada*)

Cena XIV

Eugênio e Olímpia.

OLÍMPIA (*pesarosa*) Como!... papai repreendeu-a?!
EUGÊNIO (*triste*) Pedi-lhe simplesmente uma coisa, e, como agora, interpretou mal a minha intenção.
OLÍMPIA Eu não sei o que a mamãe tem! Anda sempre de tão mau humor que já não me atrevo a gracejar nem a pedir-lhe nada! (*triste*) Isto assim entristece a gente.
EUGÊNIO (*fá-la sentar perto de si*) Dize-me uma coisa: estás satisfeita com a tua aia?
OLÍMPIA Pois não, papai, muito!
EUGÊNIO Desejo que a trates mais como amiga do que como criada. É muito bonito numa menina respeitar os mais velhos, e aqueles que lhe consagram afeição!
OLÍMPIA Pois papai não vê como eu estimo a sra. Marta? Se ela me quer tanto!... Tem tanto cuidado em tudo quanto é meu!... faz-me todas as vontades... Como sabe que eu gosto muito de doces e de flores, gasta quase tudo quanto ganha em comprar-me uma e outra coisa! Eu não sei por que a mamãe não gosta da sra. Marta! Nada do que ela faz lhe agrada! Está sempre a zangar-se...
EUGÊNIO Tua mãe anda doente; é do seu estado de saúde que nasce essa impaciência.
OLÍMPIA E anda também aflita; tenho-a visto chorar...
EUGÊNIO Ela?! (*erguem-se*)

Cena XV

Os mesmos e Marta.

MARTA Minha menina, venha vestir-se.

OLÍMPIA Ai!... pois não ia-me esquecendo?... (*Marta olha com ternura para Eugênio; Paulina que entra surpreende esse olhar*)

Cena XVI

Os mesmos e Paulina, vestida de preto, com o chapéu e as luvas na mão.

PAULINA (*pondo o chapéu e as luvas na mesa*) Então, Olímpia! Ainda estás desse modo?

OLÍMPIA Eu vou já, mamãe! Entretive-me a conversar com papai... mas a sra. Marta veste-me num instante. (*sai acompanhada por Marta*)

Cena XVII

Eugênio e Paulina.

PAULINA Admiro a sua insistência, em querer que Olímpia seja servida por aquela mulher! (*assenta-se*)

EUGÊNIO Admiras-te de uma coisa muito natural. (*assenta-se perto*)

PAULINA Acha muito natural que nossa filha tenha constantemente junto a si uma criatura de cuja vida não temos o menor conhecimento?

EUGÊNIO Não desejo contrariar-te; conversaremos com Olímpia, e se não estiver satisfeita...

PAULINA Isso não é mais do que uma evasiva! Bem sabemos que Marta insinuou-se por tal modo no espírito dessa menina que ela não tolera os serviços de mais ninguém.

EUGÊNIO Então por que te incomodas com semelhante coisa?

PAULINA E a moralidade, Eugênio?

EUGÊNIO A moralidade?!

PAULINA Não tens em conta alguma a pureza de nossa filha? Uma menina tão ingênua, tão inocente, entregue à convivência de uma criada, da qual ignoramos os precedentes?

EUGÊNIO Não és razoável. Conhecemos acaso os precedentes e a moralidade dessas criaturas que mandamos buscar a bordo de uma embarcação, ou nos lugares indicados nos anúncios do *Jornal do Commercio*?

PAULINA Ao menos são mulheres que nasceram livres.

EUGÊNIO (*acrimonioso*) E, por consequência, moralizadas?

PAULINA Quando não o são, o instinto e o trato da gente civilizada lhes aconselha a decência precisa para se apresentarem como tais.

EUGÊNIO (*impacientando-se*) Paulina!

PAULINA (*irritando-se*) Quero essa mulher fora desta casa imediatamente! (*erguem-se*)

EUGÊNIO (*contendo-se*) Porém já te fiz ver que isso seria uma crueldade! Foi para piorar a sua situação que a libertamos? Bem sabes que não tem conhecimento algum no Rio de Janeiro...

PAULINA Não lhe faltarão casas onde se empregue.

EUGÊNIO E Olímpia, que não a quer dispensar?

PAULINA Fá-la-ei dispensar. Uma criança não tem vontades.

EUGÊNIO (*com firmeza*) O que exiges é impossível... por ora.

PAULINA (*encolerizada*) Impossível!

MATILDE Dão licença?

EUGÊNIO (*serenando-se rapidamente e indo recebê-la*) Oh! Minha senhora!

Cena XVIII

Os mesmos e Matilde.

MATILDE (*aperta a mão de Eugênio*) Bom dia, meu amigo! Paulina... (*beija-a*) O que tem? Está com o rosto tão alterado? Está doente?

PAULINA Um pouco.

MATILDE E vai sair? Ah!... agora me lembro... hoje é dia das suas piedosas excursões! (*Paulina toma-lhe o chapéu*) A beneficência é uma bela virtude! Até presta àqueles que a praticam um certo *quê* tão *mavioso*... Já reparou, meu amigo, como Paulina está de uma beleza tão tocante, com aqueles vestidos negros?

EUGÊNIO (*olhando para Paulina com ternura*) Se eu fosse escultor, tomá-la-ia para modelo das minhas estátuas da CARIDADE.

PAULINA (*brevemente irônica*) E o senhor, seria a FÉ?

EUGÊNIO (*fitando-a com intenção*) Sem dúvida!

MATILDE Que duas sublimes *virtudes teologais*! Para completar o grupo (*olhando*) ali vem a ESPERANÇA... (*entra Olímpia*) E como vem *faceira*! (*ergue-se*)

Cena XIX

Os mesmos e Olímpia.

OLÍMPIA (*vestida de preto*) Bom dia, sra. d. Matilde... (*Matilde beija-a na face*) Já sei que nos faz companhia às visitas dos pobres?...

MATILDE Não, minha menina; hoje tenho de tratar de interesses que me são caros. As conveniências do céu não nos devem impedir de olhar para as coisas cá da terra; porque, segundo o preceito do Supremo Instituidor da Caridade, a *bem entendida deve principiar pelos de casa*! Diga-me uma coisa, meu amigo: durante a ausência de Paulina, a minha presença ser-lhe-á incômoda? (*Paulina põe o chapéu e calça as luvas*)

EUGÊNIO Ao contrário, minha senhora, ela povoará a minha solidão!

MATILDE Por tão lindas palavras, prometo abreviar a penitência, o mais que me for possível... Porém, meu Deus! O que fiz eu a Paulina?... Nem ao menos me quer olhar!

PAULINA Desculpe-me; estou com muitas dores de cabeça!

Cena XX

Os mesmos e Pedro.

PEDRO (*à porta*) O carro já está pronto. (*sai*)

Cena XXI

Os mesmos, menos Pedro.

PAULINA (*apertando a mão a Matilde*) Até a volta! (*sai precipitadamente*)

Cena XXII

Os mesmos, menos Paulina.

OLÍMPIA (*aflita*) Oh! *senhores!* O que tem a mamãe?! Parece que vai chorando! Papai... (*beija-lhe a mão e aperta a de Matilde*) Até logo, sra. d. Matilde... (*sai quase a correr*)

Cena XXIII

Eugênio e Matilde.

Eugênio assenta-se abatido e fica silencioso alguns momentos.

MATILDE (*assenta-se perto de Eugênio*) Tenho conhecido que entre os meus amigos já não reina aquela deliciosa harmonia de outrora!

EUGÊNIO É verdade, sra. d. Matilde; ao encanto do nosso trato tão íntimo e tão ameno sucedeu o desgosto e o constrangimento!

MATILDE E poderei fazer alguma coisa em prol do seu sossego e da sua felicidade? Tenho-o por um esposo digno de todo o afeto e estima; por consequência, nada arrisco em tentar a sua reconciliação com Paulina. Quer fazer-me a confidência dos seus pesares?

EUGÊNIO Mereço a sua estima, mas a confidência que me pede é impossível! Só lhe posso afirmar que sou muito desgraçado!

MATILDE Adivinho nesta fase da sua vida um drama...

EUGÊNIO Cuja principal peripécia far-me-ia morrer de vergonha!

MATILDE (*surpresa*) O que diz, meu amigo?!

EUGÊNIO (*mortificado*) Oh!... poupe-me! (*pequena pausa*)

MATILDE Foi para tratar da felicidade dos meus amigos que eu solicitei esta conversação; não me tache, portanto, de intrometida na sua vida íntima.

EUGÊNIO Fale, minha senhora.

MATILDE Marta foi o pomo da discórdia lançado à ventura e à calma desta casa, não é verdade?

EUGÊNIO Paulina odeia-a.

MATILDE O que lhe fez ela?

EUGÊNIO Nada; um infundado ciúme...

MATILDE (*surpresa*) Ciúme!... de uma mulher daquela idade?!...

EUGÊNIO Maltrata-a... Até quer expeli-la desta casa!

MATILDE Expeli-la!... Isso seria muito malfeito! Não o

consinta! Preciso conversar com Paulina; é mister que ela saiba que essa a quem quer lançar fora de sua casa foi a companheira de infância de sua mãe!

EUGÊNIO (*ergue-se sobressaltado*) Como!... A senhora sabe?...

MATILDE A história de Marta?... Conheci-a na Bahia, donde ela é filha, e logo a reconheci quando há dois meses a encontrei. (*Eugênio assenta-se*) O infortúnio pouco a tem desfigurado.

EUGÊNIO E ela não a reconheceu?

MATILDE Tenho a certeza que não. Em mim ficaram bem marcados os vestígios da passagem da desgraça!

EUGÊNIO E a Paulina!

MATILDE Não sei o que pense a tal respeito. Corações como o de Marta nada esquecem daquilo que lhes foi caro; e ela afagou Paulina muitas vezes em seu seio. Alguma causa misteriosa a leva a fingir que não a conhece; tenho respeitado essa causa, nada revelando a Paulina. Marta é uma boa criatura e é infeliz, como todo o ente que, tendo a consciência do seu valor, se estorce nas agonias de uma forçada abjeção! (*pequena pausa*) Não acha uma bárbara irrisão do destino o dom do espírito e da inteligência em alguns indivíduos?

EUGÊNIO Em certos casos, é, minha senhora.

MATILDE Nem se deve desenvolver e frutificar tão funestos dons em um escravo. Para que revelar-se a uma moça cativa, condenada pela sua condição, aos mais grosseiros misteres, o que há de distinto e de elegante em conhecimentos e prendas, só próprias dos círculos elegantes? Marta está neste caso, foi vítima daqueles que a criaram. Educou-se com a filha de sua senhora no mesmo colégio e aprendeu tudo quanto aquela estudou... até música e desenho! Quando a mãe de Paulina casou-se, levou-a em sua companhia, onde ela era tratada mais como amiga do que como escrava. Teria catorze anos quando um caixeiro chegou em casa com promessas de libertá-la e ser um dia seu esposo... A pobre rapariga deixou-se iludir...

EUGÊNIO (*com mal disfarçada ansiedade*) E... esse homem...

MATILDE Casou-se com uma rica viúva, pouco antes de vir à luz o fruto da sua sedução.

EUGÊNIO E ele... existe ainda?

MATILDE Não sei; conheci-o só de nome. Mas, que grande malvado! Ah!... Devo uma grande reparação a Paulina, meu amigo!

EUGÊNIO (*surpreso*) A senhora?!

MATILDE Não por mim; mas por meu marido. (*espanto em Eugênio*) Vou revelar-lhe o que nunca me atreverei a dizer a Paulina; receio perder a sua afeição.

EUGÊNIO Pelo quê?...

MATILDE Quando, logo ao começo das nossas relações, Paulina contou-me alguns fatos da sua vida, reconheci nela a vítima de uma horrível trama! Lembra-se do motivo que ocasionou a condenação de seu sogro?

EUGÊNIO (*sombrio*) Subtração de bens aos credores.

MATILDE Pois esses bens foram Marta e seu filhinho... uma linda criança, perfeitamente branca! O que tem?...

EUGÊNIO Nada, minha senhora; tenha a bondade de prosseguir.

MATILDE Pois o infeliz Torres estava inocente do crime que lhe imputaram; não os havia vendido; havia-os libertado.

EUGÊNIO (*erguendo-se*) Libertado!... A ela?!

MATILDE (*ergue-se*) A mesma a quem o meu amigo forrou há dois meses.

EUGÊNIO É isso exato?

MATILDE Tenho provas incontestáveis.

EUGÊNIO Logo, eles...

MATILDE Foram vítimas de um grande abuso... de um crime! Escute-me: (*assentam-se*) a mãe de Paulina desejava ardentemente dar a liberdade a Marta. Porém, seu marido, que temia as consequências da inexperiência, concordou com os desejos de sua esposa, debaixo da condição de não ser ela instruída desse fato, senão quando se achasse já em idade provecta! Marta foi livre, e o segredo religiosamente guardado. Algum tempo depois, foi Torres obrigado a fazer ponto, e por uma fatal previdência, entregou a mãe e o filho, com os papéis que os restituía à sociedade, a um amigo em quem depositava grande confiança, recomendando-lhe o maior silêncio, até um prazo marcado.

EUGÊNIO E esse amigo...

MATILDE Inutilizou os documentos e conservou-a em um cativeiro, que não se tornou mais ignóbil, por ser ela uma rapariga essencialmente virtuosa. Foi nessa época que a conheci.

EUGÊNIO E seu filho?

MATILDE Foi-lhe arrancado dos braços e vendido aqui, para o Rio de Janeiro. A pobre mãe quase sucumbiu ao desespero! Escapou por milagre à morte, mas... enlouqueceu! A infeliz mulher chamava a todos os momentos por seu filho, ao qual queria reunir-se no céu. (*enxuga os olhos*) Apesar de se terem passado tantos anos, não posso deixar de entristecer-me ao lembrar-me de seus sofrimentos!

EUGÊNIO Porém... A senhora não me disse ainda o nome desse falsário... desse ladrão!...

MATILDE (*triste*) Não lhe disse há pouco que eu devia uma grande reparação a Paulina?

EUGÊNIO Então, o assassino da vida e da honra de Olímpio Torres... O monstro que reduziu à escravidão duas pessoas livres...

MATILDE Foi meu marido, sr. Eugênio...

EUGÊNIO (*ergue-se*) Seu marido!! (*rodar de carro*)

MATILDE (*ergue-se*) Aquele que é hoje o procurador Antônio Forbes. (*vai à janela*)

EUGÊNIO Forbes!!

MATILDE (*volta da janela apressada*) Paulina já!... acalme-se, vou recebê-la. (*sai*)

Cena XXIV

Eugênio e depois Marta.

Eugênio passeia, procurando serenar-se; Marta aparece à porta e para receosa.

EUGÊNIO (*apercebendo-a*) Minha querida mãe!... (*cai-lhe aos pés*) Perdão! (*beija-lhe as mãos, a chorar*) Perdão!

MARTA (*alegre e agitada, querendo erguê-lo*) Meu Deus!... Será isto um sonho?...

EUGÊNIO Hei de ainda torná-la tão feliz!... (*torna a beijar-lhe as mãos. Paulina vem entrando pelo fundo e para fulminada pelo que vê*)

MARTA E posso ser mais feliz do que sou neste momento? Ergue-te... deixa-me abraçar-te. (*Eugênio, ao erguer-se, vê Paulina, que se aproxima*)

EUGÊNIO (*estremece e recua*) Paulina!!!

MARTA Ah!!

Cena XXV

Os mesmos e Paulina.

PAULINA (*com a voz trêmula de cólera*) Exigi há pouco que despedisse esta criada; agora, peço-lhe que a conserve: é a mulher que lhe convém. (*Olímpia e Matilde entram pelo fundo, no momento em que desce o pano*)

Ato quarto

Casa de correção, a 7 de setembro, de manhã.

Sala com portas ao fundo e à direita; janelas gradeadas à esquerda; um banco. Ao levantar-se o pano, ouve-se por algum tempo cantar o tantum ergo *com acompanhamento de órgão. A cena está vazia. Um guarda, de espaço a espaço, passeia pelo fundo.*

Cena I

O Barão, Matilde e um guarda.

GUARDA O sr. diretor manda pedir a vossa excelência o obséquio de esperar, até acabar-se a missa. (*cumprimenta e sai. Cessa a música*)

Cena II

Barão e Matilde.

MATILDE Faltou-me o tempo para comunicar a vossa excelência as circunstâncias que me obrigaram a pedir o favor da sua companhia até este lugar. Tenho de tratar de um objeto muito melindroso com Antônio Forbes, e preciso do auxílio de vossa excelência.

BARÃO A sra. d. Matilde expõe-se a algum desgosto falando com semelhante homem!

MATILDE Vou instruir o sr. Barão de algumas particularidades que me afiançam o bom êxito da minha negociação. Conversemos um pouco. (*assentam-se*) Princípio dizendo a vossa excelência que também sou muito amiga da família S. Salvador... até tenho por mim o direito da antiguidade. (*o Barão sorri-se*) O seu sorriso contesta o meu direito... (*gesto afirmativo do Barão*) Pelo quê? Por ter sido o sr. Barão quem educou o menino Eugênio?

BARÃO Tomei-o a meu cargo quando ele tinha apenas cinco anos.

MATILDE (*com expressão íntima*) Pois eu acariciei-o ainda pendente do colo de sua mãe.

BARÃO (*surpreso*) Vossa excelência?!

MATILDE Embalei muitas vezes em meus joelhos o filhinho de Marta.

BARÃO (*inquieto*) Como!... Vossa excelência sabe?!...

MATILDE (*com intenção*) *Tudo*, sr. Barão!

BARÃO E como teve conhecimento de uma coisa ignorada por todos?

MATILDE A minha história quase que está ligada à da família S. Salvador. O pai de Paulina desceu ao túmulo desonrado por meu marido... Antônio Forbes...

BARÃO Ele... seu marido!

MATILDE Outrora... — A mãe de Eugênio e eu choramos muitas vezes os nossos mútuos desesperos!

BARÃO Porém, nunca notei entre vossa excelência e Marta sinais dessas íntimas relações.

MATILDE Ela não me reconheceu. Por todos daquela casa sou uma amiga de curta data, sendo-lhes, no entanto, bem dedicada! Impelida, pela amizade que consagro a essa família, tenho acompanhado os recentes episódios que se têm dado em sua vida. O Barão já teve notícia da ocorrência que se deu ontem de manhã, na casa do comendador?

BARÃO (*triste*) Estive com ele ontem à noite.

MATILDE Pois a esse fato devo eu o conhecimento da origem dos dissabores de Eugênio e de Paulina. Que cena violentíssima, Santo Deus! Paulina injuriou atrozmente a pobre mulher, sem que Eugênio a pudesse defender. Tomei o partido da desventurada mãe, que se sacrificava, para não comprometer o silêncio de seu filho, mas... não fui generosa! A consciência mo diz. Abusei da efusão do seu reconhecimento; interroguei-a, e a pobre Marta, ao reconhecer-me, confessou-me os laços que a ligam a Eugênio. Coitada! Só sente o ter de separar-se de seu filho, deixando-o em tão dúbia posição no conceito da esposa!

BARÃO (*preocupado*) Crê sinceramente que ela não a tivesse reconhecido?

MATILDE Creio. Estou tão diferente do que fui, que os meus próprios amigos, os mais íntimos, não me reconhecem hoje! Vossa excelência mesmo há de ainda convencer-se desta verdade... Tornando à nossa prática: Eugênio é filho de Marta; vossa excelência o sabe; por consequência (*tira uns papéis do bolso do vestido*) tenha a bondade de entregar-lhe estes papéis... sem nomear-me; não quero que se vexe em minha presença. O sr. Barão pode lê-los.

BARÃO (*acabando de ler, muito admirado*) A certidão da carta de liberdade de Marta!

MATILDE Passada e registrada num cartório, por seu senhor Olímpio Torres.

BARÃO (*lendo de novo*) Em 1827!

MATILDE Um ano antes do nascimento de Eugênio.

BARÃO É possível!

MATILDE Queira ver a certidão de batismo de Eugênio, que foi extraída do livro da matriz onde foi batizado; confira as datas.

BARÃO (*lendo atentamente o outro papel*) "Eugênio... recém-nascido... 1828..." Um ano depois da liberdade de sua mãe! (*comovido*) Vossa excelência é a Providência daqueles infelizes!

MATILDE (*sorrindo-se*) Custou-me bem pouco a representar tão belo papel! Bastou-me atender a um desses inexplicáveis pressentimentos que às vezes temos, mandando extrair essas duas certidões de assentamentos, que eu sabia que existiam.

BARÃO E como é possível que ela não soubesse que era livre?

MATILDE Nunca lho disseram.

BARÃO E quem é vossa excelência que assim está tão bem informada de tais particularidades?

MATILDE (*encarando-o melancólica*) Nada em mim o faz lembrar de alguma época notável da sua vida? (*o Barão contempla-a e procura recordar-se*) Pois quê, Leopoldo!... nem a minha voz... nem o meu nome... lhe trazem à lembrança uma vítima da vontade paterna?...

BARÃO (*ergue-se*) Matilde!

MATILDE (*erguendo-se*) O coração da mulher é mais leal às recordações do seu primeiro afeto! Há muito que eu o havia reconhecido!

BARÃO (*apertando a mão de Matilde entre as suas*) Minha adorada amiga!

MATILDE Creio que vem gente... (*vão ao fundo e voltam*) Findou a missa. (*passam os artesãos, guardas, presos, empregados etc.*) Infelizes! Ao menos não lhes falta o conforto da religião! (*entra Forbes conduzido por um guarda, que se retira e passeia pelo fundo*)

Cena III

Os mesmos e Antônio Forbes.

FORBES (*reconhecendo-os*) Matilde! O sr. Barão de Maragogipe! (*com amargura*) Vieram escarnecer da minha miséria?... Exultar com a minha desgraça?...

MATILDE Não, senhor; o que aqui nos traz é uma questão relativa à família S. Salvador.

FORBES (*para Matilde*) E a senhora... é também contra mim, numa situação em que me deveria valer a recordação de um passado...

MATILDE (*interrompendo-o*) Que esqueci completamente! De mim só tem a esperar alguma consideração para com o nome que já foi meu, se aquiescer ao que lhe viemos pedir.

FORBES (*querendo pegar-lhe na mão*) Matilde!

MATILDE (*com dignidade*) Respeite-me, senhor!

FORBES (*ressentido e triste*) Queiram dizer-me o fim da sua visita.

MATILDE Antes de tratarmos disso, é mister que reflita na melindrosa posição em que se acha.

FORBES Denunciaram-me como introdutor de moeda falsa, e como tal fui condenado... De alguns incidentes comprovativos e do melhoramento repentino das minhas circunstâncias procedeu a minha condenação. Porém, estou inocente. Esses incidentes não passam de vagos indícios, e quanto ao meu melhoramento de circunstâncias... bastariam algumas palavras... (*sobressalto no Barão*) Tranquilize-se, vossa excelência, já estou cansado de fazer mal! Basta a justiça da minha causa para justificar-me. O tribunal da Relação há de atender à improcedência de semelhante julgamento.

MATILDE E mesmo que seja absolvido, a sua consciência nada mais lhe diz? O mau esposo, o falso amigo, o motor da ruína de uma família inteira contenta-se, felicita-se só com a absolvição dos homens?!

FORBES Senhora!

MATILDE Diz que já está cansado de fazer mal... Pois pratique uma boa ação! Faça alguma coisa em proveito da tranquilidade do seu espírito, e da ventura daqueles que lhe devem todas as suas desgraças.

FORBES Em que lhes posso eu ser útil?...

MATILDE Dando um nome ao filho de Marta. (*espanto em Forbes*) Ele nunca foi escravo, o senhor bem sabe...

FORBES (*vivamente*) Isso é uma falsidade!

MATILDE Falsidade!... E os documentos que provam a verdade do que eu digo?

FORBES (*inquieto*) Documentos?!...

BARÃO (*dando-lhe os papéis*) Ei-los. Não os inutilize; dar-me-ia o trabalho de nova extração.

FORBES (*depois de lê-los*) Oh!... Sempre vencido pela fatalidade! (*dá os papéis ao Barão*)

MATILDE Pela justiça divina!

BARÃO Compreende, pois, que se for absolvido como introdutor de moeda falsa, será de novo julgado pelo crime de ter reduzido à escravidão duas pessoas livres. A lei é bem explícita nestes casos.

FORBES (*abatido*) Pois bem... o que exigem de mim?

MATILDE A sociedade exige o nome de família do negociante S. Salvador; esse nome só o senhor lhe pode dar.

FORBES Eu!... E de que modo?

MATILDE (*ao Barão*) Lembra-se, sr. Barão, da queda da casa Penafiel & Filhos, e da causa que a motivou? (*Forbes perturba-se*)

BARÃO Sim, minha senhora; foi o ter sido emitido em sua circulação grande número de contos de réis, em valores falsificados.

MATILDE Pois o autor desse roubo, que permaneceu até hoje desconhecido de todos, menos de mim...

BARÃO De vossa excelência!...

FORBES Da senhora!...

MATILDE Foi o próprio *gerente* dessa casa; meu marido foi seu cúmplice.

BARÃO (*indignado*) O senhor?!

FORBES (*aterrado*) E quem lhe revelou esse mistério?!

MATILDE O senhor, nas expansões de sua embriaguez. Com as cartas que tem desse miserável, sobre a questão Penafiel & Filhos, obrigue-o a reparar a honra da mulher a quem seduziu; está viúvo, pode fazê-lo. E, apesar de um título, obtido por donativos feitos a uma nação estrangeira, será Marta quem descerá até ele.

FORBES Conheço o seu orgulho; nunca a esposará.

BARÃO Se não quer tomar sobre si este encargo, dê-me as cartas de que lhe fala a sra. d. Matilde.

MATILDE (*vivamente*) Sim, dê as cartas ao sr. Barão!

FORBES Queimei-as.

MATILDE (*com expressão*) Antônio Forbes, espírito maléfico e previdente, destruir provas que perdiam a um seu cúmplice?!

BARÃO Dê-me essas cartas, senhor; e quando S. Salvador tiver um nome, que não seja o da cidade onde nasceu, dou-lhe a minha palavra de honra que nada mais terá a recear, na questão de Marta.

FORBES Juro-lhes que disse a verdade. Destruí esses papéis, porque neles estava o meu nome.

MATILDE (*indignada*) Quer então roubar um nome à filha, assim como infamou o do pai?

BARÃO Ponha um termo às suas iniquidades, e poupe-nos o dissabor de publicar fatos, que, conquanto enchessem de desgostos a Eugênio, livrariam a sociedade de um grande criminoso. (*Forbes mostra-se comovido*)

MATILDE (*aflita*) Dê-nos essas cartas... peço-lhas em nome de alguma coisa que ainda lhe seja sagrada no mundo!

FORBES (*encarando-a com ternura e súplica*) Matilde! (*Matilde afasta-se com desgosto*)

BARÃO Faça o que lhe propõe a sra. d. Matilde, que eu lhe prometo, se estiver inocente, abreviar a reforma da sua sentença; e, no dia em que recobrar a sua liberdade, dar-lhe-ei o capital necessário para viver, em qualquer parte da Europa, de um modo mais digno e livre das tentações da miséria. (*Forbes está muito desanimado*)

Recusará a vida tranquila e honrada que lhe ofereço para o resto de seus dias?

FORBES (*tristemente*) O que é preciso fazer para convencê-los de que já destruí essas cartas? Queimei-as... creiam: e agora façam de mim o que quiserem.

MATILDE Oh! Meu bom Deus!... Aniquiladas todas as minhas esperanças?!... Isto faz descrer da Providência!

BARÃO Não se desespere... Se este homem quiser ouvir a voz da sua consciência...

MATILDE (*sorrindo amargamente*) Consciência?!... Ele não a tem!

FORBES (*ao Barão*) E julga vossa excelência que já não tenho ouvido essa voz?

BARÃO Por que não aproveita este ensejo para tentar reabilitar-se?

FORBES (*tristemente*) Para mim, já não há reabilitação possível!

BARÃO Pode, ao menos, parar na horrível trilha que tem seguido. Para que negar-nos o seu adjutório num empenho tão louvável?

FORBES O que desejam obter de mim é um impossível! Esse homem é hoje um titular.

BARÃO O que importa isso se, de um momento para outro, pode o seu título ser trocado por um *número* nesta mesma casa?

MATILDE Qual, sr. Barão! Nada o move. Há organizações assim; há corações dominados pelo egoísmo da perversidade, que nada querem fazer em proveito da virtude!

BARÃO (*severo*) Ceda ao menos à convicção de que do mal só mal lhe resultará!

FORBES (*com sentimento*) Se vinte anos de punição social, que se traduz pela miséria, pelo desprezo e execração dos homens, não tivessem vingado a sociedade do opróbrio sobre ela lançado por um dos membros, tê-lo-iam feito estes dias — longos séculos! — de arrependimento passados no isolamento destes muros!

destes muros! As palavras de vossa excelência mostram-me um futuro de paz e de esperança na misericórdia divina, e... não posso dar o primeiro passo na senda da regeneração moral! Repito... Esses funestos escritos queimei-os realmente. (*o Barão olha desanimado para Matilde*)

MATILDE Não o creia, sr. Barão! Isto não passa de uma ignóbil comédia!

FORBES (*sentido*) Comédia!... (*com amargura*) Com estas vestes e neste lugar?!... A senhora, cuja vida tem sido uma sequência de ações virtuosas, não pode devassar os horrorosos mistérios de uma organização propensa ao mal, e a ele conduzida por péssimos agentes! Não concebe a possibilidade da luz do céu no meio do abismo! (*dirigindo-se também ao Barão*) Porém creiam-me: quando a consciência de um delinquente percorre todos os seus arcanos e sente penetrar em si o arrependimento, a alma resgata-se à condenação eterna e entrega-se àquele de quem a recebemos pura e boa!

Cena IV

Os mesmos e o guarda.

GUARDA O sr. diretor manda-lhe entregar isto. (*entrega-lhe um bilhete de visita dentro de uma sobrecarta não fechada*)

FORBES Vossa excelência dá licença? (*o Barão faz-lhe um sinal de assentimento. Forbes abre a carta e lê o bilhete*) E a pessoa que me mandou este bilhete?

GUARDA Está na sala do sr. diretor.

FORBES Diga-lhe que estou às suas ordens. (*sai o guarda*)

Cena V

Os mesmos, menos o guarda.

FORBES Se me permitem que receba uma visita...

MATILDE E as cartas?

FORBES Já tive o desgosto de assegurar-lhes...

MATILDE (*encolerizada*) Oh! Isto é o cúmulo de toda a indignidade!

BARÃO (*severo*) Esquece que está em nosso poder... ou antes em poder da *Lei*?

FORBES (*inclina-se*) Farei todo o possível para cumprir as ordens de vossa excelência (*afasta-se respeitoso, para dar passagem ao Barão e a Matilde, que saem pelo fundo*)

Cena VI

Forbes e depois o Visconde.

FORBES (*passeia alguns instantes muito preocupado; o Visconde aparece a uma porta lateral e olha receoso para dentro da sala*) Pode entrar, sr. Visconde. (*entra o Visconde*) Vossa excelência compara esta sala com aquela onde se assentava à minha mesa, no tempo em que as suas visitas não se faziam esperar tanto?

VISCONDE Se eu soubesse que o seu fim era pedir-me o preço de uma hospitalidade concedida a todo o *bicho careta*, tinha-me poupado ao enojo de aqui vir! Acha muito bonito que se saiba na *minha roda* que ando a visitar presos na correção? O que pretende de mim? Diga depressa!

FORBES Mandei-o chamar, para pedir-lhe que aproveitasse as suas relações a favor do termo da minha apelação...

VISCONDE Está doido?... Ora essa!... Comprometer-me a

falar por você?... Expor-me aos comentários da *minha roda*, interessando-me por semelhante causa? O mais que lhe posso fazer — por filantropia — é pôr a minha bolsa à sua disposição... com as precisas restrições, já se sabe!

FORBES Agradeço-lhe o *obséquio*; já mudei de propósito.

VISCONDE E fez muito bem; nada temo tanto no mundo como as falsas interpretações!

FORBES (*intencional*) E o remorso?!

VISCONDE Não o compreendo!...

FORBES O remorso?... Deixemo-nos de jogo inútil de palavras, sr. Fróes de Medeiros! Encaremos francamente as nossas posições, tão solidárias e tão diferentes...

VISCONDE Aonde quer chegar você com esse *aranzel*?

FORBES A esta conclusão: Deus existe! A Providência o revela em seus decretos!

VISCONDE (*irônico*) Sim!... Pois saiu-se agora com essa descoberta?!

FORBES Descrê de Deus e da Providência?! Também eu não tinha em conta alguma estas supremas verdades! Deus era para mim uma palavra tradicional; a *consciência*, um simulacro de protesto quando queria autorizar algum ato reprovado; o *remorso*... Esse conheço-o agora! É o raio com que a Providência me fulmina, para fazer-me parar no vórtice de tantos crimes!

VISCONDE Se quer convencer-me de todas essas coisas, veja se acha outros argumentos; porque ou nada disso existe sobre as nossas cabeças, ou eu sou uma santa criatura! Nunca tive remorsos! Por aí não me leva aos seus fins.

FORBES (*intencional*) E pelo instinto da segurança individual?

VISCONDE (*inquieto*) Como?...

FORBES Quis falar-lhe à alma... Homens que calcam aos pés os mais santos deveres não a têm! As sacrílegas palavras que acaba de proferir assaz o provam.

VISCONDE Ora... Basta de histórias!... diga o que quer?

FORBES Há trinta e cinco anos que a sua incontinência abandonou no mundo dois infelizes em bem tristes condições! Uma mãe sem esposo, e um filho sem pai.

VISCONDE (*cínico*) São coisas tão comezinhas!... Por isso não há de a sociedade *excomungar-me* com os seus anátemas! Tenho muitos imitadores.

FORBES (*solene*) O que — para honra da humanidade — não tem muitos exemplos, é o fato de um pai, renegando o filho a quem gerara, roubar-lhe impiamente a liberdade que não soube dar-lhe, exigindo a sua venda...

VISCONDE (*assustado*) Cale-se!... Cale-se com os... Se quer alguma coisa...

FORBES O senhor fez da minha má índole o instrumento de todas as suas paixões! Arrastou-me ao charco de todas as impurezas morais, onde deixei bens, felicidade e honra! Levando-me a servi-lo em seus detestáveis cálculos pratiquei...

VISCONDE (*cínico*) Deixe-se de exagerar algumas travessuras de rapaz!

FORBES (*indignado*) Travessuras! Chama *travessura* o termos desonrado um homem virtuoso, roubando a liberdade de dois entes, que nos deviam ser sagrados por todos os princípios?

VISCONDE (*um pouco embaraçado*) Sim... sim... conheço que não tenho um passado muito puro!... Porém, deve-se desculpar as inconsequências da mocidade!

FORBES Pois a consequência dessas *inconsequências* é a reclamação do seu nome que lhe faz hoje Eugênio S. Salvador...

VISCONDE (*surpreso*) O quê?!... S. Salvador!!... Pois ele... é meu filho?!

FORBES E de Marta, que exige a promessa que lhe foi feita há trinta e cinco anos.

VISCONDE Que exige!... essa agora... é galante! Eu casado com... (*risos*) Ah!... ah!... ah!... Não está má a pilhéria!

FORBES (*estupefato*) Pilhéria?!

VISCONDE Pois não! Admitindo mesmo que exista a tal paternidade, julga que eu hei de, por um tolo escrúpulo, desonrar o meu título dando-o a uma *liberta*?... Outro ofício, meu caro! Quem lhe encomendou o sermão que lho pague!... E eu aqui a perder o meu tempo... Enfim!... Sempre lucrei alguma coisa! Fiquei sabendo que esse tal S. Salvador, tão pretensioso e tão bajulado, nada mais é do que um miserável bastardo, filho...

FORBES (*exaltando-se*) De um falsário! De um ladrão!

VISCONDE (*indo para Forbes*) Insolente!

FORBES (*acalmando-se*) Assoa-lhe também esta horrível verdade, sr. Visconde de Medeiros! Para abater um caráter elevado e sobranceiro às ridículas pretensões da estupidez, patenteie a todos o segredo do filho do ex-gerente da casa Penafiel & Filhos!

VISCONDE Oh! *Senhores!* E ele só a falar em coisas de que já ninguém se lembra!...

FORBES De que ninguém se lembra?! Os fatos que acabo de apontar foram há pouco aqui rememorados.

VISCONDE (*inquieto*) Aqui?!

FORBES O passado que se esquece é só o bom, porque recorda feitos dignos e meritórios! O mau que inspira sentimentos de ódio e desprezo, e que imprime na fronte de um miserável o estigma da degradação, esse nunca se olvida! Pesa sempre sobre o orgulho do homem, até a sua última queda! As cartas que me escreveu sobre o negócio Penafiel & Filhos (*sobressalto no Visconde*) param nas mãos do Barão de Maragogipe!

VISCONDE O que diz?! Pois essas malditas cartas... Sr. Forbes!... não brinque... Não fale em coisas que muito o podem prejudicar! Acabemos com esta embrulhada; já lhe disse, fale franco, e deixe-se de invenções! Essas cartas não existem... o senhor mesmo mo afirmou.

FORBES Menti-lhe... Existem, e acabo de entregá-las ao Barão, pela minha liberdade e pelo meu futuro.

VISCONDE (*com desprezo*) Vendeu-as?

FORBES (*calmo*) Troquei-as.

VISCONDE E para que quer o Barão esses papéis? O que intenta fazer com eles?...

FORBES (*imperioso*) Obrigá-lo a dar a seu filho o nome a que tem direito. E só quando o sr. Visconde de Medeiros tiver cumprido um dos mais sagrados deveres da natureza, ser-lhe-á restituída a correspondência do *gerente* Fróes. (*o Visconde passeia desorientado*) O Barão *quer* hoje mesmo uma resposta.

VISCONDE Isto não passa de uma trama, arranjada entre você e os amigos desse S. Salvador! A correspondência foi queimada! Disse-me, e eu o acredito, porque o seu conteúdo o comprometia. Se ela aparecesse, perder-se-ia comigo.

FORBES Sim!... mas, far-se-ia... e far-se-ia justiça!

VISCONDE Mas, homem... isto é um contrassenso! Bem vê que não posso fazer o que se exige de mim!... Ora, diga-me cá: como me receberiam na *minha roda*, depois de tão disparatado enlace? É preciso não ter o juízo no seu lugar, para admitir-se a possibilidade de semelhante casamento! (*passeia desesperado*) Não posso! Dê no que der, não descerei até Marta!

FORBES (*com força*) Será ela quem desça até o falsário Medeiros!

VISCONDE (*furioso e concentrado*) Eu lhes mostrarei quem sobe, ou quem desce! Tenho o prestígio, tenho amigos... tenho dinheiro!

FORBES (*com autoridade*) Acima de tudo isso, está a LEI e a JUSTIÇA!

VISCONDE (*sarcástico*) A justiça dos homens também se compra!

FORBES (*com força*) Sim! Mas acima dos homens está a onipotência de Deus! (*cai logo o pano*)

Ato quinto

No mesmo dia, da tarde para a noite; em casa de Eugênio.

Sala contígua ao salão principal, com três portas ao fundo, fechadas, e portas aos lados.

Cena I

Eugênio assentado, Marta entrando.

MARTA Já estiveste com Paulina?
EUGÊNIO (*desanimado*) Não tive valor para procurá-la. (*ergue-se*)
MARTA Meu pobre filho! Sê forte, não desanime...
EUGÊNIO O lance é tremendo! Apresentar-me ante Paulina, na aviltante condição de um escravo... escravo!... eu, filho de uma escrava?! Oh! Não! Não posso!
MARTA (*com amargura*) Eugênio!
EUGÊNIO (*beija-lhe a mão*) Perdão!
MARTA (*triste*) Só para uma mãe todos os sacrifícios são possíveis! Sei o que me cumpre fazer para a tua felicidade. Levada pelo egoísmo da minha ternura, esqueci o mal que a minha presença...

Cena II

Os mesmos e Paulina.

Paulina vem entrando tristemente; ao ver os dois, quer retroceder.

EUGÊNIO (*adiantando-se para ela*) Paulina! Peço-te que me escutes! (*Paulina encara-o com frieza*)

MARTA (*a Paulina*) Antes de deixar para sempre esta casa...

EUGÊNIO Deixar esta casa!

MARTA Sim, e praza a Deus, que com a minha ausência volte a ela a paz e a felicidade que gozavam antes da minha funesta aparição!

PAULINA (*com desdenhosa ironia*) Era então este, o expediente que combinavam para... Julgam-me pois tão néscia, que dê crédito a tão grosseiro subterfúgio? Se alguém deve deixar esta casa, sou eu.

EUGÊNIO O que dizes?!

PAULINA Amanhã retirar-me-ei com minha filha para a casa do amigo, que me ofereceu o seu amparo para o momento da adversidade.

EUGÊNIO (*com autoridade*) Saírem daqui?... isso nunca!

PAULINA (*com firmeza*) É o que me compete fazer, depois de tão repugnante abuso!

EUGÊNIO Não houve abuso... houve fatalidade...

PAULINA Fatalidade! Foi a fatalidade que o obrigou a conspurcar a santidade do lar doméstico com a presença da sua antiga amante?

EUGÊNIO (*encarando-a*) Paulina!

MARTA Jesus!

PAULINA Foi ainda a fatalidade que o levou a reatar laços criminosos com uma vil escrava?... (*gesto de angústia, em Marta*)

EUGÊNIO Senhora!...

PAULINA Calcando todo o respeito às conveniências de

pai e de esposo, trazer para o seio de sua família uma criatura indigna e viciosa?

EUGÊNIO (*severo*) Basta, senhora! Nem mais uma palavra de insulto!

PAULINA (*dolorosamente ressentida*) Ameaças!

EUGÊNIO (*grave*) Não ameaço; peço-lhe... ordeno-lhe mesmo!... que respeite...

PAULINA (*com explosão de cólera e desprezo*) A... sua amásia?...

EUGÊNIO (*apresentando-lhe Marta*) A... minha mãe! (*vem entrando o Barão*)

PAULINA (*aterrada*) Sua mãe!!

MARTA (*para Eugênio*) O que fizeste?!

Cena III

Os mesmos e o Barão.

BARÃO O seu dever! Muito bem, meu filho! (*aperta a mão de Eugênio. Vai para junto de Paulina*) Ânimo!

PAULINA (*a meia-voz, ao Barão*) É então verdade?... (*Eugênio e Marta falam entre si, olhando para Paulina*)

BARÃO É.

PAULINA (*mortificada*) Oh!...

BARÃO É uma revelação que há muito seu marido lhe devia ter feito; o receio de desgostá-la o reteve. Agora que sabe o segredo que se lhe ocultava, mostre-se mulher superior, pelo sentimento e pela inteligência! Vá para o seu gabinete e procure tranquilizar-se. Daqui a pouco lá estarei para conversarmos.

PAULINA (*caminhando vagarosamente*) Meu Deus!... O que hei de fazer?...

BARÃO (*acompanhando-a*) Cumprir a sublime missão da mulher: amar e esquecer. (*sai Paulina*)

Cena IV

Os mesmos, menos Paulina.

BARÃO Coragem, Eugênio! Tens a sorte por ti! Pouco te empenhaste na luta, porém… venceste!

EUGÊNIO Consumou-se a minha desgraça! A afeição de Paulina não resistirá ao abalo do golpe descarregado no seu amor-próprio! Vai talvez desprezar-me… odiar-me!

BARÃO A esposa amante e dedicada não põe limites à abnegação. Vai relatar-lhe toda a verdade da tua vida. Dize-lhe que eu, que te recebi à tua entrada no mundo moral, me ufano de chamar-te meu filho, e meu amigo!

EUGÊNIO (*comovido, beijando-lhe a mão*) Meu pai!

MARTA (*beijando-lhe também a mão*) Homem generoso!… Não bastava ao pobre órfão dever-lhe tudo quanto é no mundo, ainda mais esta paternal estima, que tão orgulhoso o deve tornar!

BARÃO (*muito enternecido*) Sim! Paguem o meu afeto na única moeda grata à minha alma; com a efusão de um sincero reconhecimento! Tens sido bem culpado para com tua mãe, Eugênio! Pede-lhe perdão das tuas culpas.

EUGÊNIO Oh!… ela há de perdoar-me!… (*quer beijar-lhe as mãos*)

MARTA (*puxando-o para si e abraçando-o*) Perdoa-me tu o teu fatal destino! (*ficam alguns instantes abraçados. O Barão contempla-os e busca esconder-lhes as lágrimas*)

EUGÊNIO (*beijando as mãos de Marta*) Meu Deus!… como sou feliz!… sim… muito! muito feliz!

MARTA (*enxugando as lágrimas*) E eu?… Graças, Senhor! mandais-me o perdão dos meus erros, na ternura de meu filho!

BARÃO Basta de comoções. Vá para perto de Paulina advogar a causa de seu filho.

MARTA E o que lhe poderei dizer?

BARÃO O que lhe aconselhar a sensibilidade. A mulher

possui a eloquência do sentimento, que convence o espírito e o coração. Pouco lhe custará a apagar o lampejo do amor-próprio ofendido!

MARTA Que a Virgem Mãe me inspire! (*sai; Eugênio e o Barão acompanham-na até a porta*)

Cena V

Eugênio e o Barão.

Entra um criado trazendo duas serpentinas com velas acesas, põe-nas sobre as mesas e retira-se.

BARÃO Eugênio! Olha para mim!... para os meus olhos! O que vês neles?...

EUGÊNIO Lágrimas!

BARÃO De júbilo... de felicidade! Deixa-me abraçar-te! (*abraça-o*)

EUGÊNIO (*muito maravilhado*) Meu amigo!... O que há?

BARÃO Lê isto; (*dá-lhe as duas certidões*) atente às datas.

EUGÊNIO (*lê, e confronta os papéis com grande ansiedade*) Barão!... Isto... não é um meio de que se lembrou para aplacar o ressentimento de Paulina?

BARÃO Não; essas certidões são verdadeiras.

EUGÊNIO (*alegre*) Então eu... eu nunca fui... Paulina!... Paulina!... (*querendo sair*)

BARÃO (*detendo-o*) Espera: guarda esses papéis e lê também esta carta. (*Eugênio guarda os papéis e toma a carta que o Barão lhe dá*) É de teu pai... pede-me a mão de tua mãe.

EUGÊNIO (*vai apressado ver a assinatura*) O Visconde! (*lê com ansiedade*) Oh!... é muito! (*cai quase desfalecido sobre uma cadeira, deixando cair a carta que o Barão apanha*)

BARÃO Então, meu filho! Sucumbe à ventura?...

Cena VI

Os mesmos e Marta.

MARTA (*entra alegre*) Eugênio... (*aterrada*) Jesus!... O que tens?...

EUGÊNIO (*beijando-lhe a mão*) Nada, minha mãe... É um protesto da matéria contra o orgulho da fraqueza humana!

BARÃO Vem um pouco para teu quarto; teu espírito precisa de repouso. (*Eugênio ergue-se e encaminha-se. O Barão dá a carta a Marta*) Habilite-me a responder a esta carta. (*sai com Eugênio*)

Cena VII

Marta e depois Matilde.

Surdina. Marta lê com visível comoção a carta do Visconde; finda a leitura, assenta-se e chora copiosamente. Matilde vem entrando. Cessa a surdina.

MARTA (*ergue-se e eleva as mãos ao céu*) Como Deus é clemente e bom!

MATILDE E justo, Marta!

MARTA (*ainda a chorar*) E a senhora é um dos seus anjos! (*abraça-a*)

MATILDE (*comovida*) Pobre amiga! (*afastam-se ao ver Olímpia, que vem entrando*)

Cena VIII

As mesmas e Olímpia.

OLÍMPIA Felizmente encontro aqui a sra. d. Matilde! Vai explicar-me o que há hoje nesta casa de extraordinário!

MATILDE Nada que eu saiba, a não ser uma bela reunião, da qual será a menina o mais mimoso ornamento!

OLÍMPIA (*triste*) Ora... a senhora está sempre a gracejar! É por causa dessa reunião que mamãe está encerrada desde ontem no seu gabinete, e papai...

MATILDE Tratam dos seus preparos... a propósito: tenho um favor a pedir-lhe: faz-mo?

OLÍMPIA Pois não!... Diga depressa o que é.

MATILDE (*sorrindo-se*) Saiba que, apesar de estar velha e feia, tenho minhas veleidades de apresentar-me hoje, moça, e bonita... (*movimento involuntário de dúvida em Olímpia*) Acha isso impossível?... Também eu. É mesmo um milagre! E será a menina quem o realizará.

OLÍMPIA (*amavelmente*) E sem me custar muito!

MATILDE (*tocando-lhe na face*) Veremos isso, senhora lisonjeira!... Mandei trazer para aqui a minha *fatiota* dos dias dúplices, e confio-lhe o meu toucador.

OLÍMPIA Com muito gosto!

MATILDE É preciso também ir enfeitar-se! Quero vê-la um objeto de maledicência para as suas amigas!

OLÍMPIA (*sorrindo-se*) Esquece-se que a senhora é a primeira entre elas?

MATILDE Oh!... eu sou *oitos e noves* fora do baralho!

OLÍMPIA Vamos, sra. Marta? (*repara em Marta que a contempla muito comovida*) Oh!... Por que me olha quase a chorar?!...

MARTA (*beijando-lhe a mão*) Por vê-la tão linda... tão pura! (*acompanha Olímpia. Matilde vai segui-las, mas para ao ver o Barão que entra*)

Cena IX

Barão e Matilde.

BARÃO (*aperta a mão de Matilde*) Vossa excelência já sabe que o Forbes cumpriu a sua promessa? (*surpresa em Matilde*) O Visconde propôs-me o seu casamento com a mãe de Eugênio.

MATILDE (*satisfeita*) Deus me perdoe! Sempre duvidei do seu arrependimento!

BARÃO Era sincero... Agora, creio na sua reabilitação. Pela minha parte cumprirei o que lhe prometi esta manhã, e possa ele encontrar na Europa, onde o não conhecem, o olvido do seu nome e a paz do seu espírito.

MATILDE E Paulina?

BARÃO Sabe de tudo, e... chora.

MATILDE Vou para perto dela. (*sai*)

Cena X

O Barão e depois Pedro.

Toca no tímpano e assenta-se; aparece Pedro.

BARÃO Peça à sra. Marta que venha falar-me. (*sai Pedro*)

Cena XI

O Barão e Eugênio.

BARÃO (*Eugênio chega à porta e olha; vendo o Barão, dirige-se a ele*) Assegura-me pela sua honra que aquelas certidões?...

BARÃO Juro-te!

EUGÊNIO Basta! É que uma felicidade assim tão inesperada...

BARÃO Ainda duvidas da justiça de Deus?...

EUGÊNIO (*comovido*) Meu amigo!

BARÃO Vai te vestir. (*olha o relógio*) São perto de sete horas, e tens de receber os teus amigos e convidados.

EUGÊNIO Festas e visitas! Apresentar-me prazenteiro e jubiloso, tendo o espírito cheio de receios e incertezas!... Oh!... A vida não passa de uma mascarada!

BARÃO Exigências de posição, meu caro! E nem serás tu o único que se apresente em *holocausto* a elas! (*sai Eugênio*)

Cena XII

Barão e Marta.

O Barão assenta-se e fica pensativo até a entrada de Marta.

MARTA Mandou-me chamar, sr. Barão? (*o Barão ergue-se*)

BARÃO O que devo responder à carta do Visconde?

MARTA O mesmo que meu filho responderia: Eugênio é órfão.

BARÃO Aprecio a nobreza da sua resposta. Mas pondere que com um nome ilustrado por um título, que faria calar qualquer murmuração, oferece o Visconde a Eugênio considerável aumento de capitais.

MARTA Vale mais a mediania, a pobreza mesmo, honrada, do que a opulência adquirida por meios reprovados pelas leis e pela moral! A origem da riqueza desse homem, não me é desconhecida.

BARÃO Não seria conveniente consultarmos Eugênio, antes de mandar a sua resposta?

MARTA Meu filho não há de querer trocar um nome nobilitado pelos seus atos por outro que só opróbrio lhe trará.

BARÃO Mas qual será (*entra Pedro*) a sua posição na casa de seu filho?...

Cena XIII

Os mesmos e Pedro.

PEDRO (*ao Barão*) O guarda-livros do sr. Visconde de Medeiros pede com urgência para falar a vossa excelência.

BARÃO Faça-o entrar para a antessala. (*sai Pedro*)

Cena XIV

Barão e Marta.

BARÃO O Visconde quer a resposta da sua carta.

MARTA Recuso — por mim... e por meu filho.

BARÃO A sua resposta é definitiva?

MARTA Definitiva, sr. Barão.

Cena XV

Os mesmos e Matilde.

MATILDE (*ao Barão, que vai ao seu encontro*) O que diz ela?

BARÃO Recusa.

MATILDE (*surpresa*) Recusa! (*a Marta*) Pois recusa uma posição para si, e um nome para seu filho?!

MARTA Prefiro a obscuridade à ignomínia.

MATILDE (*com brandura*) Não haverá algum excesso de orgulho na sua suscetibilidade?

MARTA Não, minha senhora; há só o propósito de não querer que meu filho renegue a probidade do seu presente e do seu futuro por um passado infamante.

BARÃO Vou mandar a sua resposta. (*sai*)

Cena XVI

Marta e Matilde.

MATILDE Julguei fazer alguma coisa pelos meus amigos... fui infeliz na minha ideia. Não conhecia ainda toda a elevação da sua alma!

MARTA Perdoe-me, minha boa senhora!...

MATILDE O quê?!... O não ter querido reparar a falta da inexperiência, contraindo uma aliança indigna de si?... Não a censuro por isso. A sua recusa não é muito natural, mas é louvável. Eu a respeito.

Cena XVII

Os mesmos e Eugênio.

EUGÊNIO Boa noite, sra. d. Matilde! (*aperta-lhe a mão; a meia-voz a Marta*) E Paulina?... Ama-me sempre?...

MARTA É *esposa* e *mãe.*

EUGÊNIO (*transportado*) Agora, sim! Tenho fé na clemência do céu!

MARTA (*apontando para Paulina, que vem entrando*) Eis ali o íris do perdão! (*toma a mão de Paulina e a conduz para junto de Eugênio*)

Cena XVIII

Os mesmos e Paulina.

PAULINA (*estendendo a mão a Eugênio*) Perdoas-me?

EUGÊNIO (*beijando-lhe a mão, com ternura*) A minha felicidade... minha adorada Paulina?! (*olha para toda a sala*) E Olímpia?... (*Matilde sai sem ser notada. O Barão entra perturbado*)

Cena XIX

Eugênio, o Barão, Marta e Paulina.

PAULINA (*ao Barão*) Amei e esqueci!

BARÃO (*a meia-voz indicando Marta*) E aquela mártir?

PAULINA (*aproximando-se de Marta*) Quer abençoar a sua filha?...

MARTA (*abraçando-a*) O céu te recompense, pela ventura que me dás neste momento!

Cena XX

Os mesmos, Matilde trazendo Olímpia pela mão.

EUGÊNIO (*para Marta*) E agora é feliz?

MARTA O que mais posso ambicionar? (*pega nas mãos de Eugênio e de Paulina*) Deus! E meus filhos!

OLÍMPIA (*muito admirada, e a meia-voz*) O que querem dizer aquelas palavras, sra. d. Matilde?

MARTA (*alto*) Querem dizer, minha menina, que desta vez não foi Maria, foi Marta *quem escolheu a melhor parte*! Vai abraçar o seu papai!! (*Olímpia vai para junto de Eugênio, que a afaga e a apresenta a Marta; Matilde dirige-se ao Barão*) O que tem meu amigo?

BARÃO O Visconde partiu esta tarde, no *Paquete*, para o Rio da Prata!

MATILDE (*surpresa*) Fugiu!!!...

BARÃO (*indignado*) A sua carta foi apenas um ardil, para ganhar tempo.

MATILDE E ficaram impunes tanta maldade e tantos crimes?!

BARÃO (*sentencioso*) Não, minha senhora! Para onde quer que vá o criminoso, vão também com ele a consciência da culpa e as tribulações do remorso!... Ainda que a impunidade social pareça protegê-lo, a alma do criminoso, despojada da luz do céu, já não pode gozar o menor sossego da terra. Ela vê que, ao descer do mundo, lá a espera, implacável, no altar supremo da verdade, a condenação divina. (*solene*) Eis aqui a diferença: enquanto Antônio Forbes, castigado, busca remir-se pelo arrependimento; enquanto o Visconde de Medeiros afronta a sociedade com um novo crime, fugindo à reprovação da moral e da justiça; aqui, ao lado da virtude, que se enobrece pelo martírio e pela fé, contempla-se nos benéficos laços da família e no santo amor de mãe — o QUADRO DA VERDADEIRA FELICIDADE!

Rompe fora o Hino da Independência.

Abrem-se as portas da sala do fundo, a qual deve estar esplendidamente preparada, e cai o pano no momento em que os personagens da cena se dirigem para o salão principal, que está cheio de cavalheiros e senhoras, todos em trajo de gala.

Cronologia

1811 Nascimento, a 13 de agosto, no Rio de Janeiro, de Domingos José Gonçalves de Magalhães, filho de Pedro Gonçalves de Magalhães Chaves, não registrando os biógrafos o nome de sua mãe.

1812 Construção, em Salvador, do Teatro São João, primeiro grande edifício teatral erguido no Brasil, com capacidade para 1040 espectadores. A inauguração, acontecida no dia 13 de maio, aniversário do príncipe regente d. João, leva à cena a comédia *A escocesa*, de Voltaire.

1813 Construção, no Rio de Janeiro, do Real Teatro de São João, que durante muitos anos se consolidará como a principal casa de espetáculos do país, ainda que sob outras designações (Imperial Teatro São Pedro de Alcântara, Teatro Constitucional Fluminense e, por último, Teatro João Caetano). Inaugurado a 12 de outubro com a representação de *Juramento dos Numes*, drama lírico de d. Gastão Fausto da Câmara Coutinho (libreto) e Bernardo José de Sousa e Queirós (música).

1823 Nascimento de Antônio Gonçalves Dias, a 10 de agosto, no sítio Boa Vista, interior do Maranhão, filho de João Manuel Gonçalves Dias e Vicência Ferreira.

1826 Primeira tentativa de se acabar com a escravidão no Brasil, por meio de um tratado com a Inglaterra segundo o qual, três anos após a sua ratificação, será declarado ilegal o tráfico de escravizados no país. Uma vez ratificado, em março de 1827, ele deverá vigorar, portanto, a partir de março de 1830.

1829 Nascimento de José Martiniano de Alencar, a 1º de maio, em Messejana, bairro em Fortaleza, no Ceará, filho do senador José Martiniano de Alencar com Ana Josefina de Alencar. Alguns meses depois, a 5 de dezembro, nasce, em Parati (RJ), Maria Angélica de Sousa Rego, futura Maria Angélica Ribeiro, filha de Marcelino de Sousa Rego e Maria Leopoldina Sousa Rego.

1831 Nascimento, em São Paulo, a 12 de setembro, de Manuel Antônio Álvares de Azevedo, segundo dos nove filhos gerados pelo casal Inácio Manuel Álvares de Azevedo e Maria Luísa Carlota Silveira da Mota.

Nísia Floresta Brasileira Augusta, pioneira do feminismo no Brasil, escreve uma série de artigos na imprensa da época sobre a condição feminina. No ano seguinte, lançará seu primeiro livro, *Direito das mulheres, injustiça dos homens*, estabelecendo relações entre o feminismo europeu e o contexto brasileiro.

Abdicação de d. Pedro I, a 7 de abril, dá início ao Período Regencial, no qual o Brasil é governado por políticos em nome do príncipe herdeiro Pedro de Alcântara. Este, ainda um menino, só poderá, de acordo com a Constituição de 1824, assumir o trono quando completar a maioridade.

Numa tentativa de pôr em andamento o acordo de 1826 firmado com a Inglaterra, aprova-se, a 7 de novembro, uma lei que prevê severas penas aos traficantes de escravizados e concede a liberdade a todos os cativos que entrarem no Brasil. A iniciativa é sobejamente ignorada na prática, tornando-se conhecida como "lei para inglês ver".

1832 Gonçalves de Magalhães gradua-se em medicina pela Escola Médico-Cirúrgica da Corte. Antes disso, estuda belas-artes na Academia do Rio de Janeiro, sem, no entanto, completar o curso. Publica sua primeira obra literária, o volume de versos intitulado *Poesias*.

1833 Mudança de Magalhães para a Europa, onde permanecerá durante quatro anos, fixando-se principalmente na França. Nesse período, no qual exerce funções diplomáticas, associa-se ao Instituto Histórico de Paris.

João Caetano funda, em parceria com Estela Sezefreda, aquela que será a primeira companhia teatral formada somente por atores e atrizes brasileiros, ao montar, em Niterói (RJ), *O príncipe amante da liberdade ou A independência da Escócia*, de Antônio Xavier.

1836 Magalhães edita, em Paris, a *Nitheroy, Revista Brasiliense*, periódico destinado à divulgação de ensaios científicos e artísticos. Na mesma cidade, publica *Episódio da infernal comédia ou De minha viagem ao inferno*, sua primeira peça teatral, e *Suspiros poéticos e saudades*, obra considerada o marco inicial do romantismo brasileiro.

1837 Retorno de Gonçalves de Magalhães ao Brasil, sendo aqui recebido como "chefe" da escola romântica. De volta à terra natal, dedica-se com afinco ao teatro. Traduz a versão de *Otelo*, de Jean-François Ducis, peça que se transformará num dos carros-chefes do repertório de João Caetano.

Após a renúncia do padre Diogo Feijó, Pedro de Araújo Lima assume o cargo de regente do país, inicialmente em caráter provisório. Uma vez eleito, no ano seguinte, inicia-se o período designado de "regresso conservador", no qual uma série de medidas centralizadoras são tomadas no intuito de conferir maiores poderes à Coroa em detrimento das províncias.

1838 Estreia, a 13 de março, no Rio de Janeiro, *Antonio José ou O poeta e a Inquisição*, tragédia de Gonçalves de Magalhães encenada pela companhia de João Caetano no Teatro Constitucional Fluminense. Devido ao enorme êxito do espetáculo, *Antonio José* adquire, ao longo do tempo, o status de obra inaugural do teatro brasileiro.

1839 Estreia, a 7 de setembro, no Rio de Janeiro, *Olgiato*, segunda e última tragédia escrita por Magalhães. Mesmo levada aos palcos pela companhia de João Caetano, o ator não toma parte no espetáculo, razão pela qual a obra terá redundado num grande fracasso. Contrariado com o insucesso, Magalhães abandona para sempre a literatura dramática.

Publicada a primeira edição de *Antonio José ou O poeta e a Inquisição*.

1840 Gonçalves Dias ingressa no curso de direito da Universidade de Coimbra.

A 23 de julho, o príncipe Pedro de Alcântara, com apenas catorze anos de idade, assume o trono do Império do Brasil, como d. Pedro II. Sua ascensão, conquistada a partir de uma manobra política levada a cabo pelo Partido Liberal, põe fim ao Período Regencial.

1843 José de Alencar muda-se para São Paulo, onde realiza o curso preparatório para a Faculdade de Direito, nela ingressando três anos depois.

1844 Gonçalves Dias bacharela-se em ciências jurídicas pela Universidade de Coimbra, sem, no entanto, defender a tese de doutoramento.

1845 Com treze anos de idade, Álvares de Azevedo matricula-se no quinto ano do Colégio Pedro II, no Rio de Janeiro. No ano seguinte, torna-se aluno de Gonçalves de Magalhães, professor de filosofia daquela instituição.

1847 De volta ao Brasil, Gonçalves Dias publica, às próprias expensas, os *Primeiros cantos*, obra que projetará seu nome na cena literária brasileira, e *Leonor de Mendonça*, primeira e única de suas peças editadas em vida.

1848 Álvares de Azevedo ingressa na Faculdade de Direito do Largo de São Francisco, tornando-se colega de figuras como Aureliano Lessa, Bernardo Guimarães e José de Alencar, veteranos do curso.

1849 Nomeação de Gonçalves Dias para o cargo de professor de latim e história no prestigiado Colégio Pedro II.

1850 Aprovado pelo Parlamento o projeto de lei que proíbe em definitivo o tráfico de escravizados para o Brasil, servindo como um reforço à lei de 1831. A nova medida "pega" e entra para a história com o nome de Lei Eusébio de Queirós, nome do ministro da Justiça responsável por elaborar e encaminhar o projeto ao Parlamento.

1852 De férias no Rio de Janeiro, após um acidente equestre, Álvares de Azevedo se vê acometido dos primeiros sintomas de tuberculose, doença que o matará pouco tempo depois de diagnosticada, a 25 de abril.

Joana Paula Manso de Noronha, argentina radicada no Brasil, funda, no Rio de Janeiro, *O Jornal das*

Senhoras, primeiro periódico brasileiro não somente dedicado às mulheres, como também redigido e editado por elas. Além de jornalista, Joana Paula Manso de Noronha destaca-se ainda como dramaturga, tendo algumas de suas peças representadas pela companhia de João Caetano.

1853-5 Publicação (póstuma) das *Obras de Álvares de Azevedo*, organizada por Domingos Jacy Monteiro, em dois volumes. Tanto *Macário* quanto *Noite na taverna* estão incluídas no segundo volume.

1855 Fundação, pelo empresário Joaquim Heliodoro dos Santos, do Teatro Ginásio Dramático, no Rio de Janeiro, casa de espetáculos que, por quase dez anos, torna-se o epicentro da estética teatral realista no Brasil, então em voga na Europa.

Morte do filho caçula de Maria Angélica Ribeiro e do cenógrafo português João Caetano Ribeiro, com quem já possui duas filhas. Para tentar aplacar a dor da perda, lança-se à carreira literária.

1856 Publicação do poema épico *A Confederação dos Tamoios*, obra geradora de uma das maiores polêmicas da história da literatura brasileira, devido às fortes reservas que lhe são dirigidas, na ocasião, por José de Alencar, em início de carreira. Em defesa do poema e de seu autor (Gonçalves de Magalhães), saem a campo, entre outros, Manuel de Araújo Porto-Alegre e até mesmo o imperador d. Pedro II.

Início da carreira jornalística de Machado de Assis, aos dezessete anos de idade, tecendo análises de literatura e teatro para o jornal *Marmota Fluminense*, na coluna intitulada Ideias Vagas.

1857 Estreia, no Teatro Ginásio Dramático, *O Rio de Janeiro, verso e reverso*, primeira peça escrita por José de Alencar. O escritor publica *O guarani*, romance que saiu anteriormente em capítulos nos folhetins do *Diário do Rio de Janeiro*.

1859 Fundação, no Rio de Janeiro, do Alcazar Lírico Fluminense, por iniciativa do empresário francês Joseph Arnaud. No espaço, totalmente devotado ao teatro musicado, são apresentados gêneros como a opereta e o vaudeville.

Estreia, no Teatro Ginásio Dramático, *As surpresas do senhor José da Piedade*, de Justino de Figueiredo Novais, primeira revista de ano encenada nos palcos brasileiros. Após três ou quatro apresentações, que não atraem muito público, a obra é censurada pela polícia.

1860 Estreia, anonimamente, *Mãe*, quinta e última peça de José de Alencar montada no Teatro Ginásio Dramático.

1861 Início da carreira política de José de Alencar, ao se eleger deputado federal pelo Partido Conservador do Ceará. Desentende-se com João Caetano por causa de *O jesuíta*, peça que o ator encomendou ao escritor, mas que, depois de pronta, recusa-se a montar.

1863 Morte de João Caetano, aos 55 anos, em decorrência de uma afecção cardíaca. Estreia de *Gabriela*, primeiro drama de Maria Angélica Ribeiro encenado no Teatro Ginásio Dramático. Inspirada em *Gabrielle*, de Émile Augier, o texto recebe elogios de Machado de Assis, na forma de uma carta aberta publicada na primeira página do *Jornal do Commercio* de 15 de março.

1864 Gonçalves Dias retorna da Europa, onde passou uma temporada cuidando da saúde. Na travessia, o navio no qual embarcou se choca contra os rochedos no baixio de Atins, litoral do Maranhão. Toda a tripulação sobrevive ao naufrágio, menos o poeta, cujo corpo jamais será encontrado.

1865 Estreia, a 13 de maio, *Cancros sociais*, segundo e último drama de Maria Angélica Ribeiro montado no Teatro Ginásio Dramático. No ano seguinte, sairá publicada a primeira edição da peça em livro.

Estreia, no Alcazar Lírico Fluminense, *Orfeu no inferno*, opereta com música de Jacques Offenbach e libreto de Hector Crémieux e Ludovic Halévy. O espetáculo, apesar de representado na língua original, o francês, transforma-se em um enorme sucesso.

1868 O ator cômico Francisco Corrêa Vasques produz uma paródia da opereta de Offenbach intitulada *Orfeu na roça*, que alcança a impressionante marca de quinhentas apresentações seguidas no Teatro Fênix Dramática, no Rio de Janeiro.

1868-9 Publicação, em seis volumes, das *Obras póstumas de Gonçalves Dias*, organizada por Antônio Henriques Leal. As peças até então inéditas do autor (*Patkull*, *Beatriz Cenci* e *Boabdil*) surgem nos volumes 4 e 5 da coleção.

1871 Aprovação, pelo Parlamento, do projeto de lei que declara livres os filhos de mulheres escravizadas nascidos a partir de então, os quais ficarão em poder dos senhores de suas mães até a idade de oito anos. A medida, geradora de grandes debates, ficará conhecida como Lei do Ventre Livre.

1875 Montagem de *O jesuíta*, único drama romântico escrito por José de Alencar. Espetáculo malsucedido, realizado catorze anos depois de a peça ter sido recusada por João Caetano, enseja uma acirrada polêmica entre o dramaturgo e Joaquim Nabuco.

1876 Gonçalves de Magalhães é agraciado pelo imperador d. Pedro II com o título de visconde de Araguaia.

1884 Artur Azevedo e Moreira Sampaio dividem a autoria dramatúrgica de *O mandarim*, espetáculo responsável por consolidar a revista de ano na cena nacional. Ademais, *O mandarim* é o primeiro espetáculo da história do teatro brasileiro a se beneficiar dos recursos da luz elétrica.

1885 Promulgada a Lei dos Sexagenários, também conhecida como Lei Saraiva-Cotegipe, que concede liberdade a todos os escravizados com mais de sessenta anos de idade, além de estabelecer normas para a libertação gradual dos cativos, mediante indenização.

1888 Sancionada, a 13 de maio, a lei que abole (formalmente) a escravidão no Brasil, a chamada Lei Áurea.

Esta obra foi composta por Alexandre Pimenta em Sabon e impressa em ofsete pela Lis Gráfica sobre papel Pólen Natural da Suzano S.A. para a Editora Schwarcz em fevereiro de 2025

FSC
www.fsc.org
MISTO
Papel | Apoiando o manejo florestal responsável
FSC® C112738

A marca FSC® é a garantia de que a madeira utilizada na fabricação do papel deste livro provém de florestas que foram gerenciadas de maneira ambientalmente correta, socialmente justa e economicamente viável, além de outras fontes de origem controlada.